复兴路口的困惑

——破解复兴谜题

郁琉 著

上海三联书店

谨以此书献给正在实现复兴梦的中国，
愿世界和平、人类和谐！

自 序

一

这本书探讨的内容,都是我从小就困惑不解的问题,像我父亲婚姻的两次破裂、周围人对西方社会的羡慕、中西方教育的争论、中国未来向何处去等。我来到美国后,为什么基础很好但创造力却不如美国同学?为什么美国的家长更关心孩子快乐成长而不是未来前途,且十八岁后就不再承担经济义务了,而中国家长要给新婚子女买房?还有长期困扰我的李约瑟难题:为什么现代科学只诞生在欧洲而不是中国?对这些问题的思考、来美国后的学习和工作体会、与各国人接触的亲身经历,促成了本书的写作。

二

在社会化大生产的现代世界里,大多数劳动者一生只从事特定生产的个别环节,很难感受到这一环节究竟对整个生产有什么影响,更难清楚它对未来数以万计的消费者的影响。我在实验室做科研的四年中,尽管有一定的选择课题的自由,但选项也只是导师获得经费支持的几个项目,否则研究没法进行。这样,研究内容、方法、侧重点基本上还是固定的。

写这本书则不同。这本书以我关注的问题为重点、以我喜欢的方式做调研、以我思考的结论为基础、以我筛选的案例为文本,是在今天的世界里少数从始至终贯穿个人观点的事情。不过,我的观点来自多年的生活经历、求学经历、工作经历,是无数身边人影响的综合结果。比如，我的世界历史知识的基础来自初中的世界史课程和我阅读的课外书籍。我在高中没有学习过世界史，在大学也没有学习过。为了理解西方同学观点的历史背景，我阅读书籍并观看历史纪录片。信息革命的好处是，知识能够被廉价和快捷地获取。只不过，获取信息后，人还是要阅读、分析、思考，而这些相比于互联网的娱乐功能，就显得枯燥没有吸引力了。

本书的中西方历史故事、西方同学的言论等，只是我进行的转述。我的思维体现在对话中追问西方同学，对历史和现实的差异进行分析，在此基础上加工出观点，并最终对众多素材进行筛选和组织。每个观点连带着的佐证的例子，是我在素材库中精挑细选出的最具代表性的部分。最初和西方同学交流时，我的很多想当然的逻辑根本不被他们理解。我意识到中西方文化的巨大差异，把我觉得理所当然的思维解释给西方人听，并不容易。于是，我花了很大精力尝试了解他们有哪些类似或相反的历史，将中国的故事借助他们熟悉的历史对比地讲出来。西方同学非常在乎逻辑，我就推敲逻辑是否有漏洞。我给西方同学讲清楚的动力，来自比较竞争满足感，我从非常小的时候就坚信，只要我理解的事情，总能给别人讲清楚。不过，我本人是理科生，这次却要用英文向西方人讲解清楚中国的历史文化，就既要梳理中国历史文化的逻辑，又要梳理西方历史文化的逻辑，还要找到两种逻辑对接的部位，让人一目了然，在二者对比中展示中西方各自的特征。这并不是一件容易的事情。

我在 2013 年 5 月启动本书中文版的写作。由于之前多次给西方同学讲解我的观点，本书的大框架是十分清楚的。我共有三个观点：中国人是农耕家庭结构，西方人是商业个体社会；中国人奋斗的动力源自比较竞争满足，西方人强调兴趣成功；中国人不关心自然界，对万事万物采取实用主义态度，西方人关心自然界，有严肃的信仰，近代科学诞生在压抑科学的西方，催生了技术革命，实现了商业文明的辐射，中国要实现复兴，必须引领下一次科技革命。这三个观点各自组成一章，全书的总纲大体确定。

每一章内都有古今中外的比较，即存在着古代的中西方、现代的中西方、中国的古今、西方的古今的对比。如何将四种对比有效组织，决定了文章的写作结构。全书整体上采取从古到今的写作思路，写古代，就对比中西方的古代，写今天，就对比二者的今天,从古到今的转变过程,也在进行对比。

第一章中,在古代有中国的传统家庭结构与西方的传统个体社会的比较,我要试图解释为什么二者在古代就不同,这是古代的中西横向比较;在今天有现代家庭结构和现代个体社会的不同,我要解释为何没有走向相同,这是今天的中西比较;对中国来讲,存在家庭结构从传统走向现代的变化,发生了哪些古今变化,又有哪些没有变化,以及变化和不变的原因,是中国的纵向对比;对西方来讲,传统个体社会到现代个体社会的变化与不变,是西方的纵向对比。

第二章中,在古代,中国的百家争鸣时期与西方自由发表演说来实现自身价值类似,分界点在家庭结构实现大一统,此后,为避免争鸣造成大家庭不稳定,思想也实现了统一,进而逐渐形成了独特的标准化选拔模式,促进了传统家庭结构内部的比较竞争满足,而传统个体社会始终没有标准化选拔制度,也就没有比较竞争满足;现代家庭结构的比较竞争满足与现代个体社会的兴趣成功的对比更加强烈;对中国来说,家庭结构从传统到现代的变化是,比较竞争满足从只在大家庭内部比,扩展到不但大家庭内部比,还和个体社会比,不甘落后;对西方来说,个体社会从传统到现代的扩展是,新科技革命带来个体选择的自由更加明显,底层民众第一次有广泛地在努力和兴趣的基础上实现巨大成功的可能性。

第三章中,传统家庭结构和传统个体社会对自然界的态度明显不同,前者不关心自然,后者关心自然,且后者的思维长期受到特定自然解释的限制;现代家庭结构和现代个体社会的不同是,个体社会的自然科学在压抑中大爆发,此后持续创新进步,家庭结构在比较竞争满足的基础上追赶,却仍缺乏对自然界的关心;对中国而言,家庭结构从传统走向现代,突出变化是重视科学技术,手段是改革标准化选拔的内容;对西方而言,个体社会从传统走向现代,突出变化是科学获得普世胜利。经过分析,要实现家庭结构比较竞争满足的重回第一,必须引领下一次科技革命。

三

本书初稿于 2013 年 10 月完成。2013 年底,我启动英文版的写作。有一位在美国长大的加拿大同学,母亲是中国人,她看过我的英文版第一章的初稿后,对我说:

"看了第一章后,我终于理解了我妈妈。在以前,我也知道中国人对自己的文化感到骄傲。不过,看了你的书之后,我才终于明白,为什么在别的学生都去做志愿者的时候,我妈妈告诉我只要好好学习就可以了;为什么在我十九岁成人后,我妈妈还像小孩一样对我。"我问:"那你妈妈现在怎么对你?"她说:"我妈终于在我爸百般劝说下明白了,我不再是小孩子了,我要自己做决定了。"她的话给我很大的鼓励。

此后,我对改好的中文版稿件进行了读者试读。三位读者的反馈都提到:"你和西方同学的对话非常有意思,能不能多加一些对话?"此外,大家特别讨厌我大段翻译熟悉的古籍。读者说:"你总以为耳熟能详的例子最能打动人,其实错了,越是耳熟能详,越没有新鲜感,大家越不喜欢看。我们读你的书,就是要了解以前不知道的东西。"我对第一章做了较大修改,删减了耳熟能详的故事,添加更多与西方同学的对话。此后,我又请两位中国同学做第二轮试读。他们都是来美国加州大学洛杉矶分校读理工科的硕士或博士,历史基础就是中学的课本,后来也没有时间和精力研究历史,甚至当年上学也很可能在历史课上做数学练习册。这样,他们就是我的理想读者——非文史类专业的、只有不成体系的知识的读者。要是他们能够读懂,那么中国就有很大一批人能够读懂。让我惊讶的是,第二轮测试读者阅读第一章时,还是对我说:你能不能多加一些和西方同学的对话?

第二章中读者阅读后问我的共同问题是:"比较竞争满足是怎么来的啊?"我意识到,我还要在这个问题上多花些笔墨,我认为论述清楚的,读者未必能看懂。第三章中,只有一位读者问我:"你为什么讲马克思啊,他的共产主义和科技革命有什么关系啊?"我在后续修改中,也着重论述了这个问题。

读者和我探讨稿件时,还有一个共同的评价:你讲的比你写的有意思,能不能按照你刚才讲的方式去写?我每次都回答说:讲解有语气,而且对话过程中,我的回答直接对应你的问题;写作则不同,不同的读者没有办法在某处存在疑惑时和我探讨,我在用同一种叙述思路向不同的读者讲解。事实上,每个读者的思维发散点不同,提出的问题就各异,我在有限的文本字数内,只能举少数有代表性的例子,并把最主要的脉络讲清楚,没法花大量文字详细分析每一个观点。

本书的初稿读者李中天说:"确实佩服你把这本书最终出版的毅力,这是对留学生涯的最好记录。书里真实记录了留学生活中朴实无华的对话,坦诚的交流,思想的碰撞。在力求详实、严谨的论证里进行着对国家复兴这一严肃话题的真切思考。读完手稿,不禁想到承认困惑是解决困惑的首要一步。"本书的初稿读者赵径舟说:"看了你的书以后我把《共产党宣言》和《道德经》都下载了准备有空读读,你的书从留学生活中实地取材,在比较中论证,分析客观透彻,逻辑严密,深入浅出地解释为什么,而不是只讲观点。"本书的初稿读者林皓说:"印象最深的是中国的家庭结构,它是书中非常特别的点。你走到西方的社会里面研究中国的问题,视角非常独特。以对话来了解西方人对你感兴趣的问题的看法,得到的都是第一手的真实资料。"在此,我要向所有初稿读者和交流意见的朋友表示感谢。

目前的稿件,是第三轮修改的结果,不但融合了前面所有人的意见,还结合了我在写作过程中,对所叙述观点反复思考后的新观点。这意味着,就算测试读者阅读这一版,也会有全新的感觉。目前为止,只有一条读者建议我没有采纳,就是把语言改得轻松幽默活泼华丽,让人读起来享受语言本身的优美和愉悦,而不要总是在严肃地发议论。两位读者建议这一条时,还告诉我,目前人们都不愿意严肃思考,都喜欢读轻松的、易懂的、好看的。我最终坚持我的行文语气,以严肃的语调叙述我认为严肃的话题,希望本书的读者们谅解。

2013 年 10 月第一稿于美国加利福尼亚州洛杉矶市
2014 年 9 月终稿稿于美国南卡罗来纳州格林威尔市
2015 年 2 月校稿于美国密歇根州伊普西兰蒂市

目 录

楔 子

　　走向现代,古老的中华脱去长袍、卸下厚重的行李,快步奔跑。在西方辐射出的流光溢彩中,放下千年的骄傲身段,虚心地当学生,力图重塑家园。我们穿上了西装,唱起了英文歌曲,挤破头皮地出国留学,却始终牢记祖母的遗训,保留着传承千年的家庭结构。在披荆斩棘的路上,我们曾经被称作东亚病夫,但基于比较与竞争的争第一的决心始终存在,辛勤的脚步从未放缓。我们在等待新科技革命的曙光,让中华文明在现代熠熠生辉。

前　言

2008 年金融危机扫除了我的疑惑。理论上,资本主义生产方式会造成周期性的生产过剩,周期性地引发经济危机。但是在 2008 年以前,资本主义国家美国的经济发展很好,反倒是亚洲国家在 1997 年的金融危机中遭受重创。美国与其他国家的生活水平逐渐拉大。如果理论正确,为什么美国没有爆发经济危机? 上世纪三十年代大萧条后,美国出台了罗斯福新政,引入了宏观调控,是否从此避免了经济危机,或者推迟几百年? 那样的话,中华复兴的希望在哪里?

2008 年的金融危机验证了资本主义矛盾的理论正确。全球经济和综合实力最强的美国,也逃脱不了经济危机周期爆发的命运。与大萧条类似,它爆发得很突然。很难猜测一家 150 多年历史的投资银行顷刻破产。

美国是资本主义的样板国家,是最近几百年的杰出代表,却没能解决所有问题。模仿美国不能实现中华复兴,美国也不知道所有答案。

中国经济高速发展了 30 多年,没有出现大规模的经济危机,2008 年后成为世界经济的引擎。美国的经济存在问题,它所宣扬的平等、民主、自由、人权的口号是否也存在问题? 真有所谓的普世价值么? 我趁着留学美国的契机,仔细了解它的经济政治和文化。

我住宿的地方有世界各地的学生,和西方同学聊天的结果,是切身感受到东西方历史文化的巨大差异,帮我理解我从哪里来。美国同学对平等、民主、自由的信仰,源自于两千年前的古希腊商业文明,源自商人、水手和海盗;我们从秦始皇起,就是农耕文明的家庭结构,内部存在家长与子女的不平等,讲关系、讲感情,还在几千年来的人才选拔制度中塑造了基于比较和竞争的满足的性格。我反复思考历史,发现世界上从来不存在什么普世价值,真正在今天普世传播的胜利者是科学,只不过近代科学诞生于西方的商业文明,伴随着科学的普世传播,西方的社会理念一同传了出去。中华复兴的关键在引领下一次科技革命,这对"不敢为天下先"的中国人并不容易。

我尝试着向西方同学解释我的思维,最终出现了今天的这本书。我在书中着力探讨大家普遍关心的、西方大肆宣传的民主、自由、人权的价值观。我结合历史和在美国的生活经历,阐释中西方的不同。我特意挑选熟知的史料,特别是中学语文教材的课文和历史教材的必修内容。这些是我的文科知识储备,相信也更接近普通读者的知识面。事例还来源于我在美国的切身感受,包括我和各地同学的交流。我始终相信,历史潜藏成思维,塑造成人格,融化成行为,存在于每个普通人的心中。观点的差异体现身后承载历史的不同。人们用自己的历史思维解读对方,误解就产生了。

在民族复兴的十字路口,向何处去的争论愈发激烈。了解今后的方向,先要把目光投向过去,看看我们从哪里来,西方人从哪里来,在相似的路口处,我们曾走了怎样的岔路,又怎样各自走到了今天。

了解这些,就清楚地了解了自己,下一步的路就明晰了。

历史与观点

历史事实有文献级事实,如《史记》中的记述,有考古事实,如三星堆出土的文物,还有戏曲评书中提到的故事。本书尽量将历史事实提高到文献级索引精准度,如孔夫子的话引自《论语》,秦始皇的记载引自《史记》。本书暂时无法保证史实能否达到考古级标准,即不能够保证《史记》的记载百分之百真实。

还有些熟悉的历史事件,如1861年美国内战,本书参考了历史教科书对事件的记载。发生的历史和流传的历史未必一致,比如,孔夫子未必真说过《论语》中的话,但《论语》中的孔夫子的言行确实影响了后世两千多年,无论孔夫子是否真说过它,这些话都深深根植在中国人的心中。在这个意义上,文献级的真实更能够体现留存在人们的意识中的历史。

历史是胜利者书写的,体现胜利者的思维。成王败寇是自古延续的逻辑。历史写成后,当代人解读和评判过去的事情,总会运用当代的观点。就好像,孔夫子的地位,曾经从"累累若丧家之狗"[1],到独尊儒术后的圣人,又成为禁锢中国人思维的封建代表,成为大批判对象,又成为今天的国学正统。他本人早在两千多年前就去世了,但对他所作所为所说所感的评价,却随着时代的变迁,不断改变。每个时代的人解读他,都用当时的价值观。从这个意义上,一切历史又都是当代史。

本书梳理中西方文明的发展脉络,先对比古代中西方的差异,随后窥探各自的发展脉络,从而解读今天中西方的不同。我是历史中人,生活在特定的历史年代,解读也会带着个人观点。本书是一家之言,但我尽量让我的解读建立在文献资料的基础之上。同时,我尽量选取所有人耳熟能详的历史故事,如焚书坑儒、陈胜起义、独尊儒术等,这些内容不如其他故事新鲜有趣,但正因为耳熟能详,才深刻影响了每一个人,才最重要。请读者朋友谅解我在它们上所花的时间。

第一章 农耕家庭结构与商业个体社会

第一节 中国农民与古希腊商人

一、你会在选举时把票投给好朋友吗

到美国后,我住在学生自主管理的非营利组织。我被选为宿舍董事会成员,参与制定和修改规则。执行规则的委员会也由同学选举产生,与董事会独立运作。我旁听委员会会议,向董事会汇报。

中国同学违犯了宿舍规则被罚款,我参与了旁听。第二天午餐,他问我:你怎么看昨天的事?

我:结果比我预计的好,没有像通知单上写的驱逐你,只罚了款。

另一位中国同学:你昨天为什么不帮他呢?

我:我并不是委员会的成员,只旁听,没有投票权。

"你不是说代表我们的利益吗? 选你有什么用啊?"

我:我在董事会讨论投票代表大家的利益,但委员会是独立的。

"那你也可以帮他啊。"

我:我怎样帮他?

"你可以给委员会施加压力啊!"

"施加压力"四个字让我近距离地感受到了走后门、操纵规则的意愿。这是第四次对我工作的抱怨,我感到压力很大。

我和台湾同学聊天。他来自和美国差不多社会制度的地区,能够理解我的苦衷。

台湾同学叹了口气说:怎么说呢,你们的组织不太一样,要是普通机构,你可以给委员会施加压力。

我极其惊讶:什么? 你同意他们的想法?!

台湾同学:你说你旁听无权干预,说得没错,但不是大家想听的。大家选你了,你在位置上,就应该调动手中的资源解决问题。你的回答是官话,下一次肯定不选你。我建议你,不能解决,也要让大家感觉到你尽心尽力。

我:选举一个人是来走后门的吗?

台湾同学:选你是为了代表大家的利益。

我:怎么代表?

台湾同学:我们家附近的民意代表,每天可能半夜十二点多才回家,第二天早上五点多钟就去锻炼身体,和大家聊天,主动问有什么要帮忙。

我:解决社区的整体问题,还是靠社区代表的关系解决个人问题?

台湾同学:都有。候选人这么多,有个人你经常见,还帮了你忙,你肯定选他。

我:帮你家解决问题就选他? 那不成走后门了么? 选他是代表利益,不是拉关系解决你家问题。

台湾同学:我们选了他,他用手中的资源帮我们做事不是应该的么?

我:这种思维只能选出最会搞人际关系和走后门的人。按照规则办事的人就被淘汰了。

台湾同学:选举就这样。我们家房子有问题,你来帮忙维修,我肯定选你。

我:帮你修房子的人一定代表你的利益么? 天天帮各家修房子,走人际关系,他有多少时间做本职工作?

台湾同学:大部分精力在搞人际关系。

我很失望,原以为他能理解和支持我的做法,没想到台湾的民主竟是这样。

我:台湾的民主是伪民主。

台湾同学:美国人不也一样么?

我:绝对不一样。

台湾同学:我天天帮美国同学修理实验室仪器,本来是该他修理,你说实验室要选举,他不选我?

我:不会。

台湾同学:人都一样。

我:绝对不一样。

带着疑问,我走到美国同学旁边,当着台湾同学的面问他:竞选时,你会把票投给好朋友么?

美国同学:我的好朋友中没人竞选,一般都是年龄较大的人参选。

我:假设参选,你会选他吗?

美国同学:观点和我一样,我当然选他。

我:不一样呢?

美国同学:就不选啊。

我:选举后,好朋友问你"选我了么?",你怎么回答?

他:没必要骗他,就直接告诉他"我没选你"。

我非常吃惊,说:你不怕他生气?

他一脸疑惑:为什么生气?

我:你没选好朋友啊!

他:既然是好朋友,肯定不会生气啊。

我不解:为什么是好朋友就不生气?

他:好朋友一定会支持我的选择啊!

我:我的思维相反,好朋友不投票支持我竞选,就不是我朋友。

美国同学和我的思维如此不同,是我始料不及的。

我又问:台湾同学去竞选,你会选他么?

美国同学:看我是否赞成他的观点。

我:他经常帮你维护实验室的机器,帮了你很多忙,你不会因此选他么?

美国同学吃惊地看着我:选举的岗位与修机器有关系么?

我:修机器的技能与竞选岗位的职责没关系,但你不觉得就凭他帮你,你应该支持他么?

他:不是选最善良的人,是选最能代表利益、将社区变得更好的人。

我大吃一惊,说:你怎么将公共选举和日常友情区分得这么开!

看他依然不解的表情,我说:换成我,我一定选朋友。

他:你总是同意朋友的观点?

我:不。他未必最有能力,但我要选他。

他非常吃惊:这不符合你的利益啊?

我不理解:选朋友符合我的利益。

他:你不经评判就选朋友,他不是最适合的人,社区的利益就受损了,你是社区一员,利益跟着受损。

我了解了他的逻辑,不由得感叹:坦白讲,我选好朋友让社区利益受损,作为社区一员,我的利益跟着平均地受损。朋友当选让我有机会获得特殊利益,超过受损的平均利益。

他:你怎么得到特殊利益呢?

我:这不很简单么?我的朋友在执行规则时略微调整,就给我很多利益。

他还是不解:他怎么给你更多利益呢?

我:操纵规则的执行。世界上不是人人都和你思维一样。朋友就像家人,就会偏向。你父母去参选,你一定会选你父母。好朋友就像家庭成员,在关键问题上要支持。

他:为什么父母参选就一定选父母?

"什么?"我大吃一惊,"你不一定选父母?"

他平静地说:要是他们不是最佳人选,我为什么选他们?

我觉得不可思议:你对待父母还这么理性?你父母会怎么想?

他:你同意父母的每个想法么?每代人都有各自的想法。

我:我毫无疑问地投票给我父母。

他:你更了解父母,不了解其他候选人,思维受家庭影响,会让你觉得父母的想法正确……

我打断他的话:不,不是相似的观点才支持他们。他们是我的家人,我一定要支持。我问你,你要参选,不期望子女支持你么?

他:他们能支持当然好,但不由他们这几票决定。子女为什么要和我完全一致呢? 我的想法也和父母不一样,我会很高兴他们有自己的判断。

我:在你看来,好朋友和普通人有什么区别? 你有什么事情会让好朋友做而不会指望别人做呢?

他:举个例子,我要是需要有人去机场接我,可能会给我的好朋友打电话,说"嘿,你有空么? 能不能来机场接我一下?"我就不会找别人去接我。当然,要是我的好朋友很忙,也不必来接我。

我特别惊讶:去机场接你的人需要是好朋友么? 我也可以去接你啊,你平时在科研上给我提供了很多编程的支持,让我去机场接你很正常啊。

他:我们是同事,在项目上就是要合作的。我不应该占用你的时间办我的私人事情。

我:你怎么把工作和个人生活区分得这么清楚!

谈话至此,我还不相信他这么守规矩,追问:在什么情况下,你选好朋友不因为观点相同或能力强,仅出于朋友的考虑?

他:想不到这样的情况。

我:你再想一想,有一点点可能的,会是什么?

他想了又想,突然高兴地说:啊,有可能。他要是没有工作,当选就有工作了。我投他就可以给他一份工作。

我:个体社会的家庭和家庭结构①的家庭太不一样了。

台湾同学说:你只问一个人,不准确。

带着这个疑问,我又询问了十一个见到的外国人。一个美国密歇根州人,一个美

---

① 参见第一章第一节(四)和第一章第三节(二)

国俄亥俄州人，四个美国加州人，一个澳大利亚人，一个新西兰人，一个德国人，一个波兰人，一个意大利人，一个法国人，一个西班牙巴塞罗那人，一个巴西人。

澳大利亚同学比较特殊，他长期在亚洲生活。

除了一名美国加州同学、巴西同学和意大利同学，无一例外地，都回答不一定会选择朋友。

我问：朋友问你"投我一票了么"，你怎么回答？

德国同学：选举是隐私，我会说"无可奉告"。

法国同学：我可能会欺骗，我不想说出真相后引发争吵。

除此以外，其他同学都讲：就直接说我不同意你的观点，没有选你。

我追问：他生气了，你怎么办？

波兰同学：他不能尊重我的观点怎么做朋友？

新西兰同学：他来问我是否选他，我会非常生气。

我：为什么生气？

新西兰同学：他是好朋友，不该问。

我：好朋友就该相信你一定选他么？

新西兰同学：当然不是。好朋友更该尊重我，他问我就跨线了，证明他不是好朋友。

我：你们国家的腐败一定很少。

新西兰同学：当然了，根据"透明国际"组织的"清廉指数"排名，我们连续几年是世界最清廉的国家。①

密歇根州同学：是否选父母看是否同意他们的观点。

加州同学：看观点是否相同。不选可能让他们不快，但选举就这样。

另一位加州同学：我觉得会选好朋友。

我问：为什么会？

_____

① 笔者查阅透明国际网站的排名报告，新西兰至少在 07 至 12 年间排名第一。但笔者不了解该组织的排名可信度。

他：你不觉得人就这样么？

为了刨根究底，我问：为什么人这样？

他：很多人没有判断，也不花时间仔细辨别候选人，对某个人有点印象，就投他了。

我：你选了好朋友，会期待他未来为你做什么吗？

他：当然了。

我：比如？

他：要有变化。但他不会很快把面包放在桌子上，再好的政策也要实践的时间。我选对了，他迟早会带来变化。

俄亥俄州同学也说要看观点是否一样。

意大利同学和巴西同学说"会选好朋友"。

巴西同学：选他会让他高兴。

我：这是腐败的隐患。

意大利同学：我会选，我家在西西里附近，黑手党很多，我不希望得罪任何人，不想有麻烦。

我：选举不记名投票，他怎么知道你选了谁？

意大利同学：很多年前出现过选票箱被偷偷打开的情况，我觉得他们有渠道了解谁投票给了谁。我不想惹麻烦。

我：意大利腐败应该很严重。

他：出了名的严重。

这些谈话引发我对中西方差异的进一步思考。我初步判定，台湾社会表面走了西方模式，骨子里还是传统思维。

台湾同学：很多人说台湾的排序是"情—理—法"，先讲情，再说理，最后是法；西方人的排序是"法—理—情"，重法轻情。

中西方对法制的不同态度，在两千年前商鞅和苏格拉底面临死亡威胁的选择中就体现了。

二、商鞅与苏格拉底，在死亡威胁前谁会坚持主张

苏格拉底和商鞅是同时代人，在死亡威胁前的做法却截然相反。

苏格拉底是古希腊雅典城邦的著名哲学家和演说家。他常常在街上与人辩论，发表与很多人思维相左的观点。他被指控教唆青年和传授诡辩技能。[2]

在庭审中，苏格拉底清楚潜在的死刑风险，但他认为，人要考虑行为的正义，不是行动的危险。[3]他说，他不会为生存含泪祈求法官，更不会把孩子带来激发陪审团的同情。[4]他坚持自己过去的言论没有任何错误，坚称他始终追求真理，拒绝接受对他教唆青年和传授诡辩技能的指控。雅典陪审团投票的结果是，判处死刑。

行刑前一天，好朋友克里多来监狱看望他，提出贿赂狱卒帮他越狱的想法，被苏格拉底拒绝了，拒绝的理由非常值得分析。苏格拉底认为，城邦公布了对他的死刑判决，他作为城邦公民，一切活动就要遵守城邦法律。不能说服母邦，就应该按它的命令行事，不应按私人意愿越狱来破坏法律。[5]苏格拉底相信他所讲的一切，并始终如一。他在雅典城邦生活了七十年，作为雅典城邦的公民，坚决遵守雅典城邦的法律。陪审团合法地投票判处他死刑后，他依然遵守法律。

西方的法治精神和追求真理的意志在苏格拉底身上完美体现。苏格拉底不认为自己的言行有罪，更不认为罪应至死，但他遵守雅典城邦的法律，遵守雅典城邦的公民组成的陪审团对他的罪行的表决。

在克里多为雅典城邦失去了旷世奇才而痛惜时，苏格拉底的死从哲学高度为西方文明奠定了法治精神，并奠定了西方社会为追求真理而死的信念。

苏格拉底死后不到一个世纪，在东方，有相似遭遇的商鞅却选择了不同的结局。商鞅在秦国主持变法，为严格新法执行，太子犯法后，商鞅对太子的老师用了刑，第二天，秦人就遵守法令了。在商鞅看来，法令颁布很久百姓却不遵照执行，主要是位高权重的人不遵守。太子即位后，有人举报商鞅谋反，官吏四处搜查。商鞅逃到边关，想住客栈。客栈的主人不认识他，说：按照商鞅的法令，留宿没有证件的人会被处罚。商鞅不禁感叹：我制定的法令竟对我贻害无穷。他秘密逃到了魏国，随后在秦国举兵，兵败被杀。[6]

"作法自毙"出自商鞅的遭遇，指自己制定法令，让自己受害。假若商鞅真的坚信法令正确，听到店主人援引他的法令拒绝留宿时，应该十分高兴：连边境的人都熟悉并坚守新法，证明法令得到全面实施。愿为变法献身的人会说：你讲得非常正确，我就是被四处搜捕的商鞅,按照我制定的法令,你不能留宿我,要把我送交官府,得到赏赐;你若包庇我会一同入狱。

苏格拉底和商鞅形成鲜明对比。苏格拉底至死坚信主张正确,他坚信无罪,却坚定拒绝克里多的越狱帮助,坚信作为雅典城邦的公民,有义务遵守法律,从容赴死。秦国的新法制定者商鞅,敢于对太子的老师动刑,作为对太子的惩戒,确实有魄力。后世执法者还不如商鞅,很少有人再敢动太子。只可惜,他在法律用到自身时,却无奈地感叹没有容身之处,随后逃到了其他国家。商鞅根本不坚信自己的法令。

中国历史上也有从容赴死的人,如文天祥和谭嗣同。他们都有放弃想法而活下去的机会,却选择赴刑场。与苏格拉底的不同在于,他们的目的不是为了捍卫法制。

谭嗣同在内忧外患的时刻,坚信只有变法才能图强,主张走类似日本的君主立宪制度,保留皇帝的位置和权力。他变法是为大清国挽狂澜于既倒,而不是推翻清王朝。即便如此,他被捕了。也有人希望救他,他也拒绝了,理由却不是"我身为大清国的子民,一定要遵守大清国的法律,接受大清国的法律的惩罚"。他的理由是:"各国变法无不从流血而成,今日中国未闻有因变法而流血者,此国之所以不昌也。有之,请自嗣同始。"[7]他希望借流血唤醒民众。他的从容赴死与法律和契约无关,却非常符合儒家君子的形象,君子不论对错,也未必永远与皇帝观点一致,但情感和立场始终与国家与帝王一致,①即便被处死。

文天祥没有接受忽必烈的邀请出任元朝的官员,选择从容赴死,留下了千古传唱的诗句,原因和动力也不是遵循南宋或元朝的法律,而是出于对国家的忠诚,才宁死不屈,被历史铭记。"忠"是在情感上与南宋一致,并非在对错上认为南宋正确、元朝错误。文天祥未必判断忽必烈的政策错误,赴死只是情感上与国家共存亡的忠。

在面对死亡威胁时,商鞅背弃了亲自制定执行的新法,谭嗣同和文天祥放弃生还的机会奔赴刑场,却不是为了遵守法律。只有苏格拉底,在死亡威胁前不改昔日言论,同时坚持城邦公民要遵守法律,即便法律运用到自己身上。

---

① 参见第一章第三节(四)

要理解苏格拉底的法治思维从何而来,不妨先看看雅典城邦的人以什么为生,又如何在生产生活中催生了对法律的重视。

三、商业文明——个体、平等、自由、法制、民主、扩张

在欧洲大陆南部的古希腊雅典城邦属于典型的商业文明。希腊人靠海为生。从地理条件看,希腊东临爱琴海,没有肥沃的大河流域和广阔平原,不适宜古埃及尼罗河畔、古中国黄河长江和古印度印度河的农耕。但希腊天然良港众多,航海条件得天独厚。希腊人最早就靠海洋运输实现商业繁荣。[8] 希腊有两百多个城邦,往往以山川海洋为自然边界。城邦间没有大河流经,更没有中国常年的水旱灾害,城邦间的往来除了征战就是贸易,目的都是财富。

雅典是希腊的著名城邦。它的小块平原盛产葡萄、橄榄,富藏优质陶土和大理石,葡萄酒、橄榄油、陶瓶、陶罐经海上运输,销往地中海沿岸。[9] 希腊的商品经济繁荣,农业和手工业都与市场联系紧密。[10] 生产产品的目的是在市场上交换,换回所需物品。只有将葡萄、橄榄等经济作物与外界交换得到生活必须的粮食作物,希腊人才能够生存。这与中国自给自足的小农经济形成反差。小农经济的生产目的是满足生活需求,主要种植水稻、小麦等粮食作物,不是赚钱,生产也不依赖市场。

商业是雅典城邦繁荣的核心,也是雅典人主要的生活方式,城邦内人与人的关系实质是商人间的关系,商业往来塑造了城邦内的人际交往观念。商人间的关系有哪些基本特征呢?

商人间地位平等。没有地位平等,商业等价交换就缺乏基础。奴隶和奴隶主间不平等,永远不能等价交换。奴隶主无偿剥夺奴隶的物品,无需和奴隶交换,根本谈不上等价。商人卖东西,假设顾客有无偿占有物品的权利,顾客为什么要等价交换呢? 商业繁荣的基础是商人地位平等。追求平等,贯穿商业文明的始终。在等级森严的社会下,商业很难繁荣。你做买卖的对象都是你的上级或下级,彼此间缺乏平等地位,地位低的人就不敢说不。法国大革命是商人发起的革命,"平等"是口号之一,目的是反对位置高高在上的贵族。贵族占有大量的土地,有很多特权,在地位上高于普通商人。商人要平等竞争,就要打倒贵族。

在平等的基础上,商人间自由买卖:自由是商业繁荣的前提。自由选择和买卖才

能让质优价廉者脱颖而出,促进优胜劣汰。强买强卖和垄断是自由的反面,都造成对优秀者的压制,不利于商业繁荣。商人选择的自由也成为商业文明下的思考模式。罗马法规定,"根据自然法,所有的人都是生来自由的。"《美国宪法第一修正案》明确保护言论自由。[11]自由始终是商人追求的目标,却未必在现实中实现。我来美国后,了解他们的言论自由,在饭厅吃饭,常常和西方同学聊天,试图理解他们的文化和思维。我曾和一位虔诚的美国基督徒聊了很久宗教。他说:"和你聊天很开心,我一般不和别人聊宗教。"我问:"为什么?"他说:"这里的很多学生不信教,聊宗教会让他们不舒服。"我说:"我不信教,但没感觉不舒服。"其实,我经常聊的话题是政治,常常会和西方同学辩论。美国同学曾问我:"日常交往中避谈的两个问题是宗教与政治,你怎么天天聊这些内容?"我说:"我没觉得需要回避,你们有言论自由,怕什么?"他说:"聊宗教和政治很容易观点不同而争吵,社会交往总不希望每天争吵,希望大家喜欢你。"我说:"这很奇怪。西方社会强调个性和自我,每人有自由选择和表达的权利,无需和他人一样,为什么在乎呢?"他说:"坚持观点是在宗教和政治上,不在社会交往上,大家都喜欢交朋友,不要总争论。"我说:"我没希望和任何西方人交朋友,只想了解西方社会,争论反而有助于我更好理解对方的逻辑。"

有了平等地位,再自由选择,达成的交易最终要靠契约精神保障兑现。契约是双方在平等和自由选择的基础上达成的协议。契约精神强调遵守达成的协议,落实各自在契约中的责任义务,保障协议从纸面落实到实际。我们今天到网上购物,契约精神体现在下单后,我们的责任是按规定支付购买费用,卖家的责任是在规定的日期送货。契约精神体现在履行职责上。在美国内战中,南方的州坚持奴隶制,要脱离联邦,南方盟军的将领带领军队对抗北方。他本人不赞同南方的奴隶制,支持北方废奴的主张,但他依然为支持奴隶制的南方而战。他说:作为军人,我的职责是保卫南方。[12]

繁荣的商业伴随着商人对契约的遵守,契约精神推广到全社会,就形成以社会契约调节商人关系的模式——法制。社会成员共同遵守的基本契约叫宪法。苏格拉底表现的法治精神实质是商业文明的契约精神。苏格拉底认为,城邦公民要遵守城邦契约,生效的法律就得到执行。这是他一贯坚持的。在他的一生中,他从没有想过移民外邦,对雅典的法制也是满意的。在此情况下,他一定要执行生效的法律,才与一贯的言行一致。商业文明下,违反契约的商人要基于法律受到相应的经济、政治等的惩罚。公元前六世纪,雅典就建立公民陪审法庭,[13]审判成员由公民抽签产生,在听取诉讼后,投票表决。苏格拉底的死刑审判结果就由陪审成员投票表决产生。美国和英国今天也采取陪审制,从成年公民中随机抽出陪审员组成陪审团,听取诉讼后,决定有罪或无罪。

平等、自由、法制是商业文明的直接特征,民主是在此基础上衍生的社会治理模式。商人间地位平等,又自由选择,存在分歧的观点,不能由某一人决定,要全体商人平等发表意见,由多数人决定。人人都有发言权和表决权的民主治理模式就诞生了。民主是商人间平等并能自由选择的必然结果。

公元前六世纪,雅典城邦经历执政官梭伦和克利斯提尼的相继改革,确立民主制度。[14]父母祖籍均为雅典城邦,拥有财产,能自备武装服兵役的成年男子是公民,拥有投票权。[15]从公民的定义能窥测到,雅典的民主是奴隶社会统治阶层内部每人一票的民主。商人间的平等、自由、法制,只适用于总人口中少数的公民,而不适用于奴隶和女性。当时,奴隶和女性都不是公民。雅典的民主是直接民主,公民对很多事情直接投票表决。能够做到这点,一是雅典城邦本身较小,只是古希腊的一个城邦;二是城邦内有投票权的人只占人口的少数,奴隶、女性、未成年男子和父母祖籍不都是雅典城邦的人不是公民,没有投票权。在此意义上,能够直接投票的人很少,给直接民主提供了可能。现代西方国家的人口众多,不再歧视女性,也不再有奴隶,有投票权的公民人数大大增加。以美国为例,全国有三亿多人,直接民主显然不现实。我居住的大学合作住房协会是一个非营利组织,有四百多学生,董事会也是由选举产生的七人组成,代表四百多成员投票通过预算、审核财务报告、制定和修改规则、决定雇员工资奖金等,也不是什么事情都由四百人直接投票决定。

在商业文明的平等、自由和法制基础上,享受民主的是公民,公民是商人个体,也是构成商业文明的细胞。在公民意义下的平等和自由是个体间的平等与自由。商业文明越发展,个体的平等自由就越获得解放,个人主义思想就越强。我在美国感受到强烈的个人主义。周围的人都在说"我想要"什么,"我想做"什么,"我喜欢"什么,个性鲜明,自我意识强烈。一位美国同学和女朋友分手,原因是他不喜欢个人生活受到限制。为了对女朋友忠诚,他在派对上不能和热辣的女生亲热,对他是很大的束缚。我说:"你女朋友那么漂亮,性格又那么好,也很喜欢你,分手太可惜了。"他说:"我和她在一起,遇到别的女生,还是希望得到她们,这说明我女朋友不是我最想要的。"我说:"让个人欲望无限膨胀,何时能够满足呢?对于拥有的,总是不知道珍惜。"他说:"我还年轻,要继续寻找。"

商业文明由公民个体组成。个体间平等、自由,靠法制调节社会关系,形成商业个体社会,或叫商业公民社会。

商人追求财富的方式是找到更多愿意购买产品的人,扩展市场是商业文明的本性,商业文明永远不会满足于已有的一切。雅典的商人远航贸易,卖出雅典的葡萄酒、橄榄油等,哪里有买家、哪里赚钱,就去哪里,开拓精神很强。不像农民固守田园,故土难离。

商业文明扩张的另外动力是掠夺资源和劳动力。雅典人在梭伦民主化改革后,城邦内的奴隶获得解放,为获得劳动力,就向外掠夺奴隶,奴役外邦。[16]逻辑很简单,在奴隶制的社会大背景下,城邦内的奴隶得到解放,就通过掠夺外部的奴隶补充丧失的劳动力。向外扩张,除了卖出更多的产品,也包含劫掠。奴役弱者的逻辑始终存在。15世纪末,哥伦布远航抵达美洲,看到当地的土著人"尚无铁器","对军事一无所知",他得出的结论是,"我们五十人足可征服其所有人,并随心所欲地支配他们"[17]。航行前,哥伦布与西班牙王室签订协议,他未来将获取殖民地百分之十的利润,[18]远航,伴随着商人对财富的渴望。

商业文明下的个体社会,早在雅典城邦就奠定了下来。个体、平等、自由、法制、民主和扩张都不是近代以来的新事物,它伴随商业文明始终。苏格拉底就是在古雅典城邦坚持法治、言论自由,最终被公民陪审团投票判处死刑并毅然决然遵守判决的代表。近代的变化,是投票的个体范围扩展了,给予奴隶、女性和没有财产的自由男性以公民身份与投票权。商业文明废除奴隶制的时间非常晚,美国南部直到19世纪南北战争还保留了大量奴隶,约有四百万人。[19]战争结束后,奴隶解放,种族隔离制度却长期存在,到20世纪60年代后,南部非洲裔美国人才有平等投票权。2008年,美国才诞生第一位非裔美国人总统。女性普遍获得民主选举的权利也是20世纪的事情。女性和原先的奴隶成为了有民主选举权利的公民,而不再是男人的附庸和财产,变化的实质是对公民的概念的扩展。拓展的原因是,女性、奴隶、男性都有共同特征——都是人。因此,近代以来,商业文明常常高举"人权"大旗。法国大革命不久,就颁布了著名的《人权宣言》。[20]强调"人权",才能够拓展公民概念。

商业个体社会的特征都存在于古代雅典的政治制度里,近代商业文明拓展了公民的范围,打的旗号是人权。个体社会始终由符合公民定义的个体来治理,由商人组建,与农耕文明的的中国形成的家庭结构截然不同。

四、农耕文明——家庭、稳定、和谐、中庸、传承、自给自足

苏格拉底的法治思维是古雅典商业个体社会的产物,体现商人的契约精神。买卖双方遵守达成的契约,是商业顺利进行的必要条件。而繁荣的商业是由于雅典盛产的经济作物和手工品无法直接作为粮食食用,必须用来与外界交换获得食物,才能够维持雅典人的生存。商鞅生活在农耕文明的中国。农民生产粮食作物供自己食用。买卖并不是生活的必需,人与人之间自然就没有很强的商业契约精神。契约精神不能保障农业丰收,在农耕文明中并不重要。农耕文明讲究实用主义,哪种方式可行,能产出最多粮食,就用哪种方式。是什么样的自然条件造就了中国的农耕文明呢?

与古雅典没有肥沃的大河流域和广阔平原、只能靠天然良港出海贸易不同,中国人长久地生活在土地肥沃的黄河与长江流域,依托河流的哺育,很早就从迁徙走向定居。中国人最早培植水稻和粟,[21]河姆渡遗址出土了大量稻谷。[22]水稻和粟都是直接能填饱肚子的粮食,而雅典盛产的橄榄和葡萄等经济作物必须与外界农作物交换才能获得粮食。依托发达的农耕技术与大河沿岸的肥沃土地,中国人精耕细作养活自己和家人,无需奔波到远方贸易换回生活必需品,生产的粮食完全能够自给自足。中国人重视农业生产,商品交换不是生活的必需,形成了农耕文明。直到新中国建立前,百分之八十以上的人口还都是农民。[23]我的祖父母一生都是农民,父亲小时候在农村长大,会种地劈柴;外祖父母小时候在农村长大,来到城市后,居住的平房的院子里有很小一块地,外祖母已年过八旬,仍坚持种些菜。传统的农耕生活,距离我们并不

遥远。漫长的农耕文明历史积淀下来的是怎样的生活方式呢?

农耕生产中,家庭是社会的细胞。春秋战国时期,以一家一户为单位男耕女织的小农经济逐渐形成。[24]与古雅典生产经济作物和陶器卖往远方的商业模式不同,中国家庭生产的目的是自给自足,耕种粮食全家吃,编织衣服全家穿,粮食和衣物不是为拿去远方出售。商业在生活中只扮演辅助角色,每家每户生活的水平,更多取决于男性耕地和女性编织的勤劳程度,谁家的丈夫精耕细作、早出晚归、不误农时,妻子心灵手巧,谁家的日子就过得好。重视生产是农耕文明的重要特征。夫妻在生产上明确分工,又互相需要,组成的家庭是生产的基本单位,也是社会的细胞。

与商业文明形成个体社会不同,农耕文明形成家庭结构。家庭结构指家庭为最小单元,所有小家庭合在一起,组成的国是大家庭。家与国的结构相同,社会生活的方方面面都形成家庭结构。小家庭中,家长决定家庭事务,地位高于子女;大家庭中,皇帝是大家长,其他人是他的"子民"。子女对家长要尽孝,子民对大家长要尽忠。忠孝是家庭结构下的子女和子民的高尚道德。反过来,家长对子女要慈,大家长对子民要仁。[25]大家庭内除了大家长皇帝外,还有各级地方官僚,皇帝与官僚组成的家长团体叫"父母官",《诗经》中就有"民之父母"[26]的语句。父母官的对应词是"老百姓",二者又形成家庭结构。汉朝选拔孝顺廉洁的人为官,是因为对小家长的孝和对大家长的忠同构,能够孝顺的人更可能忠诚;廉洁就是不把大家庭的物品拿到小家庭享用,把大家庭中的父母官角色摆在小家庭的父亲角色之前。整个社会由家庭结构层层嵌套。

男耕女织实现自给自足,男女缺一不可,组成的家庭需要长期稳定。稳定是家庭结构存在的基础。家庭由父母子女组成,观点很难一致,决策时,传统家庭听从父亲的意见。父亲作为家庭的主要劳动力,成为家庭的一把手,母亲和子女围绕着父亲转,这就减少了观点不同造成的家庭内部冲突,维持了稳定。俗话说的"宁拆十座庙,不毁一门亲",就是为了保持家庭的稳定,准确地说,是小家庭的稳定。《吕氏春秋》中提出的"天下太平"[27]是大家庭对稳定的追求。中国历史上多次出现改朝换代的乱局,都很快被新的统一局面取代,大家庭求稳定的动力非常强。直到今天,仍然"稳定压倒一切"[28],"维稳"是首要任务。大家庭内部的不稳定常常是饥荒、暴政和苛捐杂税的叠加结果。历史上,中国人不走投无路,不会大规模起义。在多数人心中,现实并不令人满意,却比战火纷飞好得多。在农耕文明下,春耕秋种有对眼前劳动的明确预期,揭竿而起的结果就未必能准确预料,起义造成的不稳定也许让结果更糟糕。

有了稳定的基础,家庭结构追求的目标是家庭成员间的和谐。"和为贵"[29],"天时不如地利,地利不如人和"[30],外部条件的优势不如内部人与人的和谐。在农耕思维中,再好的外部自然条件,如肥沃的土地,充足的降水等,也要人去利用。家庭内部和谐、分工协作,农业收获才会更多,也就是常说的"家和万事兴"[31]。内部不和,再好的外部条件也无济于事。

和谐是农耕文明的人际交往目标。"君子和而不同"[32]是典范,和谐比相同更重要。家庭结构承认内部成员存在不同,不追求所有人完全一致,却追求在各自保留观点的前提下,实现和谐的目标。今天,班级同学有矛盾,单位同事争吵,班主任或领导往往不会着重区分争论的对错,而先各打五十大板,让双方都道歉,弥补因争吵而破坏的和谐。在美国饭厅吃饭,我常常和美国同学辩论。圣诞节那天,美国同学试图说服我尝试吸大麻,我讲了鸦片战争以来的中国历史,告诉他无论如何我不会尝试。争辩越来越激烈,旁边的一位中国同学插话说:"你喜欢吸大麻,他不想吸,各有各的选择,不必争下去了。今天是圣诞节,咱们聊点轻松的。"事后,美国同学问我:"那位中国同学似乎对我们的争论很不舒服,却没说同意谁的观点,为什么?"我说:"他不喜欢破坏和谐。争论下去,观点的分歧越来越明显,最终也未必有一方说服另一方,反而破坏了和谐气氛。"他说:"和谐比对错更重要?"我说:"除了特别重要的大是大非问题,和谐一般比对错更重要。"他说:"那不同的观点始终隐瞒?"我说:"不同的观点委婉地说,尽量不直接说,在保持和谐的基础上表达。"他说:"我父母一直告诉我,有什么不同的想法要及时表达,对别人有意见要直接讲。"我说:"我和你交流会入乡随俗。"

农耕家庭结构追求人与人和谐关系的方式是中庸。孔子说:过犹不及。[33]事情做过了头,就好像没做到位一样,都很不好。中庸就是要做得恰如其分,不极端,不绝对,不永恒。农民对季节敏感,在春耕夏种秋收的轮回中,最冷天气到来了,春天就不远了。冷的极点就是热的开始,物极必反,循环往复,不会一条道走到黑。最冷的日子预示即将来临的温暖。没有极端的冷热,没有绝对的好坏,也没有什么永恒不变。家庭结构本身就"合久必分、分久必合"。王朝也是建立之初励精图治,随后腐朽灭亡,形成了兴亡的周期。世界历史上,多个帝国相继称霸,又相继被取代。近代历史上,西班牙、葡萄牙、英国、德国、日本和前苏联都曾建立庞大的帝国,又相继被取而代之。美国今天强大,却不会永远强大下去,也有陨落的时刻。

中庸思想试图让对立的两方调和共生,采取折中方案兼顾彼此,它是家庭结构稳定与和谐的重要措施。家庭内部的和谐,不能是子女单方向的尽孝而家长不管子女的死活;也不能是家长单方面为子女买房而子女对老年家长不闻不问。自古而今,大家庭的治理常常需要居中调和的人物,让各方意见得到兼顾,让各方都接受,实现家庭稳定与和谐。选拔官员要不要照顾"山头"和"各方面",毛泽东认为"照顾比不照顾更有利益。"[34]"山头"指各地方的利益。毛泽东的处理体现了中庸思想。

与农耕家庭下的中庸思维相对,商业个体社会常常不照顾、不妥协、不考虑。以商业文明的"民主自由"价值观为例,它的传播很强势、背后有武力支持、不容许其他国家对其说"不"。我所在的宿舍,除每周要做的四个小时义工外,每个学期要额外做四个小时义工。经理和董事会商量把每个学期额外的四个小时减掉,理由是,现在存款充足,收入稳定,不再需要大家每季度额外奉献四小时了。董事会成员中,有人同意,理由是大家都不喜欢额外做,减掉四小时的影响也不会很大。反对的意见是,去年和前年都收不抵支,减少义工可能会进一步增加支出。我综合正反两方面的意见,提出两步走提案:先把每季度的额外四小时减少到两小时,试行一年,没有问题后,彻底取消,理由是该制度已存在十几年,不必急于在一天取消,取消存在一定风险,且一旦取消,再放回来就会让同学们很不满。结果我的提案没有通过。最后还是一次性取消了。我进一步努力争取,在一次性取消的末尾添加了"试行一年"的条件,为可能出现的问题做准备。会后,一位美国同学听了我在会上的提案后说:你的提案和你一直讲的中国思维很像,考虑很多内容,小心作出决定。我说:美国人的思维有些直线式,不喜欢折中。

农耕家庭结构中,除了家庭要稳定,成员关系要和谐,用中庸的思维处理事情,还要重视农业生产技术的经验摸索与传承。前人总结的农耕技术要父传子、子传孙,保证农耕生产的永续进行。对已逝先祖的祭祀是重视传承的体现。清明节扫墓,是对前任家长和历史传承的尊重与怀念,让人始终牢记前辈的嘱托。欧美有万圣夜,大家戴上面具,打扮成鬼怪,目的却不是祭祀逝去的先祖,与清明节迥异。直到今天,中国人仍自称为"炎黄子孙",把炎帝和黄帝尊崇为先祖,年年祭祀。意大利传教士利玛窦在明朝来中国时,就发现,熟读圣贤书的中国人"每年祭祀亡灵","向已故的祖先表示崇敬",是"希望孩子们以及没有读过书的成年人,看到受过教育的名流对死去的父母都如此崇敬,就能学会也尊敬和供养自己在世的父母"。[35]儒家的"最终目的和总的意图是国内的太平和秩序"。[36]就是说,对死去的祖先都按照礼仪祭祀,对活着的父母就更会孝顺。

我小时候,家人每到清明节会烧纸钱,我问:"人死了真能收到纸钱么?"家人回答:"收不到,烧纸的时候念叨念叨,是对死去的亲人的怀念。"美国同学听说中国有烧纸钱的习俗,问:"人死后怎么还用钱呢?"我说:"从科学角度讲,人死后就什么也没有了,不需要钱。钱只不过是过去科学不发达的时候人们对死后世界的构想。"美国同学:"那也不需要钱啊。活着的人买东西花钱,死后去哪买东西啊?"我想了想,说:"农耕文明下的死后是另一次生活的开始,死后的世界也有腐败,也要花钱贿赂。"美国同学:"那怎么不把活人的钱都烧掉呢?"我说:"纸钱在纸上随意标注金额,动辄上亿,烧后寄给死去的亲人,让他们在另外的世界过上富裕的生活,弥补活着的时候过的苦日子。"

除了祭祖外,尊师重道也体现对传承的重视。老师把前人的知识传给后人,尊重老师是对前人工作的最好继承。此外,对历史的重视也体现传承。历史是祖先足迹的记录。"以古为鉴,可知兴替",[37]历史是未来行动的借鉴。悬在世俗之上的公正判断,不是上帝,而是历史。从司马迁写《史记》起,各朝历史都被系统整理编撰。名垂青史成了士大夫的追求。

农耕家庭结构需要稳定、和谐、中庸、传承,目的是实现自给自足。农民重视生产,强调努力耕种,不把精力放在商业交换上。为突出强调对生产的重视,农耕家庭结构采取重农抑商政策,始于商鞅[38]。工作的等级排序是士农工商:士是"父母官",其次为农民,商人最末。

商业怎么样和自给自足的生产产生矛盾进而被抑制呢？商人不从事直接生产，靠倒买倒卖比辛苦耕田的农民收获更多，长此下去，农民会不愿种田而愿经商，田地会荒芜，破坏农耕社会的稳定。重农抑商的实质是不希望商业与农业争夺劳动力，通过压制不从事生产却获暴利的贩卖者来保护生产者的积极性。今天，中国走入工业社会，农民人口比例在历史上第一次低于百分之五十[39]，依然重视生产，关注农业问题，千方百计地确保粮食增产。我说："农耕的思维是重生产，走入工业社会后，中国成了世界工厂，为全世界生产物品。"美国同学："对中国来说，传统农耕在田地里，现在机器厂房中的生产可看成现代农耕。"我说："重生产为了实现自给自足，更好的生活蕴藏在今天的汗水中，骨子里没有商业文明靠掠夺和扩张得到财富的思维。"

　　农耕家庭结构延续至今。商鞅变法两千多年后，新中国的改革从农村开始，搞"家庭联产承包"。在国内学习，一般关注后四个字，重点是"承包"，外国学者看到的却是"家庭"。今天，我们搞农业现代化，试点"家庭农场"，依然以家庭为单元。这与古代社会以家庭作为生产和生活单元一脉相承，家庭结构的当代社会根基依然牢固。

第二节　扩张的动力：农民治水，商人寻财

一、构建大家庭——共抗水患

　　商业文明远航贸易，始终追求更多的消费者、更廉价的劳动力和更多原材料，有扩张的内在动力；农耕文明自给自足，视野集中在自家的一亩三分地，没有扩张的本性。但历史上，农耕文明从黄河长江沿岸的部落开始，不断整合，最后秦扩张吞并了六国，统一了大家庭。是什么原因让没有内在扩张本性的农耕文明版图扩张了这么多，并奠定了后世王朝的统一主旋律？

　　农耕家庭结构求稳定、和谐，用中庸之道处理事情，传承祖先的耕种技术，却依然不能保证有稳定的农业收成。实现农业生产自己自足的关键要素——灌溉的水，不由一家一户的劳动力决定。自然气候自古就极少风调雨顺，水旱灾害频繁发生。小家庭的力量不足以解决旱涝灾害，需要大家庭的统一协作，共同的治水需求让小家庭联合起来。谁能带领大家治水，谁就有组建大家庭的权威，就有成为大家长的潜质。第一个王朝——夏，就由治水巧匠大禹建立。

大禹治水,先分析水害的成因,后决定用疏导的方法治理。在部落林立的时代,大禹必须协调各部落,共同挖渠完成浩繁的工程。他在外13年,三过家门而不入,最终治理了水害,显示了舍小家顾大家的大家长风范。舜因大禹治水有功,将部落联盟首领的权位禅让给他。大禹在同其他部落的斗争中,又取得前所未有的胜利,在部落联盟中享有极高的声望。他在约公元前2070年建立第一个王朝——夏。[40]首任大家长——大禹,是工程师。大禹治水是纯粹工程行为,与后世的李冰修筑都江堰,当代人修三峡类似,都依靠实地考察,制定计划,协作实施来完成最终的工程。

在诸侯国征战的春秋时期,各国时常兵戎相见,打得不可开交,却也会尝试联合解决共同面对的难题——水患。《春秋》记载,齐桓公召集诸侯盟誓,规定诸侯国不要修筑有损于邻国的水利工程。[41]《孟子》也记载,诸侯国同意修筑水利工程不能本国得利却让邻国遭殃。[42]但单凭诸侯国间的盟约,不能有效组织大面积施工。治理水患最终要靠统一规划与行动,组建统一的大家庭,让小家庭安心农业生产。孟子认为天下安定的最终方式是"定于一"[43],即安定于一个国家,一个君王来掌管。

水旱灾害是自然气候的结果,统一的大家庭不仅能调动最多资源兴修水利以减少灾害的发生,还能在发生灾情后进行支援。据统计,在民国成立前的两千多年历史中,水灾和旱灾各发生一千多次。[44]全国统一有效的赈灾粮食能最大限度降低风险。在最近一百年间,依靠工程技术的进步,大型水利枢纽纷纷建成。像三峡这样的大型水利工程,没有统一的中央政府,单靠地方行政无法协调上下游多地共同完成。即便如此,各地的水旱灾害仍频频出现在新闻中,中央政府安排专项资金抢救农耕生产,并优先保证灾民的基本生活。

从大禹治水到修筑三峡,农耕家庭结构始终用工程思维解决治水难题。大禹是工程师,他治水不靠巫术或魔法,也不靠神灵启示,这与商业个体社会中的诺亚方舟故事形成强烈反差。根据《旧约圣经·创世纪》的记载,洪水的起因是上帝要消灭有罪的人。诺亚预先得到了神的启示和神对如何建方舟的细节指导,躲过了洪水。神告诉诺亚,"你要用歌斐木造一只方舟,分一间一间地造,里外抹上松香。方舟的造法乃是这样,要长三百肘,宽五十肘,高三十肘。方舟上边要留透光处,高一肘。方舟的门要开在旁边。方舟要分上,中,下三层"。[45]爆发洪水和逃避洪灾都由神的意志主宰。

诺亚和大禹不同,诺亚没有治理水害,也不是工程师,只按照神的启示造船躲避了洪水。大禹治的水是自然洪水,是农耕生产生活的灾害,只与人有关,与神无关。大禹靠工程探索解决水的流向问题,不靠超自然的神力。第一任大家长是人不是神,他的能力来自工程摸索。直到今天,在洪水泛滥、非典肆虐、禽流感爆发、地震突袭的情况下,民众首先想到的也是中央政府的调度和救助,从没想过神或者超自然力量来救助。

治水的需要让小家庭扩展成大家庭,扩张是为了抵御农耕的共同灾害,与商业个体社会扩张奴役外邦、掠夺殖民的思维有着巨大差别。农耕与商业扩张的原因不同,结果就有差异,体现在秦征服六国后,究竟是像商业文明一样奴役掠夺殖民六国,还是统一成不分你我的大家庭。

二、秦大一统——建立大家庭,书同文,车同轨

建立夏朝的大禹是第一任大家长,实现天下一统的秦始皇则是构建家庭结构的重要大家长。吞并六国后,秦始皇有两种选择:他可以把六国人作为秦人的奴隶驱使,把六国人的土地分给秦人耕种,把六国人的财富剥夺给秦人,让秦人像商业个体社会的扩张一样,享受奴役外邦的扩张优惠;也可以拆除诸侯国间的隔阂,统一成不分彼此的大家庭。秦始皇选择了建立统一大家庭。

秦始皇轻松实现了度量衡、货币、文字和车轨的统一,并开通联系长江和珠江两大水系的灵渠,[46]还收缴天下的兵器,熔化后铸成十二个金人,[47]表明永不再战的决心。美国同学曾问我:"中国允许私人拥有枪支武器么?"我说:"不允许,早在两千多年前大一统后,皇帝就收缴了兵器,不希望内部纠纷酿成战争。"美国同学:"政府拥有武器,民众没有,不就能随意支配民众么?"我说:"事实上没有。秦王朝建立十几年后就灭亡了,起义军的武器很落后。毛泽东领导共产党取得内战胜利,武器却比国民党落后很多。收缴武器的实际效果是,民间纠纷的死亡不会很严重。今天,中国的死亡刑事案件往往用刀等冷兵器,与频繁发生枪击案的美国相比,中国安全得多。"

实现了统一又收缴了兵器,仍不能保证思想的统一。李斯对秦始皇说,人们依然用不同的思想议论统一的政令,"入则心非,出则巷议",[48]以百家思想为理论武器针砭时弊,给大一统的行政造成困难。对此,李斯给出的建议是——焚书。书籍烧毁后,

百家思想还留存在儒生脑海中。儒生们继续议论新政,妨碍统一政令的实施,秦始皇的措施是——活埋。美国同学问我:"中国为什么没有言论自由?"我说:"自由的思维是商业文明下,商品自由买卖的产物。农耕文明为了治水而统一,要维持统一大家庭的稳定,内部成员的不同意见就很难充分表达,否则会永远争吵下去。农耕家庭结构追求和谐,在辛勤劳动的基础上生活得更好,并不追求自由。秦始皇坑儒后,历史上因言获罪的人很多,这是事实。但美国的言论自由实际上也有限度。发表种族主义言论,引起强烈反感的同学被驱逐出宿舍,就说明言论自由在现实中保护不了他。"美国同学:"对。法律不会裁定他的言论违法,但他要承担其他后果。"我:"其他后果其实也是政治后果。"

天下一统后,秦始皇修长城,防御外敌入侵,不再有继续扩张的愿望,更没有征服宇宙的野心。秦始皇开启的传统家庭结构,结束了诸侯混战,在大家庭中实现书同文、车同轨。他用焚书与坑儒的手段压抑了思想的表达。秦始皇吞并六国后,六国人成为秦人,而不是秦人的奴隶,六国人的财产没有被秦人掠夺。它形成了独特的家庭结构大一统模式,与商业个体社会的扩张有着明显的区别。

三、商业文明的扩张——掠夺、殖民、奴役

与农耕文明的秦朝建立不分你我的统一大家庭不同,商业文明的内部平等,扩张后对待被征服者却不平等。

罗马从弹丸小国扩展成地跨欧、亚、非三大洲的帝国,扩张后,大量的被征服者却得不到罗马公民法的保护。被征服者名义上是罗马人,在法律适用上却被区别对待。即便被征服者中非奴隶的自由人,也不被算作公民,更得不到公民法的保护。公民与非公民之间的矛盾就增大。为巩固统治,罗马先对被征服者中的上层自由民授予公民权,逐渐地,境内自由民内公民和非公民的区别不复存在,[49]自由民都受罗马法的保护。

西班牙占领南美洲大片土地,当地土著被屠杀和奴役,而没有成为西班牙人,更得不到西班牙法律的保护。葡萄牙、英国等商业文明国家扩张后,都大量屠杀和奴役当地人,连基本的权利都不给。更令人困惑的是,很多从大英帝国来到北美的白人,在北美殖民地定居,几代以后,就不再被看成是英国人,也丧失了投票权。扩张的结

果是,如此强调平等和自由的商业个体社会,用极不平等和极不自由的方式对待扩张后的其他人。扩张的结果是掠夺、殖民和奴役,连殖民者的后代也成了被压迫的对象。

我:西方扩张的最大问题是没有给殖民地和宗主国平等的地位和权利。

美国同学:不能给平等权利。殖民地和宗主国的环境不同,思想观念就会不同。殖民地比宗主国大很多,给他们权利就会导致宗主国的改变。殖民地人多,要给殖民地的人同样的投票权,就无法保证宗主国的利益了。

我:这说明商业文明在内部强调平等,对外却商业扩张,扩张的目的是奴役和掠夺。中国从秦始皇扩张开始,就从来没把六国人当做秦人的奴隶,也没把六国当秦人的殖民地,而是结束征战,统一成大家庭。

由于商业文明始终要殖民扩张,他们在看待强大的农耕文明的时候,也会用自己的逻辑,这就是"中国威胁论"的心理基础。明朝来到中国的意大利传教士利玛窦记述说,中国"有装备精良的陆军和海军,很容易征服邻近的国家,他们的皇上和人民却从未想过要发动侵略战争。他们很满足于自己有的东西,没有征服的野心。在这方面,他们和欧洲人很不相同,欧洲人常常不满足自己的政府,并贪求别人所有的东西。"[50]

第三节　历史更替:农民起义与商人起义

一、法制分岔口——陈胜起义

农耕文明的生产以家庭为单位,生产的物品自给自足,不主要用于交换,农民就没有强烈的买卖双方的合同意识,法制观念不如商业文明强。但农耕文明的秦却用法制实现扩张,完成大一统。秦孝公起用商鞅变法后,秦迅速强大,并最终吞并六国。为什么农耕文明的商鞅,坚信法制能实现秦的强大呢?这样的法制与农耕文明造成了怎样的冲突,又最终有怎样的结局?

商鞅运用法制的目的是富国强兵,实现扩张。他主持的变法是农耕家庭结构历史上为数不多的以扩张为目的的改革。从表面上看,此阶段,法制和扩张与商业文明类似。但仔细观察,又会发现很多不同。

在商业文明下,法制是买卖合同的延伸,有广泛的社会基础。农耕文明下,契约精神不强,商鞅的严刑峻法缺乏底层认同,只能靠从上而下的强制执行。史书记载,百姓在路边倒垃圾就要被砍去双手。有一次,商鞅在渭水边处决了七百多人,渭水变红。[51] 这样的严刑峻法在中国历史上都不多见,一般只有暴君才如此严酷,且会激起人民的起义。商鞅变法的结果却是秦国的强大。主要原因,是商鞅在严格惩罚措施的同时,也明确了对帮助国家实现扩张的百姓的奖励。

在商鞅看来,使百姓只能在战争中施展能力获得奖励,不给专攻人际关系而没有实际战功的人提供晋升空间,能打破朋党的花言巧语的迷惑。战争很危险,只能以刑罚来迫使、以奖赏来驱使百姓勇于参战。[52] 商鞅的法制明确地奖励军功和惩罚怯战,目的是促进秦兵骁勇善战。它是自上而下的行为。

商鞅的法制是手段,不是目标。这与商业文明强调合同诞生的法制有很大区别。苏格拉底在受审时,清楚知道他能用巧妙的演讲打动陪审团,或通过动情的讲述被判死刑后孩子没有父亲照顾的悲惨来博得怜悯,但他没有这么做。那样的做法能够帮他免于死亡,却不被他接受。他说,无论在战场上还是法庭上,人都不应该竭尽全力地避免死亡。在战场上,经验证明放下武器投降很多时候有更大的生还希望,但这是堕落的行为。苏格拉底认为,打仗是士兵的责任,就好像陈述事实是他作为公民在法庭的义务一样。这种法制的观念延续至今。我问美国同学:"你若应征入伍,会在战场上逃跑么?"他说:"不行,已经签了合同,就要执行。"我并不清楚他真被征兵入伍会不会和他的回答一样。但至少,他的思维是合同,体现商业文明。

商鞅对士兵打仗的看法与苏格拉底截然不同。商鞅说,战争很危险,忠臣和孝子都很难为国君和父亲而战。只能靠明确的奖励和惩罚措施并严格执行来强兵。商鞅并不认为,士兵的责任是打仗,签订了合同就要执行。原因是,契约精神在全社会并不强,基层不强,商鞅本人也缺乏法治精神。在这种情况下,只能靠自上而下的严格的奖惩措施来驱使百姓勇于作战。除此之外,在农耕文明下,农民不想抢劫别人,为扩张而战的动力不足,只想靠辛勤劳动过上更好的日子。他们何时会决心参战呢?当小家庭的一亩三分地被剥夺的时候,或者大家庭的土地被入侵的时候。直到今天,"保家卫国"仍然是很多人入伍的思想动力。

商鞅变法体现农耕文明的另一个表现是重农抑商政策。商鞅在变法中明确规定，从事工商业或是因不生产导致贫困破产的人，连同妻子、儿女罚入官府为奴。生产粮食布帛多的，可免除徭役。[53]我说："中国在两千多年前就在法律中明确规定重视农业，抑制商业。在士农工商的职业排序中，商人最末。"美国同学："法律规定商人在最末？为什么？商人多重要啊！"我说："这在西方不可思议。西方的法制诞生在商业文明的契约精神中，自然保护商人的利益，包括私有财产、自由买卖、平等、民主等。商人构建的社会，自然给商人优惠。但商人不从事直接生产，从农民买来粮食，卖给别人，赚的钱却比辛苦种地的农民还多，长此下去，大家都为了赚钱经商，没有人从事生产了。"美国同学："商人为了赚更多的钱，自然要雇用更多的农民种地，产更多的粮食，怎么会没人生产了呢？"我："商人雇农民种地，是商业文明的思维。中国是自给自足的农耕文明，好日子不靠雇用或奴役更多人、扩张更多土地、掠夺更多资源，而依靠在自己的田地里精耕细作。抑制商业，并没有取消商业，商人还是赚很多钱，却没有政治地位，这样就不那么吸引人，不会和农业争劳动力了。"商鞅变法是农耕文明在重视农业的基础上，靠严明奖惩来实现扩张的方式。

为什么一定要严刑峻法才能扩张，不能采取类似儒家的主张吗？儒家讲仁义，而仁义来自周围人的评价，就给专攻人际关系的人留了巨大的提升空间。商鞅认为，统治者提拔官吏若把仁义摆在前面，功劳放在后面，人民就会天天想着得到大家的认可，就会结党营私，不会集中精力耕田，也不会尽力打仗。商鞅认为，法律规则的严格执行可打破朋党的奸巧言论。只按规定的条例执行，不给关系密切的赞誉以好处，不给诋毁以坏处。别人是否称赞你仁义对利益和惩罚没有影响。想追求利益，不耕田，就得不到；想避免刑罚，不去作战，就不能免除。这样才会田少粮多，人少兵强，成就霸业。运用法度国家自然治理。[54]

一位美国公司的面试官问我："你觉得在美国工作和在中国工作有什么不同？"我说："美国人比较讲规则，讲逻辑，看重事实；中国人讲关系。"他说："我同意。我在美国搞销售，只要给客户解释清楚同类产品中我们的价格最低质量最好，他就购买了；在中国就不行，我先要和客户搞好关系，他才会考虑买我的产品。"我说："在中国，搞好关系就是获得对方对你这个人的认可，在很多时候非常重要。"韩国总统朴槿惠访华期间说:先做朋友,再做生意。[55]这体现东方思维。在商业文明眼中,没有永恒的盟友或敌人,只有永恒的利益。[56]

商业文明的个体社会和农耕文明的家庭结构,在利益这点上并无不同。只不过,对商业文明来讲,永恒的利益是自然而然的;在家庭结构下,你只敢于信任同处家庭结构下的人,一旦成为朋友,就形成了家庭关系,类似利益共同体,双方才敢于发生利益互动。在此期间,有部分人会为朋友操纵规则而获取更大利益,主要是不担心朋友举报。一般来讲,人们不会随便接受不熟识的人的钱物来操纵规则,落马的官员往往通过朋友或亲属认识行贿者,才敢于收钱。在农耕文明的历史上,只有为实现统一采取法制时,才会让人际关系暂时不那么重要,才在表面上类似商业文明的契约精神,

商鞅的法制的目的是扩张以实现统一,规定民众征战杀敌多获奖励多的结果是,秦兵确实勇猛善战。秦统一后,不再继续兼并,百姓只承受严刑峻法的痛苦,却没有开拓后的奖励,法律与现实脱节了。为了扩张统一而执行的法制也会随着扩张的结束而消亡。最终,秦的法制走到了分岔点——陈胜起义。

陈胜起义的直接原因是,按照秦朝法律,迟到了就要被砍头,由下大雨通路不通的不可抗拒因素造成的迟到也不能免于处罚。这样的严酷法律在战争年代执行,军令严明,鼓励作战。大一统完成后,没有新的土地去侵占,没有新的人口补充,依靠作战进爵的道路走不通了,继续实行严刑峻法,百姓看不到可能得到的好处,只发现随时可能犯错被处死。严刑峻法损失了大量农业劳动力,与农耕的生产需求严重不吻合。此时的法家治理从最初的扩张统一的促进者,变成了维护统一的阻碍者。陈胜鼓动起义时说,天下苦于秦的暴政已经很久了,起义会有很多人响应。[57]不久,秦王朝灭亡了。秦靠法家变革一统天下,却无法用法家思想长治久安,这期间有秦始皇突然驾崩胡亥篡位的历史偶然,也有指导思想与大一统的农耕文明不吻合的必然。

灭亡秦的农民起义军,很快建立了新的大一统王朝,开启了中国历史合久必分、分久必合的周期过程。其中,合是主旋律。欧洲历史则要支离破碎得多。西罗马帝国灭亡后,直到15世纪,英国和法国才统一。德意志在19世纪才统一。[58]欧洲历史上大部分时间都是分裂的。

我:"早在公元前三世纪,农民起义就推翻了王朝,建立了新政权。欧洲历史上没

有成功推翻王朝的农民起义,成功的都是商人起义。这体现了农耕文明和商业文明的不同。"美国同学:"农民起义创造新制度了么?"我说:"秦末农民起义成功后,建立了新的王朝——汉朝,并延续了很长时间。社会制度与秦朝相比,突出的变化只有一处——放弃法制。"美国同学:"为什么?"我说:"起义的直接原因是大家对秦朝统一后继续执行严酷法律的不满,比方说迟到了就砍头。"美国同学:"所以把法律修改得宽松了?"我说:"这是一种解决方法,即保持法律执行的严格,降低惩罚的等级。商业文明的法律也一度非常严酷,商人想到的是修改法律。但农耕文明采取了另一种措施,放弃严格的执行,转而实行教化,试图从思想上构建人的廉耻之心,而不只靠法律的外在约束。说白了,就是以尊崇孔子的儒家思想为标志,回归农耕家庭结构。"

二、家庭结构的确立——独尊儒术

秦朝灭亡在严刑峻法引发的农民起义中,汉朝统治者要避免类似的起义重演,一定要对法家思想进行调整。要么坚持法制,把惩罚等级降低;要么放弃法制,回归农耕家庭结构。董仲舒建议汉武帝采取后者,即弃法而尊儒。

在指导思想上,董仲舒发现,人人持不同言论,诸子百家提供了不同观点,给大一统造成困难。没有统一标准,百姓就无所遵从。这与李斯对百家思想造成统一政令难以实行的观点相同。李斯建议秦始皇烧毁百家书籍,连秦朝治国的法家思想的相关图书也在烧毁之列,李斯说,百姓想学习国家治理,要以官吏为师,[59]就是不允许自己看书学习。董仲舒建议汉武帝树立儒家为正统思想,对其"独尊",对其他各家采取"罢黜",也就是官方不重视,不宣传,不鼓励,却不焚毁图书。儒家最契合农耕家庭结构。树立儒家正统思想后,治国思想更容易在普通百姓间广为流传。至此,在秦大一统实现文字、货币、度量衡和车轨等统一的基础上,实现了价值观的统一,即农耕家庭结构。

诸子百家中,只有儒家学说最符合以家庭为单位的男耕女织的自给自足的小农经济。道家讲究"道法自然","无为而治",努力创造更好生活的主观动力不足,不鼓励谋取更好生活的辛勤生产,不符合农耕文明长期的思想,但在人们遇到努力奋斗的困难时能给予安慰。墨家的思维很像商人的逻辑,讲究兼爱,平等地爱每个人。墨子说,假如天下人人"兼相爱",爱父亲兄长就像爱自己,爱别人也像爱自己,就不会有不孝顺的人。在墨子看来，"大夫各爱其家，不爱异家"，才会"乱异家以利其家"，"诸侯各爱其国，不爱异国，故攻异国以利其国"。兼爱就是"视人身若其身"，"视人家若其家"，"视人国若其国"，这样"天下兼相爱"，才能"国与国不相攻，家与家不相乱，盗贼无有，君臣父子皆能孝慈"，"若此，则天下治"。[60]墨子兼爱的目的是"非攻"，不进攻，不征战。但兼爱被孟子斥之为"无父"，"是禽兽也"，[61]理由是对待父亲和陌生人一样，怎么体现出父亲对家庭的付出呢？《吕氏春秋》记载，儿子杀人，君主看在杀人者是家里唯一的儿子，对杀人者的父亲说，免你儿子死刑。谁知，杀人者的父亲说：墨家的法规说，杀人的人要被处死，伤人的人要受刑罚，这样才能禁止杀人伤人；不能不执行墨家的规定。最终，他的儿子没能免死。[62]这里，父亲遵循墨家思想，并没有袒护儿子，有点类似于遵守商业文明的契约精神，让每个人在法律面前平等，却与农耕文明下，家庭的紧密劳动关系不符合。

法家思维原本有一线希望，因为商鞅的法制和个体社会的法制不同。商鞅变法明确了重农抑商的政策，体现对农耕文明的保护和重视，唯一不符合农耕文明的就是在统一后严刑峻法损失大量农业劳动力却不再有扩张后的田地和人口的补充。在此情况下，可以通过修改法律来适应新的大一统后的社会现实，比如把迟到了就砍头改成其他非死刑的惩罚。但是，董仲舒对法家的态度最终决定了法家被儒家取代。

董仲舒说，秦之所以灭亡，在于不行王道而信奉法家学说，横征暴敛，法律严酷，百姓无法从事耕织生产，就铤而走险当盗贼。董仲舒的分析体现了对男耕女织的生产的重视。在他看来，用严刑峻法来约束，能让百姓惧怕犯罪，却不会让人以犯罪为耻。[63]用儒家的道德引导和用礼法约束，百姓会有着耻心，就能主动约束自己的行为而归于正道。[64]而今汉承秦大乱以后，应恢复周礼。恢复周礼就是孔夫子一直念叨的"吾从周"[65]。从此，儒家礼义廉耻的教化取代了法律的严厉执行，社会治理思想回归农耕家庭结构。我说："历代王朝在打天下时，和秦类似，治军严明，法律严厉。一旦江山稳固，就回归儒家思想，让农耕生产稳定进行。"美国同学："法制在中国只是达到目的的手段。"我说："对。农耕文明本身不具备很强的契约精神，对法制采取实用主义的态度。"商业文明的契约精神来自买卖合同，交易要守信用。契约延伸成法治，构成了商人的国家概念。法国思想家卢梭认为，国家是在订立契约的基础上产生的。

儒家思想是农耕家庭结构的体现,它基于农耕生产的现实,即生产以家庭为单位且男性是家庭主要劳动力。在此基础上,儒家从小家庭出发,给父亲的家庭权威合法化,通过国与家的类比,构建君王的大家长身份。皇帝与子民类似父子,实现家国同构。当家庭结构与法制冲突时,孔子明确地支持家庭结构下的徇私枉法。有人对孔子说:我的家乡有个正直的人,父亲偷了羊,儿子告发了父亲。孔子说:我家乡正直的人和你说的不同,父亲为儿子隐瞒,儿子为父亲隐瞒,正直就在其中了。[66]美国同学:"父母和子女互相隐瞒受到鼓励,中国的犯罪一定很多,且很难被发现。"我:"儒家也鼓励大义灭亲,就是为了大家庭的秩序和利益牺牲小家庭的利益,但一般很难做到。"美国同学:"你要是犯罪了,你父母会为你隐瞒?"我说:"有可能会劝我自首,来减轻惩罚。要看是多严重的犯罪。"美国同学:"我妈妈经常跟我说,'我很爱你,但你要是触犯了法律,我绝不会保护你。'"我说:"商业个体社会中,你一旦成年,就自己担责,和父母是平等的。农耕家庭结构下,家庭始终是整体,我父母的出发点不可能仅仅是他们个人的是非判断,还要考虑家庭能否保持完整。"

孝是农耕家庭结构的核心观念。孔子说,孝顺的子女要赡养并尊敬父母,按照礼侍奉父母,帮助父母做事情,把好吃的让给父母吃,对父母和颜悦色,在父母去世后依照礼埋葬和祭祀。[67]孔子将子女对父母的赡养、侍奉、埋葬、祭祀都归结到孝之中,并特意强调,子女对父母始终和颜悦色是最难的[68]。孔子的意思是,其他行动只是外在的,能否真正孝顺体现在点滴态度上。意大利传教士利玛窦记述了明朝的孝道,"如果要看一看孝道的表现,那么下述的情况一定可以见证世界上没有别的民族可以和中国人相比。孩子们在长辈面前必须侧坐,椅子要靠后;学生在老师面前也是如此。孩子们总是被教导说话要恭敬。即使非常穷的人也要努力工作来供养父母直到送终。"[69]

孔子对孝的阐释一直适用到今天。法国同学:"听说中国最近颁布了新的法令,子女不经常回家看望老人就违法了[70]?"我:"是。"西班牙同学:"你在开玩笑吧?"我:"没有,刚刚开始实施的。"法国同学:"我听说,在中国,子女对老人有很多照顾的责任。"我:"对。中国是唯一把赡养老人写进宪法的国家。"西班牙同学:"写进宪法了?"法国同学:"真的么?"我说:"真的。中国是家庭结构,子女成年后,仍是家庭成员,要照顾年老的父母。"美国同学:"你指的'照顾'包括哪些? 给钱?"我:"按照孔子的观点,把好吃的让给父母,在父母年老体衰不能劳作的时候供养他们,并且始终对他们态度很好,父母去世后按照礼仪埋葬和祭祀。举个例子,父母有病了照顾他们,给他们煮饭喂药。"美国同学:"所以,只要中国的父母有病了,子女就要给他们做饭喂药。"我:"不那么绝对。现代社会有了退休制度和医疗保险,子女未必一定亲自照顾。很多子女工作很忙,未必抽得出时间。"法国同学:"没时间回家就违法了,就会被父母起诉。惩罚是什么?"我:"不回家看看也不缴纳赡养费的大概会被法院强令提供赡养费,尽宪法规定的赡养义务。但现在老人有退休金和保险,不再像过去在经济上完全依赖子女,更多在精神上希望得到子女的关爱。但即便子女不经常回家,也很少有老人会到法庭起诉。中国人理解这条法律,更多是对传统孝道的提倡,不是拿来控告子女的法律武器。"

美国同学:"很多中国的农村夫妇在城市里打工,把孩子交给老年的父母在农村抚养,会被起诉么?"我:"很多人确实在城市里打工,很久都不回农村,一是没有时间,二是舍不得钱。他们一般不会被起诉,他们的农村父母知道他们在城市里面辛苦工作赚钱养家。"美国同学:"这样的年轻夫妇太自私了。"我:"怎么讲?"美国同学:"他们为了在城市生活,把孩子交给老年人养。"我:"这是中国城市化进程中的特定历史时期的特定现象,他们是从农村进城的一代人,农村城市两个家,经济收入并不高。他们在城市打工,把钱寄回农村的家里,才能供子女上学,让老年人生活得更好。"美国同学:"老年人没有义务给他们照顾孩子,他们却强行让老人承担义务。老年人应该有自己的生活和娱乐。"我:"在法律的意义上,老人确实没有义务。但中国是家庭结构,老人、成年夫妇、孩子依然组成家庭,换句话说,老人和成年夫妇之间的家庭关系并没有随着子女的成年而消失。成年夫妇在城市打工,赚的钱能让整个家庭生活得更好。老人看待这个问题的视角和你从个体社会的视角截然不同。在中国,很多老人都曾照顾过第三代。我父母就特别希望我赶紧成家有孩子,并说有了孩子他们可以帮我照顾。他们把我和我的孩子看成是家庭的一部分,我也把他们看成家庭的一部分。"美国同学:"你也很自私。自己的义务应该自己承担。"

孝也成了官员选拔的标准。我说:"确立了孔子的正统地位后,子女对待父母的孝顺程度决定了能否被推举成为官员。"美国同学:"你的意思是,越孝顺父母,就越有能力执政？"我："未必更有能力，但更能在道德上服众，对皇帝也能更忠诚。皇帝是大家长，对小家长的孝顺和对大家长的忠臣类似，推举孝顺的人为官能保证官员的忠诚，还能够引导社会对皇帝忠诚。同时，地方官在当地被称为'父母官'，他本人的孝顺证明他忠诚于家庭结构，能够对地方百姓负责。"美国同学："要是父母对子女非常不好，子女也要孝顺么？"我："要。孝顺是对生育和养育自己的父母的感恩，不是等价交换。在中国与人交往，会依据你对父母的态度评价你是否能成为可靠的朋友。一个对父母都冷酷的人，不会和任何人真心交往。"美国同学："不同意父母的观点，未必就不同意其他人的观点，二者没有什么必然联系。"

举孝廉从制度上确立了儒家思想的统治地位。隋唐确立的科举制度又逐步把考试科目限定在四书范围内，儒家经典作为考试教材被一代代官员熟读背诵。从此，官员都满口圣人言，成了儒家弟子。

从以孝为核心的推举制度，到以儒家经典为考查内容的统一笔试，家庭结构的思维贯穿在汉朝以来的选拔制度中，体现大一统不想扩张，重视教化。这与商鞅变法的扩张时期，只能靠多种田和多杀敌来得到封赏截然不同。商鞅曾说，选拔仁义道德的人，只会造成百姓不重视生产，不努力打仗，不重视实际工作而专心空虚的言论，[71] 依靠取悦君王的言论拉近关系，进而加官进爵，进而向君王推荐朋党，赞美朋党正直贤能。此种制度给小人施展奸诈的机会。[72] 以推举孝顺的人为例，孝顺与生产无关，更多与对父母的态度有关，是比较模糊的概念，评判的主观性很强，不像生产粮食的数量，杀死敌人的多少，有明确的量化标准来衡量。谁最会和县太爷搞好关系，谁就最可能被认为是孝顺并被推荐。人际关系是什么？就是比较弱的家庭结构关系。原本无交集的两个人，经朋友的介绍，吃过几顿饭，有些来往，就有了非常弱的关系，开始称兄道弟。"大哥""大姐"等称谓，实质是在构建家庭结构关系，在未来竞争就比陌生人有优势。家庭结构重感情轻理智，强调敌我、亲疏和远近。孔子都赞扬父亲为儿子隐瞒坏事，儿子为父亲隐瞒坏事，家庭结构的关系要比事件本身的是非曲直更重要。在此条件下，谁与掌管推荐的官员构建了家庭结构关系，谁就获得了更大的被推荐的机会。做好本职工作不如搞好和领导关系的状况，一直延续至今。

家庭结构根据感情的亲疏远近对事物做判断。"智子疑邻"就是典型故事：大雨弄坏了墙,邻居和儿子都劝告父亲修补,免得夜里丢东西。晚上果然丢了东西。父亲觉得儿子聪明有预见,怀疑邻居是盗贼。[73]同样的劝告,父亲的反应如此不同,体现了感情亲疏远近对事物认知的影响。家庭结构缺少实证思维。究竟孩子还是邻居偷走了牲畜,要用证据判断,而非情感。亲近的人是否利益一致,要经历事实检验,而非情感判断。

由于家庭结构的情感判断太强了,试图与有权势的人构建关系的人不惜重金,以借用"大哥"的公权力谋取私利。当然,也有人利用构建的情感关系对君王进献忠言。"智子疑邻"的故事记载在《韩非子·说难》中,"说难"论述游说君王的困难,韩非子想表达说服君王的难处,不在于智慧、口才和是否有胆量讲述与君王不同的意见,难在与君王之间不是父子而是邻居的关系,即难在与君王的感情不够亲近。从不亲近到亲近,要抓住君王的心理,投其所好,建立亲近关系后,君王才可能接受批评意见,否则很难成功。古往今来,花言巧语投其所好与君王建立关系的人,大多数为了私利,少部分为了君王的社稷,前者叫做小人,后者叫君子。

家庭结构层层嵌套在生活的方方面面。"一日为师终身为父"就构建了老师与父亲的类似关系,赋予师生以父子关系。孔子本人是老师,出于对老师的尊敬,老师具有类似父亲的终生权力。太子即位称帝后,也要尊敬老师。毛泽东成为国家主席后,仍然尊敬他的老师徐特立。利玛窦记载,"中国人比我们更尊敬老师,一个人受教哪怕只有一天,他也会终生都称老师的。"[74]美国中学生问我:"我在网上看到视频,中国老师在教室里把学生的手机摔在了地上。"我:"一般都是没收,家长来取。摔碎的往往是屡教不改的。"他:"家长知道后会是什么态度?"我:"一般都会支持老师的做法。"他:"怎么可能?"我:"老师在中国的地位比较高,孔子就是老师,中国又自古重视教育,老师扮演着父亲的角色。学生在课堂应该集中精力学习,不该玩手机,这一点老师和家长的观点是一致的。"

美国同学(曾在中国留学):中国老师好像具有双重性格,他们在课堂上对中国同学的态度和对我的态度截然不同,我曾亲眼见过老师对中国同学发脾气,对留学生却很友好。

我:在传统家庭结构中,老师扮演父亲的角色。你是外国人,属于客人,即便严厉的父亲也对客人很友善。在过去，私塾中不好好背书的学生会被先生用戒尺打手心。有一则新闻，老师因学生没完成作业而打了他，有同学录下视频上传网络，引发舆论哗然。[75]但在接受采访时，学生的家长说出了和美国人不一样的话。

另一位美国同学：在美国，老师会坐牢。

我：在中国，这位老师也被处理了。

家长打小孩被看做方法错误但动机良好，常常被默许，但只有家长可以打小孩，其他人如邻居、同学、同事、领导、路人等都不能打小孩。家长除了父母外，还包括老师。孔子是老师，后世尊师重教，便一日为师终身为父。个体社会强调个体平等，不完成作业也不能施暴，老师和家长都无权打小孩，否则会被警察抓；中国的邻居会劝阻，但很少报警，警察赶到也是调解，很少拘留家长，当然，打伤打残要负法律责任。我亲眼见过老师踢学生，但不是很用力，没有踢伤，后来他和老师关系却非常好，很感谢老师的教育。当然，打人始终是错的。

在家庭结构下，学生在老师眼里是孩子，在家长眼里也是孩子，即便他们年满十八周岁。我住的宿舍里有同学因扬言杀人被警察带走，委员会投票驱逐了他，待他接受治疗，拿到医生对他精神恢复正常的证明后，还可申请回来住。我的父亲听说了这件事，说：他被驱逐了去哪啊？

我：他好像先去了教会，教会打电话询问他被驱逐的原因，没有收容他。他暂住收容所，无家可归。

我的父亲：美国不是有言论自由吗？

我：你有言论自由，也要为你的言论负责。

我的父亲：那他家长呢？

我：他都成人了，读研究生，都这么大了，家长早不管了。

我的父亲：我觉得他还是孩子。

我：在咱们的社会观念中，他确实是孩子。

我在大学时，有同学多门功课不及格，辅导员会打电话给家长，家长还亲自来学校。我们年满十八周岁，依然是孩子，行为处事以家庭结构中的孩子对待，而非公民。

商业个体社会年满十八周岁后，自己负责。你可以和家长协商和咨询，但决定权力在个人。

澳大利亚同学、美国同学、新西兰同学和智利同学都告诉我，他们的父母常说"我爱你"。

我说：我父母从没对我说"我爱你"。

他们非常吃惊。

我：父母很少对子女表达，夫妻间也很少表达。年轻情侣受到西方文化的影响，恋爱求婚的关键点会表达，平日依然含蓄得多。为什么你们父母要把"我爱你"挂嘴边？

澳大利亚同学：他们特别担心有一天不在了，没有及时地表达对我的爱。中国的父母不爱孩子么？

我：中国的家长只是不直接说"我爱你"。我的父母就从没说过，但他们在攒钱帮我买房子。你的父母不会的。

美籍华人：天哪，我怎么不出生在中国？我现在还要自己付学费。

智利同学：中国的爱都这么"物质"么？

我：中国人最讨厌弄虚的，越是亲近的人越来实际的，重行动轻言语。父母认为对孩子最好的爱是给他们创造条件，让他们好好读书，有一技之长，未来有好工作，好家庭。当然，在中国，子女也要赡养父母，西方没有。你大学毕业了还和父母住一起么？

澳大利亚同学：不会。我肯定搬出去住。

我：中国有个新名词叫"啃老"。原本养育子女是为防老，现在借鉴了西方的组织模式，建立社会养老，老人有退休金，年轻人交养老保险。

意大利同学：有了退休金，老年人就不需要子女赡养了，就会给子女更多自由，家庭结构就会瓦解。

我：曾有人持类似观点，认为社会养老会淡化养儿防老观念，最终导致家庭结构的瓦解。结果是，家长老了有退休金，从小吃苦养成的节俭习惯没有变，就为子女攒钱。年轻人工资不多，花销却大，老年人会用工资和积蓄资助成年子女，出现了与传统家庭结构相倒置的"养儿养女养到老"的现象,即啃老。啃老在中国很难解决。中国家长绝对舍不得像西方家长一样十八岁后自己付学费。

意大利同学不解地问:社会保险的发展让老人不再经济上依赖子女,应导致家庭观念的淡漠,出现"家庭结构反转"很奇怪。

我说:家庭结构根深蒂固,不会随抄袭来的制度而消失,而会以独特方式来消化引入进来的制度,融合到家庭结构里面去。

澳大利亚同学:我在香港读书。香港本地学生工作了也和父母住一起。在港的外国人就大部分自己生活。

我:中国子女和父母住一起也会给家里买东西,不是说完全不买任何家庭用品,只吃父母的。家庭结构的思维是,能住一起为什么多花钱出去租房子,为什么不攒钱以后结婚买房呢? 你们的父母天天说"我爱你",为什么毕业后不一起住呢?

澳大利亚同学:我遇到特别大的经济困难,暂时和父母居住一个月,相信他们也会同意。普通的日子,我不会回去住。他们也不会期待和我一起住。他们年轻也依靠自己。我的父母多次说,他们读大学都是勤工俭学,下学后要兼职,才能付学费,他们的父母都分文不给。他们现在给我一些,已经对我很好了,我不能每天开派对,至少有个不错的成绩,不然他们就不资助我了。

我:中国的父母也威胁说不好好学习就不资助了,可这是气话,现实是成绩不好花高价读书。

中国的孩子是家长生命的延续。孩子的成就也是家长的成就,家长没有实现的愿望孩子实现了,家长就觉得自己实现了。

我曾和一位叔叔聊天,他事业有成,经济条件很好。但他的孩子也住普通宿舍,没有到外面租更舒适的房子。但是,在教育问题上,这位叔叔宁可自费出钱,也希望孩子读博士,尽管他对读博士的作用并没有高评价。他说:你们读博士,搞理论还行,实践就不行了。

他的孩子说:我爸的公司不怎么雇博士,博士一般都雇来当权威,我爸本身就是权威;博士的薪水较高,也未必比硕士更好用。

我很惊讶他的父亲对读博士有双重标准。在实际的商业运作中,他没有倾向雇用博士;在孩子读书上,他却愿意花高价。他的孩子尽管不愿读博士,还是听从了父亲的意愿。

归根结底,家长在商业上很成功,有钱了,就希望子女有他没有的东西,比如学位。传统思维中,办公司的成功不算出人头地;"学而优则仕"[76]才是正途。孔夫子的教海经历了战火纷飞、改朝换代的考验,延续了两千多年,到今天仍深刻影响家庭结构的人们思维。

三、家庭结构的延续——江山易姓,家庭保留

一度势如破竹吞并六国的秦,很短时间内就灭亡在农民起义军手中。汉朝统治者改变了秦的严刑峻法,采取更符合农耕文明的儒家思想治理国家,注重教化,却也没有改变从王朝初创的清正廉明到后期的腐化堕落、引发农民起义最终灭亡的结局。后世的很多王朝都在农民起义中摇摇欲坠,从陈胜揭竿而起开始,起义就成了走投无路的农民的最后方法,多次重演。

农民起义常常由吃不饱饭引发,以重分土地告终。天灾引发减产或绝收造成的饥荒会导致吃不上饭,促成如唐末的黄巢起义[77];政府工程过于庞大,占用了大量的农业生产劳动力,如隋炀帝开凿大运河,又几次征兵讨伐高丽,财政开支庞大造成税赋加重[78],农业减产又要多缴税,也会造成活不下去,诱发起义。隋炀帝开凿的大运河确实泽被后世,算是功在当代、利在千秋的好事情。但投入的人力物力财力过于庞大,超出百姓的承受能力,让农民吃不上饭了,是促成隋末农民起义的原因之一。起义成功的结果是重分土地。新王朝建立后,会颁布土地改革方案,把原有的土地重新分配,让农民有田可种。

农民的起义不改变农耕家庭结构,反而能解决家庭结构长期运转造成的部分问题。历次农民起义都不伴随商业文明的扩张,也没有否定孔夫子的正统地位,没有希望打碎家庭建立个体社会,更没有在起义成功后提升商人的社会地位,也不会把起义成功的权力宝座让位给商人。我:"中国历史上成功的起义发生在两千多年前,比西方商人在法国大革命中的成功起义早了两千多年。"美国同学:"起义改变了什么?"我:"秦末农民起义的结果是把法家思想改成了符合农耕家庭结构的儒家思想。后世的农民起义,没有改变农耕家庭结构,只不过把地主的土地重新分配下,解决吃不饱

饭的问题。随着时间的推移,新王朝逐渐腐化,又会爆发新的起义。"美国同学:"起义没创造新制度。"我:"也可以说,起义保留了家庭结构。农民没有破坏农耕文明的家庭结构的意愿,只是把家庭结构长期运转造成的问题一次性处理下。"

真正有可能结束家庭结构的是外族入侵。秦大一统后,鲜卑族、蒙古族和满族先后建立北魏、元和清,他们都是游牧民族[79],本身不属于农耕文明,自然不推崇农耕家庭结构。此时,新王朝有两种选择:一是把游牧文化强行移植到农耕文明的土地上,抹去农耕家庭结构;二是融入农耕家庭结构中,从游牧走向农耕,走向定居。历史告诉我们,他们选择了后者,融入了家庭结构,并在融合中带来了马背上的雄风。

北魏孝文帝是鲜卑族人,统治北方。他下令实行汉化,带头穿汉服,鼓励鲜卑族和汉族通婚,还将汉族女子纳入后宫。年轻的鲜卑官员要说汉话。他还将鲜卑人原有的姓氏改为汉姓。[80]蒙古人攻占了南宋,曾有人建议将汉人都杀掉进行放牧,耶律楚材告诉成吉思汗,让汉人农耕,依靠收税能获取更多钱财,比放牧更多。试行以后,果真如此,[81]农耕文明得以保留。清朝的康熙皇帝第一次南巡到曲阜时,就向孔庙行三跪九叩之礼,[82]表达对儒家正统思想的传承。农耕家庭结构在被游牧民族击败后,没有在历史上被抹去,反而改变了胜利的游牧者,体现了独特的生命力。胜利者融进失败者的文化,在商业个体社会中不存在。商人扩张的目的是殖民、掠夺、奴役。西班牙殖民者占领南美洲后,印加帝国灭亡,居民被屠杀,财物被劫掠。今天的商业文明,大部分是欧洲国家和欧洲殖民者建立的国家。北美的印第安人几乎被屠杀殆尽,作为失败者,印第安文化进入了博物馆。南美洲主要是西班牙人和葡萄牙人的后裔,语言也是西班牙语和葡萄牙语,本土文化也从没有让侵略者接受。澳大利亚、新西兰的情况类似。

游牧民族扩张胜利后,和秦的扩张类似,没有奴役被征服者,而是合并成大家庭。北魏的统治者把原有的游牧地区和占领的土地合并;元建立后,原先的南宋王朝的版图和蒙古族的北方领域合并;清朝顺治皇帝的行宫迁到北京,东北的满族领域和原先明朝的疆域合并,成为一家。这和商业文明历史的殖民形成巨大反差。大英帝国占领北美、大洋洲、印度等地,但首都始终在伦敦,没有迁到被占领的土地。大不列颠与殖民地没有合并成一个国家,始终存在殖民地和宗主国的区别,最后引发各殖民地的独立。

我:游牧民族入侵后,都从游牧走向农耕,接受家庭结构,把游牧和农耕的地区合并,也就是征服者接受了被征服者的文化。商业文明在内部强调平等,对外却扩张压迫被征服者。今天的西方世界中,北美洲、南美洲和大洋洲都是在欧洲殖民者武力入侵、灭亡当地文化、屠杀土著居民的基础上建立的。

美国同学:中国难道不是汉人扩张的结果吗?

我:汉人是汉朝人的后裔,汉朝承接秦朝,秦朝是七国的统一。七国人先被整合成秦人,后成为汉人。汉朝是大一统家庭结构的确立者,存在了几百年。汉人是长久生活的文化共同体,不是血统意义的共同体。与西方争论血统纯粹、种族隔离的思维非常不同,血统论在中国没有市场。中华大家庭不追求纯碎,而追求和谐。少数民族坐上大家长的宝座后,以融入汉文化的方式实现王朝治理。民族大融合要归功于秦始皇。他要是把六国变成殖民地,奴役六国人,而不是都以秦人对待,历史进程会大大不同。

美国同学:征服中国后接受了汉文化,征服的动力是什么呢?

我:家庭结构内在地存在家长和子女的不平等。外族入侵的目的是成为大家长,家长有很多特权。但家长必须在一个家庭里。

家庭结构的整合能力强。历史上,匈奴、突厥、鲜卑、蒙古、满族都从竞争对手部分地或全部地整合到家庭结构内。匈奴的一部分臣服了,就不再杀害了;东突厥臣服了,王昭君出塞了,和亲就是一家人;唐太宗有四分之三鲜卑族的血统,却说祖先是道家的老子李耳,封他为"太上玄元皇帝"。[83]1793年,英国使团马嘎尔尼来到北京,希望和乾隆皇帝商讨开放更多贸易口岸、在北京设英国使馆。乾隆皇帝说,要是"仰慕天朝"而想让英国的使节留在北京,以便"观习教化",还是尽早放弃想法,因为英国人"即能习学",但英国有自己的"风俗制度","亦断不能效法中国,即学会亦属无用"。[84]乾隆以为英国要派大使学习中国的礼仪,他劝英国国王不用费心了,因为蛮夷是学不去的。乾隆皇帝是到达北京才一百多年的满族人,一百多年前,他们也被称为不开化的"蛮夷"。昔日的"蛮夷"以中华大家长的正统身份自居后,接受了农耕文明的思维,继续把大家庭外的人看成不能开化的蛮夷。

由满族统治者做大家长的清朝,是传统家庭结构的最后捍卫者。清王朝在商业文明入侵后连连吃败仗,风雨飘摇中依然努力维系孔夫子的权威,试图延续传统家庭结构到最后一刻。曾国藩、李鸿章、康有为、梁启超、孙中山、毛泽东、邓小平……这些改变传统家庭结构的人,都是汉族人。

四、朋友:君子小人与有话直说

孔夫子在《论语》中经常提到的词是"君子",对应词叫"小人",二者是家庭结构的孪生兄弟。千百年来,自称君子的比比皆是,被贴上小人标签的也大有人在。但什么人是君子,什么人是小人,孔夫子没有定义。

君子与小人从不是对错概念,观点正确的未必是君子,观点错误的未必是小人;它不是能力概念,能力强的未必是君子,能力弱的未必是小人,君子办不成的事情,小人有可能办成,小人不怕麻烦,不怕琐碎,个人利益的驱动力强;它也不是职位高低的概念,职位高的未必是君子,职位低的未必是小人;它也不是敌我概念,敌人未必是小人,友人未必是君子……

君子和小人是在家庭结构下,按立场划分的概念:与大家长、大家庭坚定站在一起的,叫君子,小家庭和大家庭发生利益冲突,"忠孝不能两全",君子常常会选择大家庭的利益;表面与大家长、大家庭的利益站在一起,实际只关注自己的利益的,叫小人。这大体上是"君子""小人"在大家庭里的定义。在小家庭和普通朋友圈,表面和你站一起,背地捅刀子的,叫小人;表里如一,且符合家庭结构的正面形象的人叫做君子。小人不会当面爆发冲突,公开冲突的往往不是小人;小人往往表现与你一条战线,其实只关心自己利益。君子可能与你爆发冲突。

在家庭结构中,君子与小人只能事后判断,无法预知。家庭结构要求大家趋同,组成和睦大家庭,不喜欢个性太强。子女趋向父母,臣趋向君,趋同指心理和立场,未必指行为方式。君子把皇帝和国家放在第一位,大部分时间和皇帝意见相似,少数关键问题有可能意见相左,就表现得行为不趋同,但立场始终趋同。南宋的文天祥和商朝被挖心的比干都算得上君子。在具体问题上,文天祥未必与灭亡前的南宋皇帝思维一致,比干也未必与商纣王意见相合,但即便王朝有缺点,帝王有罪过,他们在情感立场上始终和大家长站一起,即便身死也在所不辞。但他们并不完全赞同大家长的观点和行动。

由于君子在不重要问题上，也趋同大家长，以保持和睦，因此很难用日常表现区分君子和小人，往往只能在关键问题的事后判断。即便在事后，情感立场也无法准确判断，只能推测，君子小人的划分总带有浓厚的主观色彩。君子坚持的未必正确，小人未必错。按照商业文明的市场经济基于人都自私的假设，小人实现利益无可厚非。问题出在家庭结构中的家庭成员与非家庭成员的区分对待上。

家庭结构对待家庭成员和非家庭成员，会采取截然不同的标准。构建彼此的"关系"就构建家庭结构，可能类父子关系或类兄弟姐妹关系。关系向掌握权力和拥有财富的人靠拢，方法是显示你和拥有权力与金钱的人立场一致。饭店敬酒时称兄道弟，是在构建情感上的类家庭结构。"大哥"要为"小弟"撑腰。由于君子也会向大家长靠拢，目的不是个人利益，而是大家庭利益，但在表面上，君子与小人都在向掌权的大家长靠拢，在此阶段不容易区分。只能东窗事发后，才能做判断。

家庭结构中的义务常基于立场，商业文明的义务常基于等价的利益交换和契约。在家庭结构，一旦认可某人为"兄弟"，看到他为你卖命，你有义务帮助他解决问题，且可游走在法律边缘。有一天你发现他出卖你取得了更多的利益，就判断他是小人。小人，常常和主观的忘恩负义相联系。

个体社会讲究对错，根本不存在小人和君子的概念。每个人按自己的观点说话做事。越是好朋友，越会直接陈述观点。君子小人只存在于家庭结构，不存在于个体社会。

我问美国同学：美国人越是朋友，彼此说话越直接，反倒是对不熟悉的人会偶尔婉转。

美国同学：对。越是朋友，说话会越直接。

我：你这么直接不会让朋友生气吗？为什么不希望朋友间比较委婉地表达呢？

美国同学：因为我关心朋友们到底是怎么想的，想了解他们到底同意还是反对，喜欢还是讨厌，高兴还是失落，我希望他们直接告诉我。但要不是朋友，只是一般的交往，我不关心对方到底有什么想法，也可以随便说几句话敷衍了事。

我：我很难直接拒绝我的朋友，一般采取委婉的方式，不希望伤害他们的感情。

比方我去你家吃饭,你见我把碗里的饭吃完了,问我要不要再吃一些,我可能会说"我饱了",实际上我可能真的饱了,也可能没有吃饱,希望你能让我多吃点儿;再比如,我的朋友希望我去做一件事情,我回复"我再想想",也许我真的需要时间再想想,也许这句话代表不想做。

美国同学:这么复杂。你根据什么判断对方到底什么意思呢?

我:表情、语气和当时说话的情况。

美国同学:你总能准确判断对方的真实意思么?

我:不能。我父母生活和工作了一辈子,也不能完全弄明白。有时候,要事情过去了,才会想也许当时某个人的话是另一个意思。

美国同学:让事情变得这么复杂的意义是什么呢? 在我看来,朋友之间要是不能彼此诚实,怎么算朋友呢?

我:我对朋友是诚实的,委婉地拒绝只是避免破坏和谐。

美国同学:但你不直接说,可能造成误解,没有直接说诚实。

宿舍内的一位美国同学要竞选宿舍委员会的成员,他对我说:你认为我会成为优秀的委员么? 你支持我竞选么?

我:你很坚持原则,且做事非常认真,你会成为很好的宿舍委员会的成员。我支持你竞选。

他:你能和我一起做一张海报,海报上写你支持我么? 你能向住在宿舍的中国同学宣传我,让他们选我么?

我:嗯,让我想想。

过几天,我受邀去他家过感恩节。吃火鸡的时候,他又问起我支持他竞选的事情。

我:实话实说,你经常和我聊天,还邀请我来你家过节,我很希望帮助你竞选。但我确实很难公开向中国同学建议选你。

他很惊讶:为什么? 是不是你不认为我能做好这份工作?

我:我相信你能出色地完成这份工作。

他:那为什么不能告诉中国同学我是优秀的候选人呢?

我：我要是和他们讲了，他们最后投票选你，并不是相信你优秀，而是由于我的强力宣传，希望帮我一个忙。这样的话，我就欠大家一个人情，让我很难办。

他很吃惊：为什么你替我宣传就欠别人东西呢？竞选中进行宣传是多么普通的事情啊。你只是宣传我到底怎么样，你很了解我，知道我有哪些优点缺点，为什么胜任岗位，并且能用中文更好交流。

我：我说的内容不重要，我的中国朋友们很多不认识你，也很难判断我宣传的内容的真假，选你主要是帮朋友的忙。

他更吃惊：怎么可能有人为了帮你忙而投另一个人的票？每个候选人都可以宣传，最终投票都是选民自主决定的。

我：个体社会强调个人的观点。以前我们聊过竞选时会不会选朋友的话题。你都未必选好朋友，更没有必要去选朋友推荐的人了。别人对你进行宣传，并不改变最终你自主决定的现实。家庭结构则不同，朋友间的亲近关系会极大地影响判断，朋友要竞选，能否当选对他很重要，我必须投票给他，不然就不算朋友。

他：要是我的朋友用这种思维对待我，根本就不是我的朋友。不能接受我的选择的人怎么能成为我的朋友？我想问你，要是这次有你的朋友竞选，你一定会选他么？

我：事实上，在有中国同学参选的两三次选举中，我都尽力宣传，且选了他们。很大一部分原因是他们是我的朋友。同样，在我参选时，很多朋友也为我宣传。从董事会和委员会的代表组成来看，中国同学的代表数要低于在宿舍的中国人比例。大部分中国同学都不愿意参选。

他：要是只有一个竞选岗位，你有两个朋友参选呢？你怎么选？

我：这比较难办。我的选择会被解读成我与谁关系更近。要是他们都曾支持我参选，会让我更难办。

他：虽然我不同意你的观点，但我不希望你欠任何人任何东西，你不必为我宣传了。我想告诉你的是，做我的朋友，你不必一定要选我，我也未必选你。

我：你不妨吃饭时主动和中国同学聊聊竞选纲领。此次没有中国同学参选，几个候选人对中国同学都差不多，主动宣传的人至少留个积极的印象，胜算就更大。我个人这一票会投给你。

他:是因为我们是朋友?

我:不,我认为你胜任这份工作。在我的定义中,我们不是朋友,我也不期盼和任何非中国人交朋友。

感恩节的聚会结束后,他开车送我回宿舍。我说:在美国最让我感到讽刺的事情是,我表现得越是自我、自私、有个性,我和西方同学的关系就越好。我只做我想做的事情,聊我想聊的话题,说我想说的话,很少考虑对方的感受等,结果却有很多人愿意和我接触。这是我最惊讶的。

他:我们的思维方式确实不同。起初,你说你从未希望和任何非中国人成为朋友的时候,我很惊讶,也有点失望,我觉得我们有很多共同的兴趣,可以成为朋友。

我:可以成为在你的定义中的朋友,不是我的定义中的朋友。我很难和我的朋友争得面红耳赤,只有当我不把对方当做朋友,而当作陌生人我才能够想说什么就说什么,想做什么就做什么,也才能够接受你完全坚持你的看法。我们无法成为互相定义里面的朋友。不过这次你邀请我参加感恩节聚会,其他的美国同学对我说,"你上次说你从未希望和大家成为朋友,但你现在被邀请参加感恩节聚会,证明你已经被看成朋友了,你还坚持当初的观点么?"我还是认为,我一旦试图用我的朋友观点和你交往,我们很快会发生巨大的摩擦。我会掩盖真实观点,用委婉的方式说出来,但你们美国人却听不懂委婉的表达,就会出现很多不愉快。

他:我后来仔细想了想,大概理解了你说不能成为相互朋友的观点。事实上,很多事情,一旦理解了,就可以接受。

我:我常讲,我和西方同学接触,目的很明确,就是要了解西方文化,验证我的很多理论。德国同学曾对我说,你并不希望和我们交朋友,你只是利用我们了解我们背后的文化和想法,并且验证你的理论。我对他说,他讲得非常正确,但我从来都是在交往之初直接表明我交流的目的,从未给对方交朋友的错觉,每当我发现有人有错觉,我都马上进行澄清,但往往是,我说了理由以后,大家比较惊讶,但不同意,也不理解。同时,我也没有找到我们成为相互朋友的方式。

他:他这么快就发现了。你和我说了好几次,我才逐渐明白。除了德国同学,还有谁发现了?

我:两个美国犹太同学。一个对我说,你和我们交往的时候就好像旁观者,你并没有进入我们的生活。另一个说,你交流的目的似乎只是为了你不停提到的"中国的复兴"。你的一切思考和行动似乎都围绕着这个重要目标。

另一位美国同学:我觉得你的情感和理智有冲突。情感上,你很享受和我们交流。理智上,你怕一旦成为朋友就不再客观,会影响你对美国的调研,就始终提醒自己和我们接触的目的是观察和获取知识。

我:我要是把你当成朋友,会非常期待你在竞选时选我,在很多问题上支持我。你不会因为我们是朋友就选我,我也不希望改变你。不把你们当朋友,我对你们就没有期待,也就没有矛盾。

不知不觉,车开到了宿舍门口。我:再次感谢你邀请我到你家过感恩节,下周六若你有空,我请你去中国城吃饭,你感兴趣吗? 我感谢其他人的方式常常是请客吃饭。

他:请我吃饭? 当然太好了。

我:就这么定了。

五、现代商业个体社会——商人起义

商业文明自诞生起,就没有成功的农民起义。在雅典城邦里,成员有贵族、农民和手工业者。农民和手工业者是平民。贵族掌握财富。为贵族债主耕种的平民,要上交所得的六分之五。在贵族的压迫下,平民武装暴动,最后被镇压了。[85]由农民和手工业者组成的平民没能用暴力推翻现政权建立新政权。平民与贵族间的矛盾通过梭伦等执政官的改革缓解了。希腊最终没有灭亡在平民起义中,而灭亡在外族——罗马的进攻中。

商业个体社会始终建立在商人的思维基础上,商业文明不仅没有成功的农民起义推翻君王,也没有成功的奴隶起义推翻奴隶主。古罗马曾爆发三次奴隶起义,最终都以被镇压告终。前两次爆发在西西里,被称为西西里奴隶起义;第三次奴隶起义由斯巴达克斯领导,是罗马规模最大的一次起义。这次起义发生在陈胜起义的一百多年后,起初由70多名角斗士和奴隶的起义迅速发展成12万人的浩大队伍,并多次击败罗马军队。从起义的原因看,斯巴达克斯起义与陈胜起义都是受到压迫的结果。

商业文明的扩张结果是,被征服的人很多变成了奴隶,从事最繁重的体力劳动。一部分奴隶成为角斗士,在角斗场殊死搏斗,或与野兽决斗,供罗马市民观赏娱乐。失败的角斗士常常面临死亡的命运。在此情况下,角斗士的"揭竿而起"得到其他奴隶的一呼百应。只不过,起义最终被罗马军镇压。

英国历史上最大规模的农民起义爆发在 14 世纪,起因的背景是大概百分之五十的英格兰人口在大规模流行的瘟疫黑死病中丧生,[86]劳动力的数量减少,而可耕种的土地面积没有变化,农民要求更高的工资[87]。此后,英国出台劳工条例和法规,不允许付给农民高于瘟疫前的工资,否则违法。[88]与此同时,英国和法国进行着百年战争。为支付庞大的战争开销,英国政府开征更多税,包括"人头税",进一步激起商业文明下的农民的不满。在瓦特·泰勒的领导下,农民发起了起义,起义军一度进入伦敦。瓦特·泰勒在与国王理查二世的谈判中被杀。最终,国王赢得了胜利,起义失败。

在法国资产阶级大革命之前,即法国的商人革命前,欧洲历史上最大规模的起义是爆发在 1525 年的德国农民战争[89]。起义地区包括了今天的德国、瑞士、奥地利和捷克共和国等。起义军还把对未来社会的主张公开发表在《十二条款》中,要求有打猎、捕鱼的权利,减轻徭役,有权选举牧师,取消部分"什一税"等。"什一税"是按教会要求把收入的十分之一左右交给教会的税。这些条款中,选举牧师是非常有个体社会特征的诉求,体现对民主选举权利的追求,这样的条款从未出现在家庭结构的农民起义的主张中。商业文明下的农民的思维与农耕文明下的农民思维截然不同。商业文明下的农民,是被雇佣劳动的一个职业群体,受地主雇佣,上缴税赋。此次起义同样被镇压。

商业文明历史上的奴隶起义和农民起义都以失败告终,商业文明走向现代的标志是商人起义,也就是资产阶级起义,目标是构建更符合商业文明的社会政治制度。在商业起义之前的商业个体社会属于传统商业个体社会;商人起义后建立的是现代商业个体社会。

最早的商人革命是 16 世纪爆发的尼德兰革命。革命的结果是,尼德兰脱离西班牙实现独立,不久又与其他从西班牙独立出来的地区组成荷兰共和国。[90]它没有推翻西班牙国王,而是从版图中独立了出去,为构建现代商业文明扫清障碍。一个多世纪后,荷兰崛起为海上强国,拥有的商船数目超过其他欧洲国家的总和,贩运东方的瓷器、丝绸和香料,美洲的皮货,欧洲的手工业品,还一度占领了中国台湾。

1789 年爆发的法国大革命是推翻统治王朝的商人起义。它判处了旧的统治者——国王路易十六的死刑,这在商业文明历史上还是第一次。之前的奴隶和农民起义都没能推翻统治王朝。商业文明的成功起义比农耕文明的成功起义晚很多。农耕文明的陈胜起义爆发在秦王朝建立后不久,比法国大革命早了近 2000 年。秦朝被农民起义推翻后,传统家庭结构在随后的汉朝得以确立。法国大革命后,发表的《人权宣言》重申商业文明的价值观:"人们生来而且始终是自由的,在权利上是平等的。"不过,大革命后,新制定的宪法虽然将《人权宣言》置于首篇,却仍规定年满 25 岁的男子享有公民权,女子不适用于宣言的平等和自由。在男子中,公民权还要根据财产的多少划分成有选举权的"积极公民"和无选举权的"消极公民",[91]就是根据有多少钱来看谁适用平等和自由。现代个体社会将女性、无钱的男性都看做公民、看成是生来自由平等的人,是二十世纪的事情了。法国大革命只是现代个体社会的开端。

1776 年美国发表《独立宣言》,标志美国独立,构建了现代商业文明的新制度。不过,它没有像法国大革命般地推翻英国的国王制,而是美国本地的商人靠起义从大英帝国的统治中独立了出来,在这一点上更像尼德兰革命。它宣扬的"人人平等"思想,同样是商业文明价值观,也同样在当时只适用于拥有一定财产的白人男性。就是说,女性、奴隶、穷苦白人都不享有"人人平等",或者说,不被看做完整的人。此后,美国废除了奴隶制,解放了奴隶。古雅典的梭伦改革有类似的做法。梭伦解除了债务奴隶制,让由于欠债而卖身为奴的公民重获自由,但没有废止从海外掠夺奴隶和从奴隶市场购买奴隶。不过,这在传统个体社会已算进步,体现了对废止本国内的奴隶制的愿望。罗马在征服扩张中,被征服者得不到公民法的保护。为巩固统治,罗马先对上层授予公民权,逐渐地,境内自由民内公民和非公民的区别不复存在。[92]不过,罗马的公民权只赋予自由民,并没有解放奴隶,也不包括女性。现代个体社会的不同在于,商业文明逐渐废止了各种获取奴隶的方式,消灭了奴隶市场,不再允许任何类型的奴隶存在。这种循序渐进地给予更多人公民权的做法与古罗马相似,但公民权的给予范围更广泛。

商业文明下,法律的适用范围说明人与人是否平等。现代个体社会第一次给予女性公民权利,第一次不分财产多少给予公民选举的权利。这些都发生在最近的一百多年时间里,体现了商业文明在人人平等、自由的亘古追求中,对"人"的概念的拓展。女性和奴隶第一次以平等的、自由的人来被对待和接受。人权的概念,在个体社会走向现代化的过程中,扮演着除旧布新的角色。

美国同学:你不同意平等、民主、自由和人权是普世的?

我:它是西方商业文明的基本价值观。商人间从古雅典就是平等、自由和民主的,近代以来,人权观念被用来结束奴隶制、解放女性。人权是为了扩展人的概念的适用范围而被强调的。普世体现商人的扩张本性。普世的意义是商人认为正确的观念,全世界都要接受,否则就要受到商人的孤立和制裁。商业文明有传教士精神,过去传播上帝,现在传播普世价值。农耕家庭结构不是传教士,不相信任何普世价值。你的东西真要那么好,别人会努力来学的。

他:平等、自由、人权要自己争取。

法国同学:美国人争取自由,不停争取。法国大革命后,第一追求平等。[93]

美国人追求种族、男女等的平等,基于法律的适用范围平等,不追求经济上的结果平等。法国有追求经济的结果平等的传统。法国同学告诉我,年薪 10 万欧元以上部分的税率大概是 41%,年薪百万以上的大概是 75%。[①] 换句话说,赚 200 万,只能得大概八十万。高税收,高福利。

我:与商业文明很晚才有成功的商人起义不同,农耕文明的第一个统一的中央王朝就被农民起义推翻了。曾有位皇帝引用古语"水能载舟,亦能覆舟"[94],表明对子民的敬畏。欧洲直到 1789 年法国大革命才第一次出现成功推翻王朝的商人革命,在此之前没有成功的起义,国王自然也不惧怕民众。

他:美国独立战争比法国大革命早。

尼德兰革命和美国独立战争都属于商人的反抗。不过,他们既没有推翻西班牙王室,也没有推翻英国王室,只不过从帝国中独立了出去,建立现代商业文明。法国大革命之所以和陈胜起义更相似,是他们都推翻了王室。

---

① 对 41% 的税率,起征点和家庭成员数目有关,这里大概给出十万欧元。

我:我不争论美国独立战争究竟算不算革命,即便算上,它爆发于1775年,相比于秦末农民起义,也晚了近两千年。这两千年中,中国的很多王朝灭亡于农民起义,而欧洲国家要么灭亡于外族入侵,要么灭亡在本国的上层厮杀。古希腊灭亡在罗马人手里,西罗马帝国灭亡于外族入侵。此后,在欧洲的中世纪,各国王族内部有厮杀,国与国之间有厮杀,但成功的底层民众的起义却要等到十八世纪末了。欧洲历史上没有成功推翻王朝的农民起义,第一次革命就是代表商业文明的资本主义起义。自秦末农民起义以来,历朝建国后,最先做的就是重新分配土地。王朝的晚期,常常伴随着大量的土地兼并。欧洲没有成功的农民起义,商人也不惧怕农民,土地以不可侵犯的私有财产的方式存在,不会重新分配给农民。新中国成立以后,剥夺地主的土地分给农民,与历史的重新分配土地有相似之处,不同在于,这次分土地的目的是实现工业化,让一直占人口百分之九十的农民,逐步变成工人,让自给自足的小农经济,逐步变为机械化大生产。2012年,中国的城镇人口首次超过农村,实现历史转变,[95]这是农耕文明从传统农耕向工业化的过渡,也是拥抱现代科技的体现,是不可逆的。

美国同学:中国领导人把地主的土地分给农民,这是非常好的。欧洲历史上我确实想不出你描述的重分土地。

我:在商业文明下,农民是被雇佣者,签订契约给庄园主打工,身份低于商人。中国社会的士农工商等级次序规定,士大夫即官员在社会最高层,其次是农民,再次手工业者,最末为商人。自古以来,商人处在末位,商人的私有财产观念、雇佣和被雇佣概念、契约概念在中国社会较弱。农耕家庭结构的实质是重视生产。今天的中国重视农业和工业的生产,是世界工厂。

今天的中国延续农耕家庭结构,并逐步建立现代家庭结构,而非商业个体社会。毛泽东曾说,"半殖民地的政治和经济的主要特点之一,就是民族资产阶级的软弱性。"[96]"士农工商"的排序将工与商排在末位,压抑了上千年,要他们在短时间既推翻传统农耕文明的生产模式,又赶走现代商业文明的压迫,确实不现实。

商业文明的统治者以商人的视角治理国家。很多美国总统也有私人庄园:华盛顿一生的最后岁月就在他位于弗吉尼亚州的庄园中度过;小布什在德克萨斯州拥有私人的农场,并曾在那里会见江泽民[97]。中国虽"溥天之下,莫非王土"[98],但皇帝并不亲自打理田地,也不亲自计算粮食收成。大多数皇帝一生都居住在皇宫大殿里,并不清楚宫外有多少王土。皇帝是大家长。他去祭天,去祭地,祈求风调雨顺;要象征性地春耕,表明重视农业生产。出现日食,皇帝会下诏,召集群臣述说自己的错误,并要求推荐直言进谏的人,[99]以为自然异象是上天对他的警示和惩罚。他真心希望改正错误。

这样的逻辑在欧洲不存在。

18世纪,英国的呢绒出口刺激了羊毛需求,地主们圈地养羊,农民被迫离开土地,去工厂做工。[100]养羊卖羊毛比向农民出租土地赚钱多,农民被解雇,房屋被填平,腾出空间放羊,放羊所需的人工远少于种地的数量,大批农民失业,失去生活来源,实在缺少粮食,被迫将仅有的一点土地作为抵押给所谓的接济者,换取一点点的残羹冷炙。但他们没有工作,即便过了一年,也没有机会赎回土地,这在历史上被称为"羊吃人"运动。[101]和中国历史不同的是,饥寒交迫的农民并没有造反。在19世纪中叶,爱尔兰大饥荒中大量马铃薯死亡,造成约一百万人死亡。奇怪的是,一面大量人饿死,另一面粮食大量出口。大批的饥民就乘船跨过大西洋,到了美洲大陆定居。[102]羊吃人运动要是发生在中国,会爆发大规模的农民起义。大规模的饥荒常常伴随社会不稳定。但这一切在欧洲都进行得这么残酷却没有引发革命,足见商业文明的不同。

饥荒爆发后,爱尔兰继续出口粮食,体现商人追求利润的本性,商业文明不关心农民的死活,也不担心农民起义,欧洲历史上没有成功的农民起义。中国社会则绝不允许突然间出现这么多流民。大量流民往往会起义。

在欧洲的封建社会,商业文明一直保存很好,商人私有资本一直被保护。法国大革命是资产阶级革命,也就是商人的革命,剥夺了封建地主和教会的土地,开启了资本主义时代,或者说,开启了现代商业个体社会的时代。走入现代的商业文明,伴随着蒸汽机冒出的滚滚黑烟,侵略扩张的触角伸向了全世界。最终,现代商业文明与传统农耕文明在鸦片战争中正面碰撞了。

第四节　碰撞:农民自保,商人扩张

一、鸦片战争——商业扩张

在相当长的历史时期,商业个体社会以欧洲为中心。古希腊、古罗马扩张的触角,无法抵达亚洲东部的农耕家庭结构,商人与农民没有正面冲撞。工业革命缩短了五大洲的距离。先进的航船搭载着商人去追逐财富,在轰鸣的炮声中,商业文明的触角伸向全球。欧洲边缘的小岛崛起为日不落帝国,鼎盛时期控制的陆地面积占世界陆地总面积的近四分之一[103]。固守田园的农耕文明对外面世界的变化一无所知,依然延续着男耕女织的家庭耕作模式。双方直接贸易的唯一地点在广州。由传统耕种技术和手工作坊生产的茶叶、生丝和药材卖给英国商人,英国商人带来的呢绒、棉纺织品和金属制品等工业制成品却销路不畅。中国的对英贸易是顺差。[104]追逐财富的商人,开始向中国走私鸦片。禁烟运动诱发了鸦片战争,商业文明与农耕文明第一次正面相撞。农耕文明一败涂地,从此被迫改变。

历史上,农耕文明曾经多次和游牧文明碰撞,失败后都成功保留了家庭结构,与游牧民族合并为大家庭。鲜卑族、蒙古族、满族最后入主中原,成为大家长;匈奴、突厥的一部分臣服中原王朝,成为子民。游牧文明在战争取胜后,以家长的身份进入家庭结构;失败后以子民的身份臣服,二者都最终形成家庭结构下的融合。

商业文明和游牧文明不同。商业文明追求殖民、掠夺和奴役。殖民地是商业文明移植生活方式、价值观念、意识形态等到占领的土地。欧洲殖民者抵达美洲,不断驱赶和屠杀当地土著,根本不把他们当人看。即便是欧洲本国的殖民者,在殖民地的后代也逐渐丧失了在宗主国的投票权,更不要提给殖民地的土著居民同样的权利了。鸦片战争后,英国殖民者不会把首都从伦敦迁到北京,也不希望做中国人的家长与中国人生活在一起,他们追求的只是财富,不关心中国人的死活。从秦大一统以来薪火相传的农耕家庭结构,第一次和强大的商业文明正面碰撞,也第一次有灭亡和被殖民的危险,李鸿章说是"数千年来未有之变局"[105]。如何在科技全面落后、屡战屡败的条件下找到机会翻盘,成了对农耕家庭结构最大的考验。

家长们首先想到的是保留家庭结构和孔夫子的地位,弥补科学技术的不足,实现工业化。以李鸿章为代表的家长们亲自办工厂,集中在军事工业上,造坚船利炮,武装北洋水师,却在甲午海战中败给了弹丸小岛日本。日本曾系统地学习了中国的科举制度、文字、服饰、建筑、儒家思想等,是不折不扣的中国的学生,却在改投师门向商业文明学习后一跃成为强国。这极大刺激了正在北京会试的康有为和梁启超,他们带头发起了"公车上书"。[106]甲午战败证明不改革家庭结构,只学习科学技术不会成功。在百日维新中,康有为主张学习日本,在保留大家长的基础上学习商人的治国思维,在法律条文的意义上约束大家长的行为。可惜变法失败了。失败后不久,八国联军侵华。家庭结构必须经历更加彻底的变革。随着辛亥革命的枪炮声,从大禹开始创立的父传子、子传孙的家庭结构的王朝模式终结了。

孙中山认为,"像英国、日本和意大利的君权还有多【不】①少问题","君权将来一定是消灭的",[107]大家长的皇位不能够继续保留了。"美国自结合联邦、成立宪法以后,便成世界上顶富的国家"[108],美国没有皇帝,法制明晰。孙中山借鉴美国宪法的主要精神,[109]希望建立没有皇帝而有选举和法制的国家,类似美国那样。结果,他也失败了。

李鸿章主张只学商业文明的技术,康有为主张保留皇帝运用法治,就像强大的英国那样实现君主立宪并强大,孙中山主张学习美国。这些人的共同特点是学习商业文明已经成功的技术或制度。李大钊受俄国十月革命的鼓舞,引入马克思主义,创立中国共产党。俄国不属于欧洲的商业个体社会,却从德国人马克思的理论中找到了与商业个体社会平起平坐的方法。列宁借鉴了商业文明内部诞生的埋葬现有商业运作模式的理论,并结合俄国实际取得了革命的胜利。此后俄国又迅速发展成与商业文明抗衡的强国。这给农耕文明极大的鼓舞。毛泽东用"农村包围城市"的战略,取得胜利,结束了和商业文明正面冲撞以来的乱局。他系统地组织实现工业化,变传统农耕为现代机械生产,提高了女子的经济和社会地位,推广了普通话。他延续了两千年来的农耕家庭结构,又改变了传统家庭结构,开启了现代家庭结构的新时代。

二、家庭结构的保留

在与商业文明碰撞后,农耕家庭结构最终没有被殖民者抹去,而以独立的身份保留并走向现代。

---

① 结合上下文,此处的"多少问题"应作"不少问题"理解,或把"还有多少问题"作"还多少有问题"理解。

保留特征一:与商业个体社会按照法律监护未成年子女的角度不同,成年子女也要在相当程度上听从父母的意见。子女在十八岁以后,依然属于家庭成员,被当做孩子来对待,择偶、工作和生活都深受家长的影响。同时,家长承担供子女上大学、攒钱买房子的任务,远远超过法律规定的抚养到十八周岁的义务。我曾经和一个美国本科生的父亲聊天:"你的孩子每周要在快餐店工作三十个小时,还要在学校上课、做作业、考试。在快餐店打工非常累,会非常影响课业学习。你为什么不在经济上帮助他好让他专心学习呢?"他的父亲:"我很为他感到骄傲。他工作很努力。我也帮助他一些,但不能完全供给他各项费用。上大学还要更多靠他自己。"美国同学:"我很感激父母还在经济上支持我,他们已经没有义务了。"我:"没有义务为什么还给些钱?"他的父亲:"因为我们爱他,但我确实没有义务再给他钱。你的父母一直供养你么?"我:"我父亲很早就开始为我上大学攒钱,他自己不舍得花钱,不旅游,不在饭馆吃饭,但会全力保证我读书的费用,让我能够安心读书。中国的家长也没有法律义务,但大部分会把攒钱让孩子上大学作为家长的职责。"

保留特征二:赡养老人作为家庭结构的根基,被写入了宪法,在世界上没有类似案例。任何一个国家和民族走向现代实现机械化、电气化和信息化,都要学习商业个体社会的科技,也就或多或少地受商人思维方式和组织模式的影响。法制精神是商人契约精神的拓展,中国也在辛亥革命后颁布了现代意义的法律。把家庭结构的核心价值观写入了宪法,最近又将"常回家看看"写入了法条,让外国同学非常吃惊。我问一位美国父亲:"你希望未来老了和孩子一起生活么?"他:"不希望。"我:"为什么?"他:"我相信我有能力照顾自己,无论在经济上还是生活上。"我:"有一天年龄太大了,必须有人照顾呢?"他:"我会先考虑去养老院。"我:"为什么不优先选择和子女生活呢?"他:"我希望保持独立,不希望依附任何人。"

保留特征三:婚姻存在于两家庭间,不是两个体间。家庭是最小单元,两个人谈恋爱结婚,就必须考虑双方家庭。"有房才能结婚"的实质是对方家庭有钱买房才谈得上结婚。年轻人刚工作,没有积蓄,结婚买房很大程度上要靠父母。独生子女强化了家庭属性,婚姻发生在两家庭之间就更加自然而然。

保留特征四:人与人构建的类家庭关系依然很重要。中国人花大量时间和精力构建人际关系,不停喝酒聚餐交朋友,称兄道弟,构建情感联系把其他人拉入家庭结构。酒文化在此过程中被发扬光大了。

保留特征五:疏通家庭结构关系的依然是礼尚往来。给老师送礼,给医生送礼,给上级送礼,给新婚夫妇送礼,给朋友升学的孩子送礼,是礼尚往来的当代体现,目的是构建更紧密的家庭结构关系。在明朝,利玛窦就发现,中国人"以普遍讲究温文有礼而知名于世",但"他们的礼仪那么多,实在浪费了他们大部分的时间"。[110]"送礼是他们的普遍习惯,一般要回赠价值相等的礼物"。[111]"中国人的宴会""十分频繁","有些人几乎每天都有宴会","斟酒很频繁"。[112]这种情况从传统家庭结构延续到现代家庭结构。礼尚往来的传统,与行贿受贿有着文化上的相关联。美国同学:"听说在中国办事情必须要送礼。"我:"在家庭结构下,家庭间取得联系常常要送礼物,这往往是农耕文明实现交换的方式。商业文明以买卖实现交换,农耕文明自给自足,送礼只是互通有无,让每个人的生活更好。送礼物是传统,不仅仅是为了腐败。逢年过节不送礼的人会被认为非常奇怪。"美国同学:"送礼和行贿的界限在何处呢?"我:"法律上有些数额的限定。但在行为动机上,很难明确区分。"

三、现代家庭结构的变化

我结合最近一百年我们家的变化说说鸦片战争后,李鸿章说的"数千年来未有之变局"。

我外祖母今年 82 岁,出生在辽宁沈阳附近农村的雇农家庭,她的父亲为地主做长工,常年劳动后手指无法伸直,背也驼着,还经常被地主打。家里生活窘迫,男孩子读四五年的书,女孩子干脆不读书,在家里帮忙。我外祖母十三岁就由媒婆牵线、父母指定了婚姻,十八岁嫁给了我外祖父。

订婚那天,外祖母的亲戚来到她家,帮着参谋。外祖母也第一次见到外祖父。她觉得外祖父不爱说话,有些木讷。但她的评价不作参考,父母和长辈替幼年的她决定了。订亲后不能悔亲,否则被人笑话。她十八岁和外祖父结婚,后来随外祖父来到了黑龙江。她未念过书,不识字,只能做简单的体力劳动。她的一生没有听到过周围的同辈人离婚。她告诉我,新中国成立后才有准许离婚的婚姻法,但那个年代,身边没人离婚。

到我母亲一代，就都读书识字了。我母亲上了中学，相比于外祖母，生活发生了翻天覆地的变化。妇女大规模读书识字，是自古未有的大变化。新中国刚成立时，文盲率高达80％。[113]母亲这代人的文盲就少多了。我父亲出生在农村，小学文化，看书看报没问题。母亲还可以和男同学一起上学，一起玩。外祖母十三岁定亲后，除了种地干活，不怎么出门，更不能和男孩子玩耍。她告诉我，和男孩子一起吃饭也不被允许。

离婚在我父母的年代依然是小概率事情。我的父母离婚后，父亲重组了家庭。我清楚地记得，班级里只有几个同学的家长离了婚，老师更照顾他们，幼儿园小学都如此。老师常在家长会后对我家长说，我在离婚后重组的家庭成长，成绩还这么好，很不容易。这说明，人们对于离婚后的孩子的遭遇，仍然十分同情，从侧面折射出当时离婚的小概率。我来美国后，见到的好多美国同学都成长在离婚后的家庭。离婚普遍后，大家谈论起来就习以为常，即便他们成绩优异，也不会让人感慨他们的不容易。

母亲对我讲，她离婚后搬回外祖母家，外祖母和外祖父都抬不起头见街坊邻居，觉得丢人。母亲生性倔强，不依靠任何人，自己做些小生意过活。这与她受过教育关系很大。人在社会意义上的解放需要经济基础作支撑，现代社会的经济基础与受教育程度关系很大。

对我这代人，自由恋爱早就很普遍。男女朋友住在一起也不再受到道德的谴责，越来越平常。父亲对我说，他和母亲结婚前都不能住一起，害怕别人说闲话。

现代社会的离婚率快速上升。2012年国人离婚率增幅首次超过结婚率增幅。[114]若将长期同居生活的情侣分手算在内，自由恋爱的感情持续时间并不长。所谓的天长地久、沧海桑田，只不过是极小概率的事情。

我外祖母的母亲就是被裹小脚的妇女，现在我外祖母见到年轻人同居生活也感到越来越正常。外祖母电话里告诉我，舅舅给她买了手机，但她不认字，也不认得阿拉伯数字，只会接听不会拨打。她感慨地说："如果我像你们一样读过书，是不是至少会打电话了？"在今天的年轻人中找一个目不识丁的人就非常困难了。她一生经历的变化，是从秦始皇以来"数千年来未有之变局"的缩影，也是传统家庭结构向现代家庭结构转变的明证。

尼日利亚同学说："尼日利亚的传统中只有婚姻和家庭,由父母指定,没有男女朋友这种婚姻之前的状态。"中国传统也没有男女朋友的观念。私定终身是戏曲艺术中的少数,表达在传统家庭结构中对自主决定婚姻的向往,现实中很少存在。

男女朋友的观念是近代以来受商业个体社会观念的影响而出现的,是自主选择配偶的必然结果。我外祖母的婚姻被父母包办,不存在自主选择,也就只有丈夫没有男朋友的概念。自主选择配偶,就要在众多人中选择,必然有人在选择中被淘汰,没有成为配偶。选择的过程就是恋爱的过程。

自由恋爱、妇女解放,加上频繁的迁徙和生活节奏的加快,使婚姻逐渐不稳定。选择的机会越多,愿意将就凑合的人就越少;生活变化越快,人的思维变化也越大,两人思维同步的难度也越大。

美国同学告诉我："父母指定的婚姻在欧洲三百年前就逐渐瓦解;离婚从一百年前开始逐渐变得平常。"我说："西方人三百年渐变的婚姻结构,中国人三四代就迅速地走完了。"今天,婚前同居不会受到道德审判,我的生活环境和外祖母童年的环境作对比,简直天壤之别。

巴西同学:你怎么看现代的离婚?

我:中国的传统中没有离婚,只有休妻,即丈夫将妻子逐出门,是男权社会的体现。离婚与休妻的区别是,女性也有权利解除婚姻关系。它是妇女解放的必然结果。妇女参加劳动,地位提升,也有权解除婚姻关系,特别是经济上能够独立的妇女。

巴西同学:传统观念没有离婚就不能自由选择,现在,两个人无法共同生活可以进行新的选择,你觉得这是进步的还是退步的?

我:从人的自由和解放的观点来看,对夫妻双方都是进步,只不过对孩子的伤害太大。

巴西同学:我从没考虑过孩子,我太自私了。

我:西方社会构建在公民个人的意义上,而非家庭,体现自私、自我和个性非常正常。不好做道德评判。

美国同学:离婚也有好的一面。传统思维是一旦结婚了,就注定了一生的承诺,这本来是好的,但实际生活中,双方有了婚姻保障后,就不再像以前一样彼此关心对方,经营和维护感情的动力也减弱了。离婚让你不会想当然地感觉对方永远跟着你,你必须努力经营感情,才能走到最后。在美国东西海岸的大城市,离婚率较高,内陆地区和农村地区离婚率就比较低。[①] 我想中国也一样。美国婚姻在 20 年内瓦解的概率大概是 50%。[115]

我:这说明,每当教堂里面有两对新人举办婚礼,当夫妻双方回答"我愿意相守一辈子,无论贫困饥饿"的时候,你就清楚大概其中一对不会最终走到婚姻尽头。在中国,东部沿海经济发达地区和内陆大城市的离婚率较高,农村离婚率较低,内陆农村相对更传统。近年来农村离婚率提升是由于进城务工后夫妻长期分隔两地,感情出现危机。

美国同学在派对上认识了某个人,就可能发生一夜情。巴西同学:我每次参加派对,都会找喜欢的女生,有时候对方也喜欢我,就发生一夜情,否则整晚就只喝酒。我问他:你会给钱么? 他说:我从没给过一分钱,给钱的一般都是老男人,单纯依靠个人魅力不会有人和他发生一夜情了,才用金钱作诱饵,我若需要花钱才找到人,是很大的打击。

我:这种观点我从来没有听说过。不过你这种观点放在中国,就是那种玩弄感情的人,在世俗意义上,不被喜欢。总起来讲,这些西方的开放派对和我们的家庭结构不很兼容。

女性在社会和家庭的地位提升后,传统思维观念的调整却显得滞后,男权思维依然浓重,表现在男性希望找弱于自己的女性、女性要找强于自己的男性作伴侣。

美国则不同。我所居住的大学合作住房协会,每周每人要做四小时义工。在厨房工作的美国女生发现垃圾筒满了,会自己去倒掉;中国女生则不会。我在上学时,每天都有值日生,印象中没有安排过女生倒垃圾。美国女生搬家常常租辆皮卡,把行李放到皮卡上开车走了。中国的女生搬家,常常会叫些男生帮忙。

美国女生听到这些例子非常惊讶,说:男女不应该平等么? 中国的女生为什么会

---

① 具体数字并不一定越是沿海离婚率越高。

有这样的思维呢？

我：传统家庭构架中人为地不给女性读书工作的机会，造成了男子的特殊地位，又用儒家思想固化了上千年。近代以来社会构架快速改变，人们的思维却没跟上。

一位女同学曾抱怨实验室的男生看到她去倒垃圾都不帮忙。

我：你没请人帮你不能怪对方啊。

美国女生听到这个例子，说：她自己能做的，为什么不自己做呢？

我：历史上，女性较弱势，强势的男性要主动提供帮助。现代女性解放后，仍希望找更强的人，就出现了"剩女危机"。

1950 年的《婚姻法》是新中国成立后颁布的第一部法律，可见婚姻在家庭结构社会里的重要地位。社会走向现代，必然伴随传统家庭结构向现代家庭结构的转变。

第一点变化：《婚姻法》规定现代家庭的婚姻实行一夫一妻制，取代传统家庭结构的一夫一妻多妾制。农耕文明下，男性为主要劳动力，享受特权，除娶妻外，还可纳妾，妾的地位低于妻子；皇帝的妻子称皇后，妾叫妃，妃的地位比皇后低。一夫一妻多妾制与一夫多妻制不同，妾的地位比妻低。一夫一妻制是受到商业文明中的基督教影响出现的。在基督教的教义中，婚姻的构成总是一个男人和一个女人。在中世纪的欧洲基督教国家，国王也只有一个妻子，没有妾，但经常有情人。在法律的意义上，商业个体社会没有妾或者多妻的概念。

传统家庭结构下的父、母、子、女的地位顺序转变为现代家庭结构的家长、孩子的顺序，也体现女性的解放。一夫一妻是妇女解放的起点和标志。传统家庭结构中的妾在法律上消失了，思想上还没有彻底消失，如"包养"情妇。美国同学对包养非常吃惊，不理解有钱人包养情妇为何司空见惯，且很多时候半公开。在美国社会，由于基督教的影响，很多人坚定认为应该是一夫一妻制的，很少听说有人在外边进行中国式的包养。

第二个变化：彻底消灭了宦官制度。宦官是大家庭王宫里的侍臣，小家庭里没有对应者。宦官非家庭成员，只是一妻多妾制在大家庭中的结果。皇帝有一后多妃，又有许多宫女，为防止侍臣与后宫佳丽鬼混，就招募宦官。伴随妾在小家庭和大家庭的整体消失，宦官存在的必要性随之消失了，从秦末赵高专权以来的宦官专权问题也彻底消失了。宦官专权伴随从秦以来的封建历史,始终没有很好的解决方案。它比大臣篡权或者外戚干政的影响恶劣得多。宦官没有子嗣,没有被封建认可的家庭,最多只有名义家庭,他们在中国社会中作恶不顾及后人,不顾及历史,不会有长远打算。美国同学:"从人权的角度,人也不应该为了某些特定的工作而被阉割。"我:"我同意。自从家庭结构取消了妾以来,宦官已经彻底消失了。"

第三个变化:领导人不再大修陵墓,不做寿。总结秦朝二世而亡的教训,秦始皇陵大兴土木,劳民伤财,是其中之一。历代君王都讲吸取秦的教训,却依然保留修陵墓的传统,厚葬多,薄葬少。结果是劳民伤财,大量的珍宝埋在地下,吸引了盗墓贼,没实际意义。诞生在商业文明的现代科学改变了中国人对死后世界的认识。"五十年代,毛主席提议所有的人身后都火化,只留骨灰,不留遗体,并且不建坟墓。毛主席是第一个签名的。"[116]毛泽东深知,要结束千年来农耕文明对土地的依恋,必须从最高领导人做起,其他人才会仿效。毛泽东去世后"建毛主席纪念堂,应该说,那是违反毛主席自己的意愿的。"[117]在西柏坡会议上,毛泽东提出了"不做寿"、"不以人名做地名"[118]等要求。历史上,帝王大寿常隆重庆祝,凸显个人崇拜。美国的首都华盛顿特区就以华盛顿的名字命名,中共领导人的名字没有出现在城市名片上。

第四个变化:实现了秦始皇书同文、车同轨后的话同音——推广了普通话。《宪法》规定,"国家推广全国通用的普通话。"[119]爷爷奶奶那辈人很多不会讲普通话,父母一代大多能讲。我大学以来见到的同学都会讲普通话。推广普通话是构建现代大家庭的必然一步,否则同一国家的人用口语交流会有严重障碍。我对美国同学说,我和周围的中国同学吃饭聊天没有任何问题,我们的爷爷奶奶若坐在一起吃饭聊天,就会出现语言障碍,很多人不会说普通话。

横向类比欧盟,历史上横扫欧洲甚至欧亚非的征服者大有人在,但没人实现文化上的书同文、车同轨,更不用说话同音了。我问法国同学:"为什么法国人的英语普遍不好。"他说:"很多法国人都不愿意离开法国,且很热爱我们的国家和语言。"我在美国见到意大利同学、法国同学、爱沙尼亚同学、波兰同学、西班牙同学等,都说要练习英语。整个欧盟的面积也没中国大,内部却有28个国家,24种官方语言,语言成为整合的重要阻力。中国年青一代到任何地方不必担心语言交流,自由移动的阻力较小。

历史遗留下来的户籍制度是最大阻力,与美国的各州居民身份比,户籍制度限制更多。户籍会随着工业化和城镇化的推进逐步淡化。

第五个变化:现代家庭可以离婚。1950年的《婚姻法》以法律形式确定了现代家庭可拆分和重组。离婚体现人的自由选择,与快速发展的社会相适应。婚姻安全感变弱,传统观念的束缚也变弱。如何在男女平等的条件下构建婚姻,在男女都部分存有男权思想的条件下,依然需要探索。

第六个变化:现代大家庭的领导人非终身制。皇帝的大家长宝座能够在有生之年一直坐下去。大臣告老还乡往往由于政治上受到排挤,而不是由于明确的任期制。新中国成立后,"实际上存在领导职务终身制"[120]。终身制的最大弊端是"不利于领导层更新,不利于年轻人上来"[121]。1990年,邓小平辞去中央军事委员会主席职务,[122]标志领导人终身制的废止。谈及废除终身制的重要意义,邓小平用过非常形象的比喻:"庙只有那么大,菩萨只能要那么多,老的不退出来,新的进不去","因此,老同志要有意识地退让。"[123]邓小平说,"老同志的经验是丰富的","精力就比过去差得多了","这是自然规律,没有办法"。[124]

第七个变化:告别子承父业的小家庭权力继承模式。从大禹建立夏朝到1912年清朝灭亡,父传子子传孙的权力继承模式在中国大陆延续了几千年。此后,大陆的领导人都没有传位给孩子。退守台湾的蒋介石"传位"给了儿子蒋经国。1988年,蒋经国去世后,台湾的领导人也不在家族内承继。至此,小家庭权力继承模式在中国彻底终结,接班人的筛选范围大大扩展,与领导人无血缘关系的优秀人才,也从此有了机会。历史上太子年龄太小即位后无法理政的情况,再也不会出现了。

第八个变化:继任领导人具有基层经历,经常调研,与长于皇宫内的太子明显不同。中国历史上王朝建立者率领文臣武将征战,经历丰富。继任皇帝从小生长在皇宫大院,对民间并不了解,以致出现了有人向晋惠帝反映百姓没有粮食,很多人饿死,他反问"百姓怎么不吃肉粥呢?"[125]他不明白没有粮食吃的百姓不可能买得起肉。对他而言,餐桌上的饭菜肉是想吃什么就吃什么,粮食没有了,可以吃肉。中国历史上缺实证精神,领导人很少亲自调研,受交通限制,实地调研难度也大。大部分皇帝很少出远门,像康熙一生六次南巡的只是极少数。现代领导人执政后,依然走访群众,实地调研,了解春耕生产,企业经营,灾情救助等,获得第一手资料后再做有针对性的决定。基层经历对未来执政有重要意义。

第九个变化:家庭结构官方思想的代表人物从孔夫子变成马克思。从汉武帝独尊儒术到新文化运动批判孔夫子,儒学的正统思想地位持续了两千多年。此后,一个德国人的学说成为官方思想,并非农耕家庭结构的本意。它是在鸦片战争后反复尝试各种方法、成功在商业文明的包围中站立起来的唯一理论,就在现代家庭结构取代了孔夫子学说的地位,

第十个变化:用政党实现社会治理。政党的概念在传统家庭结构中没有。孔子说,"君子矜而不争,群而不党"[126],结党被看做营私的手段。传统家庭结构用血缘、出身、门第、科举分数来划分阵营并实现治理。政党的概念完全来自商业文明,在二十世纪早期出现在农耕文明的政治生活中。毛泽东评价第一次国共合作时说,"国民党不懂得组织国民党,致力于国民革命三十九年,就是不开代表大会。我们加入国民党以后,一九二四年才开第一次代表大会"。[127]可见,孙中山早期组织政党也经验不足。中国共产党是中国的执政党,有明确的章程,并定期召开党代表大会,沟通基层和中央,与传统家庭结构在皇宫大院里的治理发生了根本变化。

第十一个变化:家庭结构的士农工商职业排序发生变化,商人的地位得到提升。商人在传统家庭结构的地位很低。清朝富可敌国的广州十三行,也敌不过官吏。商人有钱后,常让后代考科举,或捐钱得官衔,通过成为士大夫获得安全感。近代商人的地位提高了,被称为"民族资产阶级",受到的冲击远远小于地主。地主的土地以被剥夺的方式重新分配;民族资产阶级的财产则用赎买的方式公私合营。改革开放鼓励经商,个体工商者起初愿意披挂国营或集体的外衣获得安全感,后来逐渐大胆创业。商人的地位虽提高,但现代家庭结构依然重视生产。有钱的商人很多人移民商业文明国家,寻求对私有财产的保护。"资产阶级的软弱性妥协性"是几千年来重生产的结果,商人在农耕文明很难独立成气候。

第十二个变化:借鉴商业文明的法制。欧洲早在古罗马就有了完备的法律。恩格斯说,罗马法是商品生产者社会的第一个世界性法律。[128]英国的《大宪章》签署于1215年。家庭结构从传统走向现代过程中,借鉴了商人的法治精神。从晚清《钦定

宪法大纲》算起,现代法制构建不过一百多年时间。邓小平复出后,反复强调法制,他说,"斯大林严重破坏社会主义法制,毛泽东同志就说过,这样的事件在英、法、美这样的西方国家不可能发生。他①虽然认识到这一点,但是由于没有在实际上解决领导制度问题以及其他一些原因,仍然导致了'文化大革命'的十年浩劫。"[129]1999年,依法治国写进《宪法》[130],距今不过十多年时间。

现代家庭结构除了女性解放、政党执政、领导人任期制等变化外,还有一项家庭结构的原始创新——协商民主。

四、协商民主——家庭结构的民主形式

民主是商业文明个体平等并能够自由选择的产物。从古雅典起,商人间就是平等的,商业交往强调买卖自由,在个体社会中对应着选择的自由。哪位候选者得到的平等支持最多,就出任执政官,代表商人的利益。现代家庭结构借鉴商业文明的民主思想,并根据家长依然在家庭中实际拥有很大权力的实际出发,以协商的方式实现小家庭与大家庭的治理。

政治协商会议是中国社会的原创。协商最初是要解决民主党派长期存在后和共产党的关系问题。毛泽东说,"只要共产党以外的其他任何政党,任何社会集团或个人,对于共产党是采取合作的而不是采取敌对的态度,我们是没有理由不和他们合作的"。[131]在革命时期,共产党和民主党派合作,执政后仍然多党共存,就与俄国的"无产阶级专政和一党制度"[132]形成差别。毛泽东认为,"民主是商量办事"[133],在不只一个党存在的条件下,协商是农耕文明求同存异的最佳选择。

"协商"是保持和谐基础上体现家庭成员的不同观点的集思广益。任何社会的最终决定都只有一个,一定有人对此不满意。商业文明下,做生意直来直去,信念要一直坚持下去。苏格拉底坚持言论无罪,同时坚守雅典法制,不妥协,也不强迫对方妥协。"我并不同意你的观点,但是我誓死捍卫你说话的权利。"[134]家庭结构在内部协商的闭门会议里,不忌讳有话直说。一旦决定,整个家庭要团结一致,私下里可保留意见,公开场合要拥护,维护家庭的和谐,不能像商业个体社会公开对立。在家庭里,作

---

① "他"指毛泽东

出决定前有事好商量,都让一步,事情就获得了最多支持。协商本身也是在劝说各方达成一致。现代家庭结构的成员群体大大扩展,有工人、农民、大企业家、中小企业家、民主党派代表、知识分子等。这些成员的代表参与到协商过程中,能最大限度地在做决定前周全考虑到方方面面,求同存异,找到最佳的妥协方案。某种意义上,协商也是相互妥协、求同存异的过程。

协商并不能解决所有问题。美国同学:"协商能解决所有问题么?"我:"不能。美国的南北战争处于废除奴隶制度、维护联邦统一的历史转折点,是新旧两个制度的抗争,涉及到存在了几千年的奴隶制度的存亡,对抗异常激烈,很难协商一致。"美国同学:"那不能协商一致呢?"我:"政治无法解决的往往用军事解决。美国是商业文明国家,强调民主,也没有让南方公投独立,而是林肯总统调集军队打败了南方,维护了联邦的统一,废除了奴隶制。商业文明的民主不是万能的,农耕文明的协商民主也不是。"

协商强调妥协。家庭结构在未来多级世界中可充当调解人,用和为贵、退一步海阔天空的思维让不安宁的世界学会求同存异。

五、家庭结构没解决的问题

现代家庭结构没有解决两个问题:一是"父母官"的小家庭成员腐败无人管的问题,也就是常说的"二代"有保护伞;二是和平方式表达诉求的渠道没有深入人心,游行示威上访常常以制造混乱为讨价的筹码。

自古以来,"二代"们就只能靠父母管,其他人都管不了,而父母们往往睁一只眼闭一只眼,遵循孔夫子说的"父为子隐",造成了二代们实际上没人管。唐朝的唐宣宗是能呼风唤雨的大家长,却很难管女儿。他准备把女儿嫁给科举及第的官吏,在宴会上,唐宣宗的女儿生气时把筷子折断了,弄得皇帝非常尴尬。唐宣宗对女儿说:"你怎么能作士大夫的妻子呢?"他决定撤销婚事。[135]皇帝虽管理千军万马,朝野一呼百应,却管不住女儿。就好比老师,可以教育好几十个孩子,但自己的孩子,最好由其他老师教育。谁敢于管二代,将他们的行为纳入监督范围内,同时在管理的过程中又能确保他们的父母不受牵连,是需要解决的问题。

孔夫子把父子互相隐瞒对方错误作为家庭结构下的正直典范。实际生活中,不仅互相隐瞒,在东窗事发后,家长会动用手中的公权力来帮助孩子规避惩罚。这样做,一来是家庭结构的情感要求;二来也能避免家庭丑闻影响家长的仕途。现代家庭结构建立新制度解决这个问题,就要大家长主动制造小家庭成员接受监督和审判的先例,并保证大家长本人不受波及。它和结束领导人终身制一样困难,需要决心和智慧。邓小平主动退休后,权力交接平稳,无政治动荡,退休后他本人也未受到政治风浪的冲击,才让后继者敢于退休,结束终身制。改革者需要强硬和敢于牺牲小家庭,也要有能力在大浪潮中站稳脚跟。否则,改革者退休后下场凄惨,继任者就不敢继续尝试了。

未来建立小家庭成员接受监督的先例,必须保证领导人不被卷入政治斗争。亚洲社会的日本和韩国尝试了监督领导人的小家庭成员,但都将领导人卷入了政治斗争,无法创立新制度。韩国前总统卢泰愚、卢武铉、李明博在退休后都被调查,卢泰愚与李明博还遭到起诉,卢武铉在接受调查期间自杀。这说明,约束领导人的制度迟迟未建立,而更像是政治斗争在总统任期结束后的清算。创立新制度要避免出现乱局。监督大家长的小家庭成员,要避免大家长卷入政治斗争,否则无法建立起新制度。

除了要建立约束小家庭成员腐败的制度外,现代家庭结构要创立和平解决家庭纠纷的方式。自古以来,家庭结构的官民沟通渠道是百姓到衙门告状。告状一来表达不满,二来也体现对家长的信任。告状者常常会用挑战家庭稳定的方式吸引注意力,增加谈判的筹码。家庭结构在乎稳定,家长们会为维稳做出让步,满足告状者的某些需求。

告状在现代家庭结构的对应物是上访。上访和现代个体社会的游行示威很不同。我在美国见到的游行示威,都以和平方式表达观点,希望获得支持,而非施压政府采取行政手段解决问题。美国同学、德国同学、法国同学都说,示威游行的目的是让其他人听到你的声音,改变人们的观点来改变社会,暴力的方式就是罪犯,即便观点合理,也不会有人支持罪犯。法国同学说,前段时间法国游行出现混乱,即便他们的要求合理,也不会获得多数人的支持。我说,中国的思维不同,解决问题愿意找有权力的人,即各级家长。百姓的冤情和诉求要找家长告状,信访制度就是平台。信访制度依靠行政手段,而非法律手段解决问题。行政手段最快,解决问题最直接,但缺乏法治精神。

给家长施加压力的最好办法是挑战家庭的稳定。声势浩大的游行,如 PX 项目在厦门、茂名等地引发群众抗议后宣布停产,[136]都说明百姓借挑战稳定得到政府的关注来解决问题。在中国台湾,最近发生的"反服贸"运动,学生"占领""立法院",逼迫行政当局接受学生的诉求。我问台湾同学:"你觉得现在发生的是民主么?"台湾同学:"现在不是成熟的民主,比较像法国大革命,要推翻无脑政府。看来理想世界不存在,这时需要推陈出新。"我:"那不是重蹈历史兴亡周期律的覆辙了么?"他:"一直如此。"我:"那台湾二十多年民主实验不就宣告失败了么?"他:"没有啊。是国民党失败,人民没有失败,人民更加了解其权利与责任。国民党终于失败了,民进党要开始茁壮了。"我:"但是国民党是人民民主选举的,既然选举合法,国民党就合法。现在是暴力要取代民主,不是民进党重新得到选票。"我问美国同学:"美国游行示威怎么不占领政府大楼或者议会呢?"美国同学:"占领就被警察抓起来了。"我:"可以用比警察多的人数去占领。"美国同学:"是违法的,人多也会被抓起来。"我:"他抓你,你使劲往里面冲,他能把你怎么样?"美国同学:"警察手中有武器。"我:"你们手中不也有武器么?"他似乎从来没从我的视角想过问题,想了一会,说:"警察的武器比我们的先进,我们打不过的。"我:"美国没有人民起义,所以你思维中连类似的想法都没有。"

个体社会的法治有上千年的历史,家庭结构有上千年的依靠家长协调来维系家庭稳定的历史。依法治国不能切断上访制度,否则就切断了上下层间对敏感问题的沟通,就会出现交流和制度真空,造成很坏的结果。即便中国走入了完善的现代家庭结构,也无法认同个体社会的有钱人依靠聘请最好的律师打赢官司,没有钱的穷人在明规则下只能自认倒霉的现状。上访制度在现代家庭结构会长期存在下去。上访要朝着和平表达的方式获得关注。本质上,它由农耕文明和商业文明的不同决定。商业文明构建了经济全球化,中国在鸦片战争后被迫融入商业文明,接受一系列规则,目的是复兴,而非文明转型。

六、历史与未来:向前看,向后看

商业文明向前看,类似中国的法家思想;中华文明向后看,重视历史,关心身后的历史定位和评价。

孔夫子在《论语》中提出"吾从周"[137]，即遵从周朝制度，恢复周礼。周以前的尧舜时代也被孔子推崇。"子曰：大哉尧之为君也！"[138]又说舜是"无为而治者"[139]。孔子生活在春秋时期，尧舜时代和周是孔子发现的历史最佳制度，而不源自于孔子对未来的创造。孔子的观念中，美好的未来在于恢复周礼。后世要纠正不符合最佳制度的社会行为，使其符合尧舜和周。[140]但实际上，孔子也是假借历史传播他个人的主张。孔子编写《春秋》。他认为，后世了解他，或贬损他，都会根据《春秋》这本书。[141]不同的人会从《春秋》中解读出不同的意味。戊戌变法时，康有为写《孔子改制考》，认为孔子假托古圣先王的言行做六经，实际目的是改变社会制度。[142]

后世也有很多人借历史阐述主张。董仲舒对历史的看法假借儒家理论解读出来，将秦灭亡的理由归咎为未尊崇孔夫子的教诲，好像他的观点都来自孔夫子。

孙中山提出的"大同"社会源自《礼记》，实际却是现代个体社会的三权分立制度，从未在中国历史中出现过。

中共将共产主义社会作为终极追求，是第一次将目标设定到了未来，而非回到三皇五帝。共产主义理论由德国人卡尔·马克思提出。商业文明的更好社会在未来，不在此刻，也不在过去。

中国"崛起"，在商业文明看来，是中国改变未来世界格局，在中国人看来，只是回到历史上的第一位置，是"复兴"。

中国人向来"不敢为天下先"。孙中山提出大同社会，构建的方式是学个体社会，而非原始创新。大同是古代社会提出的概念，三权分立尽管对中国是全新的，在个体社会已是现成，不是中国原始创新。

"文革"是意识形态纷争的顶峰，当时提出了很多要快速构建共产主义的口号。文革结束后，目标就逐步回复到了"民族复兴"、向后看读历史的传统思维。不过，民族复兴也不是要回复到男耕女织的小农经济，更不是回复到封建帝王时代的传统家庭结构，而是回到在传统家庭结构时期，中华大家庭的第一位置。现代家庭结构仍然保留了向后看历史的思维习惯，即便它要构建的是历史上从未有过的现代家庭结构。

第五节　土地：农民的家，商人的财产

一、家庭完整——钓鱼岛，台湾岛

农耕文明下，土地是生存的依托，也是家庭完整的体现。农耕文明不追求掠夺和扩张，却要守卫小家和大家。家庭的完整比家庭的风俗传统重要。康有为曾说，"祖宗之法是用来治理祖宗之地的，今天祖宗之地都保不住了，祖宗之法还有什么用？"[143]康有为变法，是要守"祖宗之地"，保持大家庭的完整。土地是家，家不能卖。从没有听说过大家长卖地，近代以来割地倒是不少，都是吃败仗后被迫的。这与商人把土地看做财产截然不同。财产买卖对商人很平常，土地总能被买来卖去，特别是殖民地的土地。由于殖民地的地位比宗主国低，被看成是宗主国的财产，买卖更平常。占美国今天国土面积五分之一以上的土地就是独立不久后向法国购买的。[144]

自鸦片战争与商业文明直接碰撞以来，家庭结构做了各种尝试，只有一个目的——守住大家庭的完整，实现大家庭的复兴。家庭结构从来不把像商人一样掠夺别人的土地作为目标。戊戌变法与日本明治维新的最大区别是：戊戌变法追求独立与自强，不想侵略别人；明治维新追求类似商业文明建立殖民地的扩张，西乡隆盛的老师公开讲过日本"失之于欧美之物，取偿于朝鲜、满洲之地"，意思是被欧美国家夺走的，靠变法强大从朝鲜和中国的东北掠夺补偿回来。日本学习个体社会，连同建立殖民地、掠夺财富都一并学习了过去。中国直到今天，从未想过建立殖民地和掠夺，只希望守住家庭的完整。钓鱼岛是现代家庭结构能否保持完整的象征之一。

中日因钓鱼岛事件发生纠纷，国内出现了抵制日货的声音，美国同学问我：中日真要为一个没人住的小岛大动干戈么？为只值一个便士的岛而爆发一场损失一百万美金的战争——不管是军事战争还是贸易战争——值得么？

中国同学回应他的商人逻辑，说：钓鱼岛从商业价值上也很值钱，它周围有石油。

美国同学听了，就问：已经勘探出石油了还是可能有石油？

中国同学：很可能有石油。

美国同学：全世界确定有石油的地方很多，加州也有很多石油，为什么偏偏盯住可能有石油的小岛呢？

中国同学:其他地方有再多石油也不是我们的啊。

美国同学:你算没算石油储量有多少? 值得为此打一仗么?

我:商业文明做事要算账。美国人是精明的商人,账算得很仔细。美国在海湾战争中帮助科威特,有多国承担战争费用。[145]战后,美国卖了大批军火,进一步控制了中东石油。从商业文明角度讲,战争很划算。农耕家庭结构中家长的第一职责是保持家庭的完整。我想问,领土对你有什么意义?

另一位美国同学:领土是我可以自由来去的地方,是我们的法律生效和执行的地方。

我:你从商业文明的所有权观念和法制观念来解读领土。在我眼里,领土是我们生活的家,不是你们家。钓鱼岛就像家中园子里的草坪,没有人住,但它不能被别人抢走。

他:太奇怪了,你都没有私有土地,为什么关心没人住的小岛? 这说不通。

我:家庭结构自古以来对土地的使用权很清楚,哪个地主或农民种哪一片地,分得很清楚,但所有权不完全清楚,即便在地主手中的土地,名义上还是"普天之下、莫非王土"。大家长名义上拥有所有土地,却又不直接控制土地。在军阀或诸侯割据时代,大家庭被分割较细。一旦面临亡国灭种的危机,军阀也会联合抗战。十三亿人到底怎么分配财产,确实没有西方划分得清楚。但有一点很明确,这是我们家,不是你们家。无人居住的小岛虽然说不清是哪个中国人的,但它是中国大家庭的一寸土地,轮不到外国人占领,特别是曾经的侵略者日本。美国人是精明的商人,每次战争都要计算得失,但一旦触及根本问题,如自由,就可能不计算或少计算了。我想问,南北战争期间,北方的白人为了解放南方的黑人奴隶,和南方的白人奴隶主战斗,黑人奴隶的解放不是依靠革命起义,而是北方的白人。结果是六十多万的白人死于南北战争,[146]你觉得解放黑人奴隶值得么?

美国同学:值得,解放了黑奴,维持了联邦的统一。

我:你也认为维护联邦统一很重要,和中国人看重家庭完整相似。排除联邦的统一,死了六十多万的美国白人,解放四百万的黑人奴隶[147],值得么?

我问了三个美国同学,他们都说值得。

我问原因，其中一个美国同学突然正色对我说:只要还有一个奴隶,这片土地就是不自由的。

我感叹地说:各文明都有最看重的形而上的东西。你突然一脸严肃地回答真的让我很感动,你真的看重自由。但在农耕家庭结构中,自由从来不在第一位,家庭的完整才最重要。哪怕有一个小岛没有回到大家庭,家再大,也不完整。所有岛中最重要的,不是钓鱼岛,是台湾岛。台湾岛目前在中国人手上,只不过内战后大陆和台湾没有完全统一。家庭完整排在第一位,不能统一,发展这么多年有什么意义?

美国同学:不统一就没有意义? 怎么可能? 你们这些年赚了这么多钱,难道还不值一个岛?

我:关键不在于这个岛值多少钱,统一以后台湾也不会给中央政府交税,类似于香港。从鸦片战争和商业文明碰撞以来,大家庭总是不完整,实现统一是百年来的目标。

美国同学:香港不用给中央政府交税?

我:不用,而且香港有独立司法和终审权,它审理的案子不需要最高法院核准;还能选香港的地区行政长官,不需中央委派。在回归前,终审权归英国的枢密院司法委员会,总督由英国女王从英国指派。

美国同学:那中国让香港回归的动机是什么呢?

我:从来不是为了钱。割让香港是农耕文明与商业文明碰撞后的最初结果,收复香港象征着这段屈辱历史的结束,标志着家庭结构重新有能力实现家庭的完整。它的象征意义大于商业利益。台湾未来回归会享受比香港更大的自主权,除了不交税、可以选举地区领导人、拥有司法终审权外,还可以保留军队[148]。官方的说法是,"只要坚持一个中国,两岸之间什么都可以谈"[149]。一个中国就是家庭完整,它比金钱、意识形态、历史恩怨、社会制度都重要。

人类文明在不同的地域诞生并发展到今天,延续了不同的思维方式、行为习惯和价值系统。农耕文明不惜一切代价实现家庭完整,战争是避免家庭被分裂和被侵略的最后手段。商业文明把战争看做扩张手段,借战争侵略弱国,获取财物,传播商业价值观。

二、战争——农民保家卫国，商人发财并传播价值观

秦用战争吞并六国、建立统一大家庭后，就不再有继续扩张的愿望。秦北击匈奴七百余里，不为抢地盘，不为奴役匈奴，而出于防御。秦始皇派"蒙恬北筑长城而守藩篱"[150]，想用长城隔绝外部攻击来守住大一统。从此，家庭结构对战争采取小心谨慎的态度，不随意出兵。因为战争消耗农耕劳动力，影响农耕生产，战后又不掠夺对方，就只有战争支出，造成国库空虚。《孙子兵法》说，"亡国不可以复存，死者不可以复生"，明君和良将都对发动战争非常谨慎，才是"安国全军之道"。[151]《论语》记载，"战"是"子之所慎"。[152]慎重中，孔子又说，"以不教民战，是谓弃之。"[153]不对民众做战争训练，就是抛弃他们。理由是百姓不懂赢得战争的方法，受到侵略就无从自保，就像被遗弃的孩子，任人宰割。独尊儒术以来，家庭结构大体上遵循了孔子对战争的理念：在实现自保的基础上对发动战争慎之又慎。直到今天，"中国人民解放军的任务是，巩固国防，抵抗侵略，保卫祖国，保卫人民的和平劳动，参加国家建设事业"，[154]仍延续自保的目标。

鸦片战争以来，家庭结构为自保与个体社会爆发过多次战争，先后败给英国、英法联军、日本、八国联军，又差点灭亡在日本手中，形势一度岌岌可危。日本在唐朝是农耕家庭结构的学生，明治维新后成了商业个体社会的追随者，企图模仿商业文明殖民扩张。家庭结构挺过了生死考验，以日本战败为转折点，触底反弹。在几年后的朝鲜战场上，家庭结构在武器装备极其落后的条件下打败了个体社会的最强者美国，实现了近代以来被个体社会侵略的大逆转。

"抗美援朝，保家卫国"是志愿军奔赴朝鲜战场的口号。中朝唇齿相依，唇亡则齿寒，在美国出兵朝鲜后，赴朝作战说到底是为了大家庭的自保。在家庭结构思维中，周边国家是门户，城门失火最终会殃及池鱼。早在明朝万历年间，日本出兵朝鲜，并一度占领平壤。在朝鲜的请求下，明朝就派兵入朝，对日本作战，最终以胜利告终。1894 到 1895 年的甲午中日战争，起因就是日本要占朝鲜为殖民地。历史证明，日本先窃取朝鲜和中国台湾，随后东北，进而华北，之后就是全中国。绥靖政策放弃抵抗只会加速灭亡。类似地，美国要是在五十年代控制了朝鲜半岛，下一步就要用战争控

制越南,形成对中国的军事包围,最终军事解决大陆和台湾问题。朝鲜战争是美国解决社会主义和资本主义两大阵营在亚洲分割方式的开端。美国要是在北京的大门外驻扎那么多军队,中国迟早危险。等美国已在朝鲜和越南驻扎了军队再想还击,就太迟了。毛泽东果断派出志愿军赴朝作战。

志愿军"保家卫国"的口号与美国 2003 年赴伊拉克作战时的代号"自由伊拉克行动"[155]很不同。个体社会能为伊拉克的自由而行动起来。"解放朝鲜人民"在家庭结构就很难成为响亮的口号。美国同学:"美国出兵实际上为了石油。"我:"中国出兵朝鲜不为资源或能源,不为'解放朝鲜',只为自保。"

从美国出兵伊拉克为"自由"和为"石油"的双重目标中,能看出商业文明看重商业价值观,也希望借战争发财。鸦片战争花了英国不少钱,战后的条约让英国从清政府获得大量赔款,取得了香港岛,还得到了通商的特权。英国这一仗在商业意义上很值。此后,商业个体社会多次入侵农耕家庭结构,每次都满载而归。英法联军洗劫了圆明园。八国联军更是要求了 4.5 亿两白银的天价赔偿。日本在明治维新后,追随商业文明,也学着在战争中发财。甲午海战结束,日本强迫清政府赔偿 2 亿两白银并割让台湾。商业个体社会的逻辑是,我打败了弱者,能逼迫他给我财富、土地和经商特权。战争,是强大的商人变得更富有、更强大的方式之一。

像商人靠战争欺负弱者发财的思维在农耕家庭结构从未出现过。家庭结构强调和气生财,从丝绸之路起,一直在和平中赚钱。家庭结构深知战争带来的家破人亡的痛苦。"己所不欲,勿施于人"是家庭结构的古训。家庭结构强大时不仅不入侵别国逼迫对方给钱,还常常赐予藩属国赏赐,在朝贡贸易中,为体现"天朝物产丰盈,无所不有","必厚待""贡使",且对朝贡物品的赏赐要多于贡品的价值。汉武帝曾"设酒池肉林以飨四夷之客"。[156]即便家庭结构在二战中被侵略,也主动"放弃对日本国的战争赔偿要求"[157]。美国同学:"中国强大了也会去中东抢石油。"我:"不要因为你是强盗,就以为全天下所有人都是强盗。靠战争掠夺发财是商人扩张赚钱的方式,不是自给自足的农民的思维。二战中中国遭受日本侵略,军民死伤无数,作为战争受害方,得到赔偿理所当然,中国当时极度贫穷和落后,都放弃了赔偿,决定靠自身的努力实现工业化。怎么可能强大富足后去抢劫别人呢?"美国同学:"人都是贪婪的。"我:"只有商业文明的贪婪才无止境。农耕文明只要自己家比别人家过得好，就满足了，没有占领宇宙的野心。"

农耕文明重视生产，而战争破坏安定的生产环境，会造成大家庭的损失。毛泽东说，"打仗对我们没有好处。我们要进行建设，打仗就会把我们进行的建设打烂了。"[158]从古而今，农民希望稳定的生产环境，从没有希望在战争和侵略中获得财物。对农民来讲，战争总是破坏大于生产，就算一时劫掠成功，也不能永远依靠劫掠过上好日子。

战争帮助商人扩张。商人在战争中抢夺财物、奴隶，拓展市场，获得经商特权。古希腊的一个城邦征服了其他地方，当地人就变成了奴隶。西班牙航海者、葡萄牙航海者、英国的盎格鲁萨克逊的白人清教徒来到美洲大陆以后，土著居民被大部分杀掉。南美同学说，南美的土著被屠杀的人数远超过第二次世界大战的死亡人数。[①]剩下的南美土著就大部分做了奴隶。商业文明控制了整个南美洲、北美洲和大洋洲，非洲的大部分也成了殖民地，亚洲的很大地区成了殖民地或半殖民地。商人获得了空前广阔的市场和原料产地。

除了发战争财外，传播商业价值观也是战争的诱因。历史上，商业文明的普世价值观曾长期是基督教，并且和伊斯兰教打了近两百年的宗教战争，目的是传播上帝的福音。美国同学："宗教战争打着上帝的幌子，实际上是去掠夺。"我："你也说'自由'是幌子，打伊拉克的实际目的是石油。但幌子总要有民众基础，大家都不信，都不想去传播，怎么让民众去卖命？"商业文明仍然在向外传播价值观，只不过从基督教的教义变成了民主、自由等商业文明的价值观。[②]

三、商人的国防

美国同学问：中国不允许私人拥有土地，你为什么关心一个没人居住的小岛呢？

这是从商业文明的私有财产观念出发思考中日岛屿纠纷的困惑。这个小岛，叫

---

① 作者没有找到资料相关死亡的具体数字。大部分土著死于天花等欧洲传来的传染病。后来，天花被用作生化武器对付土著。

② 参见第三章

钓鱼岛。

我问:私有财产观念如此强的美国社会,士兵为何奔赴战场,究竟在为谁的财产而战?

我从农耕文明的逻辑出发也理解不了,在强调私有的制度下,为他人丧命的理由是什么。我问:为什么有美国人参军?

我遇到的美国同学都没参过军。一位美国同学:有些人找不到工作,参军服务国家的工作岗位却总存在。

我:军人被看做一项工作?

"对,薪水不高,但帮你还助学贷款。"

我:参军的工作有死亡风险啊?

"你参军时肯定没想会死啊。"美国同学说。

我:其他的参军理由呢?

"一些人受军人父母的影响,就选择了参军。"美国同学。

我:不是自主择业么?

"你的择业观受家庭影响很大。美国虽是基于个人的社会,每个人按理应有独立观点,但受到成长环境的限制,大部分人和父母有相似的观点。"美国同学。

"参军是为保卫'民主自由人权'的价值观么?"

"一些人是。二战时会多些。"

"假设美国参与下一场战争,你会参军么?"

"要看为了什么而战。"

"为你认为正确的信念,比如,解放被大规模屠杀的人。"

"我会。"

"你为什么要解放别人呢?西方社会建立在私有制基础上,别国人被屠杀没有伤害到你的私有财产。"

"我们都是人,我若恰巧生在那个国家,也有可能被屠杀。人应享有基本权利。无人有权屠杀他人。"

"拯救别人可能让你牺牲,值得么?"

"当然值得。参战总有牺牲,能拯救更多的人当然值得。不然,你生命的意义是什么呢?"

"是不是每个美国人都想成为拯救世界、拯救人类的英雄?"我问。

"我不想成为英雄。"

"美国历史都是雇佣兵制度么?曾有过强制服兵役么?"

"志愿兵不够时会征兵,比如二战和朝鲜战争,[159]国会通过了临时法案,适龄成年男子都要服兵役。"

"此时,你不同意这场战争,也会去么?"

"我必须去,这是法律的要求。"

"可你不同意法律的修改啊。"

"法律的要求,不去不行。"

我:"你到战场后发现战争非正义,不想参战了,会逃跑么?"

"逃跑?跑到哪里?没明白你的意思。"

"你服兵役后发现与你当初的设想相差极大,到战场上会跑掉么?"

"不可以啊,你签了合同了。签合同时就说了可能会牺牲。"

"合同这么重要?"

"对,逃兵被抓有军事法庭审判。"

我感叹:"西方依靠合同的雇佣兵制度真是源远流长。"

十一世纪,英格兰国王爱德华去世后,哈罗德成为国王,诺曼底威廉公爵与哈罗德争夺王位。哈罗德雇佣民兵,在海边等待威廉的入侵。威廉的军队却因海风的原因迟迟未到。此时,哈罗德的民兵超过了两个月的服役期限,又正值收获季节,哈罗德就解散民兵让他们回家收地。[160]雇佣兵按照商业逻辑将打仗看做职业,在规定的时间打仗,就算给国王打仗也按照事先的合同条款。这与中国保家卫国的观念不同。

毛泽东说,"国民党拥有广大的人力资源,但是在它的错误的兵役政策下,人力补充却极端困难。"[161]"被国民党抓去当兵的是贫苦农民。我们的办法是,花几天工夫开诉苦大会、祭灵大会,谁家有人被国民党害死,就把死者的名字写在纸上祭灵。这样解决问题后,他们就参加了我们的军队。"[162]家庭结构中构建情感关系是增强保家卫国信念的手段,而非签合同,更非职业精神。

我:"签了合同,即便内心想法不同也要遵守?"

"对,签了合同就要遵守。在美国内战中,南方的游击队领袖公开地讲,他反对奴隶制,支持北方的废奴主张。但他必须带领南方军队反抗北方,保护南方是他的职责。"[163]

商业文明依托契约精神建立行为准则。台湾同学说,台湾在讨论改征兵制为募兵制。我问:募来的兵会在战场上为台湾卖命么?

他说:我可能会跑掉。

我:你拿了钱,签了合同啊?

他:命没了,钱有什么用?

我不由的感叹:农耕文明挪用商业文明的制度,却没有商人思维作保障,最终就出现这个结果。

第六节　自治:家庭结构的外部,个体社会的内部

一、家庭结构:各家自治,天下太平

现代家庭结构的不同之处在于,自从鸦片战争与商业个体社会直接碰撞以来,就无法再回到闭关自守、自给自足的传统家庭结构了,与商业文明的持续交往成了无法避免的事。在交往中,家庭结构表现出了与个体社会截然不同的特征:没有扩张的本性,不侵略其他大家庭,不干涉其他大家庭的事务,充分尊重各家的文化历史习俗,不强迫别人接受家庭结构价值观,尽最大努力保持大家庭间的和平。

家庭结构不强迫其他大家庭接受自身价值观。毛泽东说,"国家不同,做法也不能一样",对外宣传"要注意不要强加于人"。[164]在汉朝的《淮南子》里,讲到了不穿衣服的"裸国",与我们穿衣服的文化相异。但大禹进"裸国"前,脱掉了衣服;等离开裸国回到故土前,又穿上了衣服。[165]美国同学对我说:"我们会让他们穿上衣服,因为穿上衣服是对的。"

入乡随俗体现家庭结构对其他家庭历史风俗的尊重。为什么尊重? 因为对方和我们不是一家人,我们的家长管不到对方,到别人家就按照对方的规矩办事。家庭结

构的逻辑是，好东西会吸引别人主动学习，不需武力传播，像日本派遣唐使到唐朝都城长安学习文化和制度，再引进日本，就是日本的主动行为。家庭结构历史上自诩为守"礼"的文明人，视他人为蛮夷，却从未想过强迫"蛮夷"接受儒家思维。1793年，乾隆对希望派驻大使到清朝的英国使团说，"来京当差之西洋人"需要"改服易饰"，但"天朝亦从不肯强人以所难"[166]。就是说，要来北京做官，就要按照家庭结构的方式做事，接受家庭结构的规则。是否来由对方自愿决定，天朝不会逼迫。

在对待其他家庭的态度上，家庭结构尽力不偏向。朱元璋曾在给周边国家的诏书中说，"凡日月所照，无有远近，一视同仁"，[167]表达不偏向的态度。乾隆拒绝英国"派人留京"的另一理由是，"西洋诸国甚多"，答应了英国，别的国家未来也请求派使臣留驻京城，岂不是都要答应?[168]乾隆的思维是，给一个国家开了绿灯，就要给别的国家同样的优待，否则就厚此薄彼，引发不满。这类似于帮一个朋友忙，其他朋友有类似困难，也要帮忙，尽量不偏向。这并不意味着朋友与家人平等，也不意味着其他国家与自己的大家庭平等。与家人的关系始终会更近；对自己的大家庭也始终更关心。传统家庭结构把周围的国家常称作"蛮夷"，显然带有蔑视，并不平等。但对每个蛮夷，并不偏向。

农耕家庭结构不仅不劫掠钱财，也不欠钱。乾隆说，"广东商人吴昭平"拖欠洋商银两，乾隆下令"由官库""代为清还"，"并将拖欠商人重治其罪"。[169]类似地，上世纪80年代末的政治风波后，李瑞环见基辛格说，"有些西方国家对我们在经济上采取不合作态度，如已签订的合同不算数，已答应的贷款不给。因此我们不得不作些必要的准备，准备还债。"[170]美国同学："中国的藩属国要朝贡，不也是掠夺么?"我："皇帝要对朝贡进行赏赐，往往'倍偿其价'，[171]赏赐的价值高于朝贡品的价值，以此宣扬国威，寻求心理优势，并礼尚往来拉近关系。中央王朝是强者，经济上却吃亏。藩属国与殖民地很不同。商业文明的殖民地比宗主国地位低。对待殖民地，商业文明的逻辑是：我强大后，我的是我的，你的也是我的。"

现代家庭结构仍然追求大家庭间的和平，每个家庭实现自治，不把自身价值观强加于人。新中国成立后，周恩来访问印度时提出了和平共处五项原则，国与国之间应该平等和平相处。平等指国家无论大小贫富都平等。大国不能干涉小国内政。小国的领导人来访,我们也盛情接待。"互相尊重主权和领土完整"指家庭结构不追求武力扩张改变现有版图边界,不扩张是实现和平的基础。"互不干涉内政"体现家庭结构给各个国家自主决定的权利,不输出价值观强迫别人接受。这与商业文明历来扩张并干涉内政的做法相左。美国同学:"根据你的说法,中国只关心自己的利益,不关心别的国家的人权状况。只要不触犯中国的利益,别的国家怎么对待民众都和中国没有太大关系。"我:"家庭结构下,中国的大家长管不到别的大家庭。每个国家的事物要由本国人决定,其他国家要力争让问题和平解决,而不是火上浇油,借着人权的旗号侵略别的国家,或支持某些派别打内战,实质却是抢石油,不是农耕文明的思维。"

家庭结构相信,不插手对方大家庭的内部矛盾,避免局势复杂化,更有助于问题的解决。毛泽东会见缅甸总理时说,"我们希望你们国内和平。至于具体地如何取得国内和平,那要你们自己处理。如果我们在这个具体问题上表示态度,那就不妥当了。""在缅甸的华侨中也有激烈分子,我们劝他们不要干涉缅甸的内政。我们教育他们服从侨居国的法律,不要跟以武装反对缅甸政府的政党取得联系。"毛泽东从未希望以中国的武装力量在其他国家搞革命。他说,"我们在华侨中不组织共产党,已有的支部已经解散。我们在印尼和新加坡也是这样做的。我们嘱咐缅甸的华侨不要参加缅甸国内的政治活动"。[172]邓小平说,"东欧、苏联乱,我看也不可避免",但"别人的事情我们管不了"[173]。中国人不希望外人来管自己的事情,推己及人,也不希望去插手外国人的事情。这与商人到处派军队传播商业文明价值观形成鲜明的反差。

家庭结构不相信有放之四海而皆准的普世价值,适用于中华大家庭的未必适用于别的大家庭。毛泽东说,"马列主义的基本原理在实践中的表现形式,各国应有所不同。在中国,马列主义的基本原理要和中国的革命实际相结合。十月革命就是俄国革命的民族形式。"[174]邓小平说,"各国情况不同,政策也应该有区别。"[175]江泽民说,"世界是丰富多彩的,存在着不同的社会形式。一个国家走什么道路,应该由这个国家的人民根据本国的历史传统、经济水平、教育水平等各方面条件自己选择。"[176]胡锦涛说,"各国的国情不同,实现发展的道路也必然不同,不可能有一个适用于一切国家、一切时代的固定不变的模式。"[177]习近平说,"尊重各国人民自主选择发展道路的权利","鞋子合不合脚,自己穿了才知道。"[178]这种思维与乾隆对马嘎尔尼说的英国有自己的"风俗制度","亦断不能效法中国,即学会亦属无用"是一致的。在对外关系上,传统和现代家庭结构都宽容而民主,充分尊重所有人的态度。家庭结构相信,每个家庭都应根据自身条件,走最适合的道路。意大利同学说:"中国给其他国家充分的自由,不干预对方的选择。西方对内给公民自由选择的机会,对其他国家就会强迫他们接受我们的想法。看起来,中国对外比较自由,西方对内比较自由。"

家庭结构能抛开意识形态与各国平等往来。建国后,毛泽东要求"准备和波、捷、德、英、日、美等国做生意"。[179]"中国同拉丁美洲国家的社会制度是不同的",但是,"只要巴西和其他拉丁美洲国家愿意同中国建立外交关系,我们一律欢迎。不建立外交关系,做生意也好。不做生意,一般往来也好。"[180]朝鲜战争爆发后,商业文明封锁中国导致买卖没做成不是毛泽东的本意。在意识形态斗争最激烈的时候,做买卖也不是问题。

二、个体社会:世界警察,维持秩序

商业个体社会的思维与农耕家庭结构的思维不同。农耕家庭结构相信家家有本难念的经,每个大家庭的历史、文化、经济、习俗不同,强行要求遵守统一的制度,很不现实,大家长集中精力处理大家庭内部事务,不过多干预其他大家庭;商业个体社会始终要扩张,要发财并传播价值观。在战争中掠夺和奴役是发财的方式;制定符合商人利益的规则并要求所有人遵守,能保护商人在世界贸易中赚钱并让商人的价值观合法。规则体现商人的意志和价值观,如何确保执行呢?要有警察惩罚违规者,以维持商业文明在全球的秩序,确保贸易顺利进行且商人价值观得到传播。今天的世界警察是美国,

美国同学说:"最强大的国家有责任维护世界的秩序。"他说话时非常神圣和虔诚,带有很强烈的自我牺牲味道和英雄色彩。商人靠制定和实施规则治理世界。商人的强大体现在拥有规则的制定权和执行权。世界警察要执行世界规则。没有警察,规则就不会得到执行,也就没有秩序。

第二次世界大战后,美国主导建立了联合国,协调政治军事,并制定一系列国际规章制度,通过投票进行决议;建立国际货币基金组织、世界银行和世界贸易组织等

协调经贸和发展问题。美国主导制定的规则体现美国利益,并靠美国的警察身份来执行。美国拥有规则的制定权和执行权,也就是通常说的"霸权"。它与家庭结构下的特权有区别。家长的特权体现在家长能做的事,子女未必能做,而不体现在家长制定了规则,并以警察的身份监督子女服从。儒家取代法家成为正统思想以来,家长制定的规则就不再强令子女执行。此后,不仅家长游离在规则之外,为了保持家庭稳定,子民也时常犯规而不受罚,以避免严格执行规则引发起义。此外,家庭结构不喜欢打官司,不鼓励拿着制定好的规则条文对簿公堂。打官司会伤和气,破坏家庭的和睦与稳定。明朝的地方官赵豫,初任松江太守时发现当地百姓很喜欢告状,他见到来告状的百姓,就说"明日来",过了一夜后,来诉讼的人的怒气消了,能听进去规劝,很多人就不来诉讼了。当时"有'松江太守明日来'之谣"。[181]个体社会不惧怕打官司,诉讼是商人解决纠纷的途径,也是警察逮捕嫌犯后按规则审判的关键环节。美国出兵伊拉克,活捉萨达姆,体现世界警察的身份;警察把萨达姆交给伊拉克临时政府,让他接受伊拉克特别法庭的审判,萨达姆最后被判处死刑。这期间,美国自身以伊拉克"拥有大规模杀伤性武器"为借口对其发动进攻,造成大量平民死伤,却没有找到生化武器,显然也是战争罪犯,且是蓄意挑起战争的主犯,却没有受审。

世界警察和世界规则存在的前提是商人价值观的普适性。商人重视民主和自由,违背者就违反了商人的普世规则。美国同学:"人都应有权民主决定事情,有选择的自由,不应由独裁者告诉你哪些能做,哪些不能做。"我:"美国推广价值观,不就是在告诉全世界哪些可以做,哪些不能做么?"美国同学:"那是因为民主和自由是对的,难道你支持独裁者?"我:"民主和自由要真普世,其他国家的人民自然会拼命争取,任何力量都挡不住,无需美国天天做广告。你批判独裁,却以独裁者的方式传播价值观,不允许不同的制度存在和发展,且不惜武力排除异己。"美国同学:"我不同意美国主动派兵。要在别人需要帮忙时去,不要不请自来。但其他国家公民游行呼唤民主,我们必须支持他们,不能眼看着他们与执政当局爆发冲突死亡。"我:"商业个体社会强调个人利益最大化,其他国家的行为侵犯了你什么利益了?"他:"你就眼睁睁看着呼唤民主的人被杀而无动于衷么? 无论是否与我有直接利益,他们都是人啊。我若出生在那里,就可能被杀害。不能因为我恰好出生在美国就不关心其他地方的人。

你不关心么?"我:"每个人把自己的事情关心清楚了,世界自然就好了。我关心中国的事情,不了解其他国家的内部问题,贸然支持一方未必是最好选择。一个国家的未来道路,归根到底由本国人做出选择,谈不拢爆发内部冲突,有时不可避免。其他国家应促进谈话,而不是支持某一方对抗另一方,让冲突升级,造成更多人的死亡,让人民遭受更多痛苦。"美国同学:"不愿意民众受苦痛就要帮他们推翻政府,不再遭受政府的压迫。"我:"推翻政府未必是最佳解决之道,越鼓动反对派,越增大矛盾,流血牺牲就越多,局势也越失控。伊拉克在萨达姆死后,这么久都安定不下来就是例子。何况,你怎么知道反对派上台一定更好呢?"美国同学:"你对谁好谁坏没有任何判断?"我:"我当然有判断,但我的判断没有必要成为强迫对方遵从的唯一标准。中国结束了传统家庭的皇权统治,不代表其他国家都要废止君王。中国人尊重对方的文化、传统和宗教,不会逼迫君王下台,也不会停止商业交往,更不可能以国王君主制逆历史潮流为口号,派兵解放被压迫民众,这简直不可思议!家庭结构只能管自己家的事,最大的家庭也就全中国这么大,家庭之外的人不算中国人,不必与家庭结构的行为一致。国王、首相或总统,来者皆是客。"

美国前国务卿基辛格博士说,"你无法真正地成为中国人,(要被看做中国人)必须成长在中国的文化环境中。"[182]海外华人不算中国人。在我的家乡,二战期间很多朝鲜人来定居,形成朝鲜族的聚居村。我觉得身边的朝鲜族是中国人。而能说流利的中文、精通中国文化的美国人却不算中国人。在我看来,美国人与中国人有不同的思维理所当然。美国人的思维则不同。认同美国的价值观,符合它的条件并加入国籍,就会被接受为美国人。全世界人都有接受美国价值观的潜质。这与美国的移民文化有关,原有的印第安人的文化几乎没对美国的主流价值观有任何影响,来自世界各地的移民都接受了欧洲殖民者的价值观。基辛格说,"中国和美国都认为自己代表独特的价值观",但"中国不试图改变他国的信仰,不对海外推行本国的现行体制","中国的例外主义是文化性的"。"例外"指的是在传统家庭结构中,大家庭讲"礼",周边却是蛮夷,在此意义上,大家庭是例外而独特的。"美国的例外主义是传经布道式的,认为美国有义务向世界的每个角落传播其价值"。[183]在美国人心中,民主自由等商人价值观是普世的,世界任何角落的人都希望拥有,也都有权利拥有,现实世界中之所以有人没有获得,是因为有"独裁者"等障碍阻挡他们,美国人的任务就是帮助扫清障碍,在世界各地推广价值观,并以警察的身份维持秩序。

家庭结构没有移民文化,没想主动和其他人生活在一起,更没有改变其他人让他们变成中国人的愿望。《礼记》说,"中国戎夷,五方之民,皆有性也,不可推移。"[184] 家庭结构不相信蛮夷能够接受中原的礼仪,与个体社会相信人人都能接受且都想接受商业文明价值观形成反差。历史上,家庭结构的民族大融合往往是多年征战的结果:要么少数民族入主中原,以家长身份进入家庭结构,从此融合;要么少数民族的一部分臣服家庭结构,以子民的身份进入大家庭。二者都是为了停止战争,恢复和平,集中精力恢复生产,而不是家庭结构以传教士的方式武力传播周礼,更不是像世界警察一样对不守礼的蛮夷大加挞伐。《史记》记载,匈奴"不知礼仪","贱老弱"[185],与家庭结构的孝道截然不同,但和匈奴之间的征战与匈奴不遵守家庭结构的礼完全无关。

家庭结构的小家庭间也强调各家自治,与个体社会的小家庭间的关系不同。在美国,家长打孩子一巴掌,邻居会报警,把家长抓起来。中国的邻居往往劝说,不会报警。美国在国际社会就充当警察,别人家内部有纠纷,世界警察就去了。在警察的眼中,不干预其他家庭的事物是不想承担维护秩序的义务;在家庭结构眼中,每个家庭的内部矛盾在没有外在强力干扰的条件下,最容易解决,两口子吵架,邻居最好劝和,让双方冷静下来,要是邻居都用自身标准来评判双方对错,偏袒一方,本来的小吵架就会越来越难以收场,和谐就很难重新实现。类似地,中国在国际舞台上的思维也是力求缓和局势,避免轮番升级,不希望外部力量插手干预。清官难断家务事,一家人的命运最终要由这一家人决定。大国干预会让事情更加复杂。

在大家庭意义上,家庭结构强调各家事情自己办,不插手别国内政,因为不了解情况。对方希望我们帮助,自然会提出来,我们不能强迫其他国家接受我们的想法。家庭结构尊重每个大家庭,换首相、政党或制度,都是对方内政,无所谓。家庭结构尊重各国自主选择的发展道路,对国际关系的态度更民主,以独立个体对待每个国家。商业个体社会有传教士精神,相信正确的价值观对每个人适用,并以此为评判对错的标准。

今天的某些国家依然有宗教审判,某些国家的妇女地位非常低,妇女被强奸后还可能被判刑。[186]有些国家一夫多妻,但家庭结构不会去批判这些国家的男女不平等,更不会把军队派过去帮助实现男女平等。各国历史不同,所处的发展阶段不同。解放妇女要依靠本国人。中国很难颐指气使地威胁别人改变,并用制裁相威胁。商业文明则不同。欧盟废止了死刑,就要求其他国家跟着转变,类似传教士。欧盟要求不同发展程度的国家采取同样行动极不公平。商业文明的普世观点的内容一直在变,从上帝变成民主自由人权,新的普世观点一旦出炉,就必须传播全人类。

评价家庭结构与个体社会孰优孰劣很困难。个体社会有传教士精神,认可的价值观要传到全世界。在商人和海盗的双重身份下,商业文明的发家史血腥而残忍,摇身一变,又成了人权卫道士。家庭结构和个体社会各有所长,也各有所短。但无论是个体社会的民主自由的普世价值观,还是家庭结构的稳定和谐的家庭价值观,都从各自的视角构建了对世界的期盼。可惜,现实的世界就是弱肉强食的:印第安人被基本杀光了,印度文明被殖民了两百多年,古希腊的灿烂文明沉寂了上千年,后来虽然经历了复兴,却也只是新兴资产阶级利用的武器和舆论工具而已,中华文明也在近代的关键关口差一点跌倒而再也爬不起来。

商业文明内部的思维非常多元,美国就是代表。美国是大熔炉,融合了世界各地的人与文化,信仰和言论的包容性很高。家庭结构存在内在的等级。现代家庭结构解放了妇女,家长和子女依然不平等,但权利义务对等。家长对子女的求学、求职、求偶控制得比美国的家长多,也同时承担买房买车找工作等额外义务。结婚不仅是男女当事人的结合,也是双方家庭的结合。中国政府在洪水后,要给百姓盖房子;地震了,要重建灾区。美国灾害发生后,没有商业保险,政府会提供基本保障,但国会很难通过决议,出资灾后重建,更不要说异地重建一座新城了。家庭结构很难让子女想干什么就干什么的。家长始终鼓励孩子好好学习,考试得高分。给小孩过大的自主选择权利,会被视为放任自流,不负责任。中国培养了大量工程师,发展迅速,但缺乏创新。个体社会相对平等,自由选择的机会多,原始创新层出不穷。平等的地位也体现在家长与子女间。

国家与国家间,商业文明不强调平等。曾经的基督教思想、现在的普世价值要传播到世界各地。与商业价值观相冲突的人，基督教时代叫"异教徒"，现在叫"践踏人权"的独裁者。个体社会对国与国的关系类似家庭结构下的小家庭内部，家长千方百计要求子女听从。家庭结构对国与国的关系类似个体社会的家庭成员平等且尊重独立选择。在个体社会的小家庭，子女有充分发展和表达观点的权利，体现民主、自由和平等，也可看成家长让孩子放任自流，不负责任。家庭结构在国与国的关系上类似个体社会的小家庭成员关系，给所有的国家选择发展道路的权利。这被贴上不负责任的标签，认为中国什么都不管。仔细思考就会发现，个体社会的家长给予子女充分的选择自由而不干预，被评价为对平等自由的尊重；到中国给其他国家选择的自由时，就被个体社会说成不负责任。说到底，商人在今天的世界仍牢牢把控着话语权。

农耕文明与商业文明都存在二元悖论，怎么算民主、自由和平等？为什么强调内部个体平等的国家，在国家关系间却不平等？为什么存在等级的家庭结构，在国与国关系上如此强调平等和不干涉？为什么在小家庭放任孩子自由发展的人，在处理国与国关系上变得那么负责任，非要推广正确的准则呢？为什么小家庭管得很严的人，到了国与国关系上，却在两千年前就先脱掉衣服再进入蛮夷之地，而不用武力推广家庭结构的华夏礼仪呢？本质上，农耕文明以家庭为结构，关注家庭的土地上发生的事情，相信每个家庭都把自家土地上的事料理好，自然天下太平；商业文明以个体为单元，目的是商业扩张赚钱，目光总是投向远方，且坚信所有人都是潜在的客户，都有接受商人的产品和理念的潜力。农耕文明和商业文明的这种互补关系，恰恰是中国复兴对世界的重要意义。

农耕文明重视生产，商业文明重视交易。农耕文明的中国曾长期处在领先地位，在与商业文明的贸易中有优势。《马可·波罗游记》展现的富庶东方曾让无数欧洲商人向往。此后，新航线开辟。科学革命在压抑科学的商业文明中诞生了，引发技术革命后，商业文明迅速崛起。欧洲大陆边缘的小岛占领了世界近四分之一的土地，成为日不落帝国。以文明人自居蔑视蛮夷的大家庭第一次"崇洋媚外"。

人类的文明史并不长。古代社会的文明演进很慢，今天则有日新月异的变化。回首遥望，古文明大多成为瞻仰的遗迹，唯独中华大家庭几千年来生生不息，绵延不断,靠家庭结构和比较竞争满足①走到今天。漫长的历史是革新的包袱,也是经验和财富。鸦片战争后,从不关心科技的家庭结构借助标准化考试的内容改革,让年青一代从小重视科学技术。不过,家庭结构接受了商人的科学和技术,却没有接受殖民、掠夺和扩张的逻辑。对非家庭成员,现代家庭结构仍然以对待客人的礼仪相待。

澳大利亚同学说:我在香港读书,遇见很多在香港生活好多年讲流利的粤语的西方人,坚持讲英语。他们讲流利的粤语,会被用本地人的方式对待;讲英文,会被当做客人。中国人优待客人,他们都喜欢做客人。

孔夫子强调待客以礼。商业文明则不存在类似思维。随着复兴进程的推进,家庭结构的思维会被世界关注和了解,"和为贵"的思维也会向外投射,家庭结构尊重每个国家自主发展的道路的理念也会被世界所知。

我:商业文明借助人权观念解放女性和奴隶,摆脱束缚。

美国同学:中国是怎么解放奴隶、给女性平等权利的?

我:奴隶制在两千年前就瓦解了,大一统的秦就不是奴隶制的国家。商业文明的奴隶制却延续到十九世纪,比我们结束奴隶制整整晚了两千年。女性解放要感谢毛泽东。

另一个美国同学:对,是毛泽东解放了中国的女性。毛泽东信仰共产主义,在共产主义世界里人人平等,男女自然平等。但中国社会男女不平等,他要建立共产主义,就给了女性平等的权利。

我:你从商人的信仰出发解读毛泽东的行动,但毛泽东不可能和你有一样的逻辑,不然他就成美国人了。

他:那还有什么解释?

我:中国人自古就没有强烈的意识形态,考虑商业文明的平等和人权等观念也会从实用主义出发。毛泽东解放女性是为了扩大生产,增加劳动力的供给。在1933年,毛泽东作了一个乡的调查,发现大部分青壮年男性劳动力都出外当红军,留在村子里的青壮年男性只剩下八十多人,女性则三百多人,生产只靠男劳动力不够,必须

---

① 参见第二章

依靠女性,毛泽东把推动女子生产看成是任务。[187]建国后,毛泽东认为未来的生产规模扩大、经营部门增多、工作更精细,还会出现新行业,就需要很多劳动力。只靠男性就会劳动力不足。因此,他提出,"要发动妇女参加劳动","中国的妇女是一种伟大的人力资源。"[188]农耕家庭结构始终重视生产,从传统的农耕转向机械化生产,只是生产的方式转变了。女性解放等一切变化都源自促进生产过上更好日子的想法。家庭结构不想扩张掠夺,也不想奴役别人,只能靠自己的努力生活得更好。

德国同学:思路不太一样,但都认为解放女性正确。所以你也同意女性应该有和男性同等的权利和工作机会,压迫女性的国家是错的。

我:中东的一些国家一夫多妻,女性的社会地位较低,但我很难因此指责这些国家。每个国家的历史和发展情况不同,强行要求一致不是农耕家庭结构对世界的看法。

德国同学:那你就前后矛盾了,无论是从价值观的角度,还是从提高生产的角度,你既然同意女性要解放,为什么不能说不解放女性的国家的做法错误呢?

我:归根结底,我不是那个国家的家庭成员,我不好对别人家的事情指手画脚,特别是我的评判未必建立在全面了解的基础上。我相信随着生产的发展,女性会逐渐解放的,但这应该随着历史发展逐渐发生,不应该人为地由外界逼迫。

第七节　思想:孔夫子与马克思

一、家庭结构·中国特色

传统家庭结构尊崇孔子,司马迁说孔子"可谓至圣"[189]。孔子的儒家学说以家庭为出发点,构建家国同构的社会治理模式。大家长对大家庭负责,让子民在太平盛世中靠辛勤劳动过上好日子,远离战火动乱饥饿疾病的困扰。但大家长从未要改造所有蛮夷,更没有想过向全世界推广家庭结构的价值观。这就与马克思在《共产党宣言》中说的"全世界无产者,联合起来"不一致。在马克思眼中,共产主义要在全世界范围内建立,全世界的无产者都要获得解放。共产主义是商业文明诞生的思想,也有解放全人类的目标。现代家庭结构以马克思主义为指导思想,如何解决家庭结构不扩张与共产主义要在全世界实现的矛盾呢?

毛泽东说,"马克思、恩格斯说过无产阶级革命将在几个经济文化比较发达的国家同时发生,现在改变了这个结论。例如,俄国经济比西欧落后,却首先取得了革命的胜利。这就证明,无产阶级革命是可以首先在一个国家取得胜利的。"[190]马克思主义传入并影响家庭结构,凭借的不是"共产主义"信仰,而是俄国十月革命胜利的事实。十月革命第一次建立了稳定的政权,这给探索大家庭未来道路的李大钊等人指点了方向。中俄都是落后农业国,受到商业文明的压迫,俄国成功的道路,中国也可尝试。

马克思主义的理论连同列宁的实践一并传入中国。毛泽东说,"中国人找到马克思主义,是经过俄国人介绍的。在十月革命以前,中国人不但不知道列宁、斯大林,也不知道马克思、恩格斯。十月革命一声炮响,给我们送来了马克思列宁主义。"[191]对共产主义的未来的理解,从一开始就不是马克思说的"各民族'一下子'同时发生的行动"[192],而是有先有后的。十月革命在一个国家建立了政权,苏俄从此迅速发展,仅用三十年时间,就从落后的农业国变成了世界第二工业强国。指导建设的基础理论仍是马克思主义,实践是制定五年计划,优先发展重工业,农业集体化,实行高度集中的计划经济。毛泽东说,"资本主义道路,也可增产,但时间要长,而且是痛苦的道路。"[193]苏联的发展模式被原版引进,苏联专家也受邀指导建设,留学生被派遣到莫斯科求学。家庭结构的现代化,在建立政权和实现发展上分别借鉴了列宁和斯大林的实践经验,而二者都以马克思主义理论为指导。马克思主义也就自然地成为现代家庭结构的指导思想。

马克思是德国人,他的思想基于对欧洲商人赚钱方式的深入考察。他发现商业运作模式自身的弊端,提出了解决问题的途径。从商业运行中的雇佣模式出发,资本主义是少数有钱人掌握大量财富和权力,共产主义要实现反转,要让占人口绝大多数的贫穷劳动者掌握权力,并按照每个人的需求分配财富。共产主义表面上与资本主义运作模式相违背,实际上二者同属于商业文明,且都具有扩张的特性。

现代家庭结构以马克思主义为指导思想,学习列宁斯大林的实践,却没有向外扩张,既没有扩张家庭结构,也没有扩张马克思主义,这不仅与马克思要在全世界建立共产主义的想法不同,也与列宁和斯大林的行动不同。列宁在取得革命胜利后,成立了共产国际,来帮助世界各地组建共产党并取得革命胜利。中国共产党就是在共产国际的帮助下,由陈独秀、李大钊等人建立的。[194]列宁去世后,斯大林继续领导共产国际。二战结束后,社会主义阵营从最初胜利的俄国扩展到柏林墙以东的很多国家。在亚洲,朝鲜、中国大陆和北越等也都属于社会主义阵营。后来,南美洲的古巴也加入社会主义阵营。英国前首相丘吉尔说,"没有人知道,苏俄和它的共产主义国际组织……扩张和传教倾向的止境在哪里,如果还有止境的话。"[195]丘吉尔忘记了,大英帝国的扩张和传教倾向曾建立了日不落帝国,并一度占世界陆地面积的近四分之一,不仅屠杀、掠夺了大量殖民地的民众,还强行把商业文明价值观与宗教信仰推广到殖民地。就在他这次演说的 106 年前,大英帝国出兵清王朝,强迫家庭结构打开门户,不允许继续自给自足,而必须成为工业化的英国的原料产地和商品市场。列宁和斯大林正是为了突破商业文明的包围,才选用了商业文明自身诞生的马克思主义。家庭结构从苏俄看到了希望,也加入社会主义阵营,最初目的也是找到突围的办法。社会主义阵营和资本主义阵营都在试图扩张,本质上都是商业文明的产物。但社会主义实践却是反抗资本主义无止境扩张和传教的结果。直到今天,商业文明仍在全世界传播商业价值观,并力图拔掉仅剩的几个钉子。

现代家庭结构采纳马克思主义为指导思想,在共产国际的帮助下成立了中国共产党,却没有输出社会主义革命或价值观,而是保留了不扩张的特性。毛泽东在会见缅甸总理时说,"我们在华侨中不组织共产党,已有的支部已经解散。我们在印尼和新加坡也是这样做的。我们嘱咐缅甸的华侨不要参加缅甸国内的政治活动"。[196]毛泽东很好地实践了和平共处五项原则中不干涉内政的原则。不干涉内政,不把自己的主张强加给别人,就是家庭自治,而不扩张。

德国同学:"如果共产主义是对的,为什么不传给别人呢?"我:"中国还处在社会主义。就算中国人相信自己的制度好,也很难向外传,只能靠对方认同主动来学习。"阿尔及利亚战争参考了毛泽东的著作[197],不是毛泽东输出的结果。在同拉丁美洲的一些党的代表谈话时,毛泽东说,"中国革命的经验……对你们许多国家不一定都适用,但可供你们参考。我奉劝诸位,切记不要硬搬中国的经验。"[198]家庭结构从未相信普世价值,在大家庭成功的模式,未必能推广到全世界。别人学习家庭结构的成功方法,却被提醒不要简单照搬照抄,与美国和苏联输出价值观很不同。实际上,冷战中美苏的扩张以意识形态斗争的方式存在,双方军备竞赛不是为了打第三次世界大战,而是为支撑意识形态的斗争。

在以苏联为首的社会主义和美国为首的资本主义两大阵营间如何选择,成了摆在现代家庭结构前的难题。1949 年建国前夕,毛泽东认为,"欲达到胜利和巩固胜利,必须一边倒","不是倒向帝国主义一边,就是倒向社会主义一边,绝无例外。骑墙是不行的,第三条道路是没有的。"[199]第三条道路就是不与美苏中的任何一个结盟。在一战后,世界还没有形成美苏两极的格局,土耳其在基马尔领导下,独立地实现工业化,没有与任何国家结盟。在毛泽东看来,"第二次世界大战以后,不可能再出现基马尔①式的土耳其那样的国家",在美苏两极格局形成后,"要就是站在帝国主义战线方面,要就是站在反帝国主义战线方面,没有其他的道路。"[200]像一战后的土耳其那样不与任何国家结盟的发展道路走不通了。毛泽东化用林黛玉在《红楼梦》中说的话"不是东风压了西风,就是西风压了东风"[201]。未来成了双选题——要么美国,要么苏联,毛泽东选择向苏联"一边倒"。

但历史的发展证明毛泽东对世界非美即苏的观点是错误的。1958 年,毛泽东说,他先前的观点"对于印度、印度尼西亚、阿拉伯联合共和国[202]等国家却不适用。它们不是帝国主义国家,也不是社会主义国家,而是民族主义国家。"

民族国家与美苏两大阵营都不同。社会主义和资本主义依据商业运转中是由老板掌权还是工人掌权划分。社会主义阵营往往认同公有制,集体主义;资本主义则认同传统商业文明的私有制,个人主义。任何民族、地区、国家都能加入社会主义或资本主义。中国在建国初期实现国有化,农业建立合作社,曾一度是社会主义阵营的重要一员。中国人与苏联人说不同的语言,拥有不同的历史,却互相称呼"同志",在共产主义理想上志同道合。南美洲的古巴在卡斯特罗革命后,也走上社会主义道路,也被社会主义阵营接纳。同处于亚洲且在二战中偷袭美国珍珠港的日本,走上了资本

---

① 基马尔,又译凯末尔(一八八一——一九三八),土耳其民族商业资产阶级的代表。第一次世界大战后,领导土耳其的民族解放运动和资产阶级民主革命。一九二三年,在土耳其建立资产阶级共和国,当选为第一任总统。【《毛泽东文集·第七卷》原书注释】

主义道路,也被美国主导的阵营接纳。社会主义和资本主义是在组织形式上对国家进行划分,不同地理位置、风俗习惯、语言文字、历史文化的国家可以同属于资本主义或同属于社会主义。

民族国家则与社会主义和资本主义都不同。以印度尼西亚为例,它地处东南亚,是群岛国家,说印度尼西亚语,有明确的国家边界。该国人叫做印度尼西亚人。它没有强烈地要走社会主义或资本主义的意愿,而比较独立地以印度尼西亚的国家身份存在。除上述提到的民族国家外,"拉丁美洲也有许多这样的国家,将来还会多。"这些不与美苏的任何一方结盟的国家组成不结盟运动。这些国家的"中立立场可以维持相当长的时期"。[203]要是这样,中国还需要继续留在社会主义阵营么? 是不是回到家庭结构,不与美苏任何一个结盟会更有利? 中国要是不以社会主义一员的身份存在,而是以民族国家身份存在,就是回归家庭结构,在发展道路上就不必拘泥于私有制或公有制,对任何制度都以家庭结构的独立视角来取舍。

要回答是否回归家庭结构,关键的问题是,"中立立场可以维持相当长的时期"到底有多长,又怎样来判断? 毛泽东选择了根据美国发动战争的积极性来判断。1968年,中美建交前夕,毛泽东会见了澳大利亚共产党总书记。毛泽东说,"美国停止轰炸北越,驻越的美军士兵高兴得很,欢呼雀跃。这说明他们士气不高嘛!"这就说明,资本主义国家的士兵厌战,渴望和平,缺乏主动挑起战争的资本,更不可能击败社会主义。毛泽东还发现,"学生罢课在欧洲历史上是个新现象。资本主义国家的学生一般是不会罢课的"。罢课体现学生政治思想活跃,往往是起义的前奏。"五四"运动中就有学生罢课,不久中国共产党就诞生了。欧洲资本主义国家的学生罢课,是不是意味着社会主义革命不久就要在欧洲到来了? 毛泽东接着问,"世界上是战争呢,还是革命? 是战争引起革命,还是革命制止战争?"[204]

战争引起革命,是说资本主义国家士兵厌战,希望和平。要是政府执意战争,比如把越南战争扩大化,进攻整个社会主义阵营,会导致本国民众的极大反弹,甚至引发国内革命。"打仗,人民的精神就紧张,紧张的结果,就另外想出路。""从历史上看,共产是世界大战打出来的。""第一次世界大战打出个苏联共产,第二次世界大战打出许多国家共产。"[205]革命制止战争,是说资本主义国家的学生罢课不久后,无产阶级走上街头,通过革命的方式推翻资本主义政权,彻底地在世界上消灭资本主义国家,结束冷战,进而结束美苏间打仗的可能。无论是战争引发革命,还是革命阻止战争,最终的结果都是两极世界变成一极世界,且以资本主义的失败告终。那样的话,就没必要和美国交好了,以免被未来的社会主义阵营看做是叛徒;要是革命阻止战争和战争引发革命都不会短期内到来,那么,"中立立场可以维持相当长的时期",中国不妨回归家庭结构,在美国和苏联领导的两大阵营间中立。

毛泽东最后的行动是,中美建交。社会主义的苏联和资本主义的美国都被划入霸权主义的"第一世界","日本、欧洲、澳大利亚、加拿大,是第二世界",中国等国家是"第三世界"[206]。这意味着,毛泽东不再以社会主义阵营和资本主义阵营划分国家,中国既没有和苏联站在一起,也没有在美国的阵营中,而是独立了出来。它标志着中国会以民族国家的方式存在,也就是以文化、历史、语言等为纽带,而不是意识形态,这些纽带就是农耕家庭结构。

中美建交时,"文化大革命"正如火如荼地进行着。家庭结构的回归发生在历史上意识形态斗争最激烈的时刻。这段时间,传统家庭结构的代表人物孔子遭受史无前例的大批判,而共产主义革命的阶级斗争理论被到处宣传。家庭结构偏离了自汉朝独尊儒术以来重视的中庸,走向了意识形态上的极端。与商业文明在价值观上的极端的不同之处在于,农耕文明在最极端的时候也没有输出意识形态,更没有武力向周边国家传播"文化大革命"。1970 年,毛泽东批示,"对于一切外国人,不要求他们承认中国人的思想",外国人的"不良思想","自己会觉悟","我们不必当做严重问题和外国同志交谈"。要理解为什么不强迫外国人改变思想,"只要看我们党的历史经过多少错误路线的教育才逐步走上正轨,并且至今还有问题……就可知道了。"[207]这说明,即便在文革时期,家庭结构也强调各家自治,保留了不扩张的特征。毛泽东的思维,和老师家长常常教导孩子的思维一致:"不要总去说别的小朋友有什么问题,先想想你有什么问题。先把自己管好,再去管别人。"

中美建交标志着家庭结构回归的开始,文革结束意味着极端意识形态的终结,改革开放意味着家庭结构独立地选择学习美国和苏联的优秀经验,不再因意识形态与美国隔离。邓小平更加坚定地回到民族国家,回到家庭结构。他曾说:我是中国人民的儿子,我深情地爱着我的祖国和人民。[208]"儿子"是家庭结构下的质朴比喻。他又提出"走自己的道路,建设有中国特色的社会主义"[209]。此后,这条路被更加理直气壮地概括成"中国特色社会主义道路"。"中国特色"指的是农耕家庭结构。"中国特色社会主义"指在已经构建的社会主义的基础上,构建现代家庭结构。独立的大家庭能"大胆吸收和借鉴人类社会创造的一切文明成果"[210]。由于之前已经长期向社会主义的苏联学习,大家庭又不会向不结盟运动的落后的第三世界发展中国家学习,主要的学习对象就是欧美,内容是商业文明的科技、管理和市场经济。这曾让很多人误解,以为"中国特色"指的是"资本主义",理由是自从提出"中国特色",资本主义的许多内容就进入了中国。实际上,由于完整的表述是"中国特色社会主义",实质是在原有社会主义的基础上向过去不曾学习的欧美学习,最终家庭结构会融合之前向苏联学习的内容与之后向欧美学习的内容。

俄罗斯同学听说中国仍保留苏联原创的"五年计划",十分吃惊,他说:"俄罗斯都没有保留。苏联解体后,大家觉得苏联的制度彻底失败了,要用新的,结果经济一直发展不好。"美苏争霸的逻辑是你死我活,二者经济上不来往,制度上相对立,具有极强的零和游戏思维。苏联在冷战中的失败,让俄罗斯人认为,只有放弃苏联的制度,拥抱欧美的制度,才是出路。叶利钦在苏联解体后成为俄罗斯第一任总统,曾一度与欧美走得很近,还加入了原有的西方七国集团,让七国集团更名为八国集团。不过,无论俄罗斯怎么努力,欧美并没有真心接受它,最终,在普京第三届总统任期内,由于乌克兰问题,俄罗斯不再被七国集团接受。

美苏间的冷战以苏联的解体告终。社会主义的领头人消失了,剩下的主要是资本主义阵营和不结盟的国家。在此条件下,家庭结构还能够独立存在么? 美国学者福山认为,冷战的结束标志着自由民主制成为唯一的以及最后的形式。[211]"唯一"是说不仅社会主义失败了,民族国家也不能长期存在,都要接受商业文明的意识形态;"最后"是说这样的社会制度不会继续演化成共产主义或其他社会模式。

一度与美国平起平坐的苏联都在竞争中失败了,家庭结构的经济、军事、科技还远不如苏联,能有机会生存下去,不被商业文明联合围剿么? 更现实的问题是,出现了"把改革开放说成是引进和发展资本主义"[212]的现象。家庭结构要独立发展,在已有的苏联模式基础上,确实需要向美国学习,可这最终会让家庭结构发展得更好,还是让家庭结构更快地被商业文明吞噬呢?

自鸦片战争以来,家庭结构做了大量尝试,力图突破商业文明的包围和入侵。在此过程中,很多受到商业文明入侵的国家也在进行各种尝试,可只有苏俄运用商业文明诞生的马克思主义,在列宁和斯大林的实践创新基础上一度有实力与商业文明抗衡,却最终只昙花一现。家庭结构在是否继续向商业文明学习上摇摆,体现在对特区姓"资"姓"社"的争论上。邓小平 1992 年南巡提出,"社会主义要赢得与资本主义相比较的优势",就要"吸收和借鉴当今世界各国包括资本主义发达国家的一切反映现代社会化生产规律的先进经营方式、管理方法。"[213] 这算是确定了要继续向资本主义发达国家学习。不仅如此,他还提出了未来家庭结构能够帮助世界解决的两个问题。他说,"世界和平与发展这两大问题,至今一个也没有解决。""社会主义中国应该用实践向世界表明⋯⋯中国是维护世界和平的坚定力量。"[214] 在维护和平,"永不称霸"[215] 的基础上,"如果从建国起,用一百年时间把我国建设成中等水平的发达国家,那就很了不起!"[216] 家庭结构自古不劫掠弱者,始终靠精耕细作早出晚归实现生活的富足。在走向现代家庭结构的过程中,要是能保持不扩张不侵略,依靠辛勤劳动实现发展,即在和平中发展,就不仅保持了家庭结构,还突破了商业文明强大后一定要侵略殖民和称霸的历史逻辑,创造了和平发展的模式。这是现代家庭结构有可能为世界大家庭的未来做出的贡献。

美国同学说:"中国不奴役别国人,但奴役本国人,中国加工工厂的工人工资特别低。"我:"大部分都是农民工,且工作都很辛苦,但工资不高。他们属于脱离土地后成为市民的第一代人。在他们的思维中,相比于高工资和轻松的工作,他们更希望能够在城市扎下根,子女能获得城市户口,接受城里的优质教育,在他们工作的城市参加大学入学考试,这样下一代就完全成为市民,也有更多的机会。他们本人希望老了可以住在工作的城里,享受城里的医疗,有城里的各种保险。这样,他们的辛苦付出和忍耐才值得。在世界工业化的过程,英国发生了'羊吃人'运动,农场主把农民赶走,腾出土地放羊,给羊毛工厂提供羊毛。当时很多农民的生活更加凄惨,不过有一些乘船来到了北美大陆,占领了印第安人的土地,从欧洲的穷人成了北美的庄园主,甚至从非洲购买了奴隶。但人们解决问题的思路,不能只停留在靠掠夺更弱者弥补损失的逻辑里。要是强者总在打着弱者家的石油的算盘,不把心思放在自身努力上,你天天提到的人权永远没有办法普遍地改善。"

伴随着家庭结构的回归,口号从"超英赶美"变成"中华民族的伟大复兴"。"中华民族"融汇了生活在大家庭中的各民族;"复兴"指重回昔日辉煌,着眼于历史。这与孔夫子要"复兴"周礼的思维一致。从实际的角度讲,复兴的标志是突破商业文明的包围,必然伴随着超越头号强国美国,"赶美"与"复兴"的实际差别并不大。但"复兴"显然在形式上更符合家庭结构。它交织了家庭结构的千年辉煌记忆与现实的巨大反差,折射出大家庭奋斗的动力来自和商业文明的差距,更能激发大家庭成员的共鸣,成为共同目标。它不仅能调动信仰社会主义的人,也能调动有其他看法的人;不仅能团结打工者,也能团结老板。

家庭结构回归的另一标志是孔夫子的地位从被批判到被学习。文革期间,孔夫子遭到历史上未曾有过的大批判,理由是他把人分等级,让父母官的地位高于老百姓,而不是社会主义的人人平等。文革结束后,孔夫子的地位逐渐提升,儒家从被批判逐步变成了"国学"。《论语》再度成为人们热读的书目。讨论儒家经典的电视节目、报刊文章不胜枚举,出现了"国学热"。

家庭结构回归后,孔夫子提倡的"父为子隐、子为父隐"逐渐回归为理所当然的逻辑。在"文革"时期,家庭结构被某种程度地破坏,父子互相隐瞒也部分地被破坏了。有人举报母亲诋毁伟大领袖毛主席,母亲被枪决了。他的母亲在家说了句"领导人不该搞个人崇拜,'我就是要为刘少奇翻案'"。他的反应是,"她在我心目中的形象完全改变了,不是一个母亲了,而是阶级敌人。我立即投入对母亲的批判斗争"。他举报母亲,"实质上自保的成分占了非常重的比重",希望"政治表现可能给自己带来不一样的境遇"。[217]我们姑且相信"自保"和听到母亲的话后把她当阶级敌人的因素都有吧。我的外祖母说,文革中,她和外祖父成分两派,彼此不说话,尽管目标都是保卫毛主席。外祖母一生中只工作了很短时间,大部分精力都是在家看孩子,打理家务,大事小情基本都听外祖父的。一生中能让她和外祖父不说话的,只有文革时期。历史上,能让小家庭的夫妻为了意识形态彼此互不理睬的,也许只有文革。我父母离婚后,外祖母常说,

"你爸和你妈俩人就像阶级敌人似的。"外祖母不能理解,在意识形态斗争已然过去之后,夫妻之间还有什么不能解决的问题。

1966 年,北京的七名高校生联合给毛泽东写信,说父母过去在急风暴雨的阶级斗争和枪林弹雨的战场上经受了考验,现在政治上有了地位,生活上有了特殊待遇,革命性就远不如从前了。他们要求取消他们父母的各种特殊待遇,并让他们经常地参加劳动。这样的事情在中国历史的其他时期,都无法想象。今天,常听"要是我爸爸和谁的爸爸一样,我就更好了",再也听不到"爸爸脱离群众"的抱怨,"文革"中打碎家庭的情况也不会发生。"父为子隐,子为父隐"重新回归。"拼爹"似乎理所当然,为此炫耀的大有人在。"拼爹"与家庭结构吻合。

传统家庭结构现代化的过程,从全面向苏联学习逐渐转回家庭结构。转变的标志,就是在"社会主义"道路前加上了"中国特色"。

二、大同社会 · 共产主义

马克思的共产主义学说源自商业个体社会,从某种意义上可看成是商业文明对平等、自由的进一步追求。在资本主义制度下,平等仍受到财富的限制,拥有大量私人财富的人实际上与穷人不平等;共产主义要"消灭私有制",消灭由财富占有的不同而造成的不平等。共产就是财产公共所有,而不是某个个人所有,它是消灭私人财富造成的贫富不平等的关键。在资本主义制度下,"所谓自由就是自由贸易,自由买卖",这些"自由竞争在信仰的领域里占统治地位",就形成了"信仰自由和宗教自由的思想",可是资产阶级的"一切关于自由的大话""仅仅对于不自由的买卖来说,对于中世纪被奴役的市民来说,才是有意义的";"共产主义要消灭买卖、消灭资产阶级生产关系和资产阶级本身",要实现"每个人的自由发展",因为"每个人的自由发展是一切人的自由发展的条件。"[218]"每个人的自由"是个体自由,"一切人的自由"是全人类的自由,这些都是要在共产主义实现的。共产主义与资本主义同处于商业文明的话语体系中。只不过共产主义代表商业文明对平等、自由的更高的、更广泛的追求,共产主义要在全世界范围内普遍地消灭剥削,消灭有钱人与穷人的差别,实现全人类的解放。

家庭结构思考共产主义,会参照《礼记》的"大同"思想,把共产主义理解成和谐美好的大家庭。《礼记·礼运》阐释了"大同"：实行大道，天下为公，选拔德才兼备的人，讲诚信，修和睦。不仅关心自己的父母和子女，还关心他人，全社会都老有所终，壮有所用，失去子女的老年人和失去父母的小孩以及残疾人都得到照顾。男子有工作养家，女子出嫁有归宿①。人们憎恨废弃财物不用，会把自己不需要的拿出来和大家分享。人人愿意为公众尽力，不谋私利。奸邪、盗窃、造反和害人的事情不发生，外出不用锁门。[219]传统家庭结构下，大多数人更注重小家庭。"大同"让人更注重大家庭。但大家庭的人未必平等、未必自由，决策也未必民主。天下大同，追求大家庭成员和睦相处、没有纷争、没有饥饿的结果，不追求平等和民主等商业文明价值观。

家始终存在边界，农耕文明的内敛特征决定了边界，长城是大一统后的家庭边界标志。"天下大同"的范围是大家庭，在全球化背景下，过去闭关自守、自给自足的小农经济不复存在，未来的天下大同就是世界各国和睦相处，不再纷争。目前，家庭结构无意构建世界大家庭，即没有构建天下大同的现实动力，也没有在全世界构建共产主义的目标。家庭结构希望世界和谐，但前提是各家自治，不会强迫别的大家庭接受家庭结构或共产主义。

商业文明过渡到共产主义就不存在人的分界了。《共产党宣言》说，"全世界无产者，联合起来"。全世界无产者不分种族、肤色、语言、性别、宗教和文化而联合起来，是为了共同利益而斗争。中国人就很难说出这句话。农耕文明不扩张，无突破版图和疆域的思维，很难想象联合全世界的无产者。中国人并未希望构建世界大家庭。

商业文明建立在个体社会基础上，个人构成的集合为社会。传统的个人主义以个人利益最大化为出发点，与"只顾小家、不顾大家"的想法更接近；共产主义将社会利益最大化作为出发点，与传统家庭结构的奉献大家庭和报国思想更接近。共产主义以和谐美好大家庭的方式被家庭结构接受。

---

① "男有分，女有归"体现古代社会劳动分工，是中国自给自足小农经济下男耕女织的典型图像。女子以有出嫁的归宿作为"大同"的性别理想，在当时的生产力水平和社会分工下构想的大同，女性也只是从属性质的。这一点与共产主义解放全人类不同。女性的解放要等到工业革命后。机械化大生产让劳动不再单纯依靠人力，男女都可以在工厂操作机器，社会性别分工出现巨大调整。具体论述参见第三章。

马克思在中学考试作文中说，"经验赞美那些为大多数人带来幸福的人是最幸福的人"，"我们选择了最能为人类而工作的职业"，"我们的幸福将属于千百万人"[220]。"为人类而工作"体现从个人利益优先转换为全人类利益优先，它不是强迫，而是建立在平等基础上的自主选择。中国社会的助人为乐，是士大夫帮助百姓实现愿望、安居乐业、丰衣足食的家长心理。

家庭结构以大同社会的视角理解共产主义。新中国将马克思的共产主义远景与中国社会两千年前就有的"大同"思想结合，构建美好愿景。

"大同"描述了共同大家庭，突出强调了"公"的概念，特别是对待不需要的个人财物，不要废弃而要分享，具有大家庭意义下的"公有"色彩。在"私有"观念下，财物堆积如山，也不会轻易赠与别人。美国 20 世纪 30 年代的大萧条期间，牛奶生产商宁可将牛奶倾倒入大海，[221]也不会赠与路边挨饿的穷人。"大同"将人看成家庭成员，老年人和残疾人都应得到照顾，不需要的东西与他人分享。"大同"强调劳动，来养小家和大家，为公众尽力。农耕文明的思维是，不劳动，不会有收获，理想社会是人人劳动，满足需求的同时，让不能劳动的老人小孩残疾人也能生活下去，而不是让懒人寄生在勤劳人的身上。处处为公，又没有不劳而获的思维，自然不必担心有人入室做坏事，出门也就不用上锁。大家庭和睦，大家长德才兼备。

《共产党宣言》提出，"集体的劳动所得"即"社会总产品"在"进行个人分配之前"，应扣除包括"满足共同需要的""学校"和"为丧失劳动能力的人等等设立的基金"等。[222]按劳分配没有忽略不劳动而正受教育的小孩和无法劳动的残疾人，与"大同"思想相似。

"每个人的自由发展是一切人的自由发展的条件。"[223]共产主义强调"人的自由发展"，"在共产主义社会里，任何人都没有特殊的活动范围，而是都可以在任何部门内发展，社会调节着整个生产，因而使我有可能随自己的兴趣今天干这事，明天干那事，上午打猎，下午捕鱼，傍晚从事畜牧，晚饭后从事批判，这样就不会使我老是一个猎人、渔夫、牧人或批判者。"[224]"自由"粗略地理解为不受分工限制，自由选择劳动方式。而在阶级社会中，"当分工一出现之后，任何人都有自己一定的特殊的活动范围，这个范围是强加于他的，他不能超出这个范围：他是一个猎人、渔夫或牧人，或者是一个批判的批判者,只要他不想失去生活资料,他就始终应该是这样的人。"[225]举最简单的例子来说,即便资本家希望亲自劳动,体会操作机器的乐趣,他所代表的阶级的束缚也让他无法自由从事工人的劳动。在这里,即便资本家具备工人的技能,阶级的划分也让他非常难以从事工人的劳动。劳动本是人类创造价值的方式,是人类社会不断进步的最终源泉,是最光荣的。但在私有制社会中,人却被自身的阶级束缚,无法自由劳动。今天的中国社会对高收入的劳动趋之若鹜,很多人不愿意做简单劳动:收入低,不体面。但历史是劳动者创造的,且绝大部分是普通劳动者。

在计划经济时代,大家的生活水平差不多,在劳动的最终分配结果上相近。改革开放后,引入市场经济,提高了效率,增大了收入分配差距。所以,"社会主义市场经济"的修饰语"社会主义"不能丢,它包含"最终实现共同富裕"。

"共同富裕"基于结果的"共同",与美国社会追求的机会公平有本质的不同。在大家庭中,家庭成员之间的收入差距过于悬殊,常常不和谐。中国社会上千年来养成了基于比较和竞争的满足心理,①愿意与他人比财富,贫富不均会加重对社会的不满。在此意义上,中国社会更注重结果意义上的公平。欧洲历史就没有类似的逻辑。大英帝国在最鼎盛的时期依然有非常多的穷人。英国的繁荣背后是工人像奴隶一样地工作。

美国在上世纪三十年代的大萧条后,有了罗斯福新政,才有了最低保障制度,由政府出资。最低保障是政府干预市场的形式,与自由市场经济相矛盾。罗斯福总统借助"自由"的意识形态强化社会保障的正当性。在"第二权利法案"中,他说"没有经济的安全与独立,个体自由不可能存在。""饥饿的人和失业的人是独裁的产物。"[226]这种不被饿死的权利写到人的基本权利里面,在我们看来天经地义,但商业文明的社会却经历了从古希腊到二十世纪漫长的历史,且在转变的时刻还要强调饥饿的人是"独裁的产物",自由的人不应饥饿。

中国人理解的人权,"生存权和发展权放在首位",[227]人们希望"过上更好的生活"[228]。今天评价美国社会的好处,最先是美国人生活条件的好处,美国人能做什么

———————————

① 参见本书第二章。

工作,赚多少钱,过什么样的生活,再和中国人比较。近代以来,学习个体社会的主要目的是富强。为实现富强而学习的主要内容是先进科技。①

法国大革命作为资产阶级革命,剥夺了王室的土地和资产,却没有废除一般意义上的私有财产。美国的南北战争一定意义上剥夺了私有财产——南方奴隶主的奴隶。

美国同学说:南北战争中,南方人坚持私有财产神圣不可侵犯——奴隶是奴隶主私有财产,联邦无权剥夺。

我:商业文明的私有观念根深蒂固。想让已经拥有奴隶的人放弃占有,道义上必须高举"平等""自由"大旗,强调联邦中任何人都是自由人,且平等,才有可能团结更多的人反对奴隶制。

美国同学:北方的军队到达南方,摧毁了南方政府。

我:美国内战不是底层民众的革命,是联邦政府和州政府的战争。中国每一次革命,总伴随没收土地重新分配。今天的富人还会担心某天爆发革命后财富不保。一些人移民海外是看中了个体社会对私有财产的保护。中国历史上有太多次革命,不像欧洲社会到 18 世纪才有法国大革命。很多中国人清楚,有一天中国人吃不上饭了,中国社会还会革命洗牌。

作家张贤亮说,"你不得不承认我是十一届三中全会的受益者","你不得不承认我是改革开放的既得利益者","我认识到要真正的保卫我的既得利益,只有两条:一条使更多的人来受改革开放之益,也就是说改革开放要扩大它的受益面,共享改革开放的成果,如果改革开放的受益者越来越多,我的利益就得到了保证;如果改革开放的利益受益者越来越少,肯定我会丧失(我的利益)。第二个是不断的深化改革开放,要使我们的制度不断地完善。我为了保卫我的既得利益,我不断地为弱势群体说话。我要使所有的弱势群体都能受改革开放之益。这并不是说出于我的一颗善良的心,而是出于理性的考虑。"[229]

今天提倡共同富裕,与传统的大同社会思想和现代的社会主义理念都吻合。从

---

① 见本书第三章。

历史的政权交替中不难发现,不解决共富,社会很难最终稳定。"不患寡而患不均"是《论语》中的话,自古如此。

三、重农抑商·劳动价值论

马克思的劳动价值论强调劳动的重要性,与农耕文明强调生产的重要性相似。农耕文明的重农抑商政策的出发点就是强调生产。重农抑商的政策可追溯到公元前356年开始的商鞅变法。商鞅认为,农业生产粮食布帛,是本业;脱离农业生产的工商业,是末业。国家要鼓励男耕女织的农业生产,限制工商业的发展。未经允许从商者罚作奴隶。此后的统治者大多继承重农抑商政策。[230]汉高祖"令贾人不得衣丝乘车",对商人实行"重租税",汉朝"孝惠、高后时","市井之子孙亦不得仕宦为吏"。[231]清朝雍正帝说"凡士工商贾,皆赖食于农,以故农为天下之本务,而工贾皆其末也"。

重农抑商政策的目的是保护农业生产,本质是重视实体经济的生产环节。晁错对汉文帝说,农民耕种"春不得避风尘,夏不得避暑热,秋不得避阴雨,冬不得避寒冻",即便"勤苦如此",还会遭遇"水旱之灾",商人"男不耕耘,女不蚕织",却"衣必文采,食必粱肉","亡①农夫之苦,有仟佰之得",靠倒买倒卖赚的钱比辛勤工作的农民还多,商人靠钱财结交权贵,兼并农民土地。[232]长此以往,农民生产积极性必然受影响,这会动摇国家的粮食基础。面对富商大贾囤积居奇,操纵物价,汉武帝推行经济政策,货币官铸、官营贩运,向工商者征重税。[233]农耕文明重视生产,不允许倒买倒卖操纵物价大笔赚钱的情况威胁农业生产。明太祖曾说理财之术在于"使农不废耕,女不废织,厚本抑末"。清雍正帝说"市肆中多一工作之人,则田亩中少一耕稼之人"。[234]

金融危机后,2012年的全国金融工作会议提出,"要坚持金融服务实体经济的本质要求,牢牢把握发展实体经济这一坚实基础"。美国的金融危机的原因之一是金融和实体经济的脱节。这个判断是实事求是的,也抓住了问题的实质。

从2008年美国总统奥巴马竞选演讲到现在,个体社会普遍把危机归咎为金融监管乏力。[235]奥巴马强调"一如既往地推进金融监管改革"[236]。我身边的美国同学也同意媒体的观点,认为金融危机是政府监管不力、华尔街投资者肆意妄为的结果,不同

---

① 亡:通"无"

意金融和实体经济脱节是原因。从金融危机的爆发历史来理解金融和实体经济脱节会更清楚。

现代第一只股票诞生在荷兰,在十七世纪,荷兰成立了东印度公司,[237]并为筹措资金发行了第一枚股票。[238]荷兰国土面积很小,只有两个半北京那么大,一时凑不出足够的钱筹备公司,就公开募股,向全民集资。集资的凭证可自由在市场上流通,就成了最初的股票。

不久,荷兰又建立了第一只股票交易所。[239]在股票交易所中,上层社会和普通的佣人都可以用积蓄去买股票。买荷兰东印度公司的股票是风险投资,未来实际收益多少,投资时只有预期,没有明确的保障。

东印度公司成立后航行去海外贸易,实质是半掠夺性质。[240]东印度公司的商船开出港口后,股票的市值一度飙升。很多人看好这笔投资,坚信东印度公司利润丰厚,类似于2007年蜂拥买基金的情形。股票买到手,能分得多少利润,没有保证。

东印度公司贸易加掠夺地载回了香料等物品,持股者回报丰厚。股份制的金融创新让小国荷兰集中全国的零散私人资本投资办大公司,解决了小国财政不足的问题,帮助荷兰成为海上强国。中国台湾也曾一度被东印度公司占领。

荷兰品尝了创新的美味,也最早尝尽它带来的苦头。十七世纪,荷兰人喜爱郁金香,争相购买。郁金香的价格飙升后,更多人加入了投资队伍,这和美国房地产泡沫很相似。郁金香的花卉价格上涨后,一转手就能赚钱。刚刚赚了钱的人又将赚到的钱继续投资,流入郁金香市场的钱越多,郁金香的价格就越高。一枝郁金香的价格一度高于一头牛。[241]

买郁金香干什么呢?投资。郁金香能用来干什么呢?观赏。有人愿花一头牛的钱买一束郁金香观赏么?没有。买郁金香期待价格飙升后转手卖掉赚钱。很多人还没拿到郁金香,就把买到的票据转卖给别人,赚了一笔钱。

结果可想而知,郁金香的泡沫破裂了。当不再有人愿意出更夸张的价钱买郁金香时,最后拿到郁金香的人发现到手的郁金香卖不出去,他本人又绝对不愿花如此高的价钱拿回去观赏,就迅速以低价抛售郁金香,大家发现价格降低,赚不了钱了,就不愿投资,导致郁金香的价格继续下降,最后跌到了几乎白送的价格。

东印度公司的金融创新成功实现了融资,带来了丰厚的回报。为什么郁金香投资却导致第一次金融危机呢?两者都调动了人们的投资积极性,问题出在钱是否促进了实体经济的发展。

东印度公司去海外贸易,投资者的风险是航船遇到了风暴片甲不留或贸易利润过低,机会是购买或掠夺财物、带回荷兰赚取利润,属于半掠夺性质的实体经济投资。投资郁金香则不同。郁金香本身的观赏价值没有提高,从甲的手里流通到乙的手里,抬高价格后再卖给丙,丙并不希望以如此高价观赏郁金香,他高价购买是希望能以更高的价格卖给丁。同一束郁金香的价格不断攀高,但没有人作为消费者购买,所有购买者都是投资者,一旦不再有人购买郁金香,最终购买者的投资目的就失败,就是泡沫破裂。整个过程,郁金香的价格远高于观赏者希望支付的价钱,没有促进更多的观赏者买到郁金香实现观赏价值,投资无最终消费,未促进实体经济发展,只是同一束郁金香的价格虚涨,是泡沫。

东印度公司贸易和掠夺来的香料可卖给居民作日用品,改善了生活,投资有最终消费,促进实体经济,就不是泡沫。当然,此处实体经济建立在半掠夺的基础上。

2008 年美国金融危机前,许多家庭贷款买房子。买房不为改善居住环境,而是投资,期待房价升高后转手卖掉赚一笔。房子和郁金香略有不同。郁金香不是生活必需品,第一套房地产却是生活必需品。家庭对房产有刚性需求。第一套房子的贷款不存在泡沫。问题出在,过多投资资本投入房地产以后,多余房产并不为改善投资人生活,而是希望转卖给需要房产生活的人。类似郁金香的泡沫出现,又不完全相同。

同一间房子,和郁金香一样,几经转手,价格翻了一倍,房子本身没有任何变化,没有装修,没有劳动附加值的增加。转手了多人,若最终无人希望到房子里居住,就是泡沫。迪拜的房地产泡沫是典型。迪拜曾填海建岛,并在岛上建房产,[242] 吸引投资者。买房子的人从未搬去住,都为了转手卖掉,纯粹投资。价格升到一定程度就无人再买,泡沫破裂。房产泡沫期间,美国的沙漠中盖了房子,很多人投资,谁会去住呢?投资泡沫最终破裂。

房地产投资从金融上支持了建房。大量房子盖好后,住房大量集中到投资者手中,即已经有自住房,买房不为居住纯粹投资的人手中。将房子作为生活必需品的底层民众却无力购买被投资者抬高价格的房子。房产未走入需要最终消费使用的人手中,大量空置在投资者手中,也是泡沫。

"以钱生钱"的金融游戏是不是泡沫,就看是否促进了实体经济发展。今天,金融资本大量地涌入电子产业,如美国的脸书,金融资本不断为其融资,提供支持,实质是支持新兴信息产业。信息化确实极大地改变了生活,可称得上信息革命。今天的信息传播速度实在太快了。诸葛亮未出茅庐而三分天下,但他没法在草庐中实时得知各地战况,做蜀国宰相后,快马加鞭传递信息也赶不上今天普通人获取信息的速度。移动终端的兴起,是对人们生活方式的质的改变。这个提升和改变正转化为商业模式,既赢利又促进生产发展。2001 年,互联网泡沫破裂后,它催生的信息技术却保留了下来,包括大批大型的信息公司。此处的泡沫,比起以钱炒钱的金融游戏,对人类的发展有意义得多。

资本主义经济危机具有周期性,由生产的相对过剩决定。我中学时学习该论断,一直疑惑:1997 年亚洲爆发了金融危机,为什么没听说美国与欧洲强国爆发危机呢?马克思的论述若正确,下次危机何时爆发?会不会是很远的将来?20 世纪 30 年代的大萧条后,美国政府增加了宏观调控,是否从此避免了危机的爆发?

2008 年的金融危机帮助我理解了马克思的论断。经济危机和资本主义私有制和资本主义经济的运行方式相联系。马克思创立劳动价值论。在《德国工人党纲领批注》中,针对"劳动是一切财富和一切文化的源泉"的说法,他提出"劳动不是一切财富的源泉。自然界同劳动一样也是使用价值(而物质财富就是由使用价值构成的!)的源泉,劳动本身不过是一种自然力即人的劳动力的表现。"马克思进一步提出劳动是一切财富的源泉的成立条件,即"只有一个人一开始就以所有者的身分来对待自然界这个一切劳动资料和劳动对象的第一源泉,把自然界当作属于他的东西来处置,他的劳动才成为使用价值的源泉,因而也成为财富的源泉。""因为劳动是一切财富的源泉,所以社会中的任何人不占有劳动产品就不能占有财富。因此,如果他自己不劳动,他就是靠别人的劳动生活,而且也是靠别人的劳动获得自己的文化。"[243]。创造价值的劳动包括体力和脑力劳动,但资本不创造价值。他举了一个例子,一片成材林,农民砍柴烧火,有一天林子成了私有财产,其他人砍柴就要交钱。[244] 砍柴劳动的一部分所得要交给林子所有者,这叫做剥削。

私有者未必只有剥削所得,也可能有劳动所得。私有后,所有者栽种了树苗,定期维护,所有者的劳动也创造了价值。他获得的是剥削与劳动价值的总和。林子突变成某个人私有财产,无任何变化,要使用者交钱,就是纯粹的剥削。

私有制在商业文明存在上千年了,是商业文明的保障。马克思把生产力提高的阻碍归结到传统商业文明的核心支柱——私有制。在私有制条件下,土地是我的,无论我是否劳动,是否维护树苗,即便林子是天然的,有人砍树,就要付钱。树要生长,除所有者的土地,还要阳光、小河、空气等。但分配者只有土地,实质是分配给土地的所有者,依靠私有制,所有者没有劳动却分配了他人劳动果实。实现按劳分配,必须废除私有制。废除了私有制并最终在共产主义实现按需分配后,实际上就消灭了商业文明自古以来的买和卖,也就是《共产党宣言》说的"共产主义要消灭买卖、消灭资产阶级生产关系和资产阶级本身"。

土地等生产资料的所有者无偿占有他人劳动果实,资本向少数人聚集。早期的工人待遇非常低,只够维持生活。现代工人的待遇有所提高,但贫富差距依然悬殊。

少数富人,大量穷人,该系统可持续么?资本所有者要赚钱,就要卖产品,劳动者贫穷,买不起富人要卖的产品,产品卖给谁呢?产品有需求但穷人买不起,就产生了生产的相对过剩。生产的周期性相对过剩是私有制的结果,是占有生产资料的人无偿获得工人劳动成果的结果,也是经济危机的根源。商业文明为解决穷人买不起的问题,尝试了多种方法。

美国在大量使用信用卡后,花明天的钱,贷款消费,超前消费,让无钱的穷人透支未来的钱购买物品,穷人无钱购买的问题暂时解决了。短期内消费能力提升了,生产的产品有人买,经济正常运行。但透支的钱需要偿还。为解决偿还问题,提出了次级贷款,即降低贷款的标准。银行原本要把钱贷给有偿还能力、守信用的人。次级贷款降低了标准,让更多更穷的人,没有偿还能力的人拿到钱,透支未来也偿还不了的钱来买房。降低标准后,原本贷不到款的人能贷款,原本就能贷款的人能贷更多款。甚至有人用初级贷款购买的房屋作抵押,进行二次贷款。举例说,我现在贷款买房,买到手后,在没有偿还贷款的条件下,将房子再次抵押,进行贷款。这种二次累加的贷款进一步提升了购买力。但债务终究要偿还,穷人借的钱,一旦无法偿还,经济危机就爆发了。贷款消费仅仅延缓了经济危机,却无法避免经济危机。

家庭结构从传统农业社会跨入工业和信息社会,在追赶中依靠科学技术,逐步改善生活。追赶的目标明确后,方法基本是直接复制商业文明的成功模式,不像商业文明在历史上要探索。家庭结构已看清需要什么,追赶的过程实打实,泡沫不多。

农耕文明曾创造过顶峰。英国工业在 1840 年前后就完成了工业革命。[245]据推测,1820 年,中国依然占世界的 GDP 约三分之一,[246]与日不落帝国的贸易中,依靠农业社会非机器生产的茶叶、生丝和药材,出口英国,依然赚钱。[247]今天对外贸易顺差一点不奇怪。

新中国采用计划经济模式,迅速建立了完整的国民经济体系;[248]改革开放后,进一步实现机械化和电气化;新世纪以来,努力赶超信息化。2012 年,城镇常住人口首次超过百分之五十,[249]而按照户籍计算,只刚刚达到百分之三十五,说明工业化还没有彻底完成,广大的农村和中西部地区还没有实现工业化。信息化在城市发展较快,农村相对落后。这些与欧美的差距就是发展潜力。学习商业文明的先进科学技术,改善中国人生活,就是发展实体经济,也是 1840 年以后中国的数千年来未有之变局。中国第一次低下了骄傲的头,承认落后,学习商业文明已实现的科技,但没有创新。①基于比较和竞争的满足②是力争重回世界第一宝座的原动力。

第八节　未来:世界大家庭与地球公民

一、个体社会的整合——一起做买卖

美国同学听我常将中西比较,问:为什么要区分中国人和西方人? 中西的不同那么重要么?

我:我出生在中国,说中文,接受家庭结构的思维教育,中国的历史和现实交织在

---

① 参见第三章。

② 参见第二章。

我脑海,构成我的"中国人"身份。"美国人"对你意味着什么?

美国同学:你的思维停留在一百年前的国家概念。今天,我是美国人只代表着我出生在美国,不代表我要向何处去。来自何方不重要。

我:西方人朝向未来,中国人回顾历史。我来自何方很重要,我的祖先怎么一路走来也重要。特别是近代以来,中华民族的艰难步履非常重要。

他:为什么总谈历史? 能不能想想未来?

我:即便我嘴上说放下历史,心里其实没放下,我不想欺骗你。

他:背着沉重的历史,怎么轻装前行呢?

我:确实,历史太厚重了。美国只有二百多年历史,包袱不重。家庭结构没有中断,阅读司马迁两千年前写的书,就像看昨天的故事。

他:我更关心去向何方,我是地球公民,不该属于任何国家。国家概念限制自由来往,加剧不同和仇恨。出生地没有任何意义。

美国同学的"地球公民"概念,指商业文明内部的自由移动,并没包含伊斯兰世界,本质上是商业文明的国家的边界变得模糊。现实中,商业文明确实在整合:美国、加拿大和墨西哥在1994年成立了北美自由贸易区,三国间的边界变得模糊。比方说,通过陆地边境,从美国到加拿大或者墨西哥,在规定的日期内返回美国,不需要签证。我的一些朋友来到美国读书后,都曾去过墨西哥旅游。除北美外,欧洲在德法的努力下走向统一,形成欧洲联盟。

美国同学:也许我未来留在美国,或去英国。

我:你去过中国么?

他:没有,我大部分时间在欧洲旅行。欧盟很方便,不同国家的旅行不需要签证。

我:欧洲文化和美国文化相似,同属于商业文明,会给你国家概念已经过时的感觉。你到中国会发现,中国很不同。你们是商业文明的个体社会,我们是农耕文明的家庭结构。

他头脑中的"地球公民"概念基于欧美生活旅行的感受,体现商业文明内部的整合,整合的动力来自商人一起做买卖。

从古雅典起,商业文明始终在扩张中获得原材料和商品市场,传播价值观,并奴役殖民地的人民。商业扩张在历史上并没有很好地整合商业文明。罗马帝国曾经横跨欧亚非三个大洲,却没有真正地统一文化,境内说希腊语和拉丁语,不同地区的差异很大。罗马帝国灭亡后,欧洲分裂成多国。罗马教皇控制天主教地区,但宗教意识没有演变成文字与货币的统一。法国的拿破仑尝试征服欧洲,二战期间希特勒①尝试征服欧洲。两者靠武力战争试图将欧洲并入一个国家的版图,最终失败的转折点都在进攻俄罗斯。毛泽东说,"拿破仑的政治生命,终结于滑铁卢,而其决定点,则是在莫斯科的失败。希特勒今天正是走的拿破仑道路,斯大林格勒一役,是他的灭亡的决定点。"[250]俄罗斯,似乎天生是欧洲统一不能触碰的核按钮。

今天欧盟的核心依然是法国和德国,二者统一欧洲的意愿最强。1951年,法国、意大利、荷兰、比利时、卢森堡和联邦德国六国,签订欧洲煤钢共同体条约。1967年,欧洲共同体诞生。1993年,欧洲联盟成立,从欧共体的经济实体向经济政治实体过渡。1999年,欧盟单一货币欧元问世。[251]在1999年以前,欧洲没有实现书同文、车同轨、货同币的秦始皇。直到今天,欧洲也没有统一语言。

德国同学说:欧洲历史上国家征战太频繁,二十世纪打了两次世界大战,建立欧盟打破国家边界,才能实现和平。

我:两次世界大战都由德国挑起来,你却说为结束战争,要统一欧洲? 结束战争很简单,德国不发动,就不会有了。德国一直希望统一欧洲,武力尝试失败后,转而用商人一起做买卖的逻辑实现统一。欧洲人的意识形态、宗教、文化和历史相近,都是商业文明。商人的共同利益是共同市场、共同货币、共同价值观,欧盟借助商业文明的吸引力整合,无疑抓住了本质。

法国同学:美国、中国、俄罗斯和印度都非常大,欧洲各国太小,不组成欧盟没法竞争。现在,欧盟的经济总量世界第一。

我:希腊债务危机拖了欧盟后腿,为什么不把希腊踢出欧盟呢?

---

① 我在这里从欧洲整合的角度,为了解释今天的欧洲统一,只摘取其试图征服欧洲统一欧洲的历史,但这个整合正如德国同学说的,并不是整合成今天的欧盟的形式,而是整合成德国,即把欧洲都变成德国,这是其他国家不能够接受的。欧盟的整合方式是和平地建立国家联盟,得到许多国家的支持。

德国同学:把希腊踢出去,其他穷国就感觉,欧盟不想帮助穷国和有困难的国家,就不会热衷欧洲一体化了。

法国同学:希腊欠欧盟的债就像美国欠中国的钱,美国经济崩溃了,中国的钱也要不回来了,希腊不能倒下去,否则可能引发连锁反应,让整个欧盟解体。建立欧盟的目的之一,就是国家遇到困难有其他国家帮助,没有哪个国家经济一直好,都会在某个时刻需要帮助。

我:这不符合商人的本性,我们谈论其他问题,你们都计算得失。你们为了救这几个国家,钱投进去了,要是人家的经济没好转,岂不是更多的钱要不回来了?

法国同学:这就像赌注,建立欧盟就要下注。我们依然在计算,任何商业活动都有风险,构建欧盟也不例外,但从潜在收益角度想,我们愿意承担风险。

我:今天的欧盟找对了欧洲一体化的钥匙——商人利益最大化和有信仰的人的价值观。历史上武力没解决的问题,靠商人都想赚钱、扩大市场、建立统一市场的愿望进行统一;还依靠民主人权的共同价值观走到一起,国家边界变得模糊。此次债务危机中,德国若能展示解决穷国问题的意愿和能力,将推动欧洲宪法的通过。宪法通过后,对商人来说,欧洲就以契约的形式走向了一体。

最近,另一位德国同学说:希腊经济在好转,债务危机应该过去了。

我:看来欧盟的救助起到了效果,不会被危机拖垮,欧盟实现欧洲最终整合的机会很大。不过还是提醒你,今天的乌克兰颜色革命,最后克里米亚成为俄罗斯的一部分,看出欧盟东扩的最大障碍还是俄罗斯。最好不要把俄罗斯激怒,不然欧盟的前途还是未卜。

二、欧盟是德国撬动世界的杠杆

我问德国同学:"中国威胁论"的根本原因是不是中国不是西方国家,西方国家经济发展了不是威胁,中国经济发展就是威胁?

德国同学:是。西方人彼此了解,却不了解中国未来要做什么。

我:中国在历史上从未侵略西方国家,近代以来更是被西方打。欧洲历史上战争频繁,你怎么不担心历史重演呢?光是你们德国就挑起了两次世界大战。

他:欧洲国家发动战争先要调动国内舆论,议会辩论,甚至法律修改。中国不需要走程序,说发动战争就发动了。

我:你觉得中国是战争贩子么?

他:等中国强大了,也会和美国一样派军队去中东抢石油。

我:强大了为什么要抢石油呢? 不能花钱买么?

他:人家不卖呢?

我:为什么不卖? 历史上,基督教对伊斯兰教两百年的十字军东征[252],目的是传播上帝福音,借输出价值观掠夺财富。中国不是传教士,更不是强盗。你听说过丝绸之路么? 两千年前,中国的丝绸就经中东商人销往欧洲[253]。唐朝都城长安还给中东商人修了伊斯兰教堂,方便礼拜。我们和中东商人做了两千年买卖,为什么突然不做了? 为什么要变成抢人家东西? 不要拿商人的扩张和掠夺思维来思考中国。你是不是觉得中国强大了,有实力抢资源就不用花钱再买了?

他:对。

我:西方人是海盗不代表全世界人都是海盗。商业文明的殖民掠夺历史十分久远。从古希腊起,城邦强大就去殖民掠夺。欧洲强大,就移民占领南北美洲和大洋洲。你感觉中国和你们一样?

他:为什么中国不会呢?

我:中国追求的复兴是心理层面上的横向比较的世界第一。中国在历史上相当长时间非常强大,周边藩属国很多。藩属国定期向中央王朝朝贡。

德国同学:你看,朝贡和掠夺有什么不同? 不过换了个说法。

我:中央王朝会回送更多物品,以此炫耀天朝上国,地大物博,物产丰富。清朝乾隆年间,一个中国生意人欠了西方人债,无力偿还,在西方破产就可以了吧? 你猜猜乾隆皇帝怎么做的?

美国同学:根据你之前讲的,不会像西方破产了事,或许皇帝替他还了?

我:为什么?

美国同学:你讲中国追求心理优势,你说中国不愿意显得破产没钱还不起债务。

我:你理解的太快了。不过大家长要保留权威。乾隆皇帝下令变卖他们的财产,并限期让其他商人补上欠款,觉得大清不能欠夷人钱,[254]这在西方社会可理解么?

美国同学:不可理解。

在明朝明成祖时期,中央王朝的人在周边国家被杀,当地同意赔偿六万两黄金。一年后,当地派遣的使节只送来一万两。有官员提出偿还数目不够,要治罪。明成祖说,对远人只希望"其畏罪则已,岂利其金耶!且既能知过,所负金悉免之"[255]。

我:中国发展是希望重回世界第一的位置,不会去抢钱,且从来不欠钱。上世纪80年代末的政治风波后,面对西方国家经济不合作的态度,中国准备还债。[256]未来,中国一旦重回天朝上国,美国欠的债可能就不用还了,一高兴,就把债务免除了。只要蛮夷说中国是世界第一,不阻挡中国实现大陆和台湾的统一。

德国同学:中国发展的动力是希望全世界人都说中国最厉害?

我:对。

德国同学:那怎么可能呢?!国家发展的目的怎么可能是这个?

我:我们不是商人、不是海盗,而是农民,历史上比周围蛮夷活得更好,不甘心近代以来的落后。我们两千年前就和中东商人建立了丝绸之路,做买卖就是赚钱的;在英国工业革命后,我们用传统的手工业和农业还能赚工业化英国的很多钱。中国发展既不想去抢东西,也不想干涉别人事情,不输出价值观。

德国同学:不干涉别人事情?中国看到贫穷落后的人也不会帮助?

我:不干涉内部事务决策,但愿意提供帮助。中国人历来乐善好施,广交朋友,显示富足的同时保持各国和谐。家庭结构下,家庭事务由各家庭做主,西方人打着"传播上帝福音"或者"民主自由人权"的旗号把军队派过去解放当地人民,中国不会。

德国同学:看到民众被屠杀也不会么?

我:我们不希望流血,希望局势很快平静,出于两点考虑:一是不希望乱局影响中国利益,比如中国人的安全和投资;二是不希望乱局造成流血冲突和战争,不希望有死伤。中国漫长的历史表明,国家一旦走向混乱,很长时间恢复不过来,遭殃的还是百姓。中国相信各国人民有权选择最终道路,中国不了解情况,无法替别人做出最佳选择。这意味着,中国没有对其他国家选择的预设,更不会为此派兵干预。出兵只能在事关中国命运的情况下。谁和中国命运相连呢?邻居。毛泽东出兵朝鲜,打出"抗美援朝,保家卫国"的口号,要高举"解放朝鲜"的旗帜,就不会有凝聚力。

德国同学:不涉及中国的利益就无关紧要?

我:不是,中国人不愿看到流血死亡,不愿看到任何人在战争中遭受痛苦。但中国先要保护自己的利益。与此同时,努力促进局势缓和,不希望世界大战,不希望局部战争,也不希望国家内战。中国不对任何一方进行价值判断,尝试说服双方回到谈判桌前,谈判解决问题,找到最大公约数,政治解决。

德国同学:把大家拉到谈判桌就解决问题么? 我们把科索沃问题的争议双方都叫来了,最终也没谈拢。

我:科索沃谈判的问题是,欧盟有强烈的价值判断,明显偏袒一方,是这样吧?

德国同学:对。

我:这就很难谈拢,越谈越复杂。两个人吵架,来了个巨人,帮助一方,再来个巨人,帮助另一方,就变成了两个巨人吵架,问题就升级了。巨人要把两人拉开,坐下来谈判解决问题。

德国同学:坐下来谈到最后也没解决问题呢?

我:那么,内战无可避免。1861 年,美国内战,北方要废除奴隶制,南方不同意,为此要退出联邦。是否废奴和是否维护联邦统一,是美国历史的节点。试想,即便有国家斡旋,内战迟早爆发,南方种植园经济依赖奴隶,奴隶又是商人私有财产,不会允许其他人轻易剥夺。两种制度很难靠斡旋谈判和平解决冲突。美国内战是全面走向资本主义的拐点,要由美国人民决定。中国思维是尽一切努力促成和平,不到最后一刻不放弃希望,同时承认一些历史纷争无可避免。但一个国家的道路应该由该国人民决定。

德国同学:按照你的说法,没有国家有权派军队么?

我:派军队至少要经联合国投票授权。

德国同学:要是有常任理事国一票否决呢?

我:那证明常任理事国内部有分歧。这一套规则是欧美主导建立的,你应该对此很熟悉。

德国同学:联合国的决定一定公正么?

我:它是大国利益博弈的结果,肯定不完全公正,只是目前解决国家争端相对公正的平台。

德国同学：你这么相信美国建立的世界秩序？它是不对的，不公正，要改变它。

我吃惊地看着他，想着"改变世界秩序"的问题，脑海中仅有改良主义的修改，比如增加发展中国家的话语权，从未想过从根本上否定这套制度。马克思在《共产党宣言》中说"全世界无产者，联合起来"，就从全世界的人的视角，从构建公正的新秩序的视角。德国的哲学一直很发达，有很多对人的本性的思考。有趣的是，德国在19世纪才第一次实现统一，建立国家。随后，每一次德国统一，都撬动了世界，两次世界大战由德国发动，1989年柏林墙倒塌以后，东西德国再度统一，很快欧洲一体化加速，1992年正式成立欧盟。未来有一天联合全世界无产阶级建立共产主义，恐怕也是西方人，很可能是德国人，不会是中国人。

我理解了德国花这么多钱构建欧盟的动机，它希望有足够的资本和美国抗衡，改变"不合理的秩序"。

"地球公民"概念和欧盟的整合，以及未来构建更加合理的秩序，建立在商业文明共同做买卖和普世价值观的基础上。相比于近期才找到整合思路的个体社会来说，家庭结构在很久以前就实现了大一统的整合。大家庭的整合思路是什么？会不会在未来试图构建世界大家庭，从而与试图构建"地球公民"的个体社会形成竞争或者对其构成威胁呢？

三、家庭结构的整合——共克难关

历史上，农耕文明的统一基于共同的自然敌人，比如水患。第一位传说时代的大家长大禹，依靠治水的成功成为统治者。商业文明的传说中帮助人类逃避洪水的是上帝——上帝告诉诺亚要发大水了，要造方舟躲避水灾。商人的思维是通过解决自然哲学的问题来解决人类社会的问题，依靠科学预报等方式，提前做准备，增加存活几率，上帝就是传说中的预报者，今天则用先进仪器预报；大禹是实实在在的工程师，从工程角度思考问题，改造河床，总结筑坝堵水的失败教训，再尝试因势利导地治水，用看得见摸得着的方法解决问题。工程师大禹借助治水工程联合了城邦部落，被推举为大家长。在春秋时期，诸侯国靠盟约约定修筑水利工程不要损害邻国利益，实际上没有做到，而统一后，大型水利就容易实现，也更容易照顾到上下游各方面的利益。

从解决农耕问题的角度讲,大家长在几千年来都在尝试解决水旱灾害问题。它是大家长的责任,也是大家庭存在的前提。

当前世界,家庭结构并未感受人类的生存面临紧迫威胁。只有当污染、核危险、气候变暖等全球问题像水患一样威胁到全人类的生存,且国家间的合作无法解决问题时,家庭结构才有构建世界大家庭的动力。核危险未必出现在核武运用上,也可能出现在类似福岛核电站事故的核安全问题上。短期内,中国是解决问题的参与者,而非主导者,更不是发号施令的世界大家长。解决方式是大家庭间合作。以气候变暖为例,中国目前是世界工厂,生产过程中会造成大量的温室气体排放,但产品很大一部分提供给欧美消费者。各国在此过程中要承担"共同但有区别的责任"。在谈判过程中,尽管各国都打着自己的算盘,协调一致不那么容易,但远非到了不做决定就没有未来的地步。

美国同学说:"人都是自私的,都知道环境变化,但不会有人为此不开小汽车,而只会指责别人,这个问题解决不了。"我说:"人类不会因此走向灭亡,一定能够找到解决的办法。"家庭结构要是在未来有任何动机构建世界大家庭,也不会是传播价值观,只能够是在某一个关键时间点,家庭结构判断,要是再不强硬采取行动,世界难题就无法解决,人类就面临灭顶之灾。不到那样的最后时刻,家庭结构不会尝试建立世界大家庭,不会主动干涉对方内政,更不会对个体社会的整合构成威胁,而只是希望在横向比较中实现重回世界第一的复兴。

四、中国无意构建世界大家庭

从现在来看,人类远没有处在生死存亡的千钧一发之际,家庭结构也没有构建世界大家庭解决人类生存难题的动力。家庭结构在发展后,愿意帮助其他大家庭,却没有意愿输出家庭结构的思想,更不希望把全世界整合成统一的大家庭后做世界的大家长。

以援助非洲为例,家庭结构的思维是援助基础设施建设,派遣医疗队,设立奖学金等,援助不附加政治条件,不与政治制度和意识形态挂钩。在大家庭看来,不应基于意识形态决定是否修公路铁路,是否援助医疗队,是否帮助培训人才,更不能在提供援助的同时强迫对方接受家庭结构的模式。个体社会的援助常常伴随民主、自由等价值观念的附加条件，要求非洲国家接受，试图把全世界都改造成个体社会。此种不同的根源在于，家庭结构没有强烈的输出意识形态的动力，从不认为家庭结构的模式放之四海而皆准。从前面乾隆皇帝回复英王查理三世的信中可以看出，家庭结构默认各家条件不同，对大家庭适用的模式也许对其他家庭无用。在这种条件下，让全世界人都被统一成世界大家庭，都采用家庭结构的模式，就不妥当。

在家庭结构看来，什么是放之四海而皆准的呢？吃饭和改善生活。家庭结构改善生存权和发展权的动力来自与个体社会的比较。中国大家庭的整体目标是重回世界第一，具体是要超越美国。简单说，美国人有的，中国人也要努力有。对同样希望摆脱贫穷的其他大家庭，家庭结构愿意提供帮助。家庭结构在近代也曾落后被欺，了解贫穷的滋味。推己及人，对遭受苦难的外国人同情并提供帮助，在力所能及的范围愿意支持和帮助其他大家庭，但目前要先解决自己家的生存和发展问题。家庭结构不是传教士，中国选择的道路不具备普世意义，当然不会强迫其他国家接受家庭结构的价值观和发展模式。

家庭结构兼收并蓄，大家长管大家庭事务，每个家庭自我管理好，世界自然美好。个体社会坚信普世价值，商人相信什么，什么就是普世的。以民主为例，个体社会坚信民主普世，世界上任何人都希望拥有，都有权力拥有。现实中，某些国家和地区的人没有民主，不说明这些人不想有，只说明有障碍阻挡，个体社会的任务是扫清障碍，让所有人都拥有普世价值。此过程类似于传教士。

家庭结构讲究实用主义，没有严肃信仰，不会为传播信仰而战。"抗美援朝，保家卫国"的口号绝不能改成"解放朝鲜"。现代家庭结构男女平等，取消了妾，却不会施压一夫多妻制的国家改成一夫一妻制。家庭结构的思维是，人家活得好好的，为什么插一脚弄乱呢？他们想改，自然会改。各家的经验可以借鉴，但都应走自己的道路，在一家成功的经验未必能在另一家成功复制。要是对方真觉得大家庭的制度好，来学习，家庭结构总会慷慨传授经验，借此感受"万邦来朝"的心理优越。

从小家推到大家，从自己推及别人，自己家的问题没解决，不可能去解决其他家庭的问题。中国强大了，也最多帮着盖盖房子，修修铁路，捐捐款，建一建学校，不会插手内政。世界本来就由多个家庭组成，每个家庭不一样很正常。就好像蛮夷不穿衣服一样,《淮南子》的解释是,蛮夷更了解当地的气候等自然条件,不穿衣服存活了这么久,自然有不穿衣服的道理。

家庭结构无意于构建世界大家庭,不愿取代美国主宰世界。对中国来说,主宰世界需要普世标准,需要干涉其他家庭的内政,与农耕文化相冲突。即便在冷战时期,毛泽东说,"中国支持革命,不支持不行。哪里发生革命,我们就发表声明支持,并开些大会声援……我们喜欢说空话,放空炮,但不出兵。""我国忙自己的事还忙不过来,打出去是犯罪的,为什么要打出去?"[257]

最猛烈的冲撞总发生在同样的思维逻辑下:大家庭内的两个人争家长宝座或个体社会的两个人争谁的价值观普世。家庭结构与个体社会不会有直接冲突。复兴必然伴随中国思维向外扩展,但它是经济和实力发展的伴随结果,非目标。

低层次的中美交锋恐怕难以避免。中国希望解决对日历史问题,美国希望利用日本牵制中国;大陆要收复台湾,美国将台湾看做"永不沉没的航空母舰";复兴进程的加快导致中国海外贸易迅速增加,中国不可避免地要发展军事确保利益不受损害,会给美国造成中国威胁的假象。

五、不冲突·不负责

现代家庭结构延续了明哲保身的传统思维。"事不关己高高挂起"在大家庭内部成员的交往上适用,也是大家庭间的交往理念。

按照优先级排序,自身问题都没解决,怎么解决全球问题?和周边邻居的的领土问题未解决,如何解决世界难题?邓小平提出"搁置争议"的主张,不希望花精力在争执上,抢时间完成经济建设,"以经济建设为中心"。

中国人也可建立共同市场实现东北亚一体化,也就是实现中、日、韩的一体化。

中日韩建立自由贸易区,可打破投资和贸易的壁垒,促进贸易和投资的便利化和自由化,对三方都有重要意义,有利于扩大共同利益,为解决历史遗留问题提供机遇。家庭结构本质上不是商人,不会因做买卖走向一体。日本也不是德国,它既没有道歉,也没有反省。中国与韩国的关系受朝鲜影响。东北亚的整合难度很大。

历史上,东北亚的国家是强大中国的藩属国,受中华文化的辐射。这不是中国主动传播的结果,而是藩属国主动学习的结果。现代意义的国家基于平等观念,传统藩属国概念要抛弃,要建立平等的共同体,运用东方思维进行整合。当今世界的问题无法由一个国家解决,要靠各国共同努力。共同解决问题是整合的动力,如同大禹用魄力和智慧整合部落,治理共同的水患。

东亚最大问题是潜在的不稳定因素,包括大陆和台湾、朝鲜和韩国、日本和中国、日本和韩国。在南海,中国与菲律宾、越南等国家有岛屿争议。南亚的印度和巴基斯坦是潜在冲突的爆发点,阿富汗未来的局势不甚明朗。亚洲不稳定因素暂时被经济增长掩盖。中国在历史上就是稳定东亚国家的王朝,中国的实力越增长,周围国家越稳定。但横跨太平洋的美国并不希望中国对东亚特别是东北亚进行整合。

日本前首相鸠山由纪夫说,"我提出构建'东亚共同体'构想,这让美国心生警戒","掌握政权实际运作的日本官僚也事先察觉到美国的意向"。鸠山的"短命政权"被"当成反面教材","后来,民主党政权把日本外交还是转到以《日美安保条约》为基础、对美国从属的方向上"。[258]

东亚要解决共同面临的挑战,就要解决战争的根源问题,即历史遗留问题。历史问题要在向前滚动的历史车轮中得到解决,在求共识的氛围下解决。要创造更多的利益交融,可借鉴欧盟一体化的方式。

当前,中国集中精力解决自己的问题。亚洲的稳定、东亚一体化符合中国的利益,也符合各方的利益。

农耕文明不追求价值观输出,不会与标榜普世价值观的美国正面冲突。中国即便发展,也会把家的观念局域在版图内。中国在国际场合使用"地球村","世界大家庭"的概念,却不追求地球村村长或世界大家庭的大家长地位,而只想表明中国是平等的村民和世界大家庭的平等成员;中国追求和美国平起平坐的世界第一,不希望被忽视,却无意做大家长。中国的价值观以有限的辐射度可能再次辐射到传统儒家文化的东亚社会,日本很可能重新回到中国身边,韩国也是,新加坡也很可能会,还有其他东亚国家,却绝对不会使劲向中东或欧美传播。历史上,日韩受中国文化影响较深,是日韩主动学习的结果,也不是大家庭传播的结果。

个体社会一旦强大,就会输出自身价值观,且伴随武力胁迫。哥伦布航海日记中记载:"这里人一定很顺从……吾还认为他们极易归化为基督徒。"[259]

把家庭结构的外延控制在版图内,辐射度只影响周边,避免了矛盾,却会让商业文明觉得"不负责任"。商业价值观念中,权利和义务相匹配,美国人觉得当世界警察是义不容辞的责任,美国不管理世界,就没有人维护"公平""正义"和"秩序"。中国相信每个家庭的家长负责各自家庭,别人给以相应的援助,但不对家务事做价值判断,如内部的民众抗议。各国事务最终由家庭成员决定,他人无权干涉。在个体社会看来,我们"漠不关心"。

我说:中国关心民众生活,但援助不附带政治条件。西方贷款常常附带政治条件。

美国同学:当然要有政治条件,不然不就是在帮助独裁者么?给独裁者援助再多,也无法帮助普通民众。

我:援助非洲建造基础设施,派遣医疗队给非洲民众治病,并建立医院,提供培训,培养当地人才,提供贷款发展经济,怎么能说这些对普通人的生活改善没有意义呢?

美国同学:这样的援助能给普通民众带来好处,却不能改变公民没有权利的现实,没法彻底解决问题。

我:无论是否民主,百姓是无辜的,全世界人都有过上更好物质生活的愿望。在精神领域,国家的历史和文化不一样,人们有权自由选择。中国更多地帮助改善物质生活。对民众的政治诉求,很难做出价值判断。西亚北非动乱中,中国先要保护华侨,动用一切资源撤侨回国。其次关心中国的利益,包括已经签订的合同。中国不希望混乱延续,混乱只能造成百姓更多的苦难。中国尊重各国人民自主选择的道路。无论从中国利益出发,还是从别国的百姓利益出发,我们真心希望早日结束混乱,恢复正常秩序。中国历史上的革命太多了,我们深知革命造成的苦难,中国百姓不到走投无路,不会革命。一旦革命,总希望赶快平静,解决问题后早日安定生活。

在个体社会眼中,中国不支持普世价值观的传播、只呼吁局势不要升级、不干涉对方的局势是不负责任的体现。在商人的思维里,局势升级才能快速地解决问题。西班牙同学说:欧洲人喜欢激烈的革命。

美国同学:很多国家的民众力量太弱小了,无法独自完成民主化,需要帮助。

我:太弱小的力量在扶持下建立的政府,也只是西方的傀儡政府,无法真正走向个体社会。要是多数国民真想要另一种生活,现政权是抵挡不住的,无需西方干预。

1989年东欧剧变后,邓小平说,"别人的事情我们管不了"[260] 2001年,针对北京沙尘天气肆虐,朱镕基说,"从蒙古人民共和国刮过来的沙尘我们管不了,但可以与他们加强治沙合作。内蒙古自治区我们管得了,要加快治理,防止沙漠化。"[261] 中国被贴上不负责任的标签,却同时极大程度地避免和商业文明的正面冲突。中国领导人强调中国是"负责任的大国",指中国投资和帮助发展中国家,在国际舞台避免冲突升级,维护和平。在家庭结构看来,世界上的国家这么多,人这么复杂,总会有纷争。只要大国不卷入纷争,内部的混乱就不会扩散和复杂化,也就能够快速解决。中国强大后,不会为传播价值观站在纷争的一方身后,也就避免了局势因中国的介入轮番升级;中国也不会在强大后以某种幌子派军队去抢劫财富,就结束了商业文明谁强大谁掠夺的战争史。在此意义上,中国是维护世界和平与稳定的负责任的大国。

第二章　比较竞争满足和兴趣成功

家庭结构不想掠夺、殖民、传教,不想构建世界大家庭,那大家庭在最近几十年内飞速发展的动力是什么呢?

家庭成员喜欢"比":同事间比奖金;同学间比成绩;老师间比学生;家长间比子女;亲戚串门比家庭;今天,比谁的爸爸有实力,谁开宝马,谁在"体制内";甚至会比谁的女朋友更漂亮,谁的男朋友更有钱,谁用新款智能手机等。在大家庭内,人人都希望成佼佼者,相互比的劲头十足。比较能带来成功的快乐与满足。我在学生时代舍弃大量休息时间做练习题,并不是被学习本身吸引,而是享受名列前茅的掌声。考第一抵消备考的所有辛劳,给我在横向竞争胜利的快乐,让所有的付出都值得了。①

中国处处存在比较。看到周围人开车,住大房子,进名牌大学,薪水高,能保持平静、与世无争的少数人会被说成"安于现状""不思进取",就像学生满足于现有排名,不希望提高名次被老师家长批评一样。

基于比较和竞争的满足让大家不知道想要什么。周围人用智能手机,并非都要查邮件、刷新闻,只是别人有,我也要有。你不买车,朋友问:怎么还不买车呢?大家都开车来,你骑自行车,心理平衡么?

① 相关内容参见我的求学经历回忆录《巧学助我上清华》。

攒钱买智能手机、买车等就成为了奋斗的物质目标。目标不基于兴趣,而基于与周围人的比较,别人有什么,我也要有什么。近代以来,比较的内容都源自商业文明,中国没有多少原始发明。改革开放初,新婚家庭喜欢购买电冰箱、彩电、洗衣机。后来流行空调、电脑、电话、寻呼机、手机等。这些物品都源自商业文明的科技进步,没有一件由中国发明。[①] 中国人拥有新事物的动力,源自和欧美的比较:美国人有的,我也要有。

　　与大家庭之外的人比较是现代家庭结构独有的现象。在传统家庭结构下,比较局限在大家庭的内部成员间,很少有人与大家庭之外的人比较。历史上,大家庭周围的人在经济文化上相对落后,被视为蛮夷,家庭成员不屑与他们比较。农耕文明曾几次被北方的游牧文明征服,这说明游牧文明在军事上曾强大于农耕文明。但家庭结构的人并不羡慕游牧的生活,更不崇拜对方的文化,反而是游牧文明接受了农耕家庭结构的文化和生活方式,成为大家庭的成员。鸦片战争中与商业文明的正面碰撞彻底改变了家庭结构对蛮夷的蔑视。战败后提出的"师夷长技"是在家庭结构历史上从未有过的口号:学习蛮夷的优秀技术。蛮夷的技术比中华更胜一筹,要中华儿女放低身段以蛮夷为老师? 甚至派遣天朝的学生到夷人的国家留学? ……过去只听说过夷人仰慕天朝,不远万里前来朝贡,也听说过日本、朝鲜派使臣来求学,并把儒家文化的家庭结构学了回去,甚至把文字也一并带回了自己的国家。当时,就连个体社会的商人们读了《马可·波罗游记》后,也对富庶的中国充满了幻想,渴望到东方"寻金"。家庭结构的技术发明远超个体社会,这些在李约瑟的书中有详细的记述。直到明朝利玛窦来华时,"中国人把所有的外国人都看做没有知识的野蛮人","不屑从外国人的书里学习任何东西"。[262]"崇洋媚外"是鸦片战争后的新情况:"蛮夷"变成了"洋人"和"外国人";蛮夷"仰慕天朝"变成了天朝子民崇拜和学习洋人。今天的留学热仍然可看成是师夷长技的延续。

　　与商业文明的碰撞打开了家庭的大门,并极大地刺激了大家庭"天朝上国"的心理。从此,大家庭除了内部成员的比较而外,又多了和其他大家庭的比较。我小时

---

① 相关内容参见第三章。

候,常听长辈说"你看看人家日本""你看看韩国":与日本、韩国的经济和企业相比,为什么中国有这么大差距呢？为什么日韩产品的技术领先国产产品呢？此外,中国独生子女在中日青少年夏令营中表现差强人意,也是我经常听到的故事。

随着中国在经济总量上超过了韩国,继而超过日本,把中国和韩国、日本做比较的人就越来越少了。中国经济总量跃居世界第二,美国成了中国唯一的比较对象。商业文明的法治精神,"民主自由人权"的普世价值观,都成了比较内容:"人家有的我们为什么没有呢？"这种大家庭间的比较,与大家庭内成员间的比较类似:他和我的情况差不多,他怎么事业那么好,我怎么比不过呢？

在大家庭内部的成员间和大家庭之间,看重相互比较与竞争中谁胜谁负,并把超越强者作为目标,享受在竞争中得胜的心态,叫做基于比较和竞争的满足,简称比较竞争满足。最简单的例子是,学生考试得了第一名,享受超越同考者的喜悦。比较竞争满足是近代以来奋发图强的原动力。中国在上世纪七十年代末主动打开国门后,和许多大家庭的差距非常鲜明。1978 年,邓小平访问日本,乘坐的新干线高铁和落后的中国交通形成巨大反差。邓小平在接受采访时说:"就感觉到快,有催人跑的意思。"他总结"现代化"时说:"现代化,50 年代一个样,60 年代一个样,70 年代又一个样。"现代化要随着时代的发展,生产不断变化,否则就永远落在别人后面了。

农耕文明重历史,目标是复兴。历史上,中国称周边的人为蛮夷,即未开化无教养的人。中国和周围国家比,从未自愧不如。"崇洋媚外"体现鸦片战争后比较竞争的挫败感。1872 年,清政府派第一批留学生赴美求学,后来著名的铁路工程师詹天佑就是其中一员。[263]大家庭第一次承认落后,要向商业文明学习,这对历史上一直处在亚洲中心,接受蛮夷朝贡的国家来说,是莫大的刺激。此后,向外国学习的脚步从未停缓。新中国派遣留学生到苏联,学习快速工业化的方法。改革开放后派遣留学生到欧美,学习先进科技和管理。落后的刺激,对比较竞争满足感极强的大家庭来说,无疑刻骨铭心。"复兴"成了大家庭的集体目标,成了努力的原动力。

近代史给大家庭最大的刺激不来自败给英法联军,而来自甲午战败给日本。日本在唐朝派遣唐使来长安求学,唐朝文化、儒家思想、中国文字、礼仪和服饰都传入日本。日本长期以"学生"身份出现在国人心中,却一转眼明治维新,发展壮大,打败了北洋水师,就像武侠小说中徒弟改投他门,打败了昔日的老师,这对老师的刺激可想而知。康有为和梁启超听闻甲午战败,停止备考,联合一千多名在京参加科举会试的举人"公车上书"。[264]

日本给中国的第二次刺激更加深刻,它差一点将中国灭亡。国民政府的国都从南京迁到了重庆。第二次世界大战,中国作为主战场,军民死伤无数。中国处在鸦片战争以来的最低谷。《孙子兵法》说,"陷于死地然后生",中华大家庭经历最艰难考验后,绝地反弹。

第三次刺激还是日本,新中国发展了三十多年,日本作为战败国,竟然这么快速地经济崛起,不得不再一次刺激中国。邓小平乘坐新干线列车给国人留下的深刻印象,就是日本给中国的第三次刺激的缩影。

国人经常抱怨,外国人遵守交通规则,为什么中国人不遵守?美国是法治,为什么中国不是?中国人对商业文明的法治和民主的渴望,并不源自本身思考,而是基于比较和竞争的满足;欧美人有的,我们也要有。至于为什么欧美有,中国人没有,并不是思考的主要问题。

比较竞争满足的典型例子很多,有时还会与农耕家庭结构发生冲突,比如,嫦娥奔月。

第一节　嫦娥与阿姆斯特朗

一、你想移民火星吗?

2012 年 9 月,美国前总统克林顿宣布支持"百年星舰"计划。该计划由美国航空航天局和国防部高级研究计划局开展,希望在百年内让人类冲出太阳系。第一个目标是登陆火星。受限于距离遥远和资金有限,火星登陆很可能是单程车票,无法返回地球。[265]

我问美国同学:你听说单程票送宇航员去火星的计划了么?

美国同学:听说了。

我:你怎么看它?

他:我支持,它太重要了。

我不解:怎么重要?

他：第一，它带来希望。我们面临的资源能源问题一时解决不了。第二，太空探索的副产品推动科技进步，把人送火星需要科技突破，成果可应用到地球生活。第三，地球早晚有天不能生存，人类必须寻找新家园。

我：太神奇了。我没听说中国普通人相信有一天要去火星生活。

他：是么？中国的太空技术发展很快。

我：中国人探索外星的动力源自和美国的比较与竞争，不是内心原发。

他：竞争加快进步，让登陆火星早实现。

我：中国人在历史上自诩文明人，以天朝上国自居。后来却被西洋人打败了。今天中国的发展动力，来自近代的屈辱与漫长历史的灿烂辉煌的反差，目标是超越美国。美国能登月，中国为什么不能？克林顿宣布支持计划一个多月后，中国探月工程首席科学家接受采访时，说中国在 2030 年前将送探测器上火星采样返回[266]。此前，美国航天局下属的埃姆斯研究中心预计美国在 2030 年送宇航员上火星。[267]

他：中国人不想上火星，为什么和美国竞争上火星？

我：中国人在骨子里没想过离开地球，中国是农耕文明的家庭结构，不家破人亡不会离开家园开辟新天地，不看到彼岸的富足不会移民。鸦片战争后中国逐渐被挤到墙角走到绝路，才穷则思变，先后有洋务运动、戊戌变法、辛亥革命等。中国人来美国定居是看到美国生活好。中国人的开拓精神不强，美国要是不想登陆火星，中国绝不会想登陆火星。中国再发展也不会。

我问了二十多个中国同学是否想移民火星，所有人的第一个反应是我在开玩笑。等我阐明了这是严肃的问题，大家的一致回答是不想移民火星。

有位同学的回答很有代表性：我连美国都不想移民，还移民火星呢。

另一个同学：火星能生存吗？

我：现在还没发现水源。[268]

中国同学：都没水，送人上去干什么呢？会有人愿意去吗？

美国同学：送人上去后，可以不断从地球输送食物，他们可以在火星建殖民地。

哥伦布的航船驶向大西洋时，没人确切知道彼岸是什么，也许他们正走在不归路上。探索未知的精神从古希腊的商人航海家延续至今：古希腊商人为赚钱，不停地出海,交换物品;英国的清教徒受到迫害,乘坐五月花号航船前往美洲大陆,为宗教信仰寻找新的沃土,也为了建立公民自治的管理模式,并为此签订了《五月花号公约》。没人能保证探险者一定活着看到未来,实现宗教和政治意图,但探险的精神永不灭,后来在北美大陆上构建了美国。

中国同学:咱们没主动探索火星的愿望,但你放心,只要美国人在火星上发现了水,改造了大气,将火星建设得比地球更适宜人居住,中国人会挤破脑袋也要去火星。

我:我完全同意!

我又询问了学社会科学的美国同学,他对我斩钉截铁地讲:登陆火星太重要了,现在地球有环境污染、核武器威胁、资源枯竭、气候变暖等问题,不一定哪一天爆发世界核战,南极的冰川在融化,人类必须找到新的地方生存。

我震惊于他一口气说了这么多理由,说:美国人担心什么啊,你们到处抢资源,生活得这么富有,国家这么强大,有最先进的核武器,地方也这么大,全球即便仅剩几桶油,估计也会被你们控制。

美国同学:你说的有道理,但人类早晚要离开地球,现在就要探索。火星是最近的行星,火星殖民最现实。

我在提问中用的是“移民”,每位美国同学回答时都会自动地改成“殖民”。

我:殖民后的火星是美国的什么地方呢?

美国同学:是美国的殖民地,或者是美国的领地。

我:殖民地和领地都没有投票权?

他:对,殖民地和领地在美国本土都没有投票权。

我:殖民地上的人不也是从美国出发的么? 为什么到了那就没投票权了?

他:第一批的人应该还保留美国身份,在那里出生的就未必,要看法律怎么制定。① 殖民地不是州,只有州才在国会有合法的代表席位。

我:那就把殖民地变成州。

---

① 按照现在的美国法律,在地球上其他国家出生的美国公民后代算作美国公民,但权利受限制,如不能够竞选总统。

他：可以变成州，美国独立时只有十三个州，现在有五十个，大部分州的前身都是美国领地和殖民地。

我：今天的领地是什么概念？

他：比如波多黎各，它是海外的岛，现在还不是州，未来很有可能是第五十一个州。要成为州必须申请并且满足条件得到国会批准。殖民扩张最早占领的土地都比较小，不成规模，不能和之前已经加入联邦的州具有同等的政治地位，只有发展到一定规模并满足相应的条件后，才可能成为州。

我：平等权利要殖民地人争取，占领者从不会主动给予。你想过么，最初移民火星的人，也会认同美国人的身份，就像北美殖民地的早期移民忠于英格兰国王一样。一百多年后，土生土长的殖民地人就感觉不是英国人了，就愤怒了——给英国交了这么多税，却没有投票权。结果，英国殖民者的后代就和英国人打了一仗。英国被打败了，美国独立了。类似地，送美国人上火星，过了三四代，在火星出生、成长的人，自然觉得和地球人没什么关系，就会惊讶，为什么给地球的美国缴税？地球上的美国人那么落后，有那么多污染、征战，收税却不给代表权。结果，火星上的美国移民后代和宗主国爆发战争。地球的国家有的同情火星人，有的站在美国一边，就像当年美国独立战争中，法国为和英国抗衡，支持美国一样。

他：不会的，他们到火星，各方面都落后，需要地球的补给，没办法打赢战争。

我：北美作为英国殖民地，起初也很落后，几代人后就强大了。当年大英帝国说，收税是为保卫殖民地，在与法国的七年战争后，英国获得了法国在北美的大片殖民地。[269] 英国为此支出大笔军费，认为保护殖民地军费应由殖民地人出。一征税，就有人打出"没有代表权，就不得征税"[270] 的口号，爆发了战争。火星或许最初需要你的补给或保护，一旦他们可以自己生产和防卫，并和地球的其他国家自由贸易时，就会停止交税，并脱离你们。

他沉默了一会，说：历史未必重演，未来不必有星球大战。

我：你只考虑前途光明的一面，其他的完全忽略了。

另一个美国同学说：英国殖民北美和今天殖民火星不同。殖民火星没有国家间的合作，恐怕实现不了。火星未必是某一个国家的殖民地。

我:当年来北美殖民地的也有德国人和法国人,但殖民地的建立者和拥有者是英国,英国通过战争击败法国,又从法国手里夺得大片北美殖民地。今天在美国技术的主导下,国际合作能保证有其他国家的人上去,但估计主体是美国人。按照你的说法,各国联手到达火星,这块殖民地归谁呢?

他:要看各国达成的协定。

我:在火星上,不同国家的人定居下来,按谁的想法建造国家呢?参考哪国的制度和法律呢?

他:你站在另一个星球遥望地球,反思之前的生活,很多观念会变化。比如说,国家的概念可能不重要,反而让人类因国家彼此分离和征战。火星上的人很可能会用不一样的方式去建立火星殖民地。

我:共产主义没准在火星实现了。最初乘坐五月花号来北美的清教徒就签订了《五月花号公约》,宣布"自愿结成民众自治团体"。美国独立后,成为第一个实现立法、司法、行政三权分立的国家,第一任总统华盛顿在第二任期期满后就不寻求连任,实现退休,开创全新的领导人有限任期的制度。在我看来,主要是美国没有历史的包袱,以此类比,火星很可能实现全新制度……

他:地球上基于国家的战争和抢夺,其实没有意义。

我:商业文明从古希腊起,城邦势力增大,就去殖民弱者,英格兰小岛曾一度是日不落帝国。今天,美国人去殖民火星,动机相同。而农耕家庭结构不奢望远方的土地,没有殖民传统,探索火星等未知领域的目的是不能在比较和竞争中落后。1957年,苏联领导人赫鲁晓夫提出"15年后,苏联可以超过美国",毛泽东紧接着在莫斯科说,"十五年后我们可能赶上或者超过英国"[271]。现在的比较与竞争的对象是美国,超越美国就重回世界第一了。太空探索是比较竞争的一部分。

他:争第一有什么意义呢?中国人一定有好奇心,渴望更好生活。

我:更好的生活不在未来的创新,而在和已知最好的比较中。我们要超越全球第一的美国。生活水平、经济社会发展、国防科技和现代创新都和美国比。这是大家庭整体意义上的比较,不是人口平均的对比。中国人不和富裕的小国比。

他:你这么看重比较,但我们根本没想参与比较,为了比较而比较有什么意义呢?

我:没有实实在在的利益,对商人没有意义。哥伦布航海为获取殖民地百分之十的利润,[272]美国派军队传播民主自由价值观,也不做亏本买卖,要得到石油回报。明朝的郑和下西洋,最远到好望角,比哥伦布航海早几十年。他的舰队远大于哥伦布的船队,却没有掠夺,也没传教,而是每到一处都送大明朝的宝物,告诉当地国王,在遥远的东方,有英明的大明皇帝,希望他们派使节朝拜。朝拜带礼物,皇帝回赠更多,显示地大物博。航海的目的是"欲耀兵异域,示中国富强"[273],纯粹追求心理优势上虚的排名与认可。农业定居者不是海盗,没有殖民思维,对远方的土地和财富没有奢望。农耕文明强调自给自足,希望把自家的日子过得最红红火火。我学习郑和下西洋历史时,曾经设想郑和坚持航行下去,也许会比哥伦布更早到达美洲。现在想想,他抵达美洲,中国历史也不会变化。

美国同学:照你说的,他来到美洲,看到岛上土著,送些瓷器,就走了。

我:正是这样。

随后,我问台湾同学"怎么看待移民火星"。他也以为我在开玩笑,不理解去一个连空气和水都没有的星球的动机。台湾同学反问我:为什么去火星? 你怎么不去南极呢?

大陆同学对我说:美国人生活得好,才有钱探索。

我:不是生活好才有钱探索。中国人有钱了,实现复兴,重回世界第一,也绝不会花上百亿美元登陆火星。中国国内有教育、医疗、养老、吃饭问题,顾不上太遥远的事情。美国人不登月,中国再发展也不会有登月想法,远方的土地没有吸引力。

郑和舰队航行的资料都被烧掉了,"下西洋费钱粮数十万,军民死且万计",留存下的文案"亦当毁之以拔其根"[274]。农耕文明不打算殖民,不打算掠夺,不希望奴役弱者,还要送弱者东西,当然耗资巨大,得不偿失。商业文明不一样,总向往着大海的那一边,向往着未知的财富。1492 年,哥伦布说服了西班牙女王,得到资助进行大航海并到达美洲。不过西班牙女王和哥伦布都是追求商业回报的。女王和哥伦布签订协议,航海获得财富的百分之十归哥伦布个人所有,[275]剩余的归出资的女王。签合同谈收益分成是典型的商业行为,这次出行更像是女王对哥伦布的一次风险投资。哥伦布第一次登上美洲大陆,看到了土著居民,仔细考察后在日记中写道,"他们尚无铁器","对军事一无所知","我们五十人足可征服其所有人,并随心所欲地支配他们"[276]。他思维深处对弱者的征服欲望,与郑和赠送弱者礼物并炫耀"中国富强"[277]的心理截然不同。明朝皇帝支持郑和航行,经济上一定亏本。郑和不可能像哥伦布一样屠杀和驱赶土著、占领土地并大肆劫掠。与哥伦布率领三艘帆船和90个船员[278]的航行规模相比,郑和率领的是"士卒二万七千八百余人"的队伍。农耕文明不做商业文明的屠杀劫掠,不是没有实力,而是农民自古靠在土地上辛勤劳动致富,没有抢钱的传统。郑和的庞大舰队只是"欲耀兵异域",也就是在比较竞争满足的心态下宣告实力最强。

历史总在重演:哥伦布乘船航海,今天的人乘宇宙飞船航天。茫茫大海和浩瀚太空,都阻止不了商人的脚步。不清楚最先到达火星的探险者会获得多少火星的土地所有权和开发权,又对未来火星制度的制定有多大的决定权。不过肯定的是,商人会想尽办法在火星探索中获利:也许是吸引投资者修建人类殖民基地,提供地球的富翁买票殖民或星际观光;也许开发火星矿产和其他资源,运回地球大赚一笔;也可能该项目长期无法实现,或者实现了,也短期内没找到赚钱的方式,不过探索过程的科技创新引发新科技革命,诞生一批新公司,生产新产品,改善了地球的生活并大赚一笔;也可能暂时投资都打水漂了……庆幸的是,火星目前没发现人,不会重演当年对印第安人的大屠杀了。

农耕文明固守田园,家庭观念强,不到万不得已,不想去不毛之地开拓。上面提到的投巨资登陆火星的可能获利情况,移民火星、星际旅行、火星土地所有权和开发权等对家庭结构来说都太遥远,靠类似的方式取得回报更像是天方夜谭,只有引发科技革命改善地球生活对家庭结构有吸引力。从历史看,登月计划最终导致了电子信息技术的突飞猛进,加速了信息革命。今天电脑普及,全球定位系统给汽车导航,智能电话让人随时随地接通互联网,这些技术的革新很大程度上归功于太空探测的电子传输的需要。不过,登月促进了创新,是先突破了技术瓶颈,再找到技术商业民用的方式。这不代表火星探测的投资能同样幸运。因此,要是商人们不探索,家庭结构不会单凭可能的创新来冒险。农耕文明强调传承,不喜欢改变,不想做第一个吃螃蟹的冒险者。今天的太空探测动力,更多的是与商业文明一决高下的竞争心。

二、奔月的悲剧传说承载现代梦想

1969年,美国航天员尼尔·阿姆斯特朗踏上了月球,他说:这是个人的一小步,却是人类的一大步。[279]他的这一步意味着,继哥伦布航海抵达另一片大陆的四百多年后,商业文明成功航行太空抵达另一个星球。商业文明从古雅典发端,在欧洲酝酿,在大航海时代拓展到地球的每个大洲,如今又向其他星球扩张。

在个体社会科技的迅猛发展下,家庭结构不甘示弱,投入人力、物力、财力,也决心登月。在哥伦布抵达美洲前,郑和航行抵达非洲,算是打个平手。登月是个体社会做的全人类前无古人的事,大家庭从未做过,也从未试图做过。从大家庭当时的情况看,登月似乎遥不可及。1954年,毛泽东说,我们连"一辆汽车、一架飞机、一辆坦克、一辆拖拉机都不能造"[280]。不过,在登月第二年,即1970年,中国的第一颗人造卫星"东方红一号"就发射成功,成为继苏联、美国、法国和日本之后第五个能独立发射人造卫星的国家。在航天技术发展后,《2000年中国的航天》白皮书明确提出"开展以月球探测为主的深空探测的预先研究"[281]。2013年底,嫦娥三号探测器成功落月,[282]玉兔号月球车实施月面探测。"玉兔"是在众多候选名称中网络投票评出的。[283]

美国同学:中国的登月计划叫什么? 美国的叫阿波罗。

我:嫦娥。

美国同学:是什么意思?

我:古代传说的女子名。她背着丈夫偷吃了仙药,飞到了月球,[284]住在广阔的寒冷的宫殿里,夜夜遥望地球,只有玉兔陪伴。能理解它是悲剧么?

美国同学:不能理解。她无非住在月球。

我:为什么宫殿广阔又寒冷?

美国同学:为什么?

我:地球上的家小而温暖,与广阔寒冷的宫殿里孑身一人相对照。她夜夜遥望地球,却无法回家,内心孤独而凄凉。西方有类似的悲剧传说么?

美国同学:没听说过。

我:商业文明始终有探索和扩张的动力,今天在探索火星。农耕文明安土重迁,奔月就是悲剧。

美国同学:我明白"嫦娥"工程的寓意了。她在广阔寒冷的宫殿中遥望了家庭上千年,思念狭小却温馨的家,你们登月看望她,送去家人的问候,让她不再孤单。

我听了非常感动。不过,真想看望嫦娥,会以她丈夫的名字——后羿——命名登月计划。

我:你的解读很好。嫦娥是神话传说中登月的中国人,宇航员登月类似古老传说的实现,而不是看望月宫中的嫦娥。

他:登月是悲剧,为什么还要去?

我:登月的动力源自和美国的比较和竞争,美国人阿姆斯特朗登月了,中国人也不能落后。同理,美国放弃了登陆火星的计划,中国人就不会主动花钱去登陆火星了。

嫦娥在月球无法回家的苦痛,是美国同学不能够理解的。夜夜遥望地球的嫦娥,以悲剧的故事承载了民族复兴的现代梦想,更让美国同学困惑。奔月从悲剧到梦想的转变,源自与商业文明在航天时代的比较和竞争。农耕家庭结构没有航海或航天的本意,只希望在土地上把小家庭和大家庭照顾好。可怎么样定义大家庭的生活很好呢?没有比较就没有鉴别。自从与商业文明碰撞以来,家庭结构始终在全力追赶,力争超越个体社会。要是商人们实现了太空旅行,家庭结构还在坐船;商人们普遍用智能手机,家庭结构还在鸿雁传书,怎么证明家庭结构生活得更好呢?随着商人的扩张,大家庭成员为了不落其后,也要相继走出地球,目的是证明大家庭的实力,而不是要移民或赚钱。

比较竞争满足是家庭结构不停追赶的心理动力,也是家庭结构的突出特点。我和来自欧洲、南美洲、非洲、中东等地的很多国家的同学聊天,他们都承认自己的国家和美国的巨大差距,却没有任何一个人希望追赶美国。给我的印象是,与美国的差距似乎理所应当,并没有激发追赶的动力。西班牙同学对我说:"为什么一定要争第一成为最强大的呢?西班牙也曾一度占领了美洲相当大的土地,最后还是失去了殖民地。强大时占领的会随着衰落而失去。"我说:"中国要成为世界第一,既不占领别人的地盘建立殖民地,也不像哥伦布一样去掠夺和奴役别人,只是达到横向比较获胜的心理满足。"西班牙同学:"你们追求它就感到幸福么?"我:"中国人很勤奋地学习和工作,希望有好的生活和好的家庭。不过,今天的中国人看到了互联网、手机、汽车,就无法再满足于'一亩三分地老婆孩子热炕头'的传统生活了。事实上,现代生活节奏快,压力大,到底是否比传统生活幸福可以讨论。不过有一点确定,就是中国要是不能够超过美国,中国人绝对不会满意,更不会感到幸福。"西班牙同学:"为什么不更多享受你拥有的而非要集中精力追求没有的呢?"我:"世界上大部分人都有更高的追求而不满足于现有,但把追求的目标锁定在世界最强大的国家的却是少数。最近的几百年来,西班牙、葡萄牙、荷兰、英国等都先后称霸世界,最后又先后被取代。这些国家今天都没有强烈的要和美国一争高下的决心,也不想恢复过去的辉煌,似乎满足于现在。中国则不同。中国历史上有非常漫长的光辉记忆,中国人是绝对不甘心永远落后的,把美国和中国对比,有着广泛的民间基础。"

大家庭不是今天发展到世界第二大经济体才开始关注美国。就在毛泽东说中国连"一架飞机、一辆坦克、一辆拖拉机都不能造"的两年后,他就说要"赶上世界上最强大的资本主义国家,就是美国",要"完全改变过去一百多年落后的那种情况,被人家看不起的那种情况",还说赶上美国"是一种责任",理由是:"你有那么多人,你有那么一块大地方,资源那么丰富,又听说搞了社会主义,据说是有优越性,结果你搞了五六十年还不能超过美国,你像个什么样子呢?"[285]又过了两年,"超英赶美"成了大跃进中的口号,赶上美国的时间也从"五六十年"一再缩短,结果是,欲速则不达。家庭结构吸取了教训,但没有降低最终目标。2012 年底,习近平提出"中国梦",他说,"我坚信……中华民族伟大复兴的梦想一定能实现"[286]。家庭结构近代衰落是从割地赔款开始的,复兴至少要实现大家庭的完整,即大陆与台湾要统一,与日本等国的领土争议要解决。这些都解决了未必代表复兴,但这些不解决就绝对谈不上复兴。能否解决争议取决于中美的实力对比,超过美国是复兴的必要内容。

将大家庭之间的比较竞争满足作为奋斗动力是鸦片战争以来的新情况,也就是现代家庭结构才具有的特点。在此之前,大家庭对蛮夷从来没有过自叹不如的挫败感,那时的比较竞争满足体现在内部成员之间,也就是王朝内的人与人之间的比较和竞争。这种内部的比较竞争也有起始点,就是秦大一统。在此之前,比较竞争的满足表现得不明显。要理清比较竞争满足心理的来龙去脉,不妨从秦大一统前的百家争鸣说起。

第二节　标准化笔试与个体面试

一、小国君主的直接面试

家庭结构有漫长的考核官员的历史。《尚书》记载,舜对官员每三年考察一次,考察三次后,罢黜昏庸的官员,提拔贤明的官员。[287]

春秋战国时代百家争鸣,是奴隶社会向封建社会过度的思想高峰,在后世两千年的华夏土地上再未出现过。它是读书人向往的高手云集和名家辈出的时代,是少有的言论自由时代,谋臣、思想家因言获罪者少,往往此处不留爷自有留爷处。谋臣游说君王,在对话中接受君王直接面试,委任官职。在这一时期,比较竞争满足并不明显,这与当时的谋臣选拔方式的具体特征有关。

特征一:当时的人才选拔"不拘一格",连奴隶也可选拔。这为不论出身的科举选拔制度奠定了基础。

特征二:选拔方式是大家长亲自面试。辅佐秦穆公称霸的百里奚是典型的他人推荐后君王直接面试的例子。百里奚被楚人捉住,秦穆公听说他的贤能,就用五张羊皮赎买了他。秦穆公和百里奚畅谈国事,"语三日,缪【穆】公大悦",就"授之国政"[288]。秦孝公面试商鞅,"语数日不厌",启用商鞅主持变法[289]。和大家长谈论治国难题就是面试,大家长是面试官。

是否采用直接面试取决于国家的地域和人口。直接面试候选人需要时间,这要求大家长管理的人口不能太多,否则候选人太多,没有时间一一面试。春秋战国时期诸侯国林立,诸侯控制的地域和人口有限,处理日常事务之余,有精力面试候选人。周朝以前的商朝,地域不如秦广,人口也比秦少很多,商朝国君武丁就面试傅说,让他做宰相。[290]在秦大一统之前的王朝或诸侯国,控制的疆域不广,君主能直接面试选拔中意的人才。秦大一统后,太平年间,皇帝的控制范围都太大,人口也太多,基本上就不再直接面试了。只有在朝代更替期间,天下纷争,起义的将领在战争之初控制一小片土地,才有时间亲自面试。秦末起义的领导人之一刘邦,就在和陈平聊天非常高兴后,授予他都尉的官职。这样的筛选方式在刘邦建立汉朝、拥有广袤的土地和众多人口后,就变得不再现实。汉朝末年,刘备"三顾茅庐"亲自面试诸葛亮,孔明"未出茅庐,已知三分天下"[291],刘备与诸葛亮的面试作答,记录在《隆中对》中。刘备当时占有的地盘很小,内忧外患重,才会亲自掌握谁治国。在直接面试中,君王与候选人探讨的常是国家最急切要解决的问题,提问者和回答者的切磋体现了谋臣的智慧和君王的胆识,二者都充分显示了个性。对直接面试的谈话记录常常让人读起来心潮澎湃,就是这个原因。

坐稳了江山,国家太大,就面试不过来了,就需要选拔官吏的制度,也就很难见到君王与谋臣的高水平切磋与个性问答了。科举制度确立后,读书人要靠背诵孔子的书来回答试卷上的问题,比拼的是对孔子思想的记忆和理解,而不是自己对现实问题的个性看法。这样的结果是,候选人之间有了统一笔试来评测,有了分数和排名,也就有了金榜题名和名落孙山的比较。在面试阶段,不同学派的人很难比较;统一笔试就很容易给出排名。再加上笔试内容测试的是规定的理论学说,很少给个性发挥的空间,读书人一旦落榜,就一无所成。不像孔子,周游各国不受欢迎,却开创自己的学说。对参加统一笔试的人来说,与参加考试的其他读书人比较和竞争,几乎是读书的唯一目的。

特征三:不杀谋臣。秦始皇统一前,谋臣很少进谏被害,没听说文字狱。孔夫子周游列国,推广恢复周礼的治国理想,各国君主不采纳,要么给爵禄和闲职,要么赶他走,都没杀他。张仪、苏秦都曾周游各国推销主张,一国不成,去另一国。天下七分,君王急于找能臣,喜欢就留在身边,不喜欢就赶走,杀害了会阻止其他谋臣前来投奔,对争夺天下不利。秦始皇的逐客令也只希望赶走各国谋士,防止他们做间谍,没有说要杀死他们。后来,李斯上书秦始皇,叙述秦用各国谋士实现强大的历史,逐客让秦损失人才,是在帮助敌国。秦始皇最终废除了逐客令。[292]有人向魏惠王推荐商鞅,并告知要么重用商鞅,要么杀商鞅,不能让他到其他诸侯国效力。最终商鞅没有被魏国重用,也没有被杀害,而是投奔秦孝公在秦国主持变法。[293]用市场经济的话语概括,当时君王的需求大于谋臣的供给,市场对谋臣有利。

特征四:货卖帝王家,而非迎合君王。诸子百家都在尝试破解难题,而非迎合君王取得一官半职。老子提出"道法自然",孔子提出恢复周礼,韩非子主张以法治国,目的都在解决天下纷争的乱局。孔子周游各国，希望找到认同学说的君王，而非了解君王以后，投其所好。孔子的主张不被接受，他曾"累累若丧家之狗"[294]。落魄时，子贡劝孔子把道降低，从而让世人接受。颜回却认为，孔子的学说宏大，天下不能容，诸侯不用孔子，是诸侯的耻辱，不是孔子的耻辱。孔子欣赏颜回的看法。[295]孔子从未想过改弦更张迎合大家长，与大一统后的御用文人对比鲜明。独尊儒术后，读书人都成了儒家弟子，吟诵孔子的教诲。尊儒有两点考量：一是吸取秦严刑峻法官逼民反的教训，采取符合农耕文明的家庭结构实现治理；二是实现秦始皇统一后没有完成的大家庭思想统一，并保证选拔出来的官员都熟悉孔子的思想。至此，家庭结构最终确立，伴随而来的是货卖帝王家的结束。独立的、新奇的、违背孔子教诲的思想，不再有机会被君王赏识与采纳。从印度引进的佛教思想一度盛行，却从没有机会取代孔夫子的正统地位，也没有机会成为科举为官的必读书目。康熙到孔庙，亲书"万世师表"。[296]从汉到清鸦片战争前，传统家庭结构下的孔夫子，确实是天下共同尊敬的老师。这样，读书人就不再有百家时代提出独立主张与孔子平等的机会，而必须以学生身份学习孔子思想。百家思想各异，各有所长，也各有所短，放在一起很难比较。确立了统一的思想，就给比较确立了标准，就给谁在学习中成为更优秀的学生提供了竞争排名的依据，也就是比较竞争满足的开始。

特征五：各派思想相互恭维少、论战多。墨子主张"兼爱"，平等爱每个人。墨家曾有人批评儒家把人分等级。针对墨家"爱无差等"的主张，孟子的观点是，墨家兼爱的主张，就是无父。对待父亲的爱同其他人一样，怎么体现出父亲呢？这样的人，"是禽兽也"。[297]儒家构建的家庭结构的爱有等级次序，对家长和陌路人区分对待。墨家直指家庭结构的核心问题——人与人的不平等。儒墨论战揭发对方学说的问题，显得"旁观者清"，却不会主动揭自己学说的短。比如，孟子不会主动提出儒家理论内在地把人分等级；墨家也不会主动讲无差别的爱在现实生活中怎样实现。双方都不会用苛刻的话语来说自己的理论。个体社会的理论提出者常相应提出自身理论的悖论，即解释不清楚的矛盾的问题，在自然哲学中特别明显：从牛顿到拉普拉斯到麦克斯韦到爱因斯坦和薛定谔，每人提出理论都连带提出悖论，表述他的理论不能很好解释的地方，悖论由作者提出是常有的事，中国就很少。我们在互相争吵中把对方的问题都提出来。关于"性本善""性本恶"的问题,孟子和荀子就观点不同,却没有人说自己的观点有什么问题。在儒家思想成为正统后,儒家弟子要尊师重道,更不被鼓励挑战"万世师表"的孔子的思想。

思想家在春秋战国时期,实际处于独立竞争状态。主张法治、德治、兼爱、无为而治的各学派如雨后春笋般确立,每派都试图论证自己学说的正确从而被大家长采纳。提出"道法自然"的老子没有像孔子、韩非子、墨子等游说君王,他主张"无为而治",不提倡人为地干预。老子的学说和墨子的学说都没有被广泛采纳。法家获得秦的重用,一统天下;儒家获得汉的推广,成为正统。从此,再无百家争鸣的思想高峰,因为自由竞争的土壤不复存在了。

什么让百家争鸣销声匿迹了?

"定于一",即天下一统。

二、百家齐喑与大一统的治理难题

秦采纳法家思想统一大家庭后,谋士只有一个帝王可以兜售主张,地位迅速下降,一旦大家长不采纳,就没有其他选择。用当今的话说,主动权在大家长的手里。体现大一统后谋士地位降低的标志是"坑儒",下达命令的是秦始皇。秦始皇在吞并六国前,最多下达过"逐客令",后来经李斯劝说,收回成命,以免赶走谋士让他们为敌国效力。大一统后,儒生们除了秦国的始皇帝,已没有别的君王能效力。当时的中原王朝都划归到了秦的版图内,随后秦始皇又"南取百越之地"[298],疆域空前广阔。谋士要想离开秦国,就要去北面为匈奴效力,但匈奴属于游牧民族,和中原农耕文明相差很大,采取谋士学说的可能性极低。这样,统一大家庭彻底结束了诸侯纷争的混乱局面,也终结了知识分子的整体宽松环境。秦始皇从逐客到"坑儒"的做法转变,标志着儒生们在统一大家庭地位的迅速降低。"坑儒"开了家庭结构的文字狱的先例,标志着百家争鸣变成了百家齐喑。

李斯认为,天下一统后,各国人都成为秦人,不分彼此,却仍用过去的观念和学说来诋毁统一后的新政。此时,诸子百家的观点妨碍统一政令的畅通,进而威胁到新组建的大家庭的稳定。为了彻底结束各国征战,实现天下休兵,永不再战,秦始皇在收缴兵器熔化铸成十二个金人的基础上,[299]要进一步消除战争心理。各国人仍用过去的法典和思想衡量新的政策,就不会有统一大家庭的意识,迟早再爆发纷争。各国人必须统一到秦的大家庭中。秦始皇焚书坑儒,让百家齐喑,目的是维护新组建的大家庭的统一和稳定。统一、稳定、和谐的大家庭符合农耕文明治水的需要。

百家争鸣是大一统过程中七国争雄的短暂片刻,思想争鸣的目的是解决天下纷争的乱局,保证农耕文明安心从事农业生产。因此,它也会随着乱局的消亡而消亡,这一点,在秦始皇从欢迎谋士到活埋儒生的态度转变中清晰可见。后人怀念百家争鸣时要理解,百家争相提出学说,都是对战乱不满意,试图找到解决途径,争鸣从侧面反映出没有一家之言真正结束了纷飞的战火。伴随着法家助秦结束征战,言论场的争辩也就告一段落。不过,法家对法律的严格执行与安定条件下的农耕文明不完全相符,很快被提倡家庭结构的儒家学说取代。

从此,除了改朝换代的纷争局面外,读书人面对的是拥有辽阔版图、众多人口的统一大家庭,没有机会接受君王的直接面试,也不被鼓励提出与孔子不同的学说,从而避免思想争鸣带来家庭的不和谐,以及由观点冲突造成家庭内的对立和分裂。读书人要做的,是成为孔夫子的得意门生,践行君子之道,以此获得君王赏识并被授予官职。这一切,都从举孝廉开始。

三、大家庭的选拔制度——举孝廉到科举

汉朝以儒家学说为统治思想。孔子的治国观点是"为政以德",在他看来,用道德治理国家,就像北极星一样,处在一定的方位上,群星都环绕着它。[300]言外之意是,群臣百姓会自动围绕在用道德推行政治的君王周围。由此,大家长手下的父母官们最好都是"怀德"的"君子"[301]。汉武帝命令郡国每年举荐孝、廉各一人,孝廉成为士大夫做官的主要途径。[302]孝顺和廉洁都是家庭结构的重要品德。孝是家庭结构的核心,直接确立了子女在家庭中对父母的态度。孝顺父母是忠于皇帝的基础。廉洁是父母官自律的道德体现。家庭结构下,父母官在地位上高于老百姓,有机会调用权力占有公共的或私人的财物。在此情况下,廉洁的人选择不去占有,贪腐的人会大胆占有。由于家庭结构存在这样的灰色地带,拿或不拿更多地取决于父母官的道德水平,廉洁的人会自律,在可获取与可不获取之间选择廉洁。这就是孟子说的,"可以取,可以无取,取伤廉"[303]。廉洁的意义,就是不要把大家庭的东西拿到小家庭享受,父母官要把大家庭的利益放在小家庭之上。举孝廉选出家庭结构的道德模范,体现家长的带头作用。以孝顺和廉洁作为官员选拔标准,引导民众遵从孝道和廉洁自律,进而促进忠诚,是家庭价值观正统化的制度保障。至此,做官就从商鞅变法时以战功的大小和耕地贡献的多少为途径,转变为以儒家道德为考察内容。在运用严刑峻法鼓励杀敌实现统一后,家庭结构的价值观正式回归。

商鞅采用法家思想主持变法时,非常反对统治者提拔官吏先看仁义道德其次看功劳的做法。道德的高低取决于大家是否认可,最会耕田、最会打仗的人未必是道德楷模。重视道德教化,就会鼓励百姓天天想着得到周围人的积极评价,为此讨好别人、拉帮结派、结党营私以获得最高呼声。长此以往,最会花言巧语的人就最容易获得好名声,而不是贡献最大的人。只有严格执行法律,仅奖励有实际战功和超额完成生产任务的人,不奖励人缘最好的人,才能把评价标准建立在实实在在的成绩上,而不是周围人的言论上,才能让有真正功劳的人即便受到恶劣言语评论也不受损,让无实际功劳的人,再会钻营人际关系也得不到好处。百姓看到夸奖和贬损既带不来好处,也带不来坏处,就不在意别人的言论,而专注于实际的事物。商鞅的说法有道理。从独尊儒术后的效果上看,直到今天,家庭结构依然普遍存在做好工作不如搞好关系的思路。在家庭结构下,通过日常表现与家长站在统一战线上,就容易获得家长的好感与好评;与周围的大家庭成员搞好关系,圆滑处世,就容易受到大家的赞许。

与用杀敌数量和农业生产多少来衡量不同,孝顺和廉洁有更大的主观评判色彩。孝顺和廉洁怎样评判呢?由地方官来推荐。判断孝子是真心尽孝还是作秀,其实很难,原因是孝顺是道德,是对父母的内心态度与情感,只为了获得孝子的名声的人甚至能做出大孝子也做不出的事。东汉时期,有人为父母守丧二十多年,远近闻名,被推荐做官。官员拜会他,言谈间得知他服丧期间把家搬进了墓道,生了五个孩子。按照礼,服丧期间不能和妻子同房。官员很生气,认为他欺世盗名,治了他的罪。[304]有兄弟三人,大哥被举孝廉后,和两个弟弟分家产,自己取最好的一份。同乡人赞赏弟弟谦让,两个弟弟也被举孝廉。大哥大会宾客,表明故意抢占最好的一份,让两弟被推举。随后,他把分得的家产全部分给两弟弟,他的名声更大了。[305]大哥先获得同乡的称赞得到推举任命,随后分家财抢占最肥美的部分,表现出"贪婪",衬托出弟弟们的不贪和对长兄的敬重,以此让弟弟们被推举。达到目的后,大哥又迅速让出所占田产,恢复名声。田产在自家三兄弟的手中打了个转,就让弟弟们都做了官。

守丧二十多年和大哥让两弟弟被举孝廉的做法,都是典型的应试。应试思维以通过考核为唯一目的,中间过程都为应付最终考试。它从汉朝举孝廉就开始了。应试思维的存在要有几个前提:一是有统一的选拔标准,给人明确的筛选范围和方式,让候选人为此而准备;二是选拔标准要唯一,所有候选人只在同一标准下测试,而没有机会在保留候选人个性的基础上寻找欣赏者;三是评判标准要对不同的人相同。很显然,春秋战国时期诸侯国的君主对投奔而来的谋臣的面试不符合上述三个条件。首先,面试由君主进行,面试的题目、评判标准具有极大的随意性,各家各派代表人物并不知道哪种观点更有说服力。其次,诸侯国林立,君主很多,每个君主的个性不同,对未来局势的把握各异,选拔标准就不唯一。诸子百家携各自学说周游列国,寻找欣赏认同的君主,各家学派有质的不同,很难量化优劣。大一统独尊儒术后,读书人必须在家庭结构的框架下思考和表现,候选人之间没有本质区别,只能靠例如谁守丧年头更长等程度来加以区别,就给量化和标准化提供了空间。最后,君主面试对不同学说的评判标准取决于君主的个人认识。同一君主对各家的态度很难相同,不同君主对同一人物的评价也会迥异。商鞅受到魏惠王的冷遇而得到秦孝公的重用,就是有两套标准存在的结果。举孝廉起,要做官的人必须在孝与廉上展现自己,所有人都一样,没通过考核,只能改变自己以符合筛选标准,而不能保留个性去寻找伯乐。

确定了统一的选官标准后,在太平年代,大家长选拔官吏就逐渐不再面试。汉初的选拔保留了亲自面试的遗风,不过已不再是大家长与候选人的一对一面谈,而是汉武帝出相同的考题,让所有候选人作答,汉武帝亲自阅卷。董仲舒的回答脱颖而出,汉武帝"览其对而异焉",继续问了两次。[306]在这三问三答中,董仲舒提出了独尊儒术的主张,得到汉武帝采纳。此过程算君王对许多儒生的群体测试,不同于一对一面试,却仍保留了君王与候选人直接交流的方式。此次对策的目的是找到避免重蹈秦亡覆辙的方法。树立孔夫子的正统地位成了汉武帝的最终决定。在此后的人才选拔中,科举制度后来增加了殿试,由皇帝亲自出题,却并不总由皇帝亲自阅卷。皇帝也很难直接采纳最满意的答卷给出的方案。后世的选拔制度,几乎没有皇帝亲自策问后,直接采纳应试者意见的实例。就连汉武帝群体测试后直接采纳董仲舒的最佳答案的例子,也消失了。只有在天下重新纷争,各路诸侯又开始招兵买马之际,才会再次出现面试后直接采纳的例子,比如三顾茅庐。很多读书人在太平年代总感觉生不逢时,就是因为在天下太平之际,候选人不再有机会向皇帝直接阐述主张,只能以遵守孝道、保持廉洁、通过科举等途径做官。就算在科举的策论中对时事论述得再精辟,也只不过是一篇高分文章,而不具备影响大家长决策的机会。官吏候选人的个人主张,只有根据选拔标准评判的好与坏的差别,不具备被采纳的可能。由此,成为父母官不再取决于个人对社会未来的看法,而取决于谁更符合选拔的标准。汉朝考察谁更孝顺、廉洁;科举制度以笔试考察谁对四书理解最深,得分最高。跻身大家长队伍的最佳方式,就是根据选拔标准调整自己的言行,以最大限度地满足考查要求。极强的个人主张要么放弃,要么掩藏,以避免与筛选要求相违背而落选。以举孝廉为例,用道德治理国家是儒家思想,也是商鞅早就批判过的。要是在汉朝有人持和商鞅相同的看法,又希望做官,只有两条路:要么掩藏真实想法,表面上支持孔夫子并践行孝道;要么放弃主张,转而正视现实,接受儒家正统地位。他绝对没有像商鞅那样在一个地方不被接受就转投他门的机会了。在此情况下,应试思维形成:不关心个人想法是否认同考核内容,只关心考核结果的好坏,根据选拔要求调整思想行动,考什么就练什么,怎么考就怎么练。考试的实质就是超越其他考生,比较竞争满足就形成了。

秦实现大家庭的统一后,父母官的主要责任不再是军事扩张。汉确立家庭结构的正统思想后,父母官的主要任务不再是研讨何种思想最该提倡。此后,父母官的主要任务是守护大家庭的完整,实现大家庭的稳定、和谐与自给自足。父母官要符合家庭结构的道德模范要求,起到家长的表率作用,促进上行下效,是举孝廉的逻辑。父母官还需要熟悉儒家思想,以此来选拔就是科举。

从举孝廉到科举,考察越发标准化,逐步采用全笔试来避免推荐的主观影响。孝廉的道德评判有极强的主观性,行贿获得推荐的机会很大。此外,在家庭结构下,被推荐人和推荐人构建了家庭关系,推荐人成了地方安插在中央的人。中央把推荐的权力收回来,在魏晋南北朝时期实行九品中正制,[307] 由中央派官员考察候选人,将对象分成九个等级,相应授予官职。中央官员是主考官。在家庭结构中,世家大族容易和主考官通上话,子弟靠门第即可步入仕途,有才学但出身低微的人,很难为官,[308]就出现了"上品无寒门,下品无士族"[309]的现象。做大官的都是达官贵人的后代,简称"官二代";贫寒子弟最多只能被授予低级官职。处在士农工商的职业排序顶层的士大夫的子女继续处在社会顶端,社会阶层的流动性就减弱。

打破世家大族对做官的垄断,扩大管理人才来源的科举制诞生了。科举是通过标准化笔试选拔文官的制度,始创于隋炀帝[310]。科举考试进一步加强了中央集权,它把人才选拔和官吏任命的权力,从世家大族的手中集中到中央。[311]唐朝初期,科举制度诞生不久,笔试之外,和举孝廉与九品中正制类似,都有面试和推荐因素。宋以后,为杜绝走后门,取消推荐,只留笔试,考生名字要糊起来不让阅卷人看到,科举逐渐走向标准化笔试,考查对儒家经典的文本记忆与理解。

选拔出来的父母官始终要符合家庭结构的思想要求。举孝廉依据一个人过往对父母的态度和处理事务是否有私心贪欲。它基于行动,看似比考查背诵的科举更合理,却存在着极大的灰色地带。不同人给父母所做的事不同,很难放到一起评比谁更孝顺,就给士大夫阶层的子女开了绿灯。科举之初的推荐,也存在同样的问题,越有权势的人,越容易得到推荐。有推荐权力的都是权倾朝野的父母官,他们没有时间逐个候选人考察,也根本不认识大部分考生。想得到推荐的考生主要靠关系。标准化笔试就在最大限度上抑制了家庭结构的人情因素。笔试中,所有考生答相同的题目,应试思维进一步加强。应付儒家经典的段落背诵的备考方式也很标准化,就是每天熟读,烂熟于心。教育的目的是在考试中得高分。韩愈说老师要"传道授业解惑",但应试教育的第一目的是考试得高分。

科举作为竞争性选拔笔试,提供了读书人成为父母官的机会。读书的目的是应试中举,中举后拥有了"黄金屋"和"颜如玉",也有了治国平天下的机会。"书中自有黄金屋""书中自有颜如玉"的诗句出自宋朝皇帝的劝学诗。皇帝亲自写诗勉励读书,体现了大家长对学习的重视,他希望更多优秀的人读书考试。皇帝提到的"黄金屋",依照俸禄很难获得,皇帝默许了为不正当收益而为官的思维。今天的社会也存在进入"体制内"后获得稳定职位和非正当收入的想法。百姓最讨厌拿了灰色收入还不办事的人。几千年来,贪污在中国社会始终没有根除,大家也就不幻想根除,更关注解决问题。"书中自有黄金屋"体现了大家长为求才不惜默许灰色收入的想法。他利用了人们的功利心态,借以推广读书。只有更多人努力学习参加科举考试,才会选出更优秀的人。

父母官从选拔孝顺、廉洁的人转变到分数最高的读书人,依据的是儒家的"学而优则仕"。

四、学而优则仕

科举选拔官员的依据是"学而优则仕",选学习优异的人做官。优异与否基于标准化的笔试,体现公平。它部分地打破了"上品无寒门,下品无士族"的阶层固化,给更多人机会。

相比于科举,举孝廉和九品中正制有很多不公平,但相比于西周时期依据血缘的亲疏被封为诸侯、卿大夫和士来治理国家,[312]选拔道德高尚的人又显得更公平。汉朝举孝廉以品德为选官标准,不再靠血缘远近给予官职。道德的高低与出身、门第、家境无关,这给普通人进入父母官提供了机会。历史地看,以德治民是社会治理的革命思想。孔子的思想除了打破西周基于血缘的官僚系统外,在教育上,孔子主张"有教无类"[313],贫富贵贱智愚的各类人,通通有受教育的资格。这打破了贵族垄断文化教育的局面。[314]受教育和治理国家怎么联系起来呢?"学而优则仕"。科举就希望靠标准化考试,选拔成绩优异的人。它把读书、考试与做官紧密联系起来。与举孝廉测试道德的方式不同,科举更多靠读书人熟读儒家经典,在长期侵染下不知不觉进入了家庭结构的话语系统,有了"齐家治国平天下"的责任感。换句话说,在科举中,孔夫子的正统地位是以儒家经典的必修教材地位得以巩固的。

科举制度与之前的考试制度有如下相同点:

一,都是官吏选拔手段,试图解决大家庭人口众多,大家长无法一一面试的选拔难题,都在尝试制度化解决方案;

二,都以儒家思想为考试内容,体现对家庭结构的制度支持;

三,都在建立父母官选拔机制以实现大家庭长治久安,而不是为了扩张;

四,都试图给努力的底层人做父母官的机会,在制度上扩大士大夫的候选人来源。

科举制度和之前的选拔制度的不同：

一、科举制度是笔试。唐朝保留了推荐，推荐的往往是王公贵族子弟，不公平，宋以后就取消了推荐，直到清末也没有推荐。晚清的内阁大学士翁同龢很欣赏张謇，张謇屡试不第，有一天，张謇和同乡去看望翁同龢，翁同龢在谈话期间说道："今日之事，在统筹全局。"张謇只当做翁同龢的时事评论，他的同乡有脑筋，记下了这句话，写进了科举的八股文里。翁同龢评卷时看到这句话，料定是张謇的试卷，就给了他状元的头衔。谁知，拆开试卷的姓名封口才发现，是他的同乡。这个例子说明，名震朝野的翁同龢也无法拆开卷子评文章，也无法直接确定张謇的第一名身份，必须用委婉的方式转告，更没有推荐的加分。这体现了科举的标准化，官职再高也无法推荐，目的是确保公平。唐朝的科举考试发榜，皇帝看榜单，询问"声振京邑"的张昌龄怎么没被录取。主考官解释说，张昌龄确实有文学才华，但他"体性轻薄""文章浮艳"，录取他"恐后生相效"，会改变陛下的风气。皇帝听了也没再追问。[315]科举考试标准确立后，皇帝也没法轻易推荐他人。

二、科举在武则天时期增加了殿试。[316]皇帝亲自出题，类似汉武帝与董仲舒的对策，不过皇帝一般不直接评卷，所以是有限回归与取士之人的交流。殿试由皇帝亲自做监考官，亲自出题，带有群体对策的味道，从中选拔状元。宋高祖将殿试确定成为制度，中举者不再是举荐官的门生或者故吏，而成了天子的门生，君臣关系外加了师生关系，强化了家庭结构。

三、科举比举孝廉和九品中正制更好地解决阶层流动固化的问题，最大程度克服了走关系对选拔造成的干扰，成了大家庭稳定后沟通底层群众和上层士大夫的桥梁。这比商业文明先进。个体社会在工业革命前，贵族十分封闭，普通人晋身贵族几乎无门。在明朝，近一半的进士出身寒门。利玛窦说，明朝中状元的人"一生都可确保高级官职"，享有类似意大利的"公爵或侯爵的地位"，"但其头衔并不世袭传授"。[317]

四、举孝廉是直接推举行动上符合家庭结构价值观的人，考查对儒家思想的实践；科举则把儒家经典作为考试内容，考查对儒家思想的记忆与理解。科举考试把读书和做父母官联系起来，客观上鼓励了全社会重视教育，提升了父母官的文化素质。

科举制诞生在隋朝，唐宋元各朝继承并完善了科举制。[318]唐朝科举有确定的考试书目,但书目并不完全固定。南宋的朱熹为四书做了注释,编著了《四书章句集注》,成为后世科举考试依据的教科书。[319] 这实际上把考试题目限定在四书,并以朱熹的注释为标准解读。明清进一步固定策论写作——八股文。至此,考试书目固定,对圣人言论的解读固定,论文格式固定:笔试标准化完成。越是标准化,越是让所有人在同一平台上用同一标准评判,避免由于评卷者主观的好恶决定分数。

科举制终结于1905年。在它存在的1000多年间,以读书应试的分数选拔了大批官员。不过,早在唐朝科举制创建之初,宰相李德裕就质疑"学而优则仕"的逻辑。他说,"公卿子弟"纵然考不上科举,却从小在家对父亲如何为官耳濡目染,久而久之"目熟朝廷事","不教而自成"。"寒士纵有出人之才",却没有从小了解如何做官的机会。[320] 熟读经书科举及第的底层民众,未必比官员子弟更懂治国理政。李德裕从父母经历对孩子家庭教育的影响出发,质疑寒门子弟自幼远离衙门朝廷,光靠背诵经典能否胜任父母官的岗位。李德裕强调由家庭出身带来的经验,而科举考试则选拔后天努力程度。头悬梁、锥刺股往往是寒门子弟,他们有改变命运的强烈愿望。士大夫的后代常缺乏奋斗的动力,俗话说"富不过三代",三代为官的不多。要通过科举独木桥,必须花大量时间和精力研读经典,并反复训练咀嚼。在选拔标准明确的条件下,谁最努力,谁最有希望中举。标准化考试选拔勤学苦练的人。这些人在备考中长期受儒家思想浸淫,会加深对农耕家庭结构的认同和理解。因此,中举的寒门子弟会很快熟悉如何做父母官。科举选拔出的官僚队伍整体素质不错。很多著名宰相和杰出人物都出身科举。冠冕堂皇的"齐家治国平天下"未必是应举者的真实目的,但熟读圣贤书的人中,确实涌现了很多"先天下之忧而忧,后天下之乐而乐"的士大夫。

科举的标准化创造了公平,也进一步强化了应举者的应试思维。农耕家庭结构的士农工商的社会地位排序、士大夫阶层的权力和灰色收入、杂糅着兼济天下的抱负,成了读书人头悬梁锥刺股的动力。科举考试是一座独木桥,过了它就有荣华富贵,受万人敬仰,还能实现报国梦。家庭结构的大厦已经砌好,进入父母官队伍的道路也已完善,需要的是熟读经典的高分者。另辟蹊径反对孔夫子的主张,既不需要,也不受欢迎;就算支持孔夫子的主张,但理解和标准的注释有出入,也没有机会被选中。有不同意见的人,必须深深隐藏想法,或者干脆放弃己见,接受孔子教诲,且不做标准注释之外的解读。在标准教材、标准注释、标准论文格式的指挥下,通过标准化测试的路径是反复进行标准化训练,把教材的每一句话烂熟于心,并大量训练策论写作。整个求学过程就是准备考试的训练。再有独立思考和解决问题能力的人,通不过考试,就不能证明学习优秀而获得为官资格,就没有施展才能的机会,也不会有"黄金屋"和"颜如玉"。通不过科举考试,读书人不过是识字的穷书生,帮村里人写写信,没有经济地位、政治地位和社会地位。《西厢记》中的书生张珙必须要蟾宫折桂高中状元才与崔莺莺门当户对,否则,崔老夫人绝不会同意婚事。科举是读书人受教育做官的途径,成败取决于和其他应试者的相对排名,分数高于竞争对手的人高中状元,前途无量;分数低的名落孙山,无颜见父母妻儿。唐朝就有古稀老人屡试不第。一旦进士及第就"春风得意马蹄疾"。科举是读书人通往"颜如玉""黄金屋"的标准化道路,勤学苦练是道路通行证。悬梁刺股、囊萤映雪、凿壁偷光这样的科举制度创立前的极个别求学故事就成了应举者的榜样。可是,这三个成语没有一个是描述人们由于热爱读书对读书有兴趣才以这种苦行僧的方式发奋学习。对应举者而言,谁在与周围人的比较中取胜,谁就通过考试有做官资格。金榜题名的是在名次上靠前的人,也就是在竞争中获胜的人。超过同乡人就成秀才,超过郡人就成了举人,超越国人就进士及第,被授予官职。孩子从小进入学校读书就知道要名列前茅,不断提升名次,也就从小养成了在和他人的比较与竞争中获得满足感的心态。

科举初创期,很多老官员去参考,希望在标准化竞争中取得好成绩。比较竞争满足在统一标准的条件下诞生,满足不仅源自齐家治国平天下的理想或者贪污腐化的私利,愉悦还包括对自身的证实。

五、基于比较和竞争的满足

科举制度提供了为官的标准化路径,科举结果是应试者的成绩标签,表明当初努力的程度。科举制度确立了所有人都有机会参加的统一笔试,并规定了备考的教材和参考书,在相同时间答相同试卷,分数高者被录取。统一标准给家庭成员间的竞争排序提供了平台,金榜题名显示了实力。在唐朝,进士及第并不是做官的唯一途径,却是很多人证实实力的首选。"缙绅虽位极人臣,不由进士者,终不为美",就说明不在进士科考试中脱颖而出,成为士大夫也总像没有证明自己确实比别人强。唐朝的进士科最难录取,有"五十少进士"[321]的说法,五十岁了考上进士就算年轻的。

统一笔试选拔官员的制度在现代家庭结构得以保留,以公务员考试的形式存在。古代科举先考试,再授予官职,公务员考试则直接报考相应职位。科举在宋朝以后就是纯笔试,公务员考试借鉴商业文明的面试经验,加入了面试,但要先通过笔试,才能参加面试。笔试比重依然最大。公务员考试延续学而优则仕的选官逻辑,职位涵盖基层岗位。若干年后脱颖而出走到了最高层的领导人,当初都是学而优则仕的那一批。

现代家庭结构又出现了大量的公立学校。在过去,读书人应举,都要念私塾,请先生来教。大家庭中没有像现在这样普遍地设立小学和中学,更不是人人都能接受教育,大部分人是从未读过书的文盲。现代家庭结构从传统刀耕火种的农业生产转变为机械化、信息化的生产方式,从事现代生产的人必须接受系统的教育,读书识字是起码的要求,就出现了大量的公办学校。由于学校水平参差不齐,高等教育的资源更是相对稀缺,在人人希望获得优质教育的情况下,就出现了公平笔试选拔的必要。高考是高等教育的升学考试,它以纯笔试的模式考查学生对标准教材和考点的熟练程度。中考是义务教育结束后,通向高级中学的升学考试。在考试中名列前茅的人有机会获得更优质的教育资源和更多的选择权力。

传统家庭结构的读书人在学成后参加科举考试,成为官员,在读书过程中并不参加考试。现代家庭结构在读书过程中就有标准化的中考和高考,想成为公务员的人在获得高等教育的学位后还要参加公务员考试。每个环节都由考试来评价。比如说,九年义务教育的结果,由中考成绩来评价;高中学习的好坏,取决于高考分数和被哪所大学录取。随着本科教育的普及,越来越多的人毕业后继续考研究生。在此情况下,人生的每一步学习计划,都有一个标准化考试连通着更高一级的教育。应试的思维从小就在读书人心中根深蒂固。每个人都希望名列前茅,超越周围的人。

读书人的满足感主要来自和同伴的比较与竞争,在考试中金榜题名的人满足感最强。我读书期间,常听说"这孩子学出兴趣了,愿意学习,不停做练习",好像成绩优秀的人具有对学习的热爱和兴趣。奇怪的是,即便最用功做题的学生,在高考结束后,也不再继续熬夜做题了,而是选择了看电影、同学聚会、逛街、打游戏等活动。这说明,学习本身的吸引力并不高。我在清华读本科期间,发现玩电脑游戏是非常普遍的现象。聊天后发现,他们大部分在高中不怎么玩游戏,都在努力学习。要是这些学生在高中期间对学习的兴趣十分浓厚,在千军万马中经过刻苦训练脱颖而出,为何在大学中就没表现出同样的效果呢? 我的高中有个很小的图书馆,我常去借书,看看小说或散文,并幻想着到大学更大的图书馆读更多的书。奇怪的是,到大学后,课余时间更多了,馆藏更丰富了,我却看不进去书了。理由是,高中做练习册的间隙看看课外书,就是休闲;大学在图书馆看书,差不多还算是在充电,远不如上网、排话剧、参加学生活动有意思。从我个人的实际选择来看,我在高中花最大量时间和精力读书,并不是由于在所有活动中我最喜欢读书,而是为了通过考试。

应试成绩好的人未必喜欢学习。标准化考试固定了学习的科目、内容和重点,几乎没有给读书人留下选择的机会。高考在文理两种科目中选择,要么数语外物化生,要么数语外政史地。学习本身能否比其他事物更吸引人就是问题,又规定了只在文理两种标准化学习方式中选择,多数人不会对所学科目感兴趣。最新的高考改革规定高中不再分文理科,"考生总成绩由统一高考的语文、数学、外语 3 个科目成绩和高中学业水平考试 3 个科目成绩组成","计入总成绩的高中学业水平考试科目,由考生根据报考高校要求和自身特长,在思想政治、历史、地理、物理、化学、生物等科目中自主选择"。[322]这说明,未来的学生每一科都要学习,不过在选择科目上,在高校要求下,可在六门科目中选择三门,与目前政史地和物化生的捆绑式选择不同。就是说,未来考生将有机会在学习全部科目的条件下,根据专长,选择诸如物化地的组合。这扩大了学生选择的科目组合数目,不过,学生仍然不决定学什么,依然是考什么就学什么,怎么考就怎么学。判断是否喜欢考试科目,要看课余时间是否在一直学习。高考后彻底放松的人,大学期间努力程度远不如高中的人都不喜欢学习。无法想象一个人在高考前一天还非常喜欢所学内容,集中全部精力在学习,一天后就不喜欢了。

在书山题海中奋笔疾书的动力不来自兴趣,而来自解出难题后对自身的肯定。类似于比赛,无论是否享受比赛的内容,总能在击败对手表现最出色后获得认可、喜悦与满足。同学们都答不上的题目,你做对了,还在黑板前给大家讲解,获得老师的表扬,这就是比较竞争中的满足,也就是多少个日夜苦思冥想的回报。

公立学校的普及让所有中国人都成了读书人,也都从小接受应试教育,比较竞争满足就在现代家庭结构中进一步得到强化。比较竞争满足的性格在读书阶段形成,并渗透到日常生活的方方面面。工作后,同事间比谁升值快、赚得多。成家后,比谁的房子大、车豪华。有子女后,比谁的孩子成绩好、懂事。父母把"别人家的孩子"和自己的孩子比较是常有的事。比如说,"邻居家的孩子每次都考第一,你怎么就不争气呢?"此时,"别人家的孩子"是具体的邻居家的小孩。"人家的孩子都赚钱了,你怎么还找不着工作?"此时的"人家的孩子"就是虚指,泛泛地指毕业后找到工作的孩子。"别人家的孩子"在网上引发许多人的强烈共鸣,说明大多数人都曾被父母拿来与别的孩子比较。我来到美国原本是攻读博士学位,结果在第四年初由于资格考试没有通过,只能够拿到硕士学位毕业。我:"我的同学中有一年、两年或三年拿到硕士学位的。我花了近四年时间,却没有通过博士的考试,只拿了硕士学位,无论和身边的博士还是硕士比,都是失败的。"美国同学听了,说:"为什么要和别人比呢? 每个人都不一样,未来要做的也不同,没法比较。你的生活和经历就只属于你,别人都在做的事情未必是你要做的。"

六、古希腊执政官的投票选拔

商业运作中商人平等。商人是个体,公司是群体。国家采取公司的方式治理。公司老板能当美国国防部长、国务卿、总统等。美国同学说:"能管理好公司,也能管好国家。能让公司盈利,也能让国家富裕。但让他回答标准化试题,他也许答不上来。他能管好公司,就证明了管理能力。"背后的逻辑是,公司和国家的管理模式一致,公司能盈利,国家就能创造最大财富。选举最好的商人做总统,才能计算出战争的花销和获得资源的回报,确定是否划算。商业文明下的国家要发财,就要算计。农耕文明则没有这种思维。

选拔最好的商人后,他自行组阁,发挥个人自由。个体社会没有标准化的选拔制度。这看起来不可思议。个体社会最先诞生自然哲学的数学原理,商人的思维最先使用数目字治理社会,社会哲学也基于模型、抽象思维和调查数据。个体社会却不愿对人排序。个体社会用数字发布报告,各国军费支出,科学教育的投入占比等,目的是分析问题,而非对人排序。这与家庭结构很早就在标准化考试中给人排序来录取官员的做法极为不同。

当选的总统负责组阁,任命团队成员。公民选举主要长官,由其任命成员的制度,在家庭结构不可想象。家庭结构下人际关系强,地方官任命内阁,不就操控整个地区了么?不就成土皇帝了么?为了杜绝类似的事情,自古以来,地方官的一把手常常不是当地人,以避免裙带关系过强。直到今天,省的一把手往往不是当地人。

古希腊采用民主投票的选拔制度,参与者是公民,靠演讲说服他人支持,实质是面试,候选人展示自己,投票公民是面试官。每个面试官有同等评判资格,谁获得最多的面试官的认可,谁就做执政官。现代个体社会扩大了人的概念范围,女性和奴隶获得解放,有了平等投票权。候选人和考官的资格扩大到不分人种、财富、性别等,实质是公民概念的扩展。早期,不是所有白人男性都有选举权,必须拥有一定财产:女性都没有,奴隶也没有,贫穷的白人男性也没有。

中世纪,民主的空气被宗教压制。上层社会由贵族主导,非常封闭。由于没有成功的推翻国王统治的底层民众起义,贵族的权力不向普通民众开放,国王也不在乎底层民众是否有机会进入上层。权力在贵族之间进行轮替,依据大概就是宰相说的耳濡目染的家庭教育。资产阶级革命解放了商人、商业文明和商业思维。古希腊的民主选举再次成为选拔方式,新科技革命让美国人无论离首都多远,都能在大萧条时期聆听罗斯福总统的演讲,在上世纪八十年代观看里根总统的电视演说,在新世纪互联网上看美国总统候选人的电视辩论。科技载体实现参与广度和深度的拓展,面试的实质却没有改变。面试选总统、州长、市长、镇长,选联邦和州的国会议员,没有笔试参与。商业文明政治系统没有类似科举的标准化笔试渠道,商人们也就没有很强的比较竞争满足的心理。

中国最早采用标准化考核方式筛选官员。[323]这样的选拔模式在近代被商业文明借鉴。商业文明最早采取靠竞争性考试选拔文官的地点不在欧洲,而在当时英国的殖民地印度,这大概与印度和中国邻近部分相关。当时,英国东印度公司在印度引入标准化考试选拔和评测官员,目的和科举类似,防止腐败和偏袒。[324]直到今天,印度的行政官员选拔考试仍吸引着大量优秀人才,类似于中国的公务员考试,但比公务员考试更难通过。2006年,印度全国35万报考考生只录取500人。[325]在印度实行标准化考试选拔官员后,在英国本土,议会在 1855 年成立文官委员会,建立竞争性考试选拔官员的系统。[326] 选拔除了笔试外,还有面试。选拔出的官员与公民投票选出的行政长官不同。文官委员会选拔出的公务人员要保持政治中立。在美国,联邦公务员不在政党中担任正式职位,不代表政党竞选公职。也就是说,这些联邦公务员没有机会以政党候选人的身份竞选总统、州长或市长。

七、何而优则兵

科举以学而优则仕的逻辑选拔熟读哲学家孔子的书的人做官。按照利玛窦的说法,中国"全国都是由知识分子"或者说"哲学家""来治理的","战争政策"和"军事问题"也"由哲学家决定"。"从帝国建立开始以来,人们就更愿意学习文科而不愿意从事武职,这对一个很少或没有兴趣扩张版图的民族是更合适的"。[327] 就是说,学而优则仕选出的官员做出文武决策,与农耕文明不扩张的本性相符合。

科举构建的文官选拔制度比较成功。武则天首创武举,选拔武将,考察骑射技能,身体素质,[328] 由兵部主持。武举没有走向类似八股文的极端标准化,受重视程度也不如科举。宋朝重视文科,武举一度搁浅。到明朝,利玛窦发现,和科举的状元"相似的称号授予军界人士",即武举也有武状元,但"由于军事科学在这个国家不受重视","授予仪式要简单得多"。[329] 武举时而进行时而暂停,总体上不如科举成功。家庭结构没有解决坐稳江山后的武将筛选问题。孔夫子提倡社会治理要恢复周礼,没讲怎么用兵打仗。对应"学而优则仕",何种优秀人才"则兵"呢?

商鞅的思想是把战场杀敌多少与所获奖励相关联,让全民皆兵,实现扩张。但商鞅同时制定了重农抑商的政策,扩张的目的与商业文明拓展市场与海外掠夺不同,扩张的目的是天下休兵。秦始皇能征善战,统一六国后,却下令收缴全国兵器,表明万世不用兵的决心。毛泽东戎马一生,建国后也收缴了民间武器。能征善战者的最终目标是万世不用兵,没有无限扩张的野心和强取豪夺的强盗思维。商鞅的思想显然只适合于农耕文明分裂时期,不适合统一后的稳定期。

《孙子兵法》说"非危不战",战争主要出于自保。"兵者,国之大事,死生之地"。战争会导致大量家庭成员的牺牲,让更多人流离失所,"故明君慎之,良将警之"。只有对战争慎之又慎,才是"安国全军之道也"。在孙子眼中,"百战百胜,非善之善者",

理由是战争多次胜利,证明军事才能,却让大量己方和敌方的人死亡,不"善";"不战而屈人之兵,善之善者也",不费一兵一卒让敌人投降,整个过程没有己方和敌方的任何人流血牺牲,才算真的"善"。为此,战争多用外交、经济、政治等手段,也鼓励使用计谋。交战以攻心为上,攻城为下[330]。利玛窦来到明朝后记载,"我在南京时曾目睹为了庆祝元月而举行的焰火会","在这一场合我估计他们消耗的火药足够维持一场相当规模的战争达数年之久"。[331]家庭结构最早发现并使用火药,却从未像商人一样计算怎么运用火药发动战争抢劫弱者的钱。无劫掠思维,不发战争财,不掠夺,打仗就亏本,就不划算,兵戎相见是其他解决方案完全失败的最后方案。只要有可能,还是希望化干戈为玉帛。

"战"也是孔子"之所慎"。[332]家庭结构保持战斗力只是为了防御。但究竟如何选拔人才实现防御,孔子没有给出答案。开国的大家长是起义领袖,在战争中识人善任。大家庭由武将统一后,由文官治理,武官只负责防卫。在和平年代保持战斗力并选拔既慎战、又善于"不战而屈人之兵"、拥有足够计谋并始终跟随大家长不拥兵自重的武将,还没有类似科举一样成熟的制度。

保家卫国是武将的任务。它强调防御,人不犯我我不犯人,这在家庭统一后特别明显。只有在六国纷争期间武将的任务是进攻吞并。毛泽东一生没打过一枪,他曾经说:我要用文房四宝打败国民党反动派。抗日战争是出于防御,内战是要重新实现家庭的统一。武将的责任是防御,地位在文臣之下。孔夫子没给武将在家庭结构中的特殊位置,"齐家治国平天下"都是文臣目标,而非武将。孔子认为治理国家的三点是粮食充足、兵力强大、百姓信任统治者,且最不重要的是兵力强大。[333]儒家理念中的国不建立在扩张的意义上,而建立在已有国家的治理上。武将在近代变得重要,是受个体社会欺凌的结果。

现代家庭结构在更新作战装备、缩小和美国的技术差距时,对于选人标准,什么样的人在关键时刻打得赢战争,无法从传统家庭结构的孔夫子言论中找到答案。武将选拔经历了上千年探索,仍没有成熟的制度。毛泽东强调"党指挥枪","枪杆子里面出政权"。他著名的三湾改编,确立了党对军队的绝对领导,明确了现代家庭结构的军队最高指挥权归属,能避免拥兵自重。家庭结构的稳定,要求家长掌握最高实力,但实行文治。现代家庭结构的保卫者到底扮演什么角色? 什么样的人适合保护家庭的完整？基于比较和竞争满足的人么？勤学苦练的人么？勤学苦练什么武功才适合现代科技下的战争？什么样的人关键时刻靠得住？这些问题自古没有很好答案。目前来讲，实现家庭完整，大陆和台湾统一是发展军事的目标之一。

商业文明在古雅典，投票决定战争事项。古雅典的克里斯提尼改革后，波斯王朝入侵雅典城邦成了对民主制在战争情况下的检验。古雅典的全城成年男性公民投票决定用新发现的银矿带来的利润建造 100 艘战船，[334] 用来与波斯人战争。商人联合起来，打败了波斯人。鸦片战争英国议会以五票微弱优势决定派兵中国。美国攻打伊拉克得到国会授权。美国的国防部长不需要有军队经验。主导越南战争升级的美国国防部长麦克纳马拉在此前就是福特汽车公司的总裁，帮助公司扭亏为盈。他后来曾半开玩笑地说，自己抵达首都华盛顿时连核弹头和旅行车有什么区别都不知道。他对肯尼迪总统说："总统先生，这太荒谬了，我根本不合格。"他反对总统让他出任国防部长的提议。他回忆，肯尼迪听后说："想想看，这世界上也没有培训做总统的学校。"肯尼迪说，麦克纳马拉是他见过的最聪明的人。[335] 言外之意，国防部长未必需要毕业于西点军校，他在福特公司的出色表现证明了商业能力。商业文明下，国家以商业思维治理，打仗要会计算得失。对战争的投入与产出、风险与收益的评估与公司的运作十分相似。

商业个体社会稳定后，养着庞大军队，越强大，越加紧掠夺资源和能源。古希腊的自由人是商人、水手、海盗。"9·11"事件后，美国总统布什提出"先发制人"战略。布什政府打了在阿富汗和伊拉克的两场战争。如果说阿富汗战争是美国遭受袭击后的反击，伊拉克战争则是典型的先发制人。美国以伊拉克拥有大规模杀伤性武器为由，入侵伊拉克，最后却没有找到大规模杀伤性武器。

不过，商人们计算战争得失未必每次都算准，也有赔钱的时候。越南战争显然投入巨大、伤亡巨大，最后却什么也没获得。伊拉克战争也是如此。美国 2003 年出兵，又很快活捉并审判萨达姆。但伊拉克的局势并没有迅速好转，美国也没有能快速在和平的伊拉克大量开采石油。直到 2011 年底美军从伊拉克全部撤离，美国的直接财政支出至少 7000 亿美金。最近，伊拉克局势再度不稳定，说明美国伊拉克战争既没赚到钱，也没有成功传播商业文明价值观。

第三节　目标驱动与兴趣驱动

一、比较竞争满足下的目标驱动

标准化考试是千军万马过的独木桥。在孔夫子"有教无类"的思想指导下,教育对所有人开放,不再被上层社会垄断。桥的一侧是莘莘学子的大军,另一侧是少量的父母官名额。现代家庭结构广泛开办公立学校后,大家庭所有人都成了读书人。除了沟通读书人与公务员之间的公务员考试外,读书过程也有中考、高考等独木桥,连通着低一级教育的大军和少量的高一级教育的优质资源。苦战高考与寒窗苦读的应举者目标相同,都是通过标准化测试。

独木桥的测试内容决定了过桥人的长期学习内容。科举的形式确定后,能够变化的就是考试的科目。在唐朝,进士要考《道德经》,[336]武则天编撰的《臣轨》曾取代《道德经》,[337]后来又"停《臣轨》,依旧习《道德经》"[338]。宋以后,科目逐渐限定在四书范围内。总之,考查的科目不由考生决定。科目一旦变化,考生的学习侧重点就迅速改变。在传统家庭结构下,科举考试的科目几经变革,却几乎始终限定在社会哲学的范畴内,从不考物理、化学、生物等自然科学科目。数学曾是唐朝的明算科考查内容,但时考时停[339],就算通过考试,获得的官职也最低[340]。宋朝以后数学就再没有成为科举考试的科目,可见数学的受重视程度极低。在传统家庭结构下,自然科学和数学与治理国家的关系不大。意大利传教士利玛窦在明朝来到中国后,发现"宫廷乐师的地位高于算学家"。[341]"每个人都很清楚",通过科举做官考查社会哲学,"没有人会愿意费劲去钻研数学或医学"。"钻研数学和医学并不受人尊敬"。学习孔夫子的"道德哲学"的人受到科举及第后的"荣誉和报酬"的吸引,中举的人"都很自豪他实际上已达到了中国人幸福的顶峰"。[342]

中华大家庭错过了数学作为科举科目在读书人中普及的机会。数学讲究严密的逻辑,是探索自然的关键。1687年,牛顿的代表作《自然哲学的数学原理》出版发行,书中提出了牛顿运动定律和万有引力定律,开启了近代科学,也标志着商业文明和农耕文明在自然科学的探索上拉开了差距。牛顿在英国的剑桥大学求学,钻研自然科学。中国的先哲们始终把精力投放到社会哲学的研讨中,从未创立自然哲学的数学原理,和数学的擦肩而过,实属可惜。

自然科学成为标准化测试内容发生在鸦片战争后。与商业文明碰撞的失败结果,让农耕文明意识到,自然科学技术的落后是重要原因,师夷长技主要是学商人的科学技术。新式学堂将自然科学技术作为重要教学科目,与着重讲授社会哲学的私塾截然不同。

此后,为了强化自然科学的重要地位,数学作为必修课进入教育的全过程,在各级标准化考试中占重要比例。物理、化学和生物进入理工科的标准化考试。高考中,理工科的录取总人数远远多于文科。数学和自然科学在短短一百多年时间内,就从不受重视到极受重视。理科考试的最大不同是,数学原理本身具有标准化和普适性。自然科学运用数学原理,逻辑严密,结果可与实验比照,并能达到定量的精确。一道数学题或物理题,正确和错误有明确的标准,无论谁来判卷都一样。这让理科答卷的高分更具基于比较和竞争的满足的象征意义。理科更具有绝对意义上的对和错;人文内容的评判仍然主观。就算明清的八股文,规定了标准的写作格式,还会存在评卷者主观判断对文章好坏的影响。

科举和高考都是标准化考试的独木桥,吸引千军万马过桥的,是桥另一侧的官员岗位和高等学府。争取到达桥对岸就成了读书人的目标,如何过桥就只是手段。要是熟读儒家经典能过桥,就天天吟诵孔夫子的教诲;要是快速解方程能过桥,就天天做练习册。过桥人具有以下两个特点:

一、进士及第和高考得高分的都是刻苦读书的人。标准化笔试总是在最广的范围内,筛选勤学苦练的人。要在有限的时间内高效完成所有题目,必须经过大量训练。我在清华的一位老师说,他参与高考试卷命题,但他无法在规定的时间答完卷。他对我们说:你们能完成是经过大量的训练后形成了条件反射,题目根本不是在考场上做出来的,是平时就已经做过很多遍的,考场上仅仅是将平时的内容答到了答题卡上。如果一个人掌握基本原理,却对题型不熟悉,就需要花大量时间思考,要是对一张卷子的大部分题型都很陌生,很难答完卷,更不可能得高分。很多学生答不完试卷,不是不会,而是不够熟练。在此意义下,高分筛选的是勤学苦练的人。

二、通过标准化考试的人,都对考查内容倒背如流。在漫长的应试备考中,反复练习的结果是,进士们张口就是"子曰",高考高分者看到题目就马上作答。传统家庭结构坚信以儒家经典为考试内容,引导读书人成为满口圣人言的君子,最符合家庭结构的选官标准。现代家庭结构吸取落后的教训,引导读书人熟悉牛顿、达尔文、门捷列夫和高斯,为日后科技进步打下坚实基础。转变的方式很简单,改变标准化测试的科目,读书人在应试教育中自然会转变努力的重点。孩子们从小就知道,唱歌画画有意思,但没有数学作业重要,数学考试要排名,未来求学更重要。除了少数非常热爱唱歌或希望未来走艺术道路的人,大部分学生回家的首选绝不会是完成音乐作业。在四书五经退出考试内容后,也很少有学生天天吟诵"子曰"。这就是标准化考试对学习内容的指挥棒作用,也就是常说的考什么就学什么。

综合起来,标准化考试选拔的是对指定的考查科目勤学苦练的人。这些人始终以通过考试为目标,以应试教育为手段,经勤奋读书,熟练掌握考查内容。科举、公务员考试、高考、中考都在筛选勤学苦练的人。"学而优则仕"的实质在传统家庭结构是让最努力、最熟悉儒家经典的人成为父母官,在现代家庭结构是让最熟悉公务员内容的大学生做公务员。高考、中考的实质是让最努力、最熟悉数学、语文等考查科目的人获得更优质的高一级的教育机会。家庭结构始终在筛选最努力的人,尽最大努力克服家庭出身因素的影响,给尽量多的家庭成员以机会。

筛选勤学苦练的人的目标不变,标准化考试就会继续。变化的只是考试科目,引导读书人转变学习重点。现代家庭结构重视科学技术,就有意识地把测试重点引导到自然科学上,读书人的精力就随之集中到自然科学上,快速形成全民重视科学的氛围。标准化考试塑造了中国的应试思维。改变考核科目内容来引导精力投放的重点,除了在高考和科举之外,在中央对地方官员施政重点的引导上,同样有效。中央解决地方的环保问题,出台法律的同时,以"政绩考核""实行环境保护一票否决制"[343]的方式来突出官员从政的重点。逻辑是,把不重视的题目变成必考题,地方官员自然会重视。家庭结构最重要的是稳定,稳定在地方考核也是一票否决,过去是,现在是,将来也是。

从读书人的角度,重视自然科学不是自主选择的结果,也不出于自身兴趣,只是应试科目从《论语》变成解方程,就调整了学习的侧重点。读书人无法决定科举和高考的考查内容,就无法自主选择学习内容,也就谈不上对所学内容的热爱。大部分成绩优异的人在比较和竞争中获得满足,很少有人对所学内容发自内心的感兴趣。

二、你学的专业好找工作么

我:你学什么专业?

美国同学:哲学。

我:想做什么工作?

他:我想当哲学家。

我:哲学的研究岗位很少,大部分学哲学的人都被迫转行了。

他:我很努力,能够成为哲学家。

我:工程除了研究岗位,还有很多公司职位。哲学就不同,很少有公司需要哲学家。为什么不选择更好就业的专业呢?

他:我热爱哲学。

我:一旦你不能够成为哲学家,怎么办?

他:我一定能成为哲学家,我很热爱哲学,很努力。万一不能做哲学家,我去做普通的工作,只要能够经济独立,我也会很快乐。

我:你换标准了。在选专业时,你认定选喜欢的哲学,不愿学其他专业。一旦不能成为哲学家,你就降低了快乐的标准,只要经济独立就可以,此时对非哲学的内容也不抵触了。这种逻辑的话,你永远都是快乐的。

他:我刚才说的是万一。我坚信我会成为哲学家的。

我:你为什么这么自信? 美国人的自信从哪来的?

另一个美国同学:我们从小就被教育,做喜欢的事情,并不断努力,就会成功。

我:成功和现实相联系。工作岗位的多少由市场决定。哲学的工作岗位根本就消化不了这么多毕业生。不是你喜欢和努力就能够找到工作。

第三位美国同学:你说的是事实。但我坚信我会是成功的那个。而且,我有备选方案,我不能做喜欢的事情,就去阿拉斯加捕鱼。

我:你去阿拉斯加捕鱼? 那花这么多钱读大学干什么?

他:我喜欢现在的科目。

我:这里逻辑有问题。你为了选择喜欢的科目放弃热门专业。毕业后若不能进入该领域,就去捕鱼。为什么这时候就能够接受捕鱼了呢?

他:捕鱼是备选方案,没说一定要去捕鱼。

我:美国人怎么都这么乐观? 选择喜欢的专业,并坚信能够成功。

他:可能美国经济好。中国还在发展,竞争就比较激烈。

我:不是。儒家文化圈的日本、韩国和新加坡,经济很发达,学生的压力还是很大,也没有按兴趣发展。

我发现美国同学没有我用功,他周末从不来办公室,晚上一般不加班。

美国同学喜欢计算机,主动维护和更新实验室的服务器。他花了两个月时间,整合三台服务器,简化登录界面。

我问他:你花两个月简化程序运行的目的是什么?

美国同学:单独登录三台服务器太麻烦,代码也复杂,整合就方便了。

我:我知道简化的好处,但我不会花两个月做这件事情。

他:为什么?

我:它与我来这读书的目的无关。

他:它能方便你研究啊。

我:我来这里,主要时间该做导师布置的任务。浪费两个月不做科研,而做维护升级,除非导师安排我做,我不会主动做。

他:你一旦弄好了,会加速科研进度。

我:加速科研的方法很多。周末时,服务器常有计算空间,我周末提交计算任务就好了。

他:你通过时间优化。

我:对,在现有条件下优化时间。你为什么选择现在的研究方向?

他:因为……

美国同学热情洋溢地解释了一堆科研的好处。

我:按你的逻辑,课题组其他三个方向也有类似好处,我没发现本质区别。

他:既然都差不多,你为什么选择你的方向?

我:导师给我两个研究方向来选择,我选了第三个。你知道为什么?

他:你喜欢第三个。

我:不是。我查了导师的简历,他是第三个方向的专家,亲自做了很多工作。我来这就要学他最擅长的。

他:导师这两年不怎么做这个方向了。

我:至少以前他一直在做,且做得很好。我有问题他能指导。他对其他方向就不那么熟悉,我不想做探路者。

他:你不喜欢研究为什么读博士呢?

我:为了找工作。我不喜欢不代表我讨厌。能学到东西,能出成果,我就高兴。你一定要做喜欢的事?

他:对。只有喜欢才能做好,才会享受过程。为什么要选不喜欢的工作呢?

我:你不考虑未来的生活么?不想赚钱么?

他:赚再多的钱,不喜欢你从事的工作,也不会快乐。

我:不,有基于比较和竞争的满足的快乐。我考上了最好的大学,舍弃的娱乐时光就值了。现在的努力换一份好工作,也值了。我在工作中比同事出色,我会很高兴。你好像不关心周围人做得怎么样。

他:为什么关心别人做得怎么样?

我:我的满足感来自比他人做得更好。

他:在我们课题组,每个人做的东西不一样,怎么衡量好坏呢?

我:确实存在标准问题,以实验进度和论文情况衡量吧。在中国,有标准化考试,根据分数评比。标准化考试选拔官员是中国古代的原始发明,欧洲历史上没有。

他:我们现在有SAT(美国大学入学资格考试),是标准化考试。SAT不是升学的全部依据。

我:西方的标准化考试是从中国学过去的。科举制度是中国的发明。历史上,西方行政长官的选拔从未通过标准化考试,是投票选出来的。近代向中国学习后,普通的工作人员由考试选拔,但这些人不像选举出的市长、州长、总统等有决定的权力。

他:通过标准考试取得做官资格?古代贵族世袭,后来民主选举。民主选举算考试。

我:民主选举是口头考试,不是标准化书面考试。口头考试非标准化,参与人数有限;中国的公务员考试试题相同,参与者广泛。

他:政府首脑由民主选举,部门负责人由他组阁任命。

我:政府首脑的候选人参加口试,口试非标准化,不同的竞争者无法在同一套体系里面打分。考官是公民,普通人只能以考官的身份参加,很难以候选者的身份参加,实际选拔者大多来自大户人家。标准化科举考试为解决"上品无寒门,下品无士族"的现象,希望给普通人开进阶门路。

科举制度解决了大一统后的选拔问题,是中国古代的原始创新,并从制度上完成了对中国人的比较竞争满足的性格塑造。

三、高考与申请,公平与兴趣,工程师与创新者

古代科举对应现代公务员考试,都是官员选拔测试。公务员考试的应试者的目的无外乎"旱涝保收"、可能的灰色收入、当家长的特权和治国平天下的政治理想。古代应举者熟读儒家经典,不由自主地产生了齐家治国平天下的主张。家庭结构中的家长有特权,也有当好家的义务。家庭结构借科举实现阶层流动,是下层寒士进入士大夫阶层的机会,是社会治理的创举。

申论和历史上的策论很像。公务员考试不主要考查马克思主义或毛泽东思想等,这与科举主要考察儒家思想很不同。但马克思主义理论在文科高考和研究生考试中很重要。

古代学堂重视社会哲学,很少教自然科学。新式学堂是鸦片战争后的产物。新式学堂重视自然科学。1905 年科举制度被废止后,广泛开办新式学堂,比较竞争满足也发生了变化,第一次比拼自然科学知识。新中国成立后,"学好数理化,走遍天下都不怕"的口号一度流行。文化大革命影响全国教学,理工类的课程受到的冲击最小。毛泽东曾在"文革"期间批示:"大学还是要办的,我这里主要说的是理工科大学还要办。"[344] 1978 年的全国科学大会,邓小平说,"四个现代化,关键是科学技术的现代化"[345],足以体现对科学技术的重视。在文理科的选择倾向中,大部分人认为理科就业面更广,很多人选择文科是因为理科成绩不好。孩子很小就学习奥数,奥数在这些

年成了过街老鼠，人人喊打，仍挡不住家长给孩子报奥数班。

外语第一次与中文受到同样规模的考试分数重视。近代科技发源于欧美，大部分理论用英文发表，英语成了学习商业文明科技的必要工具，受到格外重视。在高考中，英语长期与语文、数学具有同等分数。对英语、奥数的重视程度，远超过语文。在一代人时间里，孩子从小就学习英语，全社会出现了英语学习热。从秦始皇构建统一大家庭以来，传统家庭结构从来没有孩子从小学习别的国家语言的传统。鸦片战争后，师夷长技的过程中，李鸿章也从没有提出过让英语和语文同等重要的主张。改革开放后的这次向商业文明学习，不是仅仅停留在大家长层面，而是深入到社会各阶层的全民学习。传统家庭结构中的儒学今天只存在于道德领域和课本文章，极少有学生课外花时间学儒家学说。

理科教学给基于比较和竞争的满足特别好的平台。科举考查的社会哲学具有主观色彩，本身存在多元理解，标准答案必须出自特定的教科书，如朱熹的《四书章句集注》[346]，需要规定八股文写作模式，即便如此，评分主观色彩依然浓重。

自然科学经牛顿引入数学原理后，自身实现了标准化。一道数学题存在绝对的对错标准，评分的主观色彩弱，是更好的标准化评测平台。用人单位在招聘看第一学历，即与高考分数挂钩的学历，因为高考是标准化评测体系，分数体现勤学苦练的程度。

与申请相比较，标准化考试更加公平。所有人答同样的试卷，根据成绩的高低排序录取。申请则考察过去的经历，有钱有背景的家庭的孩子更加有优势。他们能够更加容易地获得实习机会，有钱旅游增加见识，能够调动更多的资源。

一位美国高中老师：标准化考试也不公平。有钱人的孩子能够有家教，有学习资源，最后分数也会更高。

我：有钱的家庭的孩子确实有更多资源，却没有每天拼命学习的动力。在中国，每个家长都督促孩子努力学习，要想崭露头角，必须花大量的时间练习，舍弃很多的课余时间。没钱的孩子有动力下功夫，有钱的孩子动力不足。

华人同学：我在台湾读过三年高中，确实，家庭有钱的子女成绩往往不好。

我：只有推荐能够给有钱家的孩子开绿灯。推荐看经历和背景，要有钱做基础。

美国同学:美国申请大学也看重标准化考试的成绩,但还看高中成绩。

我:高考不看高中成绩,否则会引入不公平。有些高中的考试题目简单,学生的成绩就高。高考用同一张试卷考查,才能更准确地排名。

美国同学:同一所高中,不同老师的考试难度也不同。我曾经上过一门课,老师的考试题目很难,成绩就低;讲同样的内容的另一位老师出题简单,学生的成绩就高。但申请大学的时候,学校并不知道你的成绩低是老师要求严格,还是自己学得差。

我:中国用标准化考试的理由之一,就是避免标准不统一造成的不公平。

美国同学:我查了数据,中国学生平均在学校的学习时间要长于美国学生,算上放学后与假期的补习,中国学生投入学习的时间要远多于美国学生。

我:是。我在高中期间每天几乎只学习。

美国同学:美国的基础教育比较差,和美国学校学习时间短有关系。学生课后与假期的补习时间也比中国少。

我:中国的基础教育确实比较好。老师讲解问题,大家仔细学习,跟上老师的进度,回家反复练习。

美国同学:说来奇怪的是,美国基础教育不好,大学教育却非常好。

我:美国大学的资金投入非常多,科学研究的条件也好,吸引世界的顶尖人才来美国大学做教授。美国的中小学就不会吸引世界优秀人才来教书。美国中小学老师的待遇并不高。此外,美国的教育理念是"做喜欢的事,努力去做",老师、家长、学校并没有很逼迫学生好好学习。

美国同学:显然中国家长对学习要求更严格。"虎妈"是典型例子。

我:老师、家长、学校要求严格的结果是,无论学生是否喜欢,都要努力学习。最终,最努力的学生脱颖而出,未必是最喜欢该科目的学生脱颖而出。美国则不同,学生压力小,强调兴趣,不喜欢学习的人自动把机会让了出来,没有被家长和老师逼迫努力。资源都集中到喜欢学习的人手里。进入大学的都是努力且自身喜欢该科目的学生,未来的发展就更好。中国的学生到大学后,学习的热情就下降了。

美国同学:中国学生强调遵从老师,创造力比较弱。美国学生学得好的部分和中国学生差不多,但创造力更强。

我：是。学生本身都有发散思维，关键看日后学习中是否被标准答案束缚。标准化考试的结果是，思维要调整到和标准化一致，发散思维就被抑制。美国强调个性发展，做喜欢的事情，发散思维就保留得较好。

美国同学：从财富积累的角度，读过大学的人赚的钱更多。不过最有钱的人都不是从大学培养出来的，像盖茨、乔布斯、扎克伯格。他们有了更好的想法就去实践。

我：中国教育强调遵从权威，一丝不苟，培养出来的是工程师。中国的制造业很发达；美国的教育强调兴趣，保留发散思维，更多出现创新。

美国同学：在中国上课是不是不鼓励学生问问题？

我：我在美国的高中教的这两节课，学生不惧怕生人，提问很大胆。中国老师也鼓励提问，但中国课堂内容太多，每个班级学生太多，没有多少机会回答学生的问题，更没有时间回答发散思维的问题。发散思维的问题考试不考，老师往往鼓励学生课下研究，课堂上不鼓励花时间探讨。课堂上的重点是教学大纲规定的内容。

美国同学：我在高中当老师，探讨的很多问题都不会出现在卷面上，但是很重要，学生们也很感兴趣。中国有分组讨论吗？

我：分组讨论在中国也有，不过学生、家长和老师都把精力集中在考试重点的内容上。以你讲解的历史为例，很多高中的理科生在历史课堂上做数学练习册。

美国同学：为什么？他们喜欢数学？

我：不是喜欢数学，是选修理科后，历史不出现在高考试卷中，学生自然不重视。历史确实很重要，也有很多有趣的故事，但是标准化考试的结果是，兴趣不重要，通过考试最重要。

美国同学：美国学生也知道某些科目更加重要，会花更多时间。中国学生却更加强调考试的重要性。

我：中国强调通过标准化考试，美国强调兴趣。

四、笔试和面试的选拔难题

家庭结构的标准化笔试与个体社会的面试共同面临两个问题：一，应选什么样的人做官；二，实际筛选出的又是什么人。

商业文明里的国和公司同构，选最好的总经理来管理国家。他是好商人，为公民利益工作;与主流意识形态一致,关心民主自由人权价值观;是基督教徒。历史上,美国总统都信上帝。奥巴马总统在竞选获胜演说的最后,还依然说:愿上帝保佑你们,愿上帝保佑美国。[347]技术进步促进候选人主张的传播,在至少两个候选人中选出相对较好的那个。民主到今天,利用现代科技,实现全民做面试官,但没有解决候选人稀少的问题。

面试候选人一定比笔试候选人少。中国的高校自主招生,采取推荐、自荐加面试模式,相比于高考,面试候选人相当少。面试受时间场地与经费的限制,不可能达到笔试候选人的规模。无论家庭结构还是公民社会,面试选拔范围较笔试小得多,理想上选拔出最佳商人或最好学生在现实中做不到。

面试中的允诺未必兑现。美国总统大选总拿中国当替罪羊,大选结束后,中美关系没有太大变化。邓小平就讲过:美国把它的制度吹得那么好,可是总统竞选时一个说法,刚上任一个说法,中期选举一个说法,临近下一届大选时又是一个说法。[348]面试候选人在公众场合取悦民众的高谈阔论,未必付诸实施。总统候选人心里清楚,惩罚中国实际上做不到,但不妨碍大选辩论炒作,显示对中国的强硬态度,争取选票。

中国人"听其言而观其行"[349]。说得再好不如做得实在。

2008年,奥巴马在竞选中高举"变革"旗号,演讲极富号召力,台下人山人海地欢呼。他上任后却没什么变化。究竟心有余而力不足,还是根本没打算变革,无人知晓。面试履职后没有实现预期承诺,怎样判断是承诺本身虚假还是实施中受客观限制呢?两者不易区分。竞选中的大胆承诺没有风险。明知不能实现也没关系,当选后做做样子,就能把失败的原因推给他人。

竞选的承诺和履职后的行动没有必然联系。问题是,美国人总听候选人要惩罚中国,却没有实际行动,对此不腻烦么?支持者不觉得政客要么说谎、要么没能力兑现诺言么?重复的表演为什么屡屡得手呢?

美国同学:民主社会就这样,选前的承诺和选后的行动未必一致,历来如此。

我:这说明,美国民众愿意听承诺。

"口惠而实不至"易在面试中发生。竞选中,把美国经济问题归罪于人民币汇率、中国偷美国工作岗位和不平等贸易,再承诺和中国斗争,最能凝聚人心。当选后,随便找些理由不去做,也不会有任何后果。

　　针对面试的问题,商业文明在公务员选拔上借鉴家庭结构的经验,创办了文官委员会,筛选由公民面试投票选出的官员和由其任命的官员之外的普通工作人员。教育选拔上也吸取标准化笔试模式的经验,创造美国的高考(SAT),作为申请参考,促进社会阶层纵向流动。

　　个体社会在中世纪社会阶层纵向流动很弱,阶层封闭,限制了社会的活力。宗教在中世纪的力量强大,教条严格;没有类似科举的选拔模式推动阶层流动。按照法律,王位世袭。传给了敌人后代也要传下去。英格兰女王伊丽莎白将苏格兰的玛丽女王处死,伊丽莎白女王没有子嗣,按照英格兰法律,最近的亲戚是玛丽女王的儿子——苏格兰国王詹姆士。詹姆士成了杀死母亲的英格兰女王伊丽莎白的继承人,成了多年的敌国的继承人。这在家庭结构不可思议。商业文明遵守契约,法律不给人灵活处理的空间,与农耕文明不同。

　　家庭结构希望实现社会阶层的纵向流动,给普通人机会。但标准化测试测不出执政能力。分数高的人无非投入更多精力备考,熟练掌握考题,很可能不了解任何卷外知识。选拔的人一是受到儒家思想的浸淫,二是基于比较和竞争的满足感强,三是勤学苦练。应试教育只能筛选勤学苦练的人。"学而优则仕",不是"商而优则仕",更不是看出身的"生而优则仕"。中国人看重努力,坚信"世上无难事"。应试教育就选拔这类人。科举制度整体上维持了文官质量。

　　标准化考试很少有发挥空间。个体社会的面试选拔全民评审,没有标准答案,民意调查就成了抓住选民心态的关键。由于竞选承诺和执政方案不必一致,选举期间可迎合选民开空头支票,获得选票。

　　商业文明的个人主义思想深刻,鼓励个体创新创造,不论资排辈。国防部长不需军人出身,成功的商人也能当。国务卿可以是哈佛大学老师,如基辛格。

　　面试决定最高决策者。最高决策者"专制"地决定他人,有很大的权力。现代个体社会中,公民只对总统等人的入职有决定权,对他入职后的行动没有投票权,也就很难督促总统兑现竞选承诺。个体社会不会由于总统不兑现承诺就弹劾总统,只有总统犯了严重错误或发生了大的丑闻才会考虑弹劾。

家庭结构的评判标准取决于感情的亲疏远近，不希望地方权力由一人控制，不希望上下左右都是裙带。中华大家庭在极力避免小家庭一方独霸。省的一把手一般不是当地人，目的是防止地方势力庞大。商业文明则相反，商人选利益代表，不是本地人怎么代表地方利益呢？

家庭结构不支持代表小家庭的利益。家庭结构中的人际关系复杂。小家庭成员会对决策产生影响，要在一定程度上抑制小家庭，防止"藩镇割据"和"拥兵自重"。邓小平评价毛泽东在晚年将"八大军区司令对调"，称赞是"领导军队的艺术"，"就是不允许任何军队领导干部有个团团，有个势力范围"[350]。出发点是在大家庭中不宜出现很强的小家庭。

标准化考试面临城乡差距过大的问题。2011年，清华县级中学以下学生生源少于七分之一，[351]同年，清华大学实施针对农村和贫困地区的自主招生"自强计划"。中国关注社会阶层的纵向流动。

改革开放的三十年，社会的阶层流动非常大，抑商政策变为"致富光荣"，商人靠复制商业文明的科技产品积累财富，阶层的纵向流动明显增强。未来的社会流动会缩小。先富裕的人与其他人的生活差距会拉大。解决问题要在教育起点上实现公平。要提高农村生源的比例。

在古代，江浙考生中举者多。南宋的应试中举者主体在南方。北方常年征战，考生没有平静的书桌，中举者少。宋仁宗年间，司马光和欧阳修为是否照顾北方考生，实现按人口比例录取争论不休。来自北方的司马光提出照顾北方考生，来自江西的欧阳修坚持认为，应择才录取，不分南北。宋仁宗希望录取更多北方考生，安定北方民心，充实打仗的官员队伍。争论后，宋仁宗没有下决心改革科举制度，只下了一份口谕，说未来选拔要照顾北方考生，都没有正式的诏书，也没说怎么照顾。选拔标准一旦确定，连皇帝都难改，与春秋战国诸侯按自己意愿选拔官员有了明显差别。

明朝初期，北方考生在会试中全部落榜，就围攻主持考试的礼部。南京城沸沸扬扬。朱元璋要求严查，结果却让人大跌眼镜，考试和阅卷都公平。这让事件更难以收场。科举考查社会哲学，文章的好坏仍有主观色彩，不像数理化有确定答案。朱元璋亲自阅卷，评判结果是，北方考生上榜，南方考生落榜，主考官被革职，原先上榜的南方考生入狱或发配边疆。这就是著名的"南北榜案"。[352]

从此，会试前的考试分南卷和北卷，南北方考生分别录取。官员选拔开始分地区录取。全国高考也分区录取，不完全按照分数，体现地区差异。官员选拔也照顾地区。毛泽东说："在选举上，应不应该照顾山头？应不应该照顾到各方面？我看那个主张不应该照顾山头、不应该照顾各方面的意见，也是一个理想，但事实上行不通，事实上还是要照顾才好，照顾比不照顾更有利益。"[353]毛泽东从实际出发，懂得让大家庭完整，就要兼顾各方，实现和谐。

最新的高考改革方案明确提出，"提高中西部地区和人口大省高考录取率"，"增加农村学生上重点高校人数"。现代家庭结构仍关注社会的纵向流动。

公务员考试和科举类似，当公务员考试完善后，会有人指责公务员考试没能选拔出最优秀的人才，分高者未必适合做官，就像清末指责科举一样。

面试和笔试都没解决人才选拔的问题。笔试持续了一千多年，积累了丰富经验。科举的问题到今天都没解决。选拔的科目和试卷一变再变，但应试的效果没变。哪怕美国专家出的英语考试，应试也能取得高分。学校自主出题测试，几年后，出题的套路就清楚了，又成了标准化测试。

五、兴趣在哪

中国社会不是商业文明，社会的细胞是家庭非个人，再加上常年的基于比较和竞争的满足，人们已经很难去明确地知道自己究竟想要什么了。

我问美国同学：你为什么选现在的专业？

美国同学：在社区大学学习，我就对它最感兴趣，转入加州大学后就选了它作为专业。

我：什么是兴趣？我不知道我喜欢什么。

西班牙同学：怎么会不知道呢？你不知道喜欢吃什么？

我：知道。但不清楚我喜欢做什么。你喜欢现在的科目是你学得好还是喜欢科目本身？

美国同学：我喜欢它才会投入精力学习，才学得好。

我：未必。依据我的经验，我学得好才会喜欢。我的满足感来自考试排名。

西班牙同学:中国学生学习很努力。

我:努力不代表喜欢。

中国同学:我们人口多,竞争激烈。经济发展以后,也能做喜欢的事。

意大利同学:说得通。

我:日本、韩国和新加坡同属儒家文化圈,经济发达,却没有走入兴趣成功。

日本同学:我们从小就有一条求学工作的成功路径,刻苦学习考上大学。很难跳出这个范围走自己的路。

我:西方没有标准化考试,自古重视经历和面试,强调多样性。

新加坡同学:新加坡试图向西方靠拢,依我看,不成功。中国也有标准化考试么?

我:当然,标准化考试起源于中国的科举制度。

美国同学:工作后没有标准化考试了,你靠什么努力呢?

我:和同事比工资,和朋友比孩子的成绩,和同学比发展。和周围人比谁的车好,谁的房子大。

西班牙同学:实现目标以后呢?

我:设定新的目标。这次考试的目标是前二十,下次是前十。

西班牙同学:你必须不停更新目标。

我:对。一旦满足,就没有继续努力的动力了。中国人受辉煌历史记忆的影响,不成为第一,不会满足。我与欧洲、南美、中东的很多同学聊天,他们都承认美国很强大,却没有明显的和美国相比不服输的态度。中国争第一的高目标是持续发展的动力。

美国同学:最终达到第一后怎么办?你还和谁比?

我:不能再往上走了,也就松懈了下来。

意大利同学:这样永远不会快乐,始终在追求下一个目标,一旦抵达,会高兴一段时间,却没有了下一个目标,不会高兴很久。

我:快乐在不断努力实现目标的过程中。我的一生目睹了中国经济发展,逐渐超越英法德日等国,未来有机会看到中美权力异位。我个人的生活从小到大发生了很大变化。我的快乐在不断实现目标、设定新目标的过程中。参与并目睹目标实现的人,一生很快乐。

美国同学:你要保持努力,必须不断设定新目标?

我:对。我对事情本身没有兴趣,不设定和别人比较的目标,我没有办法加倍努力。

美国同学:为什么不做喜欢的事情呢?

我:我不知道我喜欢什么。你确定你喜欢不是因为你做得比别人好?

美国同学:我不想和别人比。

我:永远不和别人比么? 只享受过程? 假设未来你从事该领域,一年后,没有进展,十年后,也没有进展,最后一生下来没有任何成就,你还会享受它么?

美国同学:完全失败的话估计不会再享受。

我:那兴趣最终不还是取决于成功与否么? 而成功者都是在与其他人的竞争中脱颖而出的。这么说来,比较竞争满足和兴趣成功最终是一致的。

美国同学:区别是,你是为了成功而努力,我是为喜欢的事情奋斗。喜欢一件事,又能付出汗水,一定会成功。

我:你有一条假设,就是努力做喜欢的事情就能成功。如果你判断努力也成功不了,估计不会对未来这么乐观,也不会追求喜欢的事情了。

美国同学:我的老师总告诉我,做喜欢的事情,付出努力,就会成功。

我:做喜欢的事情并付出努力也未必成功。

美国同学:看你的定义。永远和其他人比,把成功建立在和别人的比较上,确实很难成功。但每个人成功的标准不同。

我:我见你经常在厨房做比萨,每次谈到比萨你都神采飞扬。

美国同学①:对。我非常喜欢吃比萨,做比萨让我非常高兴。我未来希望开比萨店。

我:你不是学数学么?

美国同学:对。我喜欢数学,也喜欢做比萨。

————————————

① 对话中的美国同学不是同一个人。

我:放弃数学做比萨,半路出家能成功么?

美国同学:做喜欢的事才能不断努力。

我:怎么讲?

美国同学:做任何事都有成功和失败的风险,喜欢的事情,失败了,也不会轻易放弃。不喜欢的事情,做起来就只为了成功,失败几次,看不到希望,就可能放弃了。真正热爱某件事,才不会管别人对你的观点,享受过程,遇到困难时,才不会轻易放弃。

我:我设定了目标,不达目的决不罢休,也不会轻易放弃,也能成功。

美国同学:那你的行动只为了实现目标,你快乐么?

我:我不享受过程,享受完成每一个阶段目标的结果。只要不懈努力,不断实现更高的目标,就会一直快乐。

美国同学:我也尝试过这种方式。每个人都要学会做不喜欢的事情。我上中学的时候,有些不喜欢的科目也要过关,就用设定目标的方式。

我:我为了完成目标努力工作,享受完成的结果;你为了做喜欢的事情努力工作,享受过程,最终的快乐仍依赖结果。比如,开比萨店要是彻底失败了,你会怎么评价之前的努力呢?你的开心到底依不依赖结果?

美国同学:我不相信我会彻底失败,我很努力,并且很喜欢。即便我失败了,我也追求了我喜欢的事情,我还年轻,没有什么彻底失败的。

我:就是说比萨店开不下去了你也会转行。这么说来,最终做的事情不还是你最擅长做的么?不还是在和别人比较中你最有优势做得最好的么?

美国同学:逻辑上对。但我不从这个角度思考。要开好比萨店,我确实在和同行业者竞争。但成功是我个人的事,我不关心是否比别人更成功。你的一生始终关心和别人的比较么?

我:我大部分时间都在读书,关心成绩和排名。不过我也抽时间做了些无关于比较竞争的事情。我中学读课外书,就希望到中国各地走走看看,实地了解各地的文化和历史。上大学后,我做家教攒了些钱,到很多地方旅游。我担心未来工作有了钱,就没有时间了。

美国同学:你到各地旅游不是为了和别人比?

我:完全不是。我从来不和别人比我去了多少地方,看了哪些内容。这不是我比较竞争的内容。我也不关心我想去的地方是否很多人愿意去,只是单纯地希望到处看看。

美国同学:这就是你的兴趣啊。整个过程中,你没有和任何人比,也不关心别人的评价,享受过程,就是兴趣啊。

我想了想:很有道理。我以前都没发现。

美国同学非常高兴:太好了,看来你找到兴趣了。

我来美国读博士,却没有通过博士资格考试。公布结果后,导师对我说:我没有看到你的学术热情,我希望你去寻找更有热情的事情。

我说:学术是我的实验室工作,我既不热爱,也不讨厌⋯⋯我来美国有两个目的,一是学习先进的科学技术,这就是为什么我一定坚持做这个领域,因为您是该领域的专家;二是了解美国的不同,我来美国后发现美国有些人觉得中国会是威胁,很多人希望了解中国,但西方学者的书都基于西方的观点。我决心以中国的视角讲述中国,并且以美国人能理解的方式讲述,告诉大家我们为何不同。第一个目标失败后,我大概会加速第二个目标的完成,可能很快成书。

导师:中文的?

我:既有中文版,也有英文版。

导师:相信我,读你书的人会远远多于读我的学术论文的人。

我并无学术目标,即我从未希望将科学推向新的高度,我知道很多未解问题,却从未将解决它们作为目标。我出国读博士是因为当初希望回高校特别是清华教书,但高校是研究学府,必须有较高的学术造诣才能进。因此,学术在一开始就只是手段。

中国同学问我:你可以放弃学术,你也同时放弃教育的理想了么?

我:事实上,我出国时,带着考察美国的目的来。最重要的一项是美国的教育,顺便了解经济政治文化。后来我发现文化是重要切入点,基本问题没想清楚,我未来即便在教育岗位也无济于事。而教育与其他有关联,不想清楚一些基本问题,便不知从何入手。我下决心把这些问题想清楚。在这个意义上,我对教育的认识,已经从单纯的孤立的学校教育,放到宏大社会的一部分去看待。所以,我决定先把社会弄清楚,再谈教育。目前的主要关注是中美不同。

我仔细思考后,决定借着考试失败的契机,也潇洒一回,做想做的事。我很快写好图书的英文版提纲,随后以每天四千字的速度写作。

美国同学听说后,说:每天四千字?你一定非常喜欢写作,要不然不会每天写这么多字。我要完成一千字的课程论文都要写很久。

我:我写作的内容是观察和思考很久的结果,内容在脑子里都有了。你写作的论文要查资料、作分析,自然要花更多时间。写得快未必表明我热爱写作。我写第一本书时每天写一万字,回忆求学经历,论述我对教育的观点。我觉得我的思考很重要,时间很紧迫,就写得很快。

德国同学:那你现在喜欢写作么?

我:喜欢。我写作能全身心投入,忘记周围的事情。我不跟任何人比写作技巧、写作内容,单纯的写作本身就让我很高兴。我写的是想说的话,不是命题作文。

美国同学:能看出来,你确实很享受现在的状态。你终于找到喜欢做的事情了,真为你高兴。

我:不过喜欢做的事情未必给我饭吃。我投入写作的时间和精力很多,却未必有商业价值。我第一本书是自费出版的,到现在还没有收回成本。

美国同学:确实。喜欢做的事情未必能带来经济回报,美国很多人追求兴趣,但真正能将兴趣和工作结合并有足够收入的,毕竟是少数,大部分人不得不为生计转行。

我:我从不相信我那么幸运。短期内,我经济上没有困难,会抓紧时间完成书稿。我在找和我关心的内容相关的工作。

美国同学:你关心什么内容?

我:我希望更多了解工作中的美国人,了解德国的工业,以色列的创新。这次学术生涯终止,我决定向美国人学习,也做些我感兴趣的事。我把工作作为考察的机会和经济稳定的来源。要是找不到,我也会为生计做其他工作。

连续写作二十几天,我越发疲惫,头昏脑涨。我出去放松几天,回来后精神好很多。

我问:为什么做喜欢的事情也不能持续很久呢?

美国同学:就像你每天都吃最喜欢的菜,过段时间就不想吃了。这时换下胃口,间隔一段时间,就又喜欢吃了。无论做多喜欢的事情,都要放松休息。假期必不可少。

又过了一段时间,我说:我想借工作考察美国、德国或以色列,现在没有公司录用我;写书改稿,中文版和英文版投稿出版社,都没有积极的回复。事情比我想象的困难。我现在写书的热情也下降了些。我希望借某一件事情的突破带给我信心。

国内的同学在电话中对我说:那不就又回到设定目标,取得阶段进展,再设定更高目标的老路上了么? 兴趣成功不关心阶段目标,更强调享受过程。

我猛醒:对,美国同学坚信做喜欢的事,并不懈努力,就一定会成功。我现在缺乏的是对未来成功的坚信。我一定要亲自体会兴趣成功的感觉。写书就是我想做的事,我享受过程,并坚信结果一定会很好。我有信心。

这么想后,我的心情豁然开朗。

他:看来兴趣成功也会沮丧,就像电脑一样要重启。你刚才的分析就是重启的过程。

第四节　家庭结构和比较竞争满足的结合

一、北京奥运会——中国奥运会

学校开运动会,运动员夺得第一名,全班欢呼雀跃。班级是家庭,运动员是家庭成员,代表家庭参赛,获得的荣誉代表个人实力和家庭实力。同理,中国运动员出征国际体育比赛,代表个人的辛苦奋斗和中华大家庭的实力。金牌的突破,如刘翔、孙杨,会让中国人扬眉吐气。非体育爱好者看到五星红旗升起,也兴奋异常。不过,我和外国同学对奥运会金牌的看法却不甚相同。

我问:美国运动员获得金牌你高兴吗?

美国同学:当然高兴,特别是我喜欢的运动员获得金牌。

我:你会感觉好像你获得金牌一样吗?

美国同学：不会，金牌是他获得的，不是我获得的。

我：你不感觉同是美国人，他代表美国参赛吗？

美国同学：不。

个体社会没有我们看重金牌。我们看重金牌基于两方面原因：一是家庭结构下，运动员的得失荣辱代表整个家庭；二是中华大家庭的比较竞争满足感宇宙无敌。商业文明的嫉妒集中在财富。中国人比较竞争满足无处不在。金牌对中国人的特殊意义，就像排第一名对学生、老师、家长的特殊意义。第二名本也不错，但中华大家庭比较竞争满足感太强，哪怕差一点点，都感觉有了质的差距。

近代以来，中国人的奋斗动力是重回世界第一。中国的经济总量超越日本跃居第二，没有人欢呼雀跃。超越美国成为世界第一，体现在体育的奥运金牌数目、经济的总量和政治的实力，不达第一，永不满足。我曾经和很多发展中国家的同学聊天，当我告诉他们中国人包括很普通的民众，动辄把中国和美国相比较的时候，大家都特别吃惊，没有人有像家庭结构这么强的比较竞争满足感。2008年的北京奥运会，被看做是全中国的一场体育盛会，它展示的是中国的发展是实力。我问美国同学：美国的某一个城市举办奥运会，会被看成是美国的奥运会吗？

美国同学：不会。要是洛杉矶举办奥运会，就只是洛杉矶这座城市的奥运会，不是其他城市的奥运会。

我说：北京奥运会则不同。北京是中国的首都，我的家乡离北京很遥远，几乎就在中国的边境上。不过，我的父母仍觉得这是中国奥运会，希望我去做志愿者。

二、大家庭的复兴梦

科举制定了统一的标准化选拔标准。金榜题名和名落孙山年年出现。屡试不爽的白发老人并不少见。中国地大物博，物产丰富，几千年来生活得很好，自诩文明人，视周围人为野蛮人。南宋朝廷打不过蒙古骑兵，但南宋生活水平很高。在传统意识中，好生活常引起嫉妒，让少数民族觊觎大家长的宝座。

唐朝的长安有大量留学生，证明唐朝的强盛和开放。中国对求学者愿意授人以渔。日本派遣遣唐使、僧侣来唐朝学习，推动日本的"大化革新"。[354]家庭结构的理论构建者孔夫子，就是老师，老师在家庭的地位高，"一日为师，终身为父"。孟子说：人之患,在好为人师。[355]在比较竞争满足的心态驱使下,做老师具有额外的比较竞争满足感。

今天,美国的开放政策吸引全世界的优秀人才赴美工作。历史上,盛唐的开放也吸引了大量海外人才,且大家庭愿意接纳他国的优秀人才。盛唐的科举制度曾录取过外国人。阿拉伯人李彦生科举及第。有人提出异议,求才于夷人是不是说明华人的才能不够?支持李彦生为官的人说他"形夷而心华",李彦生最终在朝为官。[356]盛唐非常开放,不拒绝外国人来首都求学做官。认同中国的家庭结构价值观,大家长都可授予官职。今天是鸦片战争以来触底反弹、民族上升的最好时期,未来要直抵盛唐,重回盛世。外国的优秀人才既会自动被中国的强大和发展吸引,试图来华工作生活,中国也需要主动开放,吸引更多的人才,实现更大的发展。

鸦片战争后,中华大家庭确实衰落了,差点亡国在昔日的学生日本手上。日本侵华对中国是极大刺激,让中国触底反弹:不重回世界第一,就摆脱不了任人宰割的局面。美国同学:你总说中国要复兴,回到最强大的时代,是要回归男耕女织的小农经济么?

我:当然不是。复兴是回复到横向比较的最强大国家。今天,中国还剩下一个竞争对手——美国。复兴不是回复到千年前的生活状态,而是排名状态。

美国同学:你总说中国不希望改变,是近代鸦片战争以来被迫改变的。但我看中国人也开小汽车、用手机,这些都是西方的,中国人很喜欢。为什么说中国是被迫改变的?中国人真喜欢过去的小农生活么?

我:中国在历史上确实没有想改变的主观愿望,当时自给自足也生活得挺好。我们靠农耕文明的辛勤劳作生存了几千年,西方的入侵,却差一点让中国灭亡。今天中国的奋起直追,是落后挨打的历史经验的结果,不是西方人的赏赐。历史上,南北美洲的很多土著居民,都在西方的扩张中被屠杀了。近代中国也差点灭亡在日本手中,都城南京的居民惨遭屠杀。不回到世界第一,中国人始终感觉不安全,也不满意。

在对外贸易上,中国已"重新回到世界第一的位置"。"我国是历史上最早开展对外贸易的国家之一,直到明代和清代前期仍保持着经济贸易规模世界第一的位置。"

"我国对外贸易始于先秦,盛于宋元,衰于晚清,经过新中国成立 60 多年特别是改革开放 35 年的快速发展,又重新回到世界第一的位置,创造了世界贸易发展史上的奇迹。30 多年来,我国对外贸易几乎每 4 年翻一番,是首次成为世界第一货物贸易大国的发展中国家。"①从先秦到今天的两千多年对外贸易史,回顾起来就好像几天前的事情一样,这体现家庭结构独特的传承性和延续性。在今天的中华儿女心中,过去两千多年的辉煌记忆仍是持续努力的动力。商业文明社会常常用"崛起"形容中国的发展,而中国人自身则用复兴。要是从新中国成立以来算起,或者从现存于世的中国人的一生来看,确实可以称得上是崛起,因为我们确实是从弱小的地位逐渐发展壮大的。不过,中国人的历史观要绵长悠久得多,在历史的大部分时间,中华大家庭都是强大的,鸦片战争以来的一百多年衰落,只是漫长盛世后的短暂低迷,在中国人心中是不被接受的。今天的中华儿女,承载着恢复祖先的兴盛家业的重担。毛泽东为人民英雄纪念碑起草的碑文是:"三年以来,在人民解放战争和人民革命中牺牲的人民英雄们永垂不朽! 三十年以来,在人民解放战争和人民革命中牺牲的人民英雄们永垂不朽! 由此上溯到一千八百四十年,从那时起,为了反对内外敌人,争取民族独立和人民自由幸福,在历次斗争中牺牲的人民英雄们永垂不朽!"[357]自鸦片战争以来,民族复兴是共同的目标,今天的家庭成员的奋斗,只是历史接力棒的一小段历程,却是重要历程。

在商业贸易上,家庭结构固然是农耕文明,但在做生意上并不比商业文明差。我们做生意一不靠武力掠夺,二不靠奴役别人,而是靠辛勤劳动生产廉价产品。丝绸之路自古驼铃之声不断,运输着往来于中国和中亚的的货物,再经中亚商人转往欧洲。今天,"我国已经是 120 多个国家和地区的最大贸易伙伴,从南太岛国到非洲大陆,从欧亚大陆东端到大西洋两岸,全世界都在享受着质优价廉的中国制造商品。"家庭结构在做生意中不会输出自身价值观,更不会以武力相威胁。在此过程中,中国人靠勤劳而过上了好日子。不过,与商业文明不同的是,家庭结构更看重比较竞争满足的第一,赚钱也是重回第一的一部分,而不是最终目的。要重回第一,除了有钱,还要有政

---

① 《人民日报》2014 年 3 月 2 日,07 版,商务部长,高虎城,

治地位,有文化影响力,最终就是综合国力。复兴是在综合排名的意义上,而不是比谁更有钱。复兴一词,是农耕文明历史传承与比较竞争满足共同作用的结果。

三、重回第一之后——懈怠

中华大家庭奋发图强的两重动力,来自家庭的完整和历史自豪感。鸦片战争后,大家庭就不完整,许多岛屿今天仍未收复。尽管台湾不在外国人手里,但两岸未统一,家还是不完整。商业文明的宗教观和人权观是比神圣不可侵犯的财产还重要的意识形态;家庭结构的最重要因素是家庭完整。

中华大家庭在世界大家庭中有两点特征:一是经历历史检验,多次战火亡国,文明却延续;二是比较竞争满足感最强,不取代美国成世界第一,绝不满意。美国同学听我讲述了比较竞争满足后,对"中国梦"进行了形象解读,他说:"'中国梦'就是美国人能梦到的,中国人总能梦得更好。"[358]

美国同学:你总说美国世界第一,是指哪方面? 生活水平肯定不是第一。军费开支倒是世界第一。

我:第一指美国整体是实力最强的国家,而非人均。北欧国家人均生活水平高,却不是中国的比较对象。美国是世界唯一的超级大国,具有经济、文化、政治、外交、军事的综合实力。中国人先选定美国作为比较对象,再对比具体内容;而不是选定比较内容,再寻找该领域的第一作比较。比如,美国人开小汽车到处玩。中国人也想有小汽车;可能世界某个富裕国家人均小汽车比美国还多,但中国不和它比,中国不是选定小汽车事件作为比较对象,再搜索排名第一的国家,而是选定美国作为最强大国家,再方方面面做对比。

美国同学:中国人希望更好的生活。

我:不单单为更美好生活。中国实现了民族复兴,人均生活水平也肯定达不到北欧小国。美好生活不是奋斗的最终动力。中国近代落后不停挨打,险些亡国,危机感强,不服输,一心重回世界第一。

他:超越美国之后呢?

我:不再有危机感,满足于目标终于实现,短期不再有新目标,优哉游哉。

他惊讶地说:回到世界第一就满足懒惰不思进取了? 我不相信。

我:中国人的奋斗目标是已知生活的最好,比较竞争的对象要客观存在,不能是未来理想。实现第一就实现了比较竞争满足,代表超越所有国家。中国人相信未来生活会更美好,但它不是奋斗目标。回到世界第一,目标实现,外部压力解除,中国人终于松一口气,会放松要求。

唐朝由盛转衰的转折点是安史之乱,它发生在唐玄宗时期。唐玄宗亲政的前期,励精图治,开创了大家庭历史上空前的开元盛世。他将大家庭推到了历史巅峰后,就自我满足懈怠了,渐渐不理朝政,最终在安史之乱中仓皇逃离长安城。农耕文明不像商业文明强大后会殖民扩张,地球不够还要去火星。农耕文明实现最强大也就满足了。从道家的角度讲,最高点就是下降的起点。这次实现比较竞争的满足,要超越美国成为世界第一,是从鸦片战争以来全民族马不停蹄努力的结果。家庭成员在此过程中付出了巨大努力和牺牲,实现目标后的松懈也会格外强。

美国同学:这不可思议。努力为了证明超越美国的能力,本身却不想创造更美好生活。

我:中国人不想创造未来,共产主义美好,却过于遥远,世界上没有人成功实现,自然不会成为目标。中国的崛起根本不是威胁。

巴西同学:中国崛起是威胁。美国媒体说得对,中国取代美国,也会到处抢资源,武力威胁别人。

德国同学:中国不像美国到世界抢资源?

我:你们是强盗不代表天下所有人都是强盗!中国人是农民,不是商人,更不是强盗,没有抢劫的逻辑。郑和舰队规模远超哥伦布,却送礼给弱小国家,宣扬天朝国威,追求比较竞争满足。乾隆年间,广州商行的商人欠西洋人钱,乾隆皇帝下令其他商人限期将钱还清。我大清帝国地大物博,物产丰富,怎么能够欠蛮夷的钱呢?回到世界第一,美国不阻挡中国统一,没准美债就免了。你觉得划不划算?

美国同学:很划算,不过台湾回归与否不由美国决定。这个岛值这么多钱吗?

我:值。家庭结构的领土完整具有底线意义,不能用钱来衡量,类似于西方的"人权"观不能用钱衡量。事实上,要是打一仗,花的钱会更多。但从心态上讲,宁可打仗也不会用钱来交易,主要是自己的领土不能用钱买。在家庭结构的思维中,领土是不能买卖的。是我们的就归我们,不是我们的也不要。

鸦片战争后,《南京条约》第一条就赔偿白银。商人的利益始终最重要,打仗也是买卖,不能亏本。日本在十九世纪末提出"脱亚入欧"政策,自称"名誉白人",即日本发展了,和亚洲国家不一样了,黄种人和白人有同样实力,名誉上是白人,即"名誉白人"。随后,日本学习商业文明,殖民朝鲜,甲午海战后,学习商业文明签订条约逼迫中国割地赔款,二战进一步希望把中国变成殖民地。日本学商业文明学过头了,中国没这种思维。就是说,复兴仍是在保留家庭结构的大前提下的发展。这样的话,实现复兴之后,下一个目标肯定不会是借着复兴后的强大去抢别人的财物。比较竞争满足是达到横向第一,是看得见摸得着的目标。而商人追求财富则是无止境的,不会满足于家庭结构的横向比较第一。

个体社会有严肃信仰和传教士精神。中世纪打了多次宗教战争。美国在中东地区的战争,特别是阿富汗战争和伊拉克战争,可看成基督教对伊斯兰教的宗教十字军东征的延续。基督教宗教改革后,政治信仰的"民主自由人权"取代上帝成为向全世界推广的价值观。美国成为世界第一很多年了。苏联解体后,美国是唯一的超级大国。不过,美国向全世界传播普世价值观的目标还没有达到。这样,传播商业文明价值观就是不断努力的目标。

家庭结构没有传教精神,从未发现放之四海而皆准的道理。是否学中国制度由其他国家决定。对中国来说,成为世界第一本身就足够了,复兴不包含向世界传播家庭结构的价值观。家庭结构不会把世界上其他国家发生的不符合家庭价值观的事情当做改造对象,不会把军队派过去"解放"当地的人,更不会为了传播家庭价值观而在成为世界第一后继续努力奋斗。因此,家庭结构在完成比较竞争满足的目标后,没有商业文明传播普世价值观的动力。

农耕文明内敛,不传教,不信普世价值,坚信自己最棒并不懈努力。证明第一的方式是"万邦来朝"。他人认可我们,才会来学,不需要武力逼迫。来学习的人越多,越证明大家庭的成功。中国自古开放,且愿意授人以渔,接纳来求学的外国人。随着中国的发展,来华定居的外国人会增多,他们的孩子与中国孩子生活在一起,会被接纳为中国人。中国的复兴是开放意义上的复兴,要直抵盛唐。不久的将来,会有第二代外国移民参加公务员考试且被录用。

占领未开垦的外星土地或开创全新世界也不会成为复兴后家庭结构的动力,只能是在复兴过程中与商业文明角逐的标志。

和美国同学聊移民火星,我特别奇怪:你们为什么要移民火星呢?你们拥有这么多了,为什么不满足呢?

美国同学:这是人的本质。世界上未知的领域总比拥有的更吸引人。

我:这绝不是人类本质,中国人和美国竞争只是靠比较竞争满足,一旦超越美国,没有动力探索遥远的未知。

我在洛杉矶看到很多无家可归的人,美国政府没有把钱投入到民生建设,而投入了军费。两个美国同学抱怨说:未来上不去火星了,美国航天局的预算被砍了,五角大楼的军费却降低不多。

中国自古缺乏探索未知世界的强大动力。中国人看历史,"民族复兴"是回到历史上的兴盛时代。历史上最兴盛的时代,人的平均寿命也没有今天长,也没有洗衣机、电脑、手机、互联网、飞机……商业文明科技革命的成果传播到全世界,彻底改变了生活。复兴不是回到过去的牛拉犁时代。中华大家庭的复兴是现代意义上的复兴,指在现代社会重回世界第一的位置。民族复兴要实现大家庭的统一,把美国的军队从家门口挤走。

美国不靠比较竞争满足,对未知的探索动力始终很强,不会满足于现有的世界第一位置。它的问题是军费开支庞大,战争投入挤占了科研投资,放缓了科研成果的诞生。中华复兴必须追赶新科技革命的脚步,问题是,中华大家庭没有开创和引领科技革命的内在动力。中国人抱怨创新精神不足,但对商业文明做的新事情,又往往持观望态度。

我和中国同学聊移民火星的话题,大部分人以为我在开玩笑,不理解为什么要移民火星。火星上连水都没有,上去有什么意义。我感叹:中华民族错过了大航海,也可能错过大航空时代,没有探索的内在动力,很难引领下一次科技革命。美国和荷兰提出送载人飞船上火星,中华大家庭基于比较和竞争,也会送中国人上去。一旦个体社会不做了,家庭结构绝不会继续投钱。不过,也正如中国同学对我说的:只要美国人在火星上发现了水,改造了大气,将火星建设得比地球更适宜人居住,中国人会挤破脑袋也要去火星。

这就好像中国人移民美国。

最有代表性的回答是：我连美国都不想移民，还移民火星呢。

他的回答的逻辑是，美国是最值得移民的国家，连移民美国都没有吸引力为什么移民到看不见摸不着的火星呢？他用优先级顺序来回答了我的问题。比较竞争满足感来自看得见的好生活。对遥远的星球、未来的理想生活，中国人没有特别的兴趣去构建。秦始皇派徐福出海，目标是去仙岛获取长生不老药，要是火星上有这种药。说不定中国人也会上火星的。

民族复兴、中美权力异位、大家庭完全统一后，中国人实现了比较竞争满足，就会懒惰。中华大家庭经历了两百年的追赶长跑，甩掉了对手，可以歇一下了。探索遥远的土地从不是目的，目的只是跑得比别人远，比别人快，前面有人，就不满足，就要使出浑身解数追赶，目标来自前方的竞争对手，不来自遥远的梦想，不来自构建全新的世界，不来自传播家庭结构的价值观。跑了两百年的运动员超越了对手，实现了目标，跑得太累，会歇得比谁都深刻。中华大家庭会进入内斗的兴亡周期怪圈，革命成功了秋后算账，重启无聊的整人游戏，重入历史兴亡周期律。

在今天的复兴征途上，大家庭很浮躁，人忙着赚钱、买房、买车、教育子女等。浮躁体现生机勃勃，体现对未来的希望，体现了在比较竞争中还未满足、还在不断努力。美国同学说："中国最大的不同就是变化很大，几年就换一个样子。"这些变化是中国人要在短期内迅速赶上美国的勤劳付出的结果。追赶者必须比领跑者速度快，才有追赶的希望。如何实现民族复兴？答案是，引领下一次科技革命。[①] 复兴的标志，则是大陆与台湾的统一。

第五节　复兴路口的困惑——家庭结构与比较竞争满足的冲撞

一、家庭结构探索个体社会的组织模式

鸦片战争败给商业个体社会后，农耕家庭结构就意识到"火器万不能及"，[359] 就是

----

① 详见第三章。

兵器远远比不上洋人。父母官就提出"师夷长技",也就是承认夷人拥有更高的技能需要大家庭学习。大家长承认在科学技术上比蛮夷落后,在家庭结构的历史上不曾有过。在过去,就算南宋被蒙古骑兵灭亡,家庭结构也从不承认在科学技术或文化上落后于游牧文明。承认商业文明的科技先进,是家庭结构第一次把比较和竞争带入到大家庭之间。在此之前,蛮夷落后于中华,不存在与之比较的意义,比较和竞争只存在于大家庭内部成员间。现在突然承认比商业文明落后,要派遣留学生向夷人学习科技,还设立传授科学技术知识的京师大学堂,即后来的北京大学。这些对家庭结构刺激极大。

大家长的态度转变了,子民还有些不服气,毕竟,"中国"是中央王朝,怎么会在科技上不如远方的蛮夷呢?孙中山说,义和团"要用大刀去抵抗联军的机关枪和大炮","始终不相信外国的新式武器,总是用大刀、肉体和联军相搏,虽然被联军打死了几万人,伤亡枕藉,还是前仆后继,其勇锐之气殊不可当","那次血战之后,外国人才知道中国还有民族思想,这种民族是不可消灭的。不过庚子年的义和团,是中国人的最后自信思想和最后自信能力去同欧美的新文化相抵抗。""义和团失败以后,中国人便知道从前的弓箭刀戟不能够和外国的洋枪大炮相抵抗"。[360]至此,大家长和子民在学习商业文明的科学技术上取得了共识。

取得共识后,承认商业文明的科学技术发达,需要虚心学习,就不再有异议。孙中山说,欧美"关于人类日常生活的机器,和农工商所用的种种方法","没有不是比中国进步得多的"。毛泽东在向苏联学习的问题上,特意强调,"不但学习马克思列宁主义的理论,而且学习他们先进的科学技术,一切我们用得着的,统统应该虚心地学习。"[361]邓小平说,"我们不仅因为今天科学技术落后,需要努力向外国学习,即使我们的科学技术赶上了世界先进水平,也还要学习人家的长处"。[362]直到今天,大家庭仍自上而下普遍承认在科学技术上并没有超越现代个体社会。在科学和技术的比较和竞争中,远远没有让大家庭满足。

鸦片战争让大家庭很快承认在科学技术上比较和竞争不过个体社会,但大家庭当时仍坚信,传统家庭结构在制度上远胜现代个体社会。李鸿章在承认"火器"远不如西人的同时,还要强调"中国文武制度,事事远出西人之上"[363]。就是说传统家庭结构下的皇帝的世袭、科举取士、武举选将、以德治民等远远强于个体社会。他坚信,给北洋水师配备欧美的先进武器,让它成为亚洲第一的海军舰队,弥补"火器"的不足,就会所向披靡。结果却是,北洋舰队在与日本的海战中全军覆没,清政府被迫割让台湾岛。

日本给中国的刺激远比英法的大。中国对英法没有深入了解,不存在败给昔日手下败将的挫败感;日本则不同,日本长期向中国学习,是昔日的弟子,却改投师门后一朝发迹。从逻辑上讲,鸦片战争败给英国,第二次鸦片战争败给英法联军,家庭结构就有机会意识到科学技术的坚船利炮和个体社会的制度是对方的不同点,也许科技和社会制度都要借鉴。但兵器上的差距在战争中体现得明显,谁的炮射程远,精准度高,谁战场上就占优势。至于个体社会的组织模式有什么优势,很难在战争中直观地显现,也就没有引起足够重视。败给日本则不同。日本长期向中国学习,文字、儒家文化、服饰、建筑、科举考试等都深受中国影响,甚至从中国原版引进。日本国土很小,资源也不丰富,也受到商业文明的入侵,却在学习商业文明科技和社会制度后迅速强大,打败了过去一千年从未打败的中国。在这之后,大家庭承认传统家庭结构的制度比较和竞争不过现代个体社会,需要学习。

最先想到的学习对象是日本。康有为上书光绪帝,主张学习日本明治维新,进行全面改革,引起光绪帝强烈共鸣,并向光绪帝进呈了《日本政变考》等书籍,帮助光绪帝坚定维新变法的决心。不久,光绪帝颁布《定国是诏》,宣布变法。[364]学习明治维新的实质是学习个体社会的君主立宪制,在保留大家长的条件下也试图开议会,选举首相。但议会没开成,更没选出首相,变法失败。

孙中山也赞同学习个体社会的组织制度,他说,"近来实行革命,改良政治,都是仿效欧美",因为欧美"种种文明都是比中国进步得多"。他不赞成学日本变法保留皇帝,"君权将来一定是消灭的"[365];要学习美国,"美国自结合联邦、成立宪法以后,便成世界上顶富的国家"[366]。孙中山受美国的制度影响很深。1911年武昌起义爆发时,他就人在美国。[367]他就任临时大总统后,很快颁布了《中华民国临时约法》,借鉴了美国宪法的主要精神[368]。孙中山有美国总统华盛顿的味道。他的公开讲话中,没有贪恋权力,更没有当皇帝的愿望,真心要废止大家长职位的世袭制。此后,张勋拥戴溥仪复辟和袁世凯称帝的两次闹剧都快速失败，传统家庭结构中大家长父传子子传孙的世袭模式彻底终结了。

这次学习个体社会建立起了议会，效果却不让人满意。孙中山后来说，"中国革命以后，要仿效欧美实行民权，欧美的民权现在发达到了代议政体，中国要跟上外国实行民权，所以也有代议政体。但是欧美代议政体的好处，中国一点都没有学到；所学的坏处却是百十倍，弄到国会议员变成猪仔议员，污秽腐败，是世界各国自古以来所没有的。这真是代议政体的一种怪现象。所以中国学外国的民权政治，不但是学不好，反且学坏了！"孙中山解释说，"中国几千年以来社会上的民情风土习惯，和欧美的大不相同。""管理物的方法，可以学欧美"，"欧美的机器，我们只要是学到了，随时随地都可以使用。""管理人的方法，当然不能完全学欧美。""像学外国的机器一样，把外国管理社会的政治硬搬进来，那便是大错"。[369] 到目前为止，学习日本变法没开成议会也没选出首相，更没有颁布宪法。学习美国选出了总统，成立了议会，颁布了宪法，但效果没有预期好。家庭结构的最大变化是结束了大家长的世袭制。美国自建国以来就没有过国王，第一任总统华盛顿也没有传位给儿子。家庭结构结束世袭制，是借鉴美国的个体社会的结果。另一个变化是现代家庭结构形成了以政党为执政团体的制度，这也是向欧美学习的结果。

毛泽东说，"十月革命一声炮响，给我们送来了马克思列宁主义。"[370] 俄国在商业文明的包围中，运用商业文明诞生的共产主义理论，结合俄国实际加以实践，迅速革命成功。这给处于相同困境的家庭结构以希望。此后，苏联创新经济模式，采用计划经济方式，优先发展重工业，农业集体化，迅速从落后的农业国崛起为世界第二大强国，与美国抗衡。这让家庭结构下决心向苏联学习。毛泽东说，俄国"建设了社会主义，打败了法西斯，变成了一个强大的工业国。它有许多东西我们可以学。"[371] "我们现在学习苏联，广泛地学习他们各个部门的先进经验"[372]。农业走合作化，经济国有化，五年计划，优先发展重工业，都是学习苏联模式。苏联模式的最大特点是能迅速在落后的农业国建立起完整的工业体系。至此，传统家庭结构下的男耕女织的生产方式逐步被工业化大生产取代，农业人口的比重逐渐降低。

第一个五年计划的提前完成让大家庭喜出望外。毛泽东说，"超过美国，不仅有可能,而且完全有必要,完全应该。"[373]这是在鸦片战争爆发百年以后,家庭结构首次提出要"赶上世界上最强大的资本主义国家,就是美国"[374]。在过去,都是学习日本、欧美、苏俄,李鸿章、康有为、孙中山都没有提出赶超。不提出不代表不想赶超,而是没有看到赶超的希望。为实现赶超,全国掀起"大跃进"的高潮,大办工业、大办农业。工业生产各部门制定出在几年内产量赶超英国和美国的高指标。农业上出现了"人有多大胆、地有多大产"的主观臆断口号。[375]结果是赶超没有实现,却出现了建国以来最严重的经济困难。邓小平说,"'大跃进',毛泽东同志头脑发热,我们不发热?刘少奇同志、周恩来同志和我都没有反对,陈云同志没有说话。"[376]"我们这些人脑子都发热了。"[377]五年计划的提前完成是出人意料的好成绩,很容易让人脑子发热。家庭结构不甘心在比较和竞争中永远落后于个体社会,总在寻找翻盘的机会。

学了苏联这么久,也没有实现超英赶美,连苏联本身也没有超越美国。邓小平认为,经济制度不要只学苏联,还要学习欧美,要大胆引入市场经济。为冲破意识形态束缚,给市场经济正名,邓小平提出了"黑猫白猫,抓住耗子就是好猫"的实用主义论断,与鲁迅提出的"拿来主义"相似。此后,大量留学生到欧美求学。商业文明的现代企业管理模式、股票交易所、国家以财政税收等方式宏观调控……都被家庭结构学到了手。商业文明的信息技术革命的很多成果也陆续被家庭结构掌握。家庭结构实现了主动开放,是自明朝海禁以来,第一次在没有外界压迫的条件下打开国门,并全面融入世界大家庭。大家庭与美国的差异在信息时代被放到每个人的眼前,不超越美国,大家庭成员绝不会感到满足。在此期间,家庭结构结束了领导人的终身制,实现领导人的任期制,也是参考了个体社会的领导人任期制。

截至目前,大家庭仍公开表示要"大胆吸收和借鉴人类社会创造的一切文明成果。"[378]这些成果包括科学技术,也包括社会组织模式。学习科学技术在大家庭有广泛共识,没有争议。争论的焦点集中在怎样学习个体社会的组织模式。商业文明从契约演化而来的法制,从平等交易而来的平等,从自由买卖而来的自由,在平等自由基础上的民主,以及从基督教的普世在移除宗教内核后的普世人权观念,以及商业扩张带来的掠夺和价值观传播,与家庭结构强调的稳定、和谐、中庸、传承和自给自足截然不同。法制、民主、自由和人权与家庭结构是什么关系,困惑着中国人。

个体社会率先爆发现代科技革命,是现代化的发源地;传统家庭结构被动走向现代,核心是科学技术对生产和生活的现代化改造,要以商业文明的模式为参考。"全盘西化"的声音始终存在,出发点和动机大体有如下两个:

一是照搬照抄来解决问题的简单化思维,即完全复制个体社会的发展模式。问题是抹掉两千多年的农耕文明、转型为商业文明极其困难。家庭结构存在几千年,不可能一朝一夕抹去所有痕迹,移植商业思维。

走向现代化能移植个体社会的的科学技术成果,电话、电灯、电脑、汽车、飞机、互联网、摩天楼,高速铁路,都是中国学来的,不是原始创新,不过学到手就能使用,学会怎么制造就能卖给世界各地。在此过程中,商业文明的思维伴随着科学技术向中华大家庭渗透。现代家庭结构却不能移植个体社会的文明成果,只能够借鉴。马克思主义和市场经济都是个体社会的理论产物。马克思和恩格斯是德国人,市场经济的理论奠基人亚当·斯密是英国人,政党概念也源自欧洲,法治精神奠定在古罗马。走苏联建设道路是因为苏联快速强大。俄国和中国都是落后的农业国,背景相似,都受列强欺凌。十月革命的成功给了中国人希望。中国共产党成立了。"农村包围城市"是历史上农民革命起义的传统模式,不是创新。

另一种要求全盘西化的逻辑是:个体社会的科学和技术的强大,源自个体社会的组织模式,不抛弃家庭结构,不接受个体社会的普世价值观,就没有实现现代化和强大的机会。这样的逻辑与历史不符。在个体社会的崛起历史上,葡萄牙和西班牙没有强调民主自由人权,而是野蛮的掠夺和殖民;荷兰没有很强的意识形态,日本在闭关锁国时只和中国与荷兰进行贸易,主要原因是荷兰人不传教;英国的强大是靠殖民,也不讲究人权;美国是在 1861 年才废除奴隶制,20 世纪 60 年代马丁·路德·金还在为黑人权利斗争。美国人二战后是世界第一强国,实现黑人和妇女平等权利却花了很长时间。权利的实现是发展和强大的结果,不是原因。把德国和日本算进来,泛泛的结论更站不住脚了。日本是军国主义国家,不讲人权、独立、自由,在 20 世纪用个体社会 16 世纪的殖民方式军事占领亚洲国家;德国法西斯横扫了欧洲,也不是基于平等自由人权。法国大革命砍了路易十六的脑袋,战场上却没有打胜仗。列宁领导俄国十月革命,说资本主义势力最薄弱的地方会最先建立社会主义,与马克思社会主义先建立在资本主义高度发达的地方相左。斯大林实现苏联崛起，与美国抗衡，却从没强调自由人权；戈尔巴乔夫大谈特谈民主自由人权，很快东欧剧变、苏联解体了。苏联强大时没强调过民主自由人权，强调后很快解体了。

个体社会的法律在古罗马就很完备，又经历了近代民主启蒙。中国在历史上就不是商人社会，法律缺乏契约精神的保障，民众也没有现代启蒙。随着向美国学习的逐渐深入，受美国社会治理结构的影响会逐渐加深。商人的私有财产保护，基于契约的法制精神、民主自由人权的价值观，冲击着家庭结构。

基辛格说，在中国开放后的中美关系的大多数时间里，中国人十分佩服美国管理经济的能力，认为美国人是在通向管理世界的金融体系的道路上，中国人有必要向美国好好学习。因此，中国人派留学生来美国求学，派人来美国的银行学习等。在2008年，中国人突然意识到，美国人也不知道怎么管理自己的经济。[379]

2008年之前，美国的经济自二战以来发展良好，始终居于世界第一位，保持着增长。中国人觉得学到了这些本领，也能发展经济。

问题出现了——从学习技术购买先进武器，到学习弹丸小国的日本的君主立宪制，到走美国的民主共和制，到学习苏联从落后的农业国快速转变为工业国，到向美国学习发展市场经济，转变都基于看到成功国家案例后去学习，"你能做的我学会了也能做"。中华民族没有原始创新。

历史上，大国崛起都伴随原始创新，引领科技革命能让小岛成为日不落帝国。中华大家庭的复兴需要引领下一次科技革命，重点在科学技术上，而不是抄袭个体社会的组织模式。

二、儒家学说："吃人"礼教与国学

中国社会走向现代，本质上是农耕文明接受商业文明的科技，走向工业化、电气化、信息化的同时，保持着农耕文明的家庭结构构架。传统家庭结构转变为现代家庭结构，是家庭结构适应科技进步的改良。

要构建美国式的个体社会，必须打碎家庭，付出与历史割裂的巨大成本，在亚洲的儒家文化圈没有成功先例。尝试走个体社会的日本、韩国、中国台湾，都是伪个体社会。

个体社会的个体必须平等并独立判断，就必须打破家庭结构的父母、子女排序。男女平等是现代家庭结构的重要特征。儒家思想被称为吃人礼教的一条罪状就是禁锢女性。贞女牌坊是上世纪被猛烈批判的儒家禁锢女性的证据。

从自给自足的小农经济的历史来讲，男耕女织的生产方式决定了女性在家庭的从属地位。社会思想要基于社会现实，否则很难推广。在家庭结构从传统走向现代的转折期，孔夫子被猛烈批判，目的是打压传统思想，更好地实现转折。在此意义上，现代家庭结构调整了父亲与母亲的地位，让他们都以家长的身份出现。

在儒家文化圈内，中国的妇女解放较日韩更彻底。中国在男女平等基础上，还给了女性特殊照顾。比方说，女性是 50 岁到 55 岁退休，男性是 55 岁到 60 岁退休。我问了日本、韩国、美国、法国、德国、意大利的同学，都是男女同岁退休，中国的女性不同，她们比男性早退休。[1] 女性的地位在日韩提升有限。日本的女性大部分是家庭主妇，韩国的女性即便工作辛苦，也要干家务。在中国内，大陆比台湾的女性解放更彻底，台湾的女性很多就跟着丈夫，丈夫到哪，她就跟到哪。

在中国快速解除对女性的实际压抑后，人们的观念没有快速跟着转变，造成了特殊的剩女现象。全世界都关注中国的剩女现象，最优秀的女子，赚钱不少，学历不低，为什么难找丈夫呢？

男女不平等存在于男性和女性的共同意识中，是传统家庭结构观念的残留，体现人思想的转变落后于社会现实的发展。曾有女性抱怨不如意，领导用人没有提拔她，她自认比被提拔的男性的能力高很多。她抱怨社会依然男女不平等。

我问：你是领导，会选择提拔女性吗？

她坚定地回答：不会。结婚生孩子有产假，生完孩子很长时间无法全身心工作，没法出色完成任务。女性每个月都有不舒服的日子，不能像男性一样加班。

我非常惊讶：你作为女性，并没有为男女平等而争取，你当了领导，反而更加不用女性，因为你更了解。

英国前首相撒切尔夫人是女强人，但手下官员都是男性。很多女性抱怨男女不

_____

① 根据数据，俄罗斯、巴西等国家也是女性退休年龄早于男性。

平等,提拔机会比男性少。但她们掌权后也歧视女同胞。

传统家庭结构中,男性在小家庭承担着养家糊口的任务,在大家庭做父母官。现代家庭结构的女性经济地位提升,社会地位随着提升,但传统观念的改变相对滞后,女性的择偶观依然是找能养家糊口、比自己强的人。

传统家庭结构以自给自足的小农经济为主,生产方式是男耕女织。男性在体力劳动上较女性有优势,是家里面的主要劳动力。女性的从属地位由生产方式的从属地位决定。男性承担养家糊口的重担,是家庭收入的主要来源。女性在经济和社会地位上都受到歧视,要依靠寻找好丈夫过上好日子或实现抱负。后宫干政从汉朝刘邦的夫人窦太后起,经历武则天称帝,再到晚清的慈禧,到最近一次江青在"文革"期间获得权力,历史上,女性以大家长的配偶身份进入权力中心。

现代家庭结构下,女性光明正大地走上前台。在工业革命的推动下,传统的农田体力劳动被机械化和现代化的脑力劳动取代,女性接受教育,也能出色承担相应的工作。男女在脑力劳动上的对比,远远小于男女在农田体力上的差距,很多女性凭借勤劳和智慧,事业成功。但人们观念的转变始终落后于生产模式的转变。传统家庭结构中男性作为家庭收入主要来源的想法依然有强大市场。女性寻找更强的男性仍是主流。丈夫赚得少,会被瞧不起。传统婚姻中的男权思维不仅保留在今天的男性脑海中,也同样留存在女性的内心里。

我到美国后,每周在宿舍的厨房做工。美国女生看见大垃圾桶满了,会主动去倒掉,并不需要别人告诉。可我在国内求学期间,要是值日的时候让中国女生倒垃圾,她就会说:为什么不让男生去倒呢?

美国女生问我:中国的女生可以去倒,为什么不倒呢?

我说:中国社会还残留着男权思维,女性认为比男性弱,需要男性承担更多责任。

美国女生说:男女平等啊。

我:男女在经济地位上的平等要过些年才能转换为观念上的平等。

我父母的婚姻的破裂,就与他们对现代女性在社会和家庭的角色的分歧有关。我父亲从小在农村长大,小学文化程度;我母亲从小在城里长大,高中毕业。在我三岁那年,他们的婚姻走到尽头。我一生最早的记忆点,就是他们最后一次在家大吵架那晚，母亲躺在小屋的床上痛哭，父亲拿着家里面的一个大水瓶喝水。在抚养我的问题上，母亲认为，父亲的工作稳定，收入有保障，我跟着父亲生活会比跟着她生活得更好。他们的婚姻变故后，我得了肺炎，口吐白沫，外祖母十分心疼我，把我接到她家让外祖父带我打针。我父亲在一年后重组了家庭。我的继母由于车祸不能够生育，之前的婚姻也没有孩子，这是我父亲和她结婚的重要原因。父亲不希望他给我找的"后妈"心里有除了我之外的孩子。我的继母中专毕业，在一家工厂工作。在她与我父亲生活的八年中，她始终对我非常好，辅导我学习，给我洗衣做饭。在我小学毕业那年，他们的婚姻走到了尽头。我的母亲、父亲、继母都是非常好的人，婚姻之所以破裂，从我今天的视角来看，主要是我的父亲希望找传统的贤妻良母。在他心中，女性下班就应该回家，不应该有额外的社交活动。我的母亲和继母从小长在城市，且都读书，对她们来说，和男同事吃饭喝酒唱歌很正常。她们不希望除了工作就整天待在家里，也希望有朋友圈和娱乐活动。我的继母很喜欢唱歌跳舞，这尤其让我父亲受不了。

在我父亲第二次婚姻变故后，我对父亲说，希望他在我读初中和高中的六年关键时间里，不要再结婚，我不希望每天回家就见到吵架，希望安心学习。父亲答应了我，并在接下来的六年中，为我做饭洗衣服。我曾经长久地以为，父亲不会在今天的世界找到他希望的女性了。他希望女性既要劳动赚钱，又要每天按时回家没有社交活动，可这二者是矛盾的。我母亲和继母都曾抱怨，她们也赚钱，为什么要事事听从我父亲的？他们婚姻的矛盾在一定程度上是家庭结构从传统走向现代过程中，新旧观念的碰撞。本质上，它是从传统农耕向社会化大生产的快速转变让人们的思维落后于现实的结果。出乎我意料的是，在我上大学后，我父亲真的找到了他心中的伴侣。这位阿姨既工作，又几乎没有任何社交活动。阿姨是父亲小学的同学，同在农村长大。后来，阿姨在镇里面工作。不过，她的婚姻一直不顺利，始终有不幸发生。在她大部分生活中，她都不得不艰难地照顾女儿。她十分希望找到能够为家里面的大事小情做决定和操心的人做伴侣，希望这个人既赚钱、又保持非常强的传统家庭观念，给她可以依靠的肩膀。这样，她就终于可以安心地、安静地生活了。他们现在过着简单、琐碎的生活，偶尔为一些鸡毛蒜皮的小事吵两句，不过整体上，他们都是彼此要找的人。

我的母亲离婚后，就辞职了，搬回外祖母家，做些小买卖维持生计，后来四十多岁在餐馆打工,每天睡在八个椅子拼成的"床"上,再后来,她去了一所职业学校做保洁员,最近做宿管阿姨。她大部分时间单身,几个男朋友都不令她满意。大概九年前,她见到了现在生活在一起的丈夫,年龄比她大很多,却由于退休后每天锻炼,显得很年轻且很强健。我第一次见到他就认定,他是我母亲要找的人。我母亲非常愿意在各种场合发表长篇大论的演讲,很多时候,我只是出于尊敬才静静聆听,内心是不耐烦的。可是,她现在的丈夫却听得津津有味,还不时来几句画龙点睛的话,既显得绅士又不拆我母亲的台。我大学期间放假去外祖母家,母亲就对她的丈夫说:我儿子回来了,我得去看我儿子。说完,就来到外祖母家陪我,把她的丈夫一个人留在家。她在外祖母家住了三四天后,她的丈夫骑着自行车把她丢在家的衣服洗好叠好给她送了过来。他曾半开玩笑对我母亲说,要是我母亲生病需要照顾,他会照顾;要是他生病了,我母亲会马上抬腿走人的。我母亲也半开玩笑地对他说:你太了解我了。最近,她的丈夫出了小车祸,我母亲每天做饭伺候他。我在电话中说:"妈,你变化真大。"母亲说:"你妈现在也会伺候人了,也学会锻炼身体了,而且说话也不那么直接了。"她的丈夫说她自从去年做宿管阿姨以来,变化很大,越来越会说话了。我母亲对我说:"你想想,这些孩子大部分都是初中毕业后高中考不上,就来读职业学校,也就十五六岁。现在家家都一个孩子,在家父母管她们都不听呢,我要是天天冲他们喊,人家吃我这一套么?所以我得委婉地说,让她们既怕你、又能明白你是对她们好。我觉得,我要是能跟孩子有耐心不发脾气,生活中对别人也能耐下性子。以前,我说的很多话伤害了人家,我还不知道。"我惊喜地说:"妈,人家都是年龄越大越固执,你倒是越活变化越大。"我很为她现在的生活高兴。她一生中从来我行我素,在离婚的问题上也都不听任何人的劝。离婚后,她为了颜面辞职,生活的来源就始终不稳定,大部分时间都在为生计奔波,且每天回到外祖母家的小屋都是孤独的一个人。要是对比离婚后的日子和离婚前夫妻有矛盾的日子,究竟哪个对她来说更好,不好评判。不过,她是受过教育的现代女性,绝对受不了将就凑活。在我看来,她现在说话态度的转变,一部分固然来自工作需要,更大一部分来自她现在的丈夫对她的影响。

我继母和我父亲离婚是她第二次婚姻失败。在她三十八岁那年,她情绪非常低落地对我说:"我这一生并不成功。婚姻一直失败。女人和男人不一样,婚姻最多只算男人的一半。可女人要是婚姻失败了，也就失败了。"这说明，她脑海中还有操持家庭是女性的社会分工的传统想法。我当时说："你还有事业。"她说："事业也没做出什么名堂。"我说："妈，你还有我。要是我未来成功了，也就算你对我小时候的教育的成功。"我后来一直称呼继母"妈妈"。我最早称呼她"姨"，后来，我的生母每次见到我，都让我改口叫她"妈妈"。我生母的想法是，称呼什么不重要，对我好才是关键，称呼她"妈妈"能对我更好。几次劝说后，我终于改口叫"妈妈"。她确实对我非常好，在我身上花了大量的时间和精力。她常说的一句话是"人心都是肉做的"，她坚信只要用真心付出，对方一定会有感应。我上大学后，偶尔也会去看望她。有一次聊天，她告诉我，她的朋友很多都不理解我和她还保持联系。她以前的同事问她："那你们见面那小孩（指作者）管你叫什么呀？"我继母说："叫'妈'呀。"我继母向我转述这样的事情时，说："好像我们保持联系对他们来讲是多么不可思议的事情！"在我小时候，我考试得了全班第一名，她会在单位和同事炫耀："我儿子这回考试全班第一！"但就会有人用这样的话呛她："那是你儿子么？"这说明，在家庭结构从传统的白头偕老到现代的有聚有散的过渡期间，人们并不完全接受养育的人也是父母的观念。我现在的美国室友的父亲一生四次婚姻，最长的一次持续了十一年。他告诉我，他和那十一年期间抚养他的继母的关系一直非常好，现在还常联系。他继母和他父亲结婚时，带来了他继母与她前夫生育的儿子。他与这个弟弟的关系好于他与好几个亲兄弟的关系，他还去做了这个弟弟的婚礼主持人。我这才明白，他经常通话的弟弟实际上和他没有任何血缘关系，且只一起最多生活十一年。我继母在 44 岁那年，决定和她后来的丈夫一起去西安打拼，后来又去了安徽，再后来去了河南。此后，她由于疾病缠身，回来养病，却在最近去了成都，和家人创业办了家公司。今年，她已经 49 岁了。我在中学时候就对她说，她本不属于我家乡的小城市，她的舞台很大，只不过，她还是在一定程度上追求做贤妻良母，就在家庭上花了很大的时间和精力。我小时候看名人的书籍或电视采访，从来不羡慕这些人。我当时想，我继母也有这样的能力，而这些名人固然事业成功，但他们肯定没有时间仔细地教育子女，他们的学识和水平没有办法通过日常的细致接触传递给子女。我继母则不同，她不太追求自身的事业成功，很关心我的成长，关注我的点滴。她在我小时候花大量时间听我每天津津有味地讲述学校的事情,认为这是了解我思想动态的最好方式:只有走进我的生活,才能够影响我。她在五年前由于单位人事变动而决定出走,标志着她最终决定追求自身事业的成功,某种程度上也是女性更加解放的体现。她现在的丈夫和她一起生活十多年了,总是非常支持她的追求和想法。在她四十多岁的生日那天,他送给她九十九朵玫瑰。我听了以后非常感动。我父亲从来不舍得"乱花钱"买这种既不能吃、又没法长期观赏的花朵。可是,我继母并不追求大富大贵,她幻想的生活很大程度上就是这种现代的、浪漫的、却同时虚幻不实际的东西。她曾经多次希望和我父亲牵手逛街,但每次都被我父亲拒绝了。在我大学期间,我继母和她丈夫来校园看我,我就见到他们牵手同行。我继母喜欢的唱歌、跳舞、聚会、四处跑业务、"乱花钱"买"不切实际"的东西等,在我父亲的观念中,除了极个别确实由于工作需要不得不做的,都属于不应该做的。我继母曾说:"你爸总害怕我出去玩就不回来了。他不明白,风筝飞得再高,线不还是牵在他的手里么?"可是我父亲干脆就希望天天把风筝拿在手里,不希望只牵着一根线。我继母和我父亲都生活在家庭结构从传统向现代的转变期间,我继母选择更加接近现代生活,我父亲更希望尽量保留传统生活。造成这样改变的根本原因是科技革命带来的现代生产方式让男女在操作机器上的劳动效率接近,经济地位就接近,突出表现就是女性自我追求意识的觉醒,传统的贤妻良母、相夫教子的形象就很难成为现代女性的第一选择。

男女平等是毛泽东力主推动的。毛泽东是时代转折路口的强人,他提出"妇女能顶半边天"的口号。他的理由是,"生产的规模大了,经营的部门多了,劳动的范围向自然界的广度和深度扩张了,工作做得精致了,劳动力就会感到不足。""将来会出现从来没有被人们设想过的种种事业,几倍、十几倍以至几十倍于现在的农作物的高产量。工业、交通和交换事业的发展,更是前人所不能设想的。科学、文化、教育、卫生等项事业也是如此。中国的妇女是一种伟大的人力资源,必须发掘这种资源,为了建设一个伟大的社会主义国家而奋斗。要发动妇女参加劳动,必须实行男女同工同酬的原则。"[380]归根结底,现代家庭结构实现男女更加平等是现代化生产方式决定的。但男女平等的观念要几代人才能消化。

现代家庭结构的另外变化是结束了士农工商的排序,在保留重视农业的基础上,结束了抑商政策。孔子并不是抑商政策的提出者,最早实行重农抑商的是法家的商鞅。不过,自汉朝独尊儒术以来,由于儒家不喜欢变革,实际上就延续秦的抑商政策。现代家庭结构要实现工业化,就需要工商业者,儒家不喜欢改变的思维就成了阻碍。由于传统家庭结构以男耕女织的固定生产方式为基础,并不鼓励改变,在现代化的起步阶段,这种固守田园的思想就成了阻碍,也是儒家被打成"吃人"礼教的另一条理由。从传统农耕到现代机械化生产,生活方式要有巨大的转变,只有压抑传统家庭结构的正统思维,才能给变革以机会,孔子就成了挨批斗的对象。

鸦片战争后,商人的整体地位好于地主。即便在意识形态斗争期间,商人也被冠名为"民族资产阶级",拉回到人民阵营里。改革开放以来,中国逐步从意识形态斗争回归家庭结构。不过,这次回归的家庭结构,却更加改变了传统家庭结构的抑商政策,更加解放了商人。

市场经济结束了上千年的抑商传统,解放了商人,提高了商人的社会地位,对商人的称谓从民族资产阶级转变为企业家。商业文明的思维会随着市场经济的发展而增强。商人在地位提高后,仍始终以大家庭一员的身份存在,而非大家长,也没有奋不顾身地追求商业价值,更没有建立资产阶级共和国的野心。农耕文明的传统依然在现代保留。中国依然重视生产,强调自给自足。中国是世界工厂,与传统农业的不同在于用现代机器生产,相当于现代版农业。

商人地位的提高来自大家长的特意扶持,而非商人的争取。"先富带后富"的口号,给商业文明的发展营造了思想空间,也明确了先富裕者的道义责任。先富裕起来的人抛弃责任,不会被接受。鉴于此,很多富人移民海外。商业文明自古强调私有财产的保护,在社会法律层面不追究财富积累的原罪,只在基督教教义中探讨原罪。商业文明伴随殖民掠夺、奴隶贸易而发展。欧洲殖民者将北美的印第安人几乎赶尽杀绝,在南美洲的殖民地杀死了大量的土著居民……殖民的原罪都不计较,占领的土地就受法律保护。中国的商人移民到美国就看中了财产保护这一条。

中华大家庭自古有革命的传统,"不患寡而患不均"。贫富分化的拉大让先富裕的人感到危险。严格追究富人的发家史,或多或少都有违规,是潜在的危险因素。贫富差距的拉大,让年轻人发现,仅凭努力实现梦想的机会不那么多了。作家张贤亮支持"共享改革开放的成果",也是为了保卫"既得利益",不是"一颗善良的心","而是出于理性的考虑"。[381]

中华大家庭的商人没有挑战家庭结构,也没有试图构建商业文明的个体社会,未来构建个体社会的可能性几乎为零。强行推动实现日本和中国台湾的伪个体社会,没有意义。家庭结构从传统走向现代,不从家庭走向个体。

家庭结构天然存在家长与子女的不平等。传统家庭结构的不平等特别突出地表现在大家庭的皇帝身上,要走向现代,就必须改革大家庭的结构,孔子就又成了维护封建礼教的代表而遭到批判。一百年前,鲁迅的《狂人日记》说,"这历史没有年代","仔细看了半夜,才从字缝里看出字来,满本都写着两个字是'吃人'!"巴金胸中涌荡着"激流",像《家》里的高觉慧,一定要和传统家庭决裂。《狂人日记》掀开了古文被废止、白话文获得提倡的序幕。有人提出"打倒孔家店"[382]。两千年来对传统家庭结构的不满都发泄到了孔夫子的身上。

一旦快速变革期结束,皇帝退位了、终身制取消了、工业化奠基了、现代化的阻力减小了、进入另一段平稳发展期了,现代家庭结构的"现代"两字就不再被强调,而开始重新强调"家庭"。在此意义上,不会打碎家庭构建个体社会。《宪法》规定"成年子女有赡养扶助父母的义务"。[383]美国、法国、德国、西班牙、意大利、加拿大、澳大利亚、新西兰、日本、智利、墨西哥、哥斯达黎加等国家都没有这项义务,它是名副其实的"中国特色"。民族走向现代,以个体社会的法律形式确认了家庭结构的重要性,欧美同学无法理解这一宪法条款。儒家文化圈的日本、韩国和中国台湾也没有这条规定。有人说欧美的养老制度健全,中国依然需要子女养老。但在现代养老金制度存在前,他们的宪法也没有赡养义务的条款,即不是随着养老制度的建立,就把赡养义务从宪法中删除了。这项基本义务是家庭结构的产物,在其他国家不可思议。

美国同学说:美国强调独立。年满十八周岁的人要经济独立,不依赖他人。老年人当然也属于应独立的成年人,希望独立,不希望依赖别人。

反观中国,构建了养老制度后,子女毕业依靠父母工资和养老金的"啃老族"大有人在。"啃老族"是"家庭结构反转"的新群体。

这说明,家庭结构的现代化并没有打碎父母和子女的强联系,有养老金的父母并没有因为经济独立就与子女间更加独立,而是以新的方式强化了成年子女和父母的家庭关系。始终依靠父母的子女缺乏独立性,最终成为温室弱苗,禁不起风雨,没法实现中华复兴。

今天,海外汉语机构叫"孔子学院",让人联想"柏拉图学院"。孔子成了中国思想的标签和符号。

家庭结构内在的等级依然存在,但随着中国的发展,它变得越来越不"吃人",越来越"国学"。中国历来奉行实用主义,鸦片战争后的大变革,源于自救。"洋务运动"只学习技术,结果失败;被日本打败后,认定日本崛起的秘密是君主立宪,想移植到中国却没成功;看到美国强大,希望走民主共和,也失败;看到俄国十月革命的成功,希望走社会主义,看到斯大林带领苏联迅速崛起为世界第二大强国,就抄袭苏联的发展模式,结果还是美国最强;又转向美国学习经济管理。2008年金融危机后,美国也靠不住了。

我们快速走过商业文明几百年的发展道路,建立在学习和借鉴或者说抄袭的基础上。同为抄袭,有的国家发展快,有的发展慢,除了起点有高有低、追赶有早有迟之外,还要看是否找到本土化的方式,很多内容照搬照抄会水土不服。我以前不喜欢说"抄袭",觉得太贬义,更喜欢用学习。

学了一圈,中国虽然没有成为第一,但不再任人宰割,不是大英帝国派遣几艘舰船就能逼迫政府签订丧权辱国的条约的清政府了。中国人回顾一路追赶的路程,发现已偏离了传统家庭结构很多。

从情感上,中国人不想打碎家庭。"吃人的礼教""打倒孔家店"源自不改革就灭亡的危机感。说"吃人的礼教"的鲁迅,一生孝顺母亲;倡导自由婚姻的胡适,一生和父母指定的妻子相伴……大声疾呼的改革者深知,中国未来屹立在世界民族之林,必须舍弃两千多年的传统家庭结构。今天,中国人终于有机会扬眉吐气,不再面临紧迫的局势,就修复破损的孔夫子雕像、将"封建礼教"改成"国学"。

我在美国的导师是拉脱维亚人,年轻时在瑞典读书,后移居美国。他支付我的学费和生活费,指导我做科学研究。我们相互称呼只叫名,省略姓。我不称呼他某某教授、某某老师,而是省略了姓的直呼其名,直接探讨问题,像同事一样。我第一次感受到了平等。

在家庭结构中,学生直呼老师的名是典型的不尊敬老师。老师还支付学生工资,就更像衣食父母,此时,传授知识的老师和衣食父母形成了家庭结构的叠加效应,学生更要尊重。随着孔夫子的地位的提高,对老师的尊敬仍然会在现代家庭结构延续,不会出现学生对老师直接称呼名省略姓的情况。现代家庭结构并没有打碎家庭,人们还不是以个体的方式出现。

三、家庭结构吸收普选的成功模式会出现在香港

我说:台湾草率地走个体社会,没有前期的思想和组织准备,就走成了伪个体社会,要靠台湾人修复,但会留后遗症。我相信香港的普选模式会比中国台湾、韩国、日本和新加坡都成功,会是儒家文化圈的成功典范。

香港长期是经济自由港,商业文明从清末就非常发达,商人的地位也相对的高,私有财产的保护程度和法制的文明程度也相对的高,孔夫子的影响相对较弱。香港的普选尝试,借鉴了日本、韩国、中国台湾的经验教训,有中央政府的坚定决心和强有力支持,成功的可能性大。不过,香港普选还有些理论问题需要在实践中厘清。

香港普选实现华人体系和商业文明同等的话语逻辑和政治逻辑,绝不是民主普世价值的实现,更不是给个体社会干扰香港内部事务开绿灯。它的目的在于尝试家庭结构有没有能力融合商业文明的选拔模式。经济制度的尝试要划定特区,不行就关掉;政治特区在内地没出现,只存在于香港、澳门和台湾地区。政治制度改革和经验的积累,要先在香港进行。香港的文化水平,法制建设,自由贸易传统,言论自由传统有相当长的历史,商人地位较高,接近个体社会。尝试成功对家庭结构借鉴个体社会的选拔方式、让孔夫子借鉴苏格拉底的思想、让董仲舒借鉴克里斯提尼的制度,具重要意义。中国人历来兼收并蓄,不强调意识形态。家庭结构是从秦始皇以来延续至今的纽带和特征,情感上,中华大家庭希望保留家庭结构。农耕文明的中庸思想和阴阳相反相生的思想,往往结合看似相反的事物。家庭结构也能吸收个体社会的某些组织模式。

香港普选要避免走入台湾的伪个体社会,避免走入民粹文化。内地孕妇赴香港产子事件的处理,有民粹化倾向。香港部分民众上街游行,抗议示威。这在个体社会

很普通。问题出在,要构建个体社会就必须遵守法律。洛杉矶的联邦政府的大楼前总有示威人群,反战、抗议养老金缩水、支持同性恋、支持伊朗、反对叙利亚……言论自由,抗议让大家听到声音,而不是逼迫政府。

陈胜和吴广的戍卒起义,往往是后续大规模不稳定的源头,甚至是革命的前兆。封建时代,每隔几百年就有王朝被农民起义军推翻。家庭结构看重稳定,追求和谐。内地存留的上访制度,通过行政干预快速解决问题。内地围攻政府,是用不稳定的苗头给地方政府施加压力,增加谈判筹码。

香港走入法治社会,要避免重复历史上制造不稳定来施加行政压力快速解决问题的方式。在香港民众的大规模抗议和施加压力情况下,香港政府用行政手段检查通关的内地孕妇和不准许香港的公立医院接生作为方式,背离了个体社会的合理程序。

美国同学说:在美国也存在非法移民问题。我问:抗议示威能逼迫政府快速地运用行政手段阻止特定地区的孕妇来美国么?

他说:很难。

德国同学说:法治社会不是谁的声高就听谁。一般情况是,谁的声音高,往往不听谁的。现在,欧洲老龄化,老年人很少上街游行,但很多决策都照顾老年人,因为老年人人数众多。

我告诉德国同学,家庭结构的表达逻辑是,会哭的孩子有奶吃,制造不稳定就增加谈判筹码。

德国同学不理解。

香港社会急于快速地解决内地孕妇赴港生子的问题,需要运用法律手段解决,而不是试图施加压力让政府迅速地运用行政手段解决问题。民主必须与法制相伴而生,不然很容易走入民粹。大陆不计较,中央政府也没有批评香港。但是,香港市民必须知道,发出声音的目的是让其他人听到,获得支持,走正当的法律程序。修改法律要经过充分的酝酿,涉及人权、歧视、香港和内地关系,自然比行政措施慢。

未来香港的普选尝试,要在理论上回答家庭结构如何借鉴个体社会的选拔方式。内地的村主任基层选举,常伴随腐败。1997 年,中国农村实现了基层的民主选举。

村主任选举的问题是贿选严重,包括送购物卡、送钱救助等。贿选的钱花了出去,上任后不得到更多利益怎么可能?香港有长期的廉政基础,市民的素质也较高,又长期是经济自由港,预计不会出现严重的腐败问题。香港要交出的答卷,是如何在国际化的今天,不让个体社会的民主模式成为撕裂家庭和谐的导火索,让传统家庭结构不断施加压力以威胁稳定逼迫政府屈服的模式,转变为现代社会协商解决和民主评议的模式。

从历史上看,香港在英国的殖民地时期,港督是英国女王任命的从英国派过来的英国人。香港回归后,香港特区行政长官从香港人中诞生,而不由中央政府从内地指派,让香港实现了港人治港。在 2017 年,香港的行政长官将实现普选。在内地和港澳台的全部土地上,香港具有成功实现普选的最大潜力。不过,香港的普选是在今天全球化的背景下进行的,商业文明会借此契机插手香港的内部事务。我对美国同学说:中国对公开方式的普选并没有经验,还处在探索阶段,而美国对此经验丰富,香港普选最怕背后有人得到美国的支持,最后选出一个美国利益的代理人。

美国同学说:美国最擅长在全世界做这样的事情。不过,我相信,香港市民会选出最代表自身利益的人。

我说:香港的普选就像是对全国的电视直播。现在,围绕普选已经有人提出占领香港的某一个区域。美国也出现过占领华尔街,但整体上和平守法,警方拘捕违法者和非法集会者也毫不手软。法制始终在公民表达情绪的过程中得到维护。中国自古强调稳定,香港占领某一区域对中国人的冲击要远大于占领华尔街对美国人的冲击。美国人都不担心占领华尔街会演化成动乱,中国人就更担心香港的某一区域被占领会让香港变乱。

美国同学:任何实验在开始阶段总会出现偏差,这也是学习过程。我支持香港更加民主。在民主过程中出现了问题,才会学着解决。

我:香港的民主是在家庭结构下的尝试,不过,在形式上会和你心中的民主很接近,还有可能在法制、廉政上超越你熟悉的民主,这一点我很有信心。我也理解,越多元的社会,思想越复杂,不同利益的诉求就越多。随着香港普选的接近,社会上的不同声音也越来越多,这些不同最终会在法律的范围内提供社会的多元思维,还是超越法律的范围造成社会冲突,不得而知。

美国同学:美国现在的问题也是观点两极分化。民主社会要是长期出现势均力敌的两极分化,一半人要这样,另一半人要那样,即便整个过程很和平,也很可能会最终出问题。至少,很多决策就很难通过。要是民主社会的大部分人观点相似,又能够容忍少数异己的人存在并发表观点,就是最好的了。

我:我相信香港社会不会出现两极对抗的模式,香港人很精明,会很快理解那样的社会不利于赚钱的。相信香港会在保留家庭结构的和谐的基础上,在维持法治传统和廉政传统的基础上,实现普选,成为家庭结构尝试个体社会的成功实验。

香港的实验成功了,就标志着孔夫子与苏格拉底实现了对话。他们二人都在两千年前就去世了,也都一直影响着后世的文明。他们生前没有机会对话,死后的大部分时间里,他们代表的商业文明和农耕文明也几乎独立地发展。个体社会和家庭结构的全面对话,起于鸦片战争。此后,家庭结构第一次有了在大家庭意义下的比较竞争对象,第一次"师夷长技",第一次出现对孔夫子的全民大批判,也第一次让嫦娥奔月的悲剧传说承载着家庭结构在现代重回世界第一的梦想。世界上有很多落后的国家,却没有哪个国家像中国一样,全民都在和美国比较。"复兴"比"崛起"更能准确表述家庭结构重回世界第一的目标。传统家庭结构在千年历史中,从来都领先蛮夷。鸦片战争后的一百多年衰落从来不被接受。孔夫子代表的话语体系,不应该比苏格拉底落后。这么强的比较竞争满足是标准化选拔制度的结果,今天是中考、高考、公务员考试,向前可追溯到科举。科举是为解决大一统后举孝廉、九品中正制都无法克服的推荐走关系问题而发明的标准化笔试。它实现了阶层流动,是家庭结构的原始创新。举孝廉、九品中正制都是大一统后的选拔制度,相比于科举,不够标准化,但相比于先秦时代的君主直接面试,则更标准化。至少,它们都基于独尊儒术的思想,而先秦的百家争鸣则不限于某一家学说。在此意义上,比较竞争满足是农耕文明在大一统后君王管理的疆域拓展、没有时间直接面试、也不希望读书人不断争论的结果。秦始皇统一了大家庭,焚毁了百家书籍,汉武帝独尊了儒家学说,这是农耕文明在治水需要的情况下走向统一的标志,也是百家争鸣的尾声、一家独大和正统标准的开始、有量化依据的开始、要在广阔的大家庭土地上系统筛选人才的开始、应试思维的开始、比较竞争满足的开始。比较竞争满足的思维形成,和大家庭的统一紧密相连。

　　未来,现代家庭结构在吸收现代个体社会经验的基础上,要在科技、文化、社会治理上全方位实现超越,会构建协商民主的政治模式,实现社会在和谐稳定基础上的现代治理,让孔夫子和苏格拉底平等地对话,让家庭结构在个体社会面前再也不感到逊色。

第三章　实用主义与严肃信仰——
　　　　科学是普世传播的胜利者

第一节　儒家与基督教——管人与管宇宙

一、未知生，焉知死

英国李约瑟博士在《中国科学技术史》[384]中，详细记载了中国古代社会的科学技术贡献，他提出了著名的李约瑟难题：为什么现代科学只诞生在欧洲而不是中国？[385]

我在高中学习《道德经》时，听说它深受西方人欢迎，就很疑惑，"道可道非常道"连中国人都不一定准确理解，外国人靠翻译怎么欣赏这本书呢？李约瑟博士在书中提供了英国人的理解。这要从农耕文明和商业文明的历史说起。

孔夫子构建家庭结构的理论，以自然家庭为最小单元，大家庭与小家庭同构，整个理论没有出现"自然界"的概念，谈论的只是人类构成的封闭集合的治理。人类自成封闭体系，内在规律不依托于自然，只需从人与人之间的关系中寻找。家庭结构中，起点是小家庭，终点是大家庭。小家长是父亲，大家长是皇帝。社会治理只由人组成，没有神。商业文明中，宗教是社会指导思想。古希腊人就有强烈的宗教信仰。罗马皇帝君士坦丁在公元四世纪接受基督教的洗礼，成为基督徒，基督教在政治意义上成为文化的主宰；几个世纪后，伊斯兰教成了中东世界的文化主宰。神不仅掌管人，还主宰自然界。儒家不是宗教，利玛窦说，"真正的儒家并不教导人们世界是什么时候、什么方式以及由谁所创造的。"[386]

相比于儒家学说,道家学说更接近自然。李约瑟博士说,《道德经》提出了"人法地、地法天、天法道、道法自然"[387]的思想。人遵从地,地遵从天,天遵从道,最后道遵从自然。去掉中间的衔接,就是"人法自然",人效法自然。在道家思想中,人没有组成封闭的集合,而作为自然界的一部分存在,遵从自然运行规律,体现朴素的自然哲学观。老子讲"无为而治",理由是自然界有不以人的意志为转移的运行规律,人类作为自然界的一部分,受自然规律支配,只要不违背自然规律,就会自动地随着自然的运转而治理,不需要人为添加约束的规则。

道家的朴素自然观和商业文明对宇宙的认识相近。个体社会从古代就试图解释自然现象,并与人类治理相联系。家庭结构也出现过巫术,巫术是通过自然现象推测人类社会现象的方式,体现自然决定人类社会的自然观。道家思想与民间巫术相结合,成了本土的道教。

巫术、占卜是早期的自然实验。它们依据实验结果预测人的未来。比如让龟片在高温下爆裂,根据裂纹的走势,判断人的征战的吉凶。本质是靠自然实验的结果预测人类社会的未来。

基督教的《圣经》记载了宇宙由上帝创造,受上帝支配。哥白尼提出"日心说"①,与教会普遍认同的地心说违背,遭到教会批判,被斥为异端学说。就连致力于基督教改革的马丁·路德也反对日心说,理由是《圣经》中的记载:上帝曾让"日头在天当中停住,不急速下落,约有一日之久"[388]。马丁·路德说,《圣经》中清楚地说上帝让太阳静止(一天),而不是地球。[389]只有按照太阳绕着地球运转的说法,才能解释太阳在运动,进而解释上帝曾让太阳暂时地静止一天。要是地球绕着太阳运动,太阳始终静止,上帝就不需要让太阳暂时静止一天,而只有让地球暂时静止的必要了。

哥白尼在临终前发表日心说,避免了宗教审判。布鲁诺就没有这么幸运了,他极力宣扬日心说,被教会烧死。伽利略用望远镜观测星体,进一步找到了支持行星围绕

---

① 日心说体现当时的科学进步,但根据今天的天文学,太阳并不是宇宙的中心,也不是银河系的中心。

太阳运转的证据。他因在书中宣传哥白尼的"日心说",被罗马教会判处终身监禁[390]。

中华大家庭就不存在提出宇宙规律被处死或终身监禁的事件。从汉武帝独尊儒术以来,家庭结构始终是正统治理观念。自然界是家庭结构的背景,自然界的规律不决定家庭结构的治理思维。秦始皇焚书不包括农业种植书和占卜书。大家长统一子民的社会思想,不统一子民对自然的理解。如何认识自然界不影响对社会的认识。利玛窦来到中国后,发现"中国人声称并且相信,中国的国土包罗整个的世界",不过,当皇帝看到利玛窦等人的世界地图时,"非常喜欢它",这证明利玛窦等人的"担心是错误的",看来皇帝"并不认为揭示真相会使他的国家受到任何轻蔑"。[391]中国的国土是否真的包罗整个世界并不妨碍皇帝当中国的大家长。可是,宇宙要不是上帝创造的而是大爆炸产生的就会撼动基督教的基础。

利玛窦还发现,中国人"不理解月食是由于地球走到太阳和月亮中间而发生",也不知道"除赤道外,昼夜的长短也变化不同"。[392]但中国人"却并不顽固坚持错误的结论"。[393]礼部尚书答应"将把利玛窦带到京城去校正中国历法中的错误",因为明朝的"天文学家不知怎样加以补救"。[394]清朝的钦天监,即国家天文台台长一职,先后由德国的汤若望、比利时的南怀仁等人任职,负责推算日月食、观测星体、测算节气、制定历法等。康熙帝为了解西洋方法是否更准确,曾下令南怀仁与清朝的大臣公开预测日影的长度,再实际测量对比,结果是西洋方法更准确。康熙任命南怀仁出任天文台台长,并校正历法。[395]康熙下令,"习学天文历法满洲官员"要勤勉学习新的天文推测方法。"此后习熟之人、方准升用。其未经学习者、不准升用"。[396]准确推测节气对农耕文明知晓耕种时间非常重要,谁的方法准确,就采纳谁的。孔夫子从未论述过太阳和地球的运动关系,任何预测理论都不会与之冲突。

李约瑟发现,"中国史书上,简直很难找到有关科学发展方面的最有价值的资料",《二十四史》记录的是大家庭的人与人之间的事情,包括谁给大家长出谋划策,谁起义反对大家长,谁阴谋篡权,谁公正廉明造福子民等。蔡伦改进的造纸术被誉为古代"四大发明"之一,《后汉书》只用一句"用树肤、麻头及敝布、鱼网以为纸"[397]来记载。记述造纸的原因是:写字的"竹简"太"重","缣帛"轻却太"贵",蔡伦纸既轻又便宜,造福百姓。要是蔡伦发表类似伽利略的著作,议论太阳和地球谁绕着谁转,在正史中连一句话的位置都没有。正史中没有,李约瑟却发现,"这些资料倒是可以在孔门学者称为'杂著'"的"科技书籍中找到",并"可以确信这些文章从来没有被有意识地篡改过","因为孔门学者认为这些著作太无足轻重",也没有"感到有任何必要去把一项科学知识或一种技术方法的发明年月改成比实际时期更早一点"。[398] 凡是找得到的自然科学书籍,基本上都可信。

"文化大革命"是意识形态斗争最激烈的时期,理科课程却照常进行。没有人试图改变牛顿的方程。地球是否为宇宙的中心,与人与人之间的阶级斗争毫不相关;文科课程就受到了冲击,社会哲学的教材被大量改写。从秦始皇焚书起,社会哲学著作大都经历了更改。汉武帝罢黜百家,朱熹统一了经典解释,朱元璋删了《孟子》的部分章节[399],乾隆主持编撰《四库全书》,删改了大量原始文献。有趣的是,自然哲学的典籍没有被修改,李斯建议秦始皇焚烧民间藏书,却允许民间保存医药、占卜、种植书籍。[400] 种植类的书籍是农耕文明根本,自古受到保护。烧毁的是民间藏的社会哲学书籍。这与商业文明不停焚烧自然哲学书籍形成强烈的反差。布鲁诺支持哥白尼的日心说,与教会对自然的解释相冲突,就被烧死了。伽利略也因支持日心说受到了教廷的冲击。《圣经》和教会对自然界的描述,是商业文明的哲学思想的根基。上帝不仅创造了人,更创造了整个宇宙。颠覆教会对上帝创造的宇宙中行星的解释,就冲击了上帝的存在,进而冲击了教会构建的人类思想秩序,必然受到教廷的迫害。

儒家和法家思想都不关心自然界,自然哲学的理论与社会治理不冲突,属于平行理论。

家庭结构以自然小家庭为起点,以大家庭为终点形成人类的封闭集合,运行规律由人类自身构建和发现,无关自然。整部《论语》没有孔子对自然界的论述。那么,商业文明着重探讨的神、死亡、灵魂、占卜等在孔夫子看来应怎么理解呢?

在《论语》中,学生问孔子如何事奉鬼神,死后是什么样。

孔夫子没有正面回答鬼神和死后。他说:"未能事人,焉能事鬼?"又说:"未知生,焉知死?"[401] 意思是:与人相处的道理还没有弄明白,怎么能知道如何与鬼打交道呢?活着的事情都没有想清楚,怎么能理解死后的事情呢?

美国同学:孔子根本就没有回答问题。

另一位美国同学:孔子的回答是变相地说"我不知道"。

我:孔子确实没有正面回答死后与鬼神,而是用优先级排序给出回答。弄明白死后的事情,先要活明白。但活着的问题实在太多,圣人穷尽一生也无法一一弄明白,也就是要把活着的精力都集中在解决活着的问题上。这实际上把探讨死后的大门关上了。后人对鬼神和死后的疑惑,都随着孔子的这句话,回到现实世界。

孔夫子的优先级排序在现代依然盛行。老师对学生讲:基础题还没弄明白,就去弄拔高题? 普通考试打这么几分弄什么奥数啊? 自己的事情没管好还管别人?

儒家的"修身齐家治国平天下"的顺序,也按优先级,先管好小家庭,再推广到大家庭。管不好小家庭,就不要空谈大家庭。

中国在世界讲:我们作为一个发展中的大国,把自己的事情办好,就是对世界最大的贡献。[402]中国解决 14 亿人的吃饭和就业,帮助几亿人脱贫,就是不拖世界后腿,长期保持经济发展,就是为世界做贡献。这与孔夫子的思维一致:先解决自己的问题,再管别人。

《论语》有一处提到了技术。樊迟问孔子:老师,我想学种庄稼。

孔子:我不如老农。

又问:我想学种菜。

孔子:我不如菜农。

樊迟听到后,离开了。

孔子:樊迟真是小人。① 在上位者只要重视礼、义、信,四面八方的老百姓就会背着自己的小孩来投奔,哪里用得着自己去种庄稼呢?[403]

按孔子的逻辑,有仁德并实行仁政的君主,会自动吸引天下会种植、会园圃的人聚集到他周围,仁君为什么要学会这些内容呢? 就好比刘邦,智谋比不过张良,治国比不过萧何,用兵打仗比不过韩信,但他善于用人,取得了楚汉之争的胜利。[404]问题是,孔子的回答基于两个假设,一是世界上存在拥有技术的能工巧匠,二是掌握技术的人拥有家庭结构思维,喜欢投奔实行仁政的君主。近代技术革命完全诞生在个体

---

① 此处的"小人"结合上下文,似应理解成没有远见卓识的人。

社会,中华大家长再施行仁政,对个体社会的商人也构不成吸引。他们不会主动跑到大家长面前贡献聪明才智。

孔子回答了家庭结构与自然技术的关系。自然技术不是构建人类秩序的必需品,更不是当好大家长的必要条件。大家长不需要掌握技术,只要施行仁政,把人心控制住,有技术的人会为其所用。

家庭结构没有个体社会探索自然界的动力。个体社会花很大的精力探讨行星的运行,就是在验证和理解上帝创造的宇宙。哥白尼、布鲁诺、伽利略、牛顿都是基督徒。哥白尼曾是牧师,被烧死的布鲁诺曾是神父,伽利略和牛顿都从没有怀疑过上帝的存在。只不过,他们不迷信书本或教会的教条,在理性思考和实验观测的基础上提出理论。这些解释自然哲学的理论在若干年后取代了《圣经》,并非他们的本意。

家庭结构的治理思维局限在人类的封闭集合。举孝廉、九品中正制、科举等选拔模式将知识分子局限在家庭结构的逻辑里,大部分精力用在人际关系上,沉淀两千年,形成了复杂的人际关系网。"做好业务不如弄好关系"是不关心自然界的当代体现。在人类的封闭集合中,感情的亲疏远近决定对他人的态度。人际关系的处理能力胜过工作的完成情况。

家庭结构不关心自然。焚书的秦始皇、独尊儒术的汉武帝,都不关心自然界。鬼神、死后、自然技术都与孔子构建的家庭结构关系不大。自然运转规律无关于父母子女的排序、忠孝的道德观、君臣等级和家庭稳定。文字狱都针对社会哲学。自然科学没有受到限制,流传的资料没有人为修改的痕迹,与欧洲自然科学受迫害形成对比。

家庭结构不限制、不鼓励自然科学的发展,实质是不关心自然科学。没有压迫,就没有反抗。个体社会长期压制自然哲学,以教会的解释为权威,否则被视为异教徒,可能被烧死。中华大家庭的自然科学工作者,受到牵连是在社会治理站错了队,与自然科技的理论无关。儒家的考生熟读圣贤书籍,并思考家庭治理难题,却不关心自然界。举孝廉、九品中正制、科举考试也不考查自然哲学的内容。哥白尼、布鲁诺、伽利略等人要是在中国发表日心说,既不会被烧死或终身监禁,也不会达到人人传阅、到处辩论的效果。应举的读书人不会花大量时间来阅读,理由是科举笔试不考。士大夫们听闻有新的天体理论,最多把他们引荐到钦天监做官,像康熙那样主持一次测试,确定新学说确实精准,就留下来做个天文台台长,帮助家庭结构更好实现农耕生产。

中华大家庭接受日心说、进化论、宇宙大爆炸,没有任何阻碍,对理论采取实用主义态度。个体社会受基督教对自然界的解释的历史影响,接受起来有困难。宇宙大爆炸理论和上帝创造宇宙的假说矛盾;进化论与上帝造人相抵触。基督教的理论涵盖整个宇宙,基本假设是上帝存在。自然科学的发展挑战了基督教对世界的解释。

二、宇宙是谁创造的

事情一旦狂热,就非黑即白,不容许中间地带,非要争你死我活。商业文明有漫长的宗教狂热史,基督教和伊斯兰教打了近二百年的宗教战争。今天的阿富汗、伊拉克战争,可看成是历史上宗教战争的延续。

商业文明自诞生之日起,就伴随宗教信仰。古希腊宗教崇尚多神。犹太教、基督教和伊斯兰教都强调只有唯一的神。最早诞生的是犹太教,大约在公元前 1000 年由犹太人创立。[405] 在犹太教的《圣经》中,上帝对犹太人说,上帝"从地上的万民中拣选你特作自己的子民"[406]。犹太人在众多人中被上帝选中,是特殊的人。为保持特殊身份,犹太教不传教,不扩大犹太人的范围。犹太同学说:"要是你生来不是犹太人,希望皈依犹太教,去犹太教堂后,会至少吃三次闭门羹,只有你非常非常强烈地希望加入犹太教,才可能在多次努力和测试下成为犹太人。"我说:"所以犹太教的信教人数始终很少,犹太人占世界人口的比例始终很低。"犹太同学:"只与犹太人结婚的结果是,有些遗传疾病在犹太人群体的发病率特别高。[407]"

基督教信奉的救世主耶稣是犹太人,且是一名拉比,即犹太人中德高望重的老师。拉比负责解答疑惑和布道。根据犹太教的《圣经》记载,会有一位救世主降临。耶稣说他就是降临世界的救世主。[408]不同之处在于,他不再强调拣选犹太人为子民,即不再只有犹太人能信上帝,所有人都可以信上帝。他被定在十字架上,是以牺牲自己来救赎全人类。基督教中"基督"一词就是犹太教《圣经》中的救世主。基督教把犹太教的《圣经》称为《旧约圣经》,认为它记载的是在救世主耶稣降临之前的世界。耶稣降临后发生的事情与对未来的预测,记录在《新约圣经》中。基督教教徒既要读《旧约圣经》,以了解救世主诞生的背景,又要读《新约圣经》,以了解救世主诞生后的世界。基督教的教徒不限于特定人群,入基督教也比入犹太教容易得多,不但不会吃闭门羹,而且教徒会主动向不信教的人传教。这样,基督教的传播就很迅速。基督教诞生在公元一世纪左右,很快在罗马帝国境内传播,在四世纪初期就成为罗马帝国的国教。[409]我就经历过几次基督徒试图向我传教。有时走在路上,会有人问我是否想了解《圣经》。我初来美国时,志愿来机场接我的就是一名华人基督徒,也试图向我传教。美国同学邀请我参加他的教会的活动,他说:"教会里有很多人对《圣经》的理解远远好于我,你和他们聊会比和我聊更有收获。去教会是了解基督教的最好方式。"我:"我花时间和你探讨基督教,只是希望了解西方文化的重要部分。我不信教,也不相信上帝,在教堂里和教徒探讨或许会发生争执和不愉快,还是以私下聊天为好。"

在耶稣以救世主的身份创立基督教的几百年后,穆罕默德以神的使者身份传教,创立伊斯兰教,号召人们只信奉唯一的真主"安拉",穆罕默德的说教后来被他的弟子编撰成《古兰经》。[410]穆罕默德向族人宣布,他在梦中接受了神的启示,成为神的使者,把神的旨意传播给人们。伊斯兰教建立在基督教以后,并不完全否认基督教与耶稣。巴基斯坦同学说:"《古兰经》里提到耶稣的次数比穆罕默德还多,耶稣也是神的使者,要是有人说耶稣的坏话,穆斯林是不同意的。"在穆斯林眼中,耶稣和穆罕默德都是神的使者,是人而不是神,这与基督教认为耶稣是拯救世人的神的观点不同。伊斯兰教认为《旧约圣经》《新约圣经》与《古兰经》都包含了神的启示,不过,《旧约圣经》与《新约圣经》中的很多内容被改动过或遗失了,只有神的使者穆罕默德传播的神的旨意才最可信,也就是《古兰经》最代表神的意图。除了传教外,穆罕默德还组建了穆斯林军队,在战争中多次取得胜利,在他去世之前已基本统一了阿拉伯半岛。[411]穆罕默德既是宗教领袖,又是军事领袖,在征战中建立统一的政权,成为最高统治者,奠定了伊斯兰世界政教合一的基础。[412]这与耶稣的观点不同。有人问耶稣,信徒是否要继续给凯撒交税,"耶稣说,这样,凯撒的物当归给凯撒,神的物当归给神",[413]意思是罗马帝国仍由像凯撒一样的政治人物统治,公民的税上缴给凯撒,神并不干涉国家的政权。基督教在名义上始终是政教分离的。但在中世纪,基督教的权力非常大。罗马教皇确立了对西欧的大一统神权统治,要求信众把收入的十分之一左右上缴给教廷,即征收"什一税";迫使各国统治者听命于教廷,甚至向教皇称臣纳贡。[414]在中世纪,人既是国家的臣民,又是教会的子民,从生到死都离不开教会。[415]

犹太教、基督教、伊斯兰教都承认犹太教《圣经》中只有唯一的神的论述,也都承认这位神创造了宇宙,掌管宇宙中的生命与非生命,包括天体运行。神的意志是宇宙的唯一颠扑不破的普世真理,垄断了对自然的解释。

这种神创造宇宙的学说与家庭结构的各家学说都相去甚远。就连把人看成自然界一部分的道家学说,也没有在学说之中出现创造宇宙的神。美国同学:"《道德经》写得特别好。我读完以后终于明白了,宇宙万物都有自己运行的规律,不需要神来支配。""人法地、地法天、天法道、道法自然"[416]的观点,是说人、地、天都遵从"道"的规律,而道的规律来自自然的运行规律。与宗教不同之处在于,一切规律都最终服从"自然"。"道法自然"是规则的终点,后面没有"自然法神",即自然本身具有运转规律,不需要神的意志来解释或维持。

儒家学说把探讨局限在人的范围内,根本不关心宇宙由谁创立。《论语》说,"子不语怪、力、乱、神。"[417]神怪是孔子不谈论的内容。孔子进一步说,"务民之义,敬鬼神而远之,可谓知矣",[418]专心致力于提倡百姓遵从道义,对鬼神采取敬而远之的态度,就算是智慧的。相反地,不把精力放在改善百姓道德,天天想着拜鬼神,是没用的。有人问孔子:人家都说与其奉承奥神,不如奉承灶神,这话是什么意思?子曰:"不然。获罪于天,无所祷也。"[419]孔子的意思是,奉承奥神或灶神都不对。罪行的惩罚来自于天,怎么祈祷都没有用。这里的"天",无论是理解成人间最高位置的君王,还是泛泛意义上的天理或天道,都是希望表达一个意思:祈祷任何神明对躲避人间罪行的惩罚都没有意义。精力不要放在祈祷上,要放在本身不做错事上。孔子得病了,弟子向鬼神祈祷。孔子问弟子:有祈祷这回事么?弟子回答:有的,祷文上说"替你向天地神明祈祷"。孔子听后说:"丘之祷久矣。"[420]言外之意是,孔子已祈祷很久了,也没有见任何效果,是希望弟子不要把祛病禳灾的希望寄托在神明上。孔子自幼学习礼乐,在鲁国主持祭祀和丧葬礼仪。[421]按照常理,主持祭祀的人最常思考鬼神与死后,但孔子对祭祀的理解完全不从究竟是否有鬼神和死后的角度。《论语》说:"祭如在,祭神如神在。"[422]祭祀祖先,就如同祖先真的在那里,祭祀神就如同神真的在那里。目的是在祭祀中显示出尊敬,达到礼的要求。这就巧妙地回避了神究竟在不在的问题:不论神在不在,只要祭祀符合礼,就与恢复周礼的主张相合,就有利于天下治理。

孟子曰:"牺牲既成,粢盛既洁,祭祀以时,然而旱干水溢,则变置社稷。"[423]祭祀用的猪牛羊等祭品丰盛,放在祭器内也很清洁,祭祀按时举行,却仍然遭受旱灾水灾,就改换祭祀的土神和谷神。农耕文明立足的根本是农业生产的丰收,土地神"社"与谷神"稷"存在的目的是确保风调雨顺、五谷丰登,农民的义务是按时以礼祭祀。要是不灵,就换别的神祭祀。家庭结构能祭拜的神明十分多,有本地的土地公公,天上的玉皇大帝,西天的佛祖等,《封神榜》里记录的只是很小一部分。直到今天,民间的迷信大体延续了实用主义态度,听说哪里有位大师法力无边,就都去尝试,发现不灵了,就改投师门,找下一个灵的。"信则灵"是家庭结构的态度。信不信取决于灵不灵:要是不灵,就不信;要是总灵,就会信。像商业文明诞生的科学,大家庭成员就普遍比较信。比如借助气象学理论和气象卫星的数据,经过计算机处理预测未来的天气,发布高温等预警,就比神明的启示准确度高,就被接受。家庭结构对自然的态度是,谁灵就信谁。

诸子百家都没有试图用宗教解决问题,而从哲学的角度解答疑惑。秦重用的法家,汉以来独尊的儒术,都属于纯社会哲学,没有发展成宗教的可能。利玛窦说,"中国哲学家中最有名的叫做孔子",他激励人民"追求道德","中国有学问的人非常之尊敬他,以致不敢对他说的任何一句话稍有异议","就是统治者在过去的时代里也给予他以一个人的最高敬意","然而,他却从未像神那样受到宗教式的崇拜"。[424]康熙皇帝第一次南巡到曲阜时,曾向孔庙行三跪九叩之礼,亲书"万世师表"。[425]大家长以最高礼遇在孔庙前下跪,不是祭神,而是缅怀万世学习的老师。这位老师是大家庭历史上的人。他生前和死后都没有超能力,他本人也从不关心超能力。

道家强调道法自然,人是自然的一部分,也要遵从自然规律。不过,没有神在自然之上进行支配。后世有人推崇老子为太上老君,把他说成道家尊崇的神仙,又编著了宗教经文,就成了道教。道教有多神,而不是唯一的神,除太上老君外,还有天上的玉皇大帝、王母娘娘,地上的土地公公,地下的阎王,水中的龙王等。道教的神仙与道士之间不是谁创造谁的关系,而是道士经过潜心修炼,也可得道成仙。这就与犹太教、基督教和伊斯兰教十分不同。这三个宗教的信徒,无论怎样,都是神创造的宇宙的一部分,永远没有机会成为神。人与神之间隔着不可逾越的鸿沟。道家的神仙有什么好处呢? 长生不老。家庭结构追求永生,最关心的是活着的问题。神仙最让人羡慕的,不是超能力,而是长生不老。秦始皇曾派徐福入海求仙,渴望长生不老。后世的很多帝王都请道士炼丹,企图长生不老。而商业文明的很多人则在炼金;或者希望死后进天堂。家庭结构深知,有再多的金子,或者死后的天堂再美丽,也不如长生不老永远当大家长来得实在。家庭结构对道教的态度,仍是实用主义的。

从印度传来的佛教也是多神教,有弥勒佛、观世音菩萨等,且僧侣修行后也有机会成佛。不能成佛的人要在六道中轮回。除了佛教有轮回外,道教也讲轮回。轮回与农耕文明农业生产中见到的四季循环更替一致。农民在漫长的农业种植中,了解一年的天气达到最热,冷天气就要来了;冰天雪地的日子到来,春天就不远了。[426]四季轮回说明,没有单向不回头的路。道教的太极阴阳图由黑白不相容的两种颜色构成两极,阴阳共存,相伴而生。时而阴盛阳衰,时而阳盛阴衰,不会走向单纯的一极。没有绝对的对错、是非。同一件事,这种条件下对,另一种情况下就错。冷到极点就是热的开始,辉煌的顶点是下坡路的起点。这样的思维在数学上叫做波动思维,像心电图一样,起起伏伏,上上下下:曲线到达最低点,就要企稳回升了,到达顶点,下一刻要走下坡路。

农耕文明的波动思维坚信万物不会单向不回头,而都在相互转化,就连人与神也如此。神也会犯错被贬到凡间。犹太教、基督教和伊斯兰教都是人神永隔的。犹太教的《圣经》中没有提到过天堂地狱,也没有转世,即没有循环。基督教与伊斯兰教都强调死后的天堂和地狱。不过,地狱和中国人心中的地府不同:地狱中的人根据生前的所作所为永远接受惩罚,没有再度投胎的说法;地府中的人除了极个别永世不得超生外,大部分魂灵都会再度转世,不过未必为人。地狱和天堂都是终点,去了就回不来了。这种单向不回头的思维不妨叫粒子思维。牛顿的运动定律处理粒子运动问题,体现粒子思维。物体在没有外界干扰的条件下,会一直静止或沿着既定的方向永远运行下去,不会回头。这是家庭结构不熟悉的思维。李约瑟博士发现,中国古代都是波动思维,找不到粒子思维。

在农耕文明的思维中,道教的神仙与佛教的佛是人修行的目标。神仙或佛要保护人免受灾难,对付妖魔鬼怪,体现大家庭对解决难题的希望和寄托。这就与犹太教《圣经》中记载的发洪水要毁灭人类的神不同。神"见人在地上罪恶很大,终日所思所想的尽都是恶","就后悔造人在地上,心中忧伤"。神说,"我要将所造的人和走兽,并昆虫,以及空中的飞鸟,都从地上除灭,因为我造他们后悔了。"[427]大洪水夺去了除躲在诺亚方舟中的人和动物的生命。神是灾难的发起者。而在家庭结构下,神仙与佛不会是毁灭人类的灾难的发起者。民间传说中,负责降水的龙王也许某天生气,降旱灾或水灾,让农耕生产毁于一旦,但绝没有说龙王降水要毁灭绝大部分的人与动物。实际生活中,带领部落抵御水灾的大禹,不靠任何神的启示,而是运用工程手段,采取疏导的方法带领人们治理水害。水灾究竟是龙王心情不好还是某个神要发难不要紧,重要的是有大家长带领抵抗灾害。抵抗方法在摸索中产生。女娲造人是大家庭家喻户晓的故事。造人的女娲在人类遇到大水灾难时,还炼石补天,解救水灾中的人类。

农耕文明的思维集中在眼前的作物种植,有问题先找大家长,解决不了就寄希望于超自然的神力。在四季轮替的过程中,农耕思维强调阴阳共生而不是非黑即白,各种事物都能相互转化,就连人也能成为神,神也能被贬为凡人。不存在绝对的神的意旨和绝对的正误,也就不存在普世价值。犹太教、基督教和伊斯兰教都具有排他性,不承认多神,也不能中庸。唯一的神的意旨不能被曲解和违抗,也就不容许异教徒的存在。神创造了宇宙,神的意志是普世真理。犹太教的《圣经》中强调上帝选中了犹太人成为子民,为保持犹太人的特殊身份,不传教。基督教和伊斯兰教都在建立之后的几百年内迅速扩张。基督教的传教士随着商业文明的大航海时代向全世界传教。传教士将神的意旨传给所有人,坚信在拯救他人。意大利传教士利玛窦来到明朝后,发现中国人"已蒙蔽在异教的黑暗中长达数千年之久","从没有或几乎没有看到过一线基督教的光明"。[428]虽然"没有一种语言是像中国话那样难于被外国人所学到的","然而","我们耶稣会的会友凡是献身于在这个民族中的传道工作的,都经过不懈的努力而学会了说他们的语言",有些人"不仅可以流利地说","还可以读和写中文"。[429]在大家庭几千年的历史上,从来没有人为了要把孔夫子的家庭结构传播给未开化的蛮夷,而下这么大的力气。现代家庭结构的莘莘学子普遍学习商业文明的英语,目的却不是传播儒家理论,而是学习个体社会的科学技术,带回来自己用,而不是把我们的思维传出去。

传教士精神是商业文明向外扩张的宗教体现。商人总是追求更多的人购买产品,在更广阔的地盘贸易赚钱,拥有更多的财富。宗教扩张与掠夺财富常相伴而生。传教士和商人在思维上的一致在利玛窦的身上得到完美体现。利玛窦发现中国人生产"漆"这种涂料,"涂上这种涂料的木头""非常光滑","长时间不磨损",以致"进餐时餐桌上不铺台布","桌子失去光泽或被残羹剩饭弄脏,只要用水洗过用布擦干,马上就可以恢复光泽"。利玛窦马上想到的是,"出口这种特殊树脂产品很可能成为一种有利可图的事业,但迄今好像还没有人想到这种可能性"。[430]教皇曾以反对异教徒蹂躏基督教"圣地"与信徒的名义,发动"十字军东征",在近两百年的时间内八次东征,参加东征的封建主、商人则借此掠夺土地和财富。[431]这里的异教徒主要指的是伊斯兰教徒。"圣地"指的是犹太教、基督教和伊斯兰教共同认为神圣的耶路撒冷。结果是,征服异教徒的努力以失败告终。没有一个宗教推广了全人类的普世信仰。商业文明现代战争代号是"自由伊拉克行动"[432],打着"自由"的普世价值旗号,同时掠夺石油。

商业文明向外输出价值观,相信普世的真理的存在。商人废除了奴隶制,就要求全世界都废止奴隶制。中国早在两千年前就废止了奴隶制,但没有强迫任何国家废除奴隶制度。个体社会曾实行种族隔离制度,一旦废除了,全世界都不应再种族隔离;个体社会实行了民主选举,全世界都应选举领导人;……单一的神,单一的意旨,单一的解释,造成单一的正误标准,促成了明确的军事行动:征服异教徒,消灭独裁者。地球围绕太阳运转的"日心说"就被看做异端学说,大肆鼓吹的人就被动用火刑。这种非此即彼、非黑即白的思维,与农耕文明的中庸思维极不相同。

农耕文明很难走向极端,神仙与佛都不会要求征服异教徒。南岳衡山山脚下的南岳大庙里,有八个道教的道观和八个佛教的寺庙。佛道同庙体现了家庭结构对和谐的追求。

在明朝,利玛窦等传教士们在广东的肇庆请求知府允许他们修建"一所敬神的小教堂"。当时,知府正建造崇禧塔,"也规划修筑一座宏伟的寺庙",且"根据民族风俗","要在庙内立一尊长官的塑像"。"长官的印象以为他们①渴望主持供奉他②本人的那座庙宇",传教士们解释,"他们不拜偶像,上帝才是他们唯一的神"。这使长官"有点惶惑,因为他大概认为,除中国人所已知的外,再没有别的崇拜方式了"。长官"跟他的随从商量了一阵,最后说:'那没有什么不同。我们修庙,他们可以把他们喜爱的神供进去。'于是,他决定把原来所赐予的面积加以扩大。"[433]

我对美国同学说:中国有本小说,写唐朝的皇帝派遣和尚到印度取佛经。和尚收了三个弟子,一只猴子、一头猪、一个人。和尚骑着白龙变成的马,一路上,遇到各种妖怪。道教的土地公公和天兵天将和佛教的菩萨都会来助阵。这只猴子曾大闹道教的天庭,道教就请佛教的佛祖来助阵。这本书把佛教和道教的众多神仙戏剧化了,和古希腊喜剧表现的诸神类似,古希腊的宗教也是多神教。同样的戏剧化运用到基督教的上帝和伊斯兰教的安拉身上,后果不堪想象。中国人却看得津津有味。

美国同学说:亚洲的佛教确实不像宗教,而更像哲学。我的日本朋友说,佛教的僧侣和日本本土宗教的道士可以一起聊天、探讨问题。在今天的美国,让不同宗教的教徒切磋,也很难做到。

我:宗教的单神论和普世价值的排他在本质上相同,都坚信绝对真理和普世价值,不允许异己存在。

《西游记》把各路神仙妖魔刻画尽了,却没有伊斯兰教和基督教的踪影。取经的故事背景在唐朝,但吴承恩生活在明朝。假设他真的了解基督教和伊斯兰教却最终选择放弃相应的故事,那么,他是明智的。

家庭结构的实用主义始终是主流思想,从未出现过政教合一的政权,也没有出现过宗教凌驾于政权之上的情况。佛教、道教等宗教,探讨鬼神和自然,从未取代孔子构建的家庭结构理念,从未成为正统思想。利玛窦发现,"寺院礼拜偶像的人也和普通老百姓一样,都要服从长官"。"上等阶级""并不拜偶像","也不把寺院的和尚当做他们的宗教官吏"。[434]个别皇帝笃信道教,让道士炼长生不老的丹药,或信佛,都是个

---

① "他们"指利玛窦等传教士。
② "他"指肇庆知府。

人行为，与政权无关。这与基督教在中世纪由教皇给各国国王加冕很不同。在中世纪，英格兰国王在就职典礼宣誓的重要职责是保护教会。[435]教会的权力在宗教改革与科技革命后才被削弱。直到今天，美国总统奥巴马要将手放在《圣经》上宣誓就职。在竞选获胜演说的最后，他还依然说：愿上帝保佑你们，愿上帝保佑美国。[436]

根据利玛窦的记载，一位试图在明朝传教的传教士了解到，"朝廷的告示威胁说，要把未经官方允许擅自在中国登陆的外国人送入监狱，但这对他拯救灵魂的热诚并无妨害。作为囚犯，他能够在他的囚友中播下宗教的种子，而当他们获释时，他们就会把他在百姓中传播开来。至于他自己，他如能一旦获释，就要马上宣传有关基督及其法令和学说的知识。"[437]"为了拯救中国人，他的生命是微不足道的"，"因为这关系到多少灵魂从永世沉沦在永恒的奴役之中得救的问题"。[438]大家庭的历史上，谭嗣同曾经在监狱中有机会逃跑，却最终选择奔赴刑场，他说"我自横刀向天笑，去留肝胆两昆仑"，以流血唤醒国人；文天祥也在身陷囹圄的时候发出"留取丹青照汗青"的呐喊。不过他们都是大家庭的成员，在监狱中放弃逃离刑场的命运出自对大家庭的热爱，或者说出自孔夫子家庭结构的教诲。自古以来，家庭结构历史上还从来没有出现过类似西方传教士的家庭结构传播者，要把孔夫子的学说传到海外，传遍宇宙，就算对方国家要把它们关到牢房里也在所不惜，并且认为关入牢房也能传播给狱友，播下儒家思想的种子，狱友出狱后就能让家庭结构在蛮夷的土地上生根发芽。唐朝的玄奘法师曾去印度取经，是向外人学习，而不是传播中国的价值观。自古以来，我们都相信家庭自治，不相信普世价值，更没有宗教信仰，也就自然不会去传教。

保护宗教也从来不是大家长的第一责任。家庭的完整、稳定、和谐与富足才是他的职责。大家庭历史上至少三次大规模灭佛。北周武帝灭佛的理由是，"士女为僧尼者十六七。糜费公私岁以巨万。"僧侣整天念经不生产，靠施舍救济生活，随着僧侣的增多，劳动力减少，长此以往国家无法维持。于是，"帝独运远略罢之"，强令僧侣还俗回家种地，才是"强国富民之上策也"。[439]

农耕文明强调物极必反，不走极端，没有普世价值。道教和佛教不是普世的，孔夫子的治国齐家哲学也不普世。《论语》说，"夷狄之有君，不如诸夏之亡也"。[440]夷狄有国君，还不如我们没有国君，理由是夷狄不懂礼。孔子的自信基于中华大家庭的独特性。周礼很独特，不是蛮夷能轻易模仿学习的，自然不会强迫夷狄接受。中华对蛮夷的态度，更多的是在心态上以文明人自居，强调比较竞争满足的心理优势。基督教划分异教徒，就不为优越感，而是分清正误和敌我，要千方百计迫使对方改变。

历史上，匈奴、突厥、蒙古、满族、女贞、鲜卑等的后裔都学会了中华的礼。唐太宗李世民，有四分之三的鲜卑血统。[441] 像北魏、元、清等少数民族大家长接受家庭结构的思维，是其主动的选择，并不是大家庭本身就愿意和他们成为一家人。匈奴的一部分臣服大家庭，就以联姻的方式进入大家庭，此后匈奴就是家庭的一员，而不是奴隶。就大家庭本意来说，也不希望和匈奴的一部分生活在一起，只不过为了和平，这是最好的方式。

大家庭的近邻日本、朝鲜、越南等接受孔子思想，不是大家庭传教士苦口婆心传播的结果，更不是大家庭以大欺小，强行迫使对方改变的结果，而是对方自主选择的行为。日本和朝鲜都先后派留学生到大家庭取经，佛教经文也大量被带回日本。日本来中国取经类似唐三藏去印度取经，都是主动向别人学习的行为。

中华大家庭从没有传播孔子思想于全宇宙来构建世界大家庭的想法。古代的邻国大多是小国，郑和航海见到弱小国家，都留下礼物，表示友好，宣扬天朝国威，从未有奴役对方或强行推广儒家思想的想法，更不会用大炮传播儒家思想。毛泽东说："大家要看一看中国的经验，我们很欢迎。""可是我要提醒朋友们，中国有中国的历史条件，你们有你们的历史条件，中国的经验只能做你们的参考。"[442] 毛泽东在批阅援外飞机喷涂毛主席语录的请示报告时，批语：这些是强加于人的，不要这样做。[443] 毛泽东还曾批示：一切外国党（马列主义）的内政，我们不应干涉……不应说得不适当，使人看起来好像有强加于人的印象。[444]

大家庭治理人类的封闭集合，不关心太阳是不是中心，也不关心蛮夷守不守礼。太阳也好，蛮夷也罢，都是大家庭成员以外的物与人，大家长管不着。管不着就是各家自治，用在蛮夷身上就是：野蛮习俗自己保留，蛮夷的财产大家长不要。大家长追求的目标是"远迩相安于无事，以共享太平之福"，[445] 朱元璋的这句话是希望远处近处的蛮夷都与大家庭相安无事。方法是联姻与礼尚往来。利玛窦发现，"所谓进贡是有名无实的，因为谁都没有比皇帝对宝石付出更大的价钱了，皇帝认为不大方地付钱就接受外国人的礼物,那就配不上他的尊严。"[446]

今天的领导人仍强调,"中国梦需要和平,只有和平才能实现梦想。"[447]农耕文明绝对不会做类似十字军东征的事,不会传播宗教价值观又掠夺;也不会有所谓"自由伊拉克行动"[448],不会传播普世价值观又控制石油。传播价值观与掠夺财富都不符合中华大家庭的思维,农民发家靠勤劳智慧、精耕细作,不靠掠夺;家庭结构强调各家自治,管不了别人,也不想管别人,蛮夷不遵循礼,不穿衣服,家庭结构也能与他们和平共处,而个体社会就忍受不了异教徒和独裁者。在大家庭看来,任何社会的人权改善都要建立在经济社会发展的基础上,片面要求发展阶段不同、历史差异巨大的国家都向最发达国家看齐,本身就是有问题的。历史地看,商业文明内部也不是一步就走到今天,女性获得投票权只是最近一百年的事。

美国同学:抢夺资源能源不更快获得财富吗?

我:战争爆发后,谁能确保一定赚钱呢?中国人擅长在明确的规则下面取得胜利,不擅长在瞬息万变的战争局势中赚钱。中国人喜欢有明确的规则,无论是明规则还是潜规则。战争爆发后,规则不确定了,中国人就不擅长了。中国人不喜欢打仗,爱好和平,曾长期相信全世界人都热爱和平。鸦片战争和西方人正面冲突后,才意识到不少人愿意发战争财。

商业文明扩张的思维,传播普世观念并发战争财的思维自古未变。今天的普世观念以商人的平等、民主、自由观念取代了宗教教义。不过,真正击败宗教的,并不是商人价值观,而是科学。商业文明强调对错,强调理性。强烈的意识形态尽管让人们起初不接受自然科学,但科学不诡辩,有实验支持,随着科学的发展,宗教在自然界的发言权最终被剥夺了。家庭结构没有宗教信仰,接受科学没有经历血与泪、压迫与反抗的斗争,仅出于实用主义态度解决生产难题,在比较竞争中不甘落后,而不是从信仰的角度相信科学。

第二节　科学是普世传播的胜利者

一、科学争取到自然界的发言权

信仰基督教的学生很多不相信达尔文的进化论。

我问:你从南美洲来美国学生物专业,不相信进化论怎么学生物呢?

他回答:我依然相信上帝,不相信达尔文。

美国同学问我:宇宙这么丰富多彩,怎么能从无限小的点爆炸出来呢?猿能变成人,那人怎么不变成其他东西呢?

我:大爆炸理论与进化论相比于上帝创造宇宙,要有依据和可信得多。

一位亚美尼亚信仰基督教的同学说:有一次上课,老师说人是由细胞构成的,细胞又由分子和原子构成。人怎么能由那么小的分子和原子构成呢?

我非常震惊:这个你都接受不了? 那你怎么通过考试啊?

他:我听到这里,直接起身走了,把课退了。你相信这些理论么?

我:我相信。

他:这个理论中,灵魂在哪里?

我:没有灵魂。

他:人怎么能没有灵魂呢?

我:灵魂可以是道德概念,但不是自然概念,至少不是今天自然科学的概念。

美国同学说:很多信仰基督教的人不相信全球变暖,不相信海平面上升,不相信洪水会泛滥淹没陆地。

我惊讶:全球变暖和基督教怎么冲突了?

他说:《圣经》记载,诺亚和家人与一些动物乘坐方舟躲避了大洪水灾难。上帝很懊悔发洪水,不想再用发洪水的方式"灭各种的活物了"[449],就对他们说:"我与你们立约,凡有血肉的,不再被洪水灭绝,也不再有洪水毁坏地了。"[450]基于这段记载,很多基督教信徒不相信全球变暖的危害。

我没想到中国人耳熟能详的科学理论,在科学诞生地的商业文明里,仍受宗教思想的排挤,以至于很多人在二十一世纪依然不相信。我问一位毕业于宗教学校的虔诚基督徒:"《圣经》上记载的上帝'立约'说'不再有洪水毁坏地了'与现实的水灾频繁不符合啊。"他想了想,说:"上帝的意思是'凡是有血肉的,不再被洪水灭绝',指的是不再有灭绝人类的大洪水了,没说普通的洪水也不再有了。"

两位美国同学说:美国很多从事生物研究、基因研究的教授不相信进化论。

我更加惊讶:从事基因研究还能不相信进化论,内心装着上帝的理论发表基因论文,着实厉害,我想不通。

美国同学:我也研究基因,不相信达尔文,相信上帝。在我看来,基因都是上帝造好的。

自然科学的发展压缩了宗教的生存空间,却没有消灭宗教。爱因斯坦说:"毫无疑问,上帝干涉自然界的教义不会被科学驳倒,它总能在科学未插足的领域里避难。"[451]换句话说,哪里有科学不能解释的现象,哪里就是宗教的避难所。科学再发展,也有解释不了的现象,宗教总有避难所。任何科学理论都有起点假设,假设后的内容,可以通过逻辑得到解释,但假设本身不能够被解释。比如大爆炸理论,它是与目前的宇宙膨胀最吻合的宇宙起源解释,接受了它,就容易解释很多现象,但不能解释全部现象。对家庭结构来说,大爆炸理论尽管不是尽善尽美的,但比神创造宇宙解释的内容更精确,家庭结构就接受了大爆炸理论。对宗教信仰强烈的人,他们不关心大爆炸是否逻辑上更合理,他们揪住它不能够解释的现象,来强调这个理论的不准确之处,以此捍卫宗教信仰。同理,只要进化论、基因工程还有不能够准确解释的地方,宗教信徒就会继续抓住瑕疵点,并强调只有宗教观念才最宇宙普世。

不过,从整体意义上,今天的科学获得了对自然界前所未有的发言权。神创造宇宙是犹太教、基督教和伊斯兰教共同信仰的教义;家庭结构也有类似女娲造人、盘古开天地等创世的学说;其他宗教或文化也有各自对宇宙、自然的看法。但农耕文明自古不关心自然界的运转,精力集中在解决人与人之间的问题,目标是治国平天下。二十四史记录的几乎都是怎么处理人与人关系的故事,希望后世吸取经验教训。大家庭的优异者没有探索自然的原始动力。因此,家庭结构既不压制自然探索,也不鼓励自然探索,实际处于不关心状态。这样的结果是,科学没有诞生在大家庭中。

现代科学的诞生地,是宗教色彩极其浓厚的西欧。与大家庭"学而优则仕"不同,在中世纪的欧洲,有文化的人几乎都是教士,教会垄断了学校教育,宗教神学是学校的主修课目,教会规定了统一的《圣经》版本,并掌握了《圣经》的解释权。[452]研究神学要逐字逐句研读《圣经》,理解上帝的旨意,特别是要理解上帝创造的宇宙是怎样的,实质是理解自然界的变化,就要做实验。欧洲中世纪曾争论"针尖上能站几个天使"。[453]天使在研究课题中有体积，与现实物体具有对应效应。这同时反映了神学研究的定量观点。家庭结构的鬼神，完全和人类的自然界无关，生活在另一个维度里，很难探讨针尖上能站几个神仙，也不会定量地探讨地府能容纳多少魂灵。

个体社会关心自然，对自然的探讨非常严肃。在中世纪之前的罗马帝国的君士坦丁大帝时期，教徒们争论耶稣和上帝是不是一个人。罗马帝国西面的人说是一个人，东面的则说两个人。争论逐渐白热化，君士坦丁以罗马帝国的皇帝的身份在伊斯坦布尔召集了东西教廷领袖会议，并一锤定音：耶稣和上帝是一个人。争论继续存在：耶稣和上帝一个人的方式，是葡萄酒和水混合就分不出来的一个人，还是油和水混合却分层的一体呢？争论直接关系耶稣是否具有神的能力。两方各执一词，争论体现宗教信仰很教条。儒家的"礼"也教条，但局限在人类生活，禁锢社会哲学思想；宗教的教条涵盖整个自然科学，长时间围绕《圣经》的解读。有严肃宗教信仰的人有使命感，迫切地希望了解《圣经》细节。这种较真精神在中华大家庭不多见。家庭结构喜欢含蓄，不喜欢争论而破坏和谐；个体社会则认为，事物越看越清，真理越辨越明。

被烧死的布鲁诺曾是牧师，经典力学的奠基人牛顿也长期研究神学，并写了很多神学著作。从这些人研究的本意来讲，都没有推翻宗教的最初目的。伽利略也是基督教徒。"日心说"的提出，是长期探讨自然哲学、并用数学方法定量研究的结果。这期间，技术发明给研究提供了更多的观测信息来作比对，比如伽利略的望远镜。研究的结果与宗教对宇宙的理解相左，就面临被教廷判处火刑的危险。布鲁诺为此付出了生命的代价。问题来了，是什么促使布鲁诺在宗教的窒息中大胆推广哥白尼的日心说呢？为真理而献身，捍卫他坚信正确的道理。现在的真理是自然科学，过去曾是宗教观念，为"传播上帝福音"而战死曾在个体社会无上光荣；今天则是传播民主自由等商业价值观。只不过，布鲁诺为真理献身没有商业利益的因素。家庭结构会为大家庭而死，要么为保护大家庭战死沙场，要么至死忠于覆灭的大家庭"留取丹心照汗青"，也有直言进谏被贬谪流放甚至处死的人。以死进谏是让大家庭更好，也体现忠诚。大臣在唐太宗出行打猎前，拼死进谏不让唐太宗出行，说皇帝贸然出宫很危险。他说，皇帝一定要出行，就先处死他。唐太宗在最后一刻，把打猎用的箭往地上一摔，说:我刚才只是测试你的忠诚,走吧,陪朕下棋去。[454]大臣的拼死进谏是为了大家长的安危和大家庭的前途。对于太阳还是地球是中心,中国人并不关心。无论谁是中心,都不会动摇大家长的家庭核心地位。有人把谁是宇宙中心搞清楚,预报未来的天气,有效地抵御洪涝灾害,大家长求之不得。

同样的自然探索在商业文明就要冒生命危险。宗教的势力非常大,就连国王也不敢反对教廷。基督教在公元 11 世纪分裂为西面的天主教和东面的东正教。天主教教皇在中世纪确立了对西欧的大一统神权统治,迫使各国统治者听命于教廷。德意志皇帝亨利四世被教皇开除教籍,他冒着风雪严寒前往意大利向教皇忏悔,据说立在城门口三天三夜才得到赦免。[455]十二世纪,英国国王的追随者暗杀了与国王意见不合的大主教,国王受到教会的惩罚,他裸脚走向大主教的坟墓,且被抽了鞭子,[456]足见基督教在中世纪高于政权。这在家庭结构下不可想象。宗教吸引了最优秀的人来研究,却同时压抑了商人的自由思维,束缚了商人在自然科学方面的探索。随着研究的定量化深入,自然科学的描述与宗教的出入越来越大。自然科学经受住了实验检验,不断提高预测的精准度。宗教的解释逐渐边缘化。

物理学家拉普拉斯在书中阐释了天体运行的规律。拿破仑问他,在他的理论中,上帝在哪。

拉普拉斯说:陛下,我不需要上帝这个假设。

至此,自然科学对行星运动的解释与宗教划了清晰的界限。在十九世纪,达尔文提出生物进化论,进一步挑战了神创造人的理论。牛津大主教曾在辩论中说,进化论"简直不让我们相信神的意志的干预是存在的",理由是物种会进化,从简单到复杂,无需刻意地创造。进化论"只能得出两种结论:要么是人类缺少一个不朽的灵魂,要么相反,每个动物、每种植物都有一个不朽的灵魂"。理由是,生物由进化而来,物种间能相互转化,彼此没有明确的界限,要是人有灵魂,进化成人的所有生物都应有灵魂;要是坚持动植物都没有灵魂,进化出来的人也不会有。要是牛也有灵魂,"今天晚上我们回家以后,就谁也别打算能吃下一份烤牛肉了"。[457]自然科学的进展不会考虑他能否吃得下烤牛肉,进化论仍然得到了推广。

爱因斯坦认为,"当宗教团体坚持《圣经》上所记载的一切话都是绝对真理的时候,就引起了冲突。这意味着宗教方面对科学领域的干涉;教会反对伽利略和达尔文学说的斗争就是属于这一类"。[458]斗争的结果是,自然科学的理论大厦不断丰富和完善,宗教的解释越发相形见绌。对自然的解释权从教廷转移到科学家手里,宗教管理的根基——神创造了宇宙——受到了动摇,人与宇宙万物都不是上帝造出来的,教会的衍生理念就会受到质疑,在中世纪被压抑的商人逻辑就逐渐复苏。发展商品经济必须摆脱宗教束缚,进行宗教改革。

在文艺复兴期间,天主教地区改革出现了新教。新教和天主教的最大不同,在于信仰上帝是否要有牧师的媒介。天主教信徒去教堂听牧师祷告。牧师是教徒和上帝的中间人,拥有唯一沟通上帝的权利,以此获利。教会向信众征收收入十分之一的税。新教相信人直接沟通上帝,无需媒介,解放了依附教会的教徒,削弱了教会的权力,减少了教会的利润,解放了思想,保护了商人的逻辑。17世纪40年代的英国资产阶级革命,也打着清教的旗帜。[459]

家庭结构没有伊斯兰的政教合一制度,也没有基督教凌驾王权之上的中世纪。家庭结构理解商人的革命,往往不特别考虑宗教,喜欢用陈胜吴广起义的角度理解法国大革命,强调资产阶级革命是革了国王路易十六的命。

在法国大革命后,一周七天被改为十天,目的是取消礼拜天,不让人们做礼拜,割弃天主教传统。教堂的大量土地被剥夺,十字架及"其他礼拜的外部象征"被没收[460]。拿破仑发动雾月政变取得权力后,废止了一周十天的法国共和历。"雾月"就是按照共和历的月份叫法,其他的月份被冠以"霞""霜""雨"等名称,以区别旧有的日历。拿破仑不是天主教徒,但他重视实际,承认天主教为国教;他特邀罗马教皇参加他的加冕典礼,却在盛典的关键时刻,突然取走教皇手里的皇冠,戴在自己头上。[461]天主教在革命后势力衰弱了,却并没有消失。

列宁的十月革命,从宗教的角度看,是俄国东正教的灭顶之灾。马克思说"宗教是人民的鸦片"。[462]莫斯科的东正教大教堂——基督救世主大教堂在斯大林时期被拆毁了。苏联解体后,大教堂重建。普京在第三次当选总统的就职典礼前一天公开去东正教教堂做礼拜。但东正教的影响比当年弱了很多。

与法国和俄国不同的是,美国没有天主教与东正教占支配地位的历史,一直以改革后的基督教新教为主。新教与自然科学和商业文明的冲突已不大。1776 年发表的《独立宣言》提出：人人生而平等，他们都被他们的造物主赋予了某些不可转让的权利。[463]"不可转让的权利"前面有"造物主赋予"的限定。逻辑上讲，"造物主赋予"并不需要。十几年后，法国大革命中发表的《人权宣言》就说："人们生来而且始终是自由的，在权利上是平等的。"平等基于商业文明的法律，甚至可以说，只是商业文明自古以来的意识形态，无需"造物主赋予"。法国与美国的不同在于，法国的天主教有强大势力，革命不仅砍了国王的脑袋，还发布了很多限制天主教的规定。自然，在《人权宣言》中不会有"造物主赋予"的字眼。而美国的新教始终没有成为美国的国教，即没有争政治地位，也没有类似于天主教的教皇。因此《独立宣言》构建以人作为起点的封闭集合时，保留了基督教的说法，即造物主对每个人都平等。《独立宣言》强调人的共性是都被造物主创造，人与人自然平等，不过人仍然在地位上低于造物主。《人权宣言》提出的"人权"相对于"神权"，指"人们生来"平等，即从父母那里出生就平等，不需要来自同一个造物主。近代以来，商业文明从传播普世的"神权"转变为传播普世的"人权"，这说明商业文明始终在向外扩张和传播价值观。不过，传播旗号的改变，说明宗教已不在日常生活中占据统治地位了。

爱因斯坦认为，"原始人类对饥饿、野兽、疾病和死亡的恐惧激发了宗教的概念"。未来的宗教要在科学发展的今天发挥作用，"宗教导师们应当有魄力放弃""曾带给教士极大权力的恐惧和希望的源泉"，即"人格化的上帝的教义"。在过去，神创造万物也掌控万物。神发洪水让人恐惧，神决定信徒有机会入天堂，给人希望：神是恐惧和希望的源泉。要是继续强调神的超能力，就始终与自然科学冲突，只有淡化神无所不能的主宰地位，"利用能在人类本性中培养善、真和美的力量"[464]，让人做好事，才能在未来的世界里和科学长期并存。从人类的本性中寻找培养真善美的力量，类似于孔夫子构建的从人到人的社会治理集合。在这个意义上，宗教未来要偏向社会哲学，从人的视角出发鼓励教徒多做善事。不过，宗教不能完全成为社会哲学，它毕竟在教义中保留了神。就是说，宗教不会完全像孔夫子的哲学一样，从解释宇宙万物的教义变成只研究人的哲学。

自然哲学也好，社会哲学也罢，都有很多尚未解释清楚的地方。宗教总能够填补此处的空白,继续存在下去。犹太同学说:"人总是不喜欢世界是混沌随机的,总希望事情有明确的因果。阴谋论总盛行的原因,不是大家喜欢阴谋诡计,而是相比于邪恶的人的设计,大家更害怕无规则和随机。阴谋论用最粗糙的逻辑把重要的事件联系起来,让人感到,背后有推手,世界还是掌控在某个人的手里。尽管这个人可能很邪恶,也总比命运不掌握在人的手里好很多。"在教徒眼中,许多事物都早已安排好,会让一些人心里更踏实。减少未来的苦难只需要祈祷和侍奉神,理由是人的命运由神决定。假若人的命运是个人努力、时代潮流、与周围人的合作等多重因素决定,人就总感觉命运不确定。对教徒来说,命运掌握在神手里,通过侍奉和祈祷,能让神改变命运,实质是神利用超能力控制了人所无法掌控的其他社会变量。这样,信徒个人努力加上虔诚的信仰,命运就再次掌握在自己手中。

一位信教的南美洲同学问我:你不信任何宗教吗?

我:小时候听了很多佛经故事,看了佛教和道教题裁的电视剧。当时以为真会有妖怪来捉我。现在就什么都不相信了,只相信科学。

他特别惊讶:你什么都不信?那你活着的意义是什么?

我:我没有宗教信仰就没有活在世上的意义了?我先要能够自食其力,在此基础上希望我的父母也能够过得更好。我也希望努力让下一代生活得更好。来美国后,我比较有信心在我有生之年看到中国的复兴,能身处复兴的关键时刻并做点事情也让我感到很有意义。

他接着问:那你死后发生什么?

我:什么也没有啊。生命就像燃烧的蜡烛,蜡烛烧尽了,生命就完结了,也就什么都没有了。

他:没有灵魂、天堂、地狱吗?我听说中国人信佛教,要灵魂转世。

我:我都不相信。

他骂了一个脏字,然后说:你什么都不信?天哪。我相信上帝,相信有天堂。

旁边一位持无神论观点的同学插话:天堂有那么大么?每年都有人进天堂,都这么多年了,天堂还有位置么?

南美洲的同学似乎从未思考过这个问题。他一脸疑惑地自言自语:天堂有多大?

我不知道——不过我相信,上帝会做出公正的裁断的,我有机会进天堂。

　　我不想让类似的争论动摇他的信仰,不希望他原本快乐的世界发生变化,就插话说:中国有句诗,说'有的人死了,他还活着',是说人死后可能活在历史中。孔子早在两千年前就去世了。不过,他的书籍被一代代中国人阅读,影响了中国人的思维,就好像还活着一样。要是我的书也有机会流传下去,我这一生就很满足了。

　　他:类似苏格拉底那样。

　　另一位坚信无神论的同学问我:孔子的书再怎么被读,他知道么? 你死了以后,别人读不读你的书,和你有什么关系?

　　我:我死了以后,我的思想还部分地留在书中,与后人交流。

　　无神论同学:大家今天都纪念国父华盛顿,可是华盛顿当总统的时候,知道后人会纪念他么? 他可能都不知道这个国家能存在多久。

　　我:他是西方人,关不关心历史评价我不清楚。中国的古代读书人都比较在乎。甚至有人说,要是不能流芳百世,就要遗臭万年。历史一般只记住最好和最坏的人。平平常常的人都被遗忘了。从我的角度,华盛顿可以预感有机会被历史铭记,因为他是第一个建立总统任期制的人。在他之前,都是终身制的国王。他进行了社会制度的原始创新,自然有机会被铭记。

　　无神论同学:他的创新让美国成功了,才记住他。要是美国早就灭亡了,就没人记住他了。你活着要尽情享受快乐,死后就没有意识了,任何事情都与你无关了。

　　我:我们对历史的视角不同。家庭结构强调代代相传,每个人是家庭的一员,也是从古至今承前启后的家庭一分子。我的行为会与祖先的行为结合在一起,传给后世。你可能就不会把你的行为和父辈们联系起来。

　　无神论同学:我就是我自己。我是成年人,有独立的判断。祖先做什么,父母做什么,都不代表我要做什么。

　　一位起初信犹太教、后来成为无神论者的美国犹太同学说:我父母把我送到了一所犹太私立学校。我们每天要花两个小时学习犹太教的经典。犹太教的突出特点是,它特别鼓励人们质疑。但辩论来辩论去,经文中的很多解释都被质疑了,就是没有质疑神的存在。我学了科学以后,发现宗教的解释根本说不通。

我:你的父母花了这么多钱送你去读私立学校,就是希望你保持犹太人的身份。你成为无神论者会让他们很伤心。

他:我父母现在还坚信,我有一天会认识到宗教的正确,会重新回到宗教的。

我见到了他的很多犹太同学,大部分仍然信教。其中有一位极度虔诚,他见到女生既不拥抱也不握手,只象征地打个招呼。身边的犹太同学解释说:像他这种人很少了,按照宗教,他不能碰除了妻子外的女人。

我:犹太人已经两千多年没有国家了,始终散落在世界各地,却在千难万险中保持了身份,宗教在其中起了重要作用。

无神论的犹太同学:保持身份不需要宗教,保持犹太文化就够了。

我:未必。犹太人的历史和文化特征很多蕴藏在宗教经文的记述中,这些经文都是两千多年前甚至三千多年前写的,在犹太人失去国家后,也一代代传承,启示后世的子孙不要忘记在耶路撒冷重建以色列。在你们的国家灭亡两千多年后,大批犹太人重新返回耶路撒冷,再次建立以色列。

他:以色列建国是犹太人受不公正待遇的结果。

我:无论是否受到不公正的待遇,一个族群能在散居世界各地上千年的过程中,保持传统,并在这么多世代后这么多人义无反顾地回到两千多年前的土地,毕竟是独特的。世界上大多数的民族,在失去国家后,都主动或被迫地融入别的国家中,渐渐失去了文化身份。就算有些保留了下来,也绝对不能在两千年后不顾一切地回到故土。宗教在保存身份特征上起了至少两点重要作用。一是强调被神选中,这就为保持身份提供了依据和动力,而这种理由在当代科学上显然站不住脚;二是经文的阅读和辩论,无形中把文字背后的历史和文化传递给每个人。

他:有些书写得非常没有逻辑,不过针对这些书的辩论很有逻辑,我很喜欢看。

另一位犹太同学:保持身份的代价也很大。我们就读的犹太私立学校仍然是男女分校的,我在上大学前都没有和女同学在一个教室里学习过。我们花了很多时间研读经典,而别的学校的学生有更多时间学科学。

我:保持独特的传统就会与众不同。以前,全世界几乎都是男女分校的;再以前,女性受到压迫,都没有机会进入学校。那时,保留古老的传统比较容易。今天就会显得与周围的人特别不一样。

他说:我有时希望不被这些束缚,却感觉很难。我父母能接受我不信教与做很多不被允许的事,却不会接受我和非犹太人结婚。要是我的妻子不是犹太人,我的孩子就不是犹太人了。

我:可以让你妻子加入犹太教,这就解决问题了。

他:不过我父母希望我找生下来就是犹太人、从小就在犹太人家庭长大的人。

我:五百年前,没有进化论,没有宇宙大爆炸理论,大部分人都坚信宗教经文上的内容。和同被神选中的犹太人结婚来保持身份,遵从教义的指导期待以色列的复国,就都有意义。现代科学带来的困境是,这些行为的宗教基础被动摇了,要是为了传统文化继续保持类似的行动,就显得没有太大的意义,就带来了困惑。你父母一定很重视保持身份,才会花这么多钱送你到犹太私立学校。我见过几个在普通学校长大的犹太人,他们就说父母不太看重未来与谁结婚,只要快乐就好。

他:我的父母很爱我,也允许我做很多事情。我不希望让他们伤心。你要是我,会怎么做?

我:我会按照传统的方式做。除了你说的与父母间的情感因素外,我始终担心被孤立,担心失去重要的人的支持。我不希望做打破常规的人,除非我判定常规在很短的时间内就要被很多人打破。比方说,我可能不会是哥白尼或布鲁诺那样最先提出与宗教不同理论的人。不过,要是我判定,现在就需要我冒些风险,就能出现科学获胜的转机,我也可以牺牲自己。但我必须判断是关键时刻,而不是开始酝酿时刻。

他:明白了,你希望承担的风险可以带来立竿见影的效果。

我:今天宗教在自然界的发言权被科学抢走了,但宗教在科学暂时解释不了的地方,仍然有强大影响力。今天的世界,远远没有到达宗教要退出历史的时刻。中国的领导人曾说,"宗教走向最终消亡可能比阶级、国家的消亡还要久远"[465]。就是说,未来科技进步,人与人接触越来越频繁,更多的国家会类似欧盟那样取消国家的边界,国家的概念不再重要。国家消亡、由贫富造成的阶级也消亡了,人与人在更高意义上平等了,宗教都未必消亡。宗教很可能是最后消亡的。犹太人保留宗教与保留民族身份是统一的,且是在散居世界各地、受到排挤的条件下保持的,这证明犹太教和犹太人的身份具有十分强大的生命力。历史上这么多人排挤犹太人，二战中希特勒还对犹太人进行屠杀，最终的结果是，犹太人仍然以世界人口的极少数保留了宗教和身份，且二战后以耶路撒冷为首都复国了。复国后，以色列与阿拉伯世界的联军进行了几次中东战争，结果以色列不仅在中东扎下了根，还越打越强，领土越打越大。这些都说明，这个宗教和相应的民族身份不容易消失。要是有一天，大部分犹太人都不关注经文，也不关心犹太人身份了，估计人类历史就真的要发生巨大变化了，也许人与人就不再以国家、民族、宗教、语言、习俗等相区分了。不过，现在远没有达到那一天。所以，我要是你，就会按传统方式做事。

中国也有犹太人。最早发现并记述中国犹太人的外国人是利玛窦。他见到一位来自河南开封的犹太人。这个人"很熟悉《旧约》的历史"，还说，"老家的城里还有十到十二户以色列人家，以及一座很宏伟的犹太教堂"，"最近刚花了一万多金子把这座教堂整修一新"，"还说在这座教堂里极为珍重地保藏着五六百年以前传下来的卷轴形式的摩西五书"。[466]读到上述资料后，我又查找了相关的文献，对犹太同学说："我终于相信了你第一次见到我就提到的河南开封的犹太人。"好几位犹太同学都向我提起过开封犹太人，我从来就没听说过，起初就不太相信。犹太同学说："他们是犹太人，理由是犹太人有很多传统是从很早就传下来的，非常特殊，在非犹太人中并不存在。"我说："根据记载，十到十二户的人家就能够支撑一座宏伟的教堂，还支持了五六百年，还能花一万多金子整修一新，证明在中国的犹太人也很有钱。"犹太同学："犹太人在很多国家都不受欢迎，也无法从政，人数又少，只能经商。"我："中国的犹太人就能从政。利玛窦遇见的就是一个进京赶考的犹太人。他们都在中国生活几百年了，就被当做中国人看待。"事实上，利玛窦还发现，中国的穆斯林也"被当做本地人看待，而不像别的外国人那样受到怀疑"，穆斯林"不受歧视地可以念书"，"甚至可以做官"，并且，他们"没有做任何努力把他们的教义传给别人"。[467]

科学获得自然界的发言权的重要原因是实现定量准确预测。牛顿的最大贡献在于，他用数学的工具，定量地预测未来的物体运动状况，结果定量地准确。他的书名《自然哲学的数学原理》的意思是，用数学的方法，定量地解释和预测自然界的规律。牛顿为定量描述自然世界，发明了微积分。道家讲究五行，世界由金木水火土五种元素构成。在古希腊,有人提出世界由原子构成,有人提出土气水火四元素构成世界。宗教提出了宇宙运行的很多理论……所有这些理论,都没有实现定量准确,也就缺乏精确的标准。比方说,阴阳相互转化,在阴和阳达到多少临界值的时候发生质变,怎么衡量,怎样实验预测且保证实验可重复,并没有明确的解答。

自然哲学引入数学、逻辑和实验对比以后,成为能够被证伪的学说。证伪的意思就是,科学有许多定量的预测,要是有一个与实际不符合,就证明理论是错误的,即假说不成立。科学并不能被证明。牛顿的理论曾在无数实验中预测准确,也不代表被证明正确。理由是,总有没验证的领域,未来有一天或许会与牛顿的理论不相符合。事实上,牛顿的理论无法准确解释和预测微小如电子的行为,也没有办法很好地解释光的很多行为。到目前为止,任何理论都有适用范围和精准度,在该范围内运用,能达到相应的定量精准,这是自然科学不断传播的原因。今天,无论哪种文明,哪种意识形态,都不阻止科学的传播。伊斯兰世界有些国家依然保留一夫多妻制,宗教色彩浓重,甚至有的国家依然由国王统治,但也在极力发展电信系统。封闭的朝鲜也生产智能手机,朝鲜年轻的领导人还强调阿里郎牌手机提升民族自信。当今世界并没有国家拒绝自然科学。商业文明诞生的现代科学得以普世传播。被拒绝的是随同自然科学传播的社会价值观。阿拉伯世界一些国家没有电影院,原因是电影中的亲热镜头与宗教不符;朝鲜与外部世界隔绝,防止本国的社会治理思维遭到冲击。被拒绝的,都是商业文明的社会哲学部分,自然哲学的数学原理一直在普世传播。

二、商业文明价值观随科学辐射

商业文明的科学和技术具有普遍适用的特征:任何人,无论来自何处,持什么政治、经济、文化等社会哲学的观点,无论信仰什么宗教,说什么语言,使用工业革命的机器都会生产出同样的产品,做相同的物理实验都会得出相同的结果。基于商业文明的科学技术而生产的产品也具有极强的普遍适用性,再加上高科技带来的廉价便捷,逐渐占领世界市场。在此过程中,个体社会的思维模式和生活方式也相应地影响全球。甲午战败后,家庭结构学习强大的日本,试图引入日本明治维新后的制度;孙中山看到美国的强大,希望走美国的道路;俄国革命的胜利让中国开始关注马克思主义;苏联迅速工业化让许多国家效仿列宁和斯大林的社会发展思路。今天,美国成为中国唯一的赶超目标,美国的价值观和生活方式会被放大。引入商品经济模式后,个体社会运转方式被当做教科书来学习。科学技术的领先让美国的许多产品很独特。美国好莱坞电影从《泰坦尼克号》到《阿凡达》再到《变形金刚》等,高票房都伴随着当时科技能达到的高水平特效。在观看享受的过程中,故事的情节所蕴含的商业文明思想就会进入观众的潜意识。

从鸦片战争失败后"师夷长技"到今天,李鸿章、康有为、孙中山、毛泽东、邓小平等人在学习商业文明的先进科技上没有分歧。只不过,李鸿章只学习科技的尝试以甲午战争的惨败告终。从康有为起,目光就不仅停留在自然科学,也放在社会哲学上,即要改革传统家庭结构。康有为以后的人的分歧主要在如何改革家庭结构上。

从逻辑上讲,传统家庭结构在现代科技下为何一定要改革呢?传统家庭结构与自给自足的小农生产相适应,与科技革命后的机械化、信息化生产不适应。事实上,不仅仅传统家庭结构与现代科技有很多不适应之处,传统的个体社会也要随着现代科技而改成现代个体社会。也就是说,今天的现代个体社会模式中,有一些是商业文明从古就有的,有一些是为了适应新科技革命而后出现的。从结果上看,传统个体社会和传统家庭结构有许多相似的变化,比如全民接受科学技术教育和女性解放。

1905 年,袁世凯和张之洞上书慈禧,要求立即废止科举,兴办新学堂。他们认为,日俄战争中,日本战胜俄国,要归功于日本的小学校教师,国家强盛的根源在办学。科举不废止,新式学校就不能推广,就不能开民智,国家难以有前途。要"雷厉风行"地"停罢科举",才能"转危为安"。[468]这里所说的日本的小学校教师,指的是明治维新后讲授科学技术的小学老师。停科举的实质不是停标准化笔试,只是停标准化笔试的考查内容,从只考查社会哲学转变成以考查自然科学技术为主,让学生从小就重视自然科学。这是为适应新科技革命后的生产生活方式而改革选拔制度和教育制度。家庭结构内在不关心自然,要鼓励家庭成员重视自然科学技术,就要把自然的内容和选拔制度挂钩。兴办新学堂从制度上改变对自然哲学漠不关心的态度。高考制度规定,文科生也要学好数学,在历史上没有。奥赛一度成为学校筛选标准,家长争相为孩子报名奥赛班,和当年科举中的数学科目很快被取消,形成了强烈的反差。家庭结构的现代化,伴随自然科学地位的提高。

在传统个体社会中，女性不属于公民，无投票权；在传统家庭结构中，女性一般不读书，也不参加科举考试，士大夫阶层是清一色的男性。男性不但有妻子，还可以纳妾，像花木兰与武则天这样的女性，是整个历史中的极少数。这就出现了一个问题，为什么传统个体社会和传统家庭结构都表现得歧视女性、压迫女性？要找到问题的答案，不妨先看看新科技革命带来的生产方式的变化。在过去，无论是家庭结构还是个体社会，生产粮食、经济作物、手工制品等主要是体力劳动，没有现在的机器。不得不承认的是，拿着锄头在田地里干活，从女性的平均劳动产出来讲，肯定不如男性。直到今天，奥运比赛上，全世界跑得最快的男性也比跑得最快的女性快。男女在体力劳动产出上的差异，全世界如此，不是特殊现象。所以，女性在家庭结构中属于从属地位，在个体社会中低于有公民权利的男性公民。家庭结构中常说的男性是一家之主，是说在历史上男性是一家的主要劳动力，吃的好坏主要看男性是否勤劳。

科学技术革命彻底改变了这种情况。当人们生产产品从主要靠体力劳动转向主要靠脑力劳动与部分的体力劳动时，男性与女性的劳动产出就没有明显的差异了。二战期间，美国的男性劳动力被大量派往前线作战，后方的工厂的男性工人不足，女性就填充了男性的岗位。尽管当时很多人仍旧持女性做不了工厂工作的论点，结果却出人意料：很多女性在兵工厂里制造子弹，供给前线战士；还有的女性开公交汽车……女性在流水线前操作机器或者操纵汽车，效果和男性差不多。今天，农业生产运用机器播种收割，女性开着拖拉机也能干得非常出色。科技革命给男女在生产上的平等创造了条件，是实现男女社会意义上的平等的基础。德国总理默克尔、巴西总统罗塞夫等都是女性。英国前首相撒切尔夫人还带领英国走出经济低谷。这些都是女性社会意义上的解放的体现，其前提就是工业化带来的男女生产效率的相近。

《共产党宣言》中写道，"手的操作所要求的技巧和气力越少，换句话说，现代工业越发达，男工也就越受到女工和童工的排挤"，理由是男工可以被女性或童工替代。不过，女性解放了，但"最先进的国家几乎都可以采取下面的措施"，如"对所有儿童实行公共的和免费的教育。取消现在这种形式的儿童的工厂劳动"，目的是"把教育同物质生产结合起来"。儿童固然能够在工厂里取代成年男工成为简单劳动力，但不如教育儿童让未来的劳动者更有素质对生产的提高有帮助。"对工人阶级来说，性别和年龄的差别再没有什么社会意义了。他们都只是劳动工具，不过因为年龄和性别的不同而需要不同的费用罢了。"比方说，在现代机械化生产的条件下，儿童几乎都不再从事生产劳动，而是纯粹依靠父母的供养接受教育。而传统家庭结构和传统个体社会的儿童都很早就参加劳动。

由于男女在今天主体上都从事脑力劳动，不让女性读书对整个社会的发展极其不利。依据我的读书经历，很多女生的成绩非常好。我在清华的班级中平均成绩第一名的就是一位女生。由此思考，家庭结构历史上很多女性没有读书参加科举，不是女性不能够读书、不能够考高分或不能够治理国家，只是由于全社会普遍地以手工生产为主，大家庭的士大夫也要与小家庭的一家之主同构，才只允许男性读书做官。由此思考，今天的世界某些国家还停留在极其落后的生产状态，强行要求一步到位地建立现代商业文明的男女平等很难。任何事情都要有过程。我的外祖母从没有想过离婚，因为她成长的年代，还没有机会上学，就不识字。等到后来有了《婚姻法》允许离婚，她在现实中真的有这样的选择么？她离开了外祖父怎么样生活呢？而我的母亲从小就接受教育，和我父亲离婚后做些小买卖，后来不算成功就给别人打工。可是我的外祖母连路牌都不认识，上街都会眼花缭乱，要是没有人陪着有时会走丢，怎么能指望她有我母亲的独立呢？

美国同学：过去女性与男性不平等是错的。女性应该有和男性同等的权利。

我：同等的社会地位和政治地位建立在相似的经济基础上。相似的经济地位建立在相似的劳动生产效率上。相似的劳动生产效率是近代科学技术革命的结果。古代社会以体力劳动为主，但也会有突出的女性强过大批的男性，有能力带军打仗，从政做官，甚至领导生产。她们不是不渴望施展抱负，只是社会的平均生产效率是男性较高，女性中少数的人就只能服从于总的趋势。同理，今天的社会，也会有女性希望不用去工作，丈夫就能够养她。但这越来越难了，很多男性现在不希望自己赚钱、妻子只照顾孩子，希望妻子有一定的社会交往，不要太封闭，也能赚钱让家庭经济条件更好。今天在男女普遍趋向平等时，女性要是希望过去的在家劳动，就很难了。

现代个体社会的模式在许多方面与新科技革命的生产要求一致，家庭结构在学习科技的过程中，要避免从头摸索，最简单的方式是借鉴。借鉴的目标是构建现代家庭结构,而不是抄袭商业文明构建现代个体社会。理由是,农耕家庭结构存在了几千年,要是改成现代个体社会,就不仅要改变家庭结构中与新科技不相符合的部分,如女性没有工作和受教育权利,还要同时把家庭结构中的孝顺、尊师重道、和谐、稳定等通通去掉,然后再从零开始构建商业文明,强调个人主义,不用赡养老人,再把追求比较和竞争的满足的心理优势改成不断扩张、发战争财的商业文明思路。构建现代家庭结构,是用最小的代价改革家庭结构与新科技革命不符合的地方。改动越小,越容易找到关键点,越能够集中精力快速突破。

现实中,目前的趋势是孔夫子的思想从"吃人"礼教回归到"国学",越发展,越不可能走个体社会。九十多年前,新文化运动的闯将们认为唯一出路是改革儒家制度,打破等级,结束"吃人"的礼教。今天谈论民主自由人权的人并不批判孔子,情感上不愿意放弃家庭结构,只是基于比较和竞争的满足看到个体社会的制度有自由,自己也想要。鲁迅对母亲非常孝顺,没有从情感上厌恶家庭结构,批判源自理性改革的需求。今天,中华大家庭的地位提高,生活向好,内忧外患不再紧迫,情感上打破家庭结构的动力更加不足,对家庭结构的批判仅源自基于比较和竞争的满足,别人有的我们也要有。一旦超越美国成为世界第一,批判会烟消云散。

孙中山说,"自义和团以后,一般中国人的思想,时时刻刻、件件东西总是要学外国。""就物质一方面的科学讲,外国驾乎中国,那是不可讳言的"。比如,"一定是外国的机关枪要(比中国人的弓刀)厉害得多"。"外国的物质科学,每十年一变动,十年之前和十年之后大不相同,那种科学的进步是很快的"。但是,外国在"政治的进步远不及科学"。"欧美两三百年来经过许多次数的革命,政治上的进步虽然是比中国快得多,但是外国的政治书本,像二千多年以前在希腊有一位大政治哲学家叫做柏拉图,他所著的《共和政体》那本书至今还有学者去研究","还是很有用处"。"所以外国政治哲学的进步,不及物质进步这样快的。他们现在的政治思想,和二千多年以前的思想根本上还没有大变动。如果我们仿效外国的政治,以为也是像仿效物质科学一样,那便是大错。"[469]

下面梳理一下科学技术革命与传统个体社会和传统家庭结构的哪些内容有冲突,各自又以什么方式改革成现代个体社会和现代家庭结构。

在对科学的态度上,进化论和大爆炸理论与上帝造人的核心观念冲突,个体社会用平等民主自由人权的商业文明逻辑重新构建政治架构,削弱了宗教的政治权利,降低了对人的影响,美国和法国都是典型代表,但法国革命的阻碍比美国大,革命几经反复。孔子创立的儒家思想对自然世界的探索不压制,不鼓励,不关心。接受科学在家庭结构不存在对立解释的障碍,只有"承认落后"带来的比较竞争满足受挫感,且近代科学的奠基工作在商业文明,形式逻辑和实验学的结合是家庭结构不熟悉的,快速熟悉的方式是改革标准化考试科目,把自然科学和数学放在重要位置。

在对技术的态度上,个体社会愿意用新技术实现商业扩张,赚更多的钱,打更多的胜仗,控制更多的地方;家庭结构自古欢迎技术,有用的技术像造纸术、活字印刷术等,发明后很快得到应用,目的是有助于农耕生产生活,让日子更好,不在于掠夺。

技术革命带来生产方式革命,要有大批原本不读书、不被允许工作的人加入生产者的大军。接受他们需要社会态度的转变。个体社会高举"人权"大旗,强调凡是人,都应享有普世价值。此时的普世价值从原有的宗教信仰转变成了平等自由等商业价值观。美国同学说:不允许女性和奴隶投票的民主不是真民主。家庭结构自古没有强烈意识形态,也不存在奴隶问题,只需要解放女性。毛泽东给出的理由是,"生产的规模大了,经营的部门多了""工作做得精致了,劳动力就会感到不足"。"中国的妇女是一种伟大的人力资源","必须发掘这种资源","要发动妇女参加劳动"。[470]农耕文明自古强调生产,重农抑商的目的是生产更多的粮食,现代家庭结构也强调生产,从生产的角度分析个体社会的变革。毛泽东说,"(美国南北战争)就是为了争劳动力,所谓解放黑奴就是开放劳动力市场。"[471]

生产方式革命后,人与人生产上的关系的改变会反映到生活关系的转变上。女性进入现代工业劳动以后,实现了经济独立,拥有了从男性的附庸走向平等的经济基础。在个体社会,这反映在平等的价值观在性别上的应用,即男女平等。在家庭结构,传统家庭从以父亲为中心转变成以父母为核心,重男轻女的观念有所收敛,且家庭可以重组,在一定程度上降低了对家庭稳定的追求。在改变的过程中,传统的三从四德、贞节牌坊等都成了"吃人"的礼教的证据,孔子的正统地位被质疑。尽管如此,家庭结构仍在现代化的过程中经过改革而得以保存。

真正普世传播的只有自然科学。事实上，商业文明总倾向于赞同普世观点。牛顿只计算了有限的问题，就认为理论是普世的。单神论是说唯一的神决定世界，宇宙由一种思维主宰，是在自然哲学和社会哲学的双重普世。宗教退去后，商业价值观成为要向全世界推广的普世价值，也就是普世的社会哲学。从目前看，真正普世传播的只有自然科学，社会哲学还没有达到真正普世。商业文明的价值观只是随自然科学的传播而向外辐射。

　　科学的普世是科学能够定量解释和预测自然的结果。任何人掌握了牛顿定律，都能够对相同的现象做出预测。基于自然科学的技术也是普世的。孙中山说，"欧美的机器，我们只要是学到了，随时随地都可以使用，"[472]正因如此，科技成果才要保密，或者申请专利让别人有偿使用。要是科技只是某些人能用的超能力，别人怎么都学不到，就无需申请专利，也无需保密核心技术了。要是美国料定朝鲜无论如何生产不出核武器，就不必谈判加制裁了。科技的普世能够跨越地域、国别、种族、宗教、文化、政治等各种差异。各国的经济、政治的规则的制定，往往是历史、文化、经济发展水平等多重因素的结果，"中国特色"就是家庭结构传承的结果。可是在自然科学，没有听说过任何人根据自身语言、民族、历史、文化的要求，制定出符合自身的"牛顿方程"。在家庭结构下，大爆炸也好，进化论也罢，都与人组成的社会治理无关。在个体社会中，这些与上帝创造宇宙和上帝造人矛盾，接受起来很困难。目前为止，只有科技达到如此高度的普世。

　　科学技术除了自身的普遍适用特点外，还具有普世传播的特点。普世传播就是逐渐向世界各地扩散。这由科技革命促进生产力的发展决定。今天的各国普遍欢迎新科技。从商业文明的角度看，科技促进生产效率提高后，商品更有优势，能赚更多的钱，也同时能够用科技武装军队，进行殖民和掠夺，并强迫弱者接受商业价值观，这是工业革命从最初的英国向欧洲的各国扩展的原因。就是说，科技促进生产发展让商业文明强大，能更好地帮助商人掠夺财富和传播价值观。农耕文明欢迎现代科技是鸦片战争失败的结果。家庭结构发现落后就要挨打，比较竞争的满足受到极大的刺激，认为必须在科技上师夷长技才能够抵制夷人的进攻。在此意义上，农耕文明是被动地走入现代的。农耕文明认定拥抱科技革命的成果实现工业化，能极大发展生产,进而实现强大。不过这个"强大"不是为了殖民掠夺,而是为了自保。今天,大家庭落后就要挨打的危机感并没有完全散去,不过已不如当年屡战屡败时危机重重。现在争取科技的赶超更多是在比较竞争满足的意义上。此外,大家庭加入了由商业文明主导建立的世界市场。这意味着,先进科技的产品能够更容易地进入大家庭,要是不在科技上赶超的话,本土的企业迟早要被淘汰。商业文明的自由买卖竞争由于大家庭被动地加入世界市场而进入现代家庭结构。传统家庭结构是自给自足的小农经济,生产的产品自己消费,男耕女织基本上自给自足,与外界交换的商品并不多,也没有融入广阔的世界市场,就不存在与外界竞争中的优胜劣汰问题。现代家庭结构则不同。改革开放标志着家庭结构全面融入商业文明的世界市场。由于商人彼此竞争激烈,且科技是重要竞争手段,家庭结构加入后,要在商人的世界中生存,就也要重视科技,多生产物美价廉的商品,与商业文明的企业竞争。今天的朝鲜还受到美国的封锁和禁运,没有融入世界市场。它发展科技的主要目的是以军事威慑巩固国防,并在现代条件下力争实现自给自足。从结果上看,当外部的国家都在互相做买卖的时候,闭关锁国并不能够发展。

从历史上看,现代科学和技术的原始诞生地往往成为最强大的国家。因此,愿意赚钱和掠夺的商人与比较竞争满足的农民都希望拥有高科技。

第一次科学和技术革命的代表人物牛顿和瓦特都是英国人。1776 年,牛顿发表《自然哲学的数学原理》,奠定了经典力学的理论基础,具有划时代意义。自然哲学发展到"数学原理",定量地描述自然规律,是商业文明的原始创新。牛顿开启了定量精确的现代科学。任何人理解掌握牛顿定律都得出同样结果,不需要自己解读。举个例子,万有引力定律告诉我们,行星的运行和苹果落在地上遵循相同的规律,无论你是否愿意相信,无论你之前的思维是怎么样的,都必须这么解读。对此,越少自我主观解释越好。在牛顿之前,哥白尼、伽利略、笛卡尔等人做了巨大贡献。

技术革命以瓦特改良蒸汽机为标志。蒸汽机将蒸汽的热能转化为机械能,提高抽煤矿里的水的速度。蒸汽革命让机器代替人进行生产,提高了劳动生产效率,降低了价格。大英帝国依靠科技革命成果,拥有最先进的舰船,成为了日不落帝国。生产方式的革命性变化引发生活方式的变化,人们日常生活的活动范围大大扩展,许多工业品进入寻常百姓家。

第二次科学革命发生在电磁领域,以英国的麦克斯韦统一电磁场、提出麦克斯韦方程为标志。对应的产业革命如无线电的发明由英国的马可尼和美国的特斯拉几乎同时实现。大英帝国引领科技革命,还是最强大国家,但其他国家的人也参与了第二次科技革命。对麦克斯韦的电磁场有重要贡献的赫兹是德国人。发明大王爱迪生是美国人。他发明的电灯第一次允许人类在夜间从事多种活动,如晚上读书、在车间加班等,提高了可用时间。产品的原创在美国爆发。但截至二战前,欧洲仍是科学中心。牛顿建立的经典力学不能解释宇宙存在的所有现象,重构自然哲学大厦的工作如火如荼地进行。爱因斯坦在瑞士的专利局做小职员期间发表相对论,引起了物理界的革命性变革。爱因斯坦是德国人,薛定谔是奥地利人,海森堡是德国人。像我们今天汽车上使用的卫星导航,就用到爱因斯坦的相对论,因为卫星上的时间和地面的时间会有略微的差异。纳粹登台后,爱因斯坦等科学家到美国避难,奠定了美国崛起的人才基础。在此期间,英国仍然是最强大的国家,不过已经不再保持第一次科学技术革命时的绝对垄断地位。有些技术和很多产品都不诞生在英国,而在德国、美国等国家。不过,这些产品创新的国家没有击败英国。

第三次科学革命以冯·诺依曼提出计算机理论为标志,技术革命以美国1946年成功制成世界第一台电子计算机为发端。一年后,美国的贝尔实验室研制出第一个晶体管,奠定了电子设备小型化的基础。冯·诺依曼就是移民美国的欧洲人。产业领军的主要是实验室的研究群体,很难找到类似于瓦特、爱迪生等的突出个体。信息技术的很多内容都是在二战和冷战期间发明的,很多人在国家研究资金的支持下实现了技术革命。不过,将技术应用在商业上的企业家有家喻户晓的代表,如比尔·盖茨和史蒂夫·乔布斯。盖茨读书的年代,计算机十分昂贵,世界没有多少台,计算机的发明人曾认为未来世界有几台计算机就够了。盖茨说,他的愿望是人人都有一台电脑,都用上微软的桌面操作系统。在计算机如此昂贵的年代,有这样的雄心壮志,体现了他对未来科技和商业走势的把握。第三次科学和技术革命都诞生在美国,让美国成为最强大的国家,人才基础很大程度上依赖二战中移民美国的欧洲科学家。相比于前两次技术革命,第三次技术革命的技术并不诞生于个体研究。瓦特改良蒸汽机,所花费的研究成本并不高;爱迪生尝试各种材料,最终找到钨丝作为电灯的灯芯,也花费不高。第三次科技革命是信息革命,所花费的研究成本是巨大的,很难由个体承担。美国同学说:盖茨和乔布斯等人只是把军事实验室研究出来的成果民用化赚钱而已,他们本身并不是技术的原始创新者。我说:他们的公司办大后,也投入了研究经费,后续仍有一定的创新。

第三次科技革命中,前苏联在二十世纪五十年代把第一颗人造卫星送上天,是科技突破。唯一欠缺的是引领科技革命。苏联在信息技术革命上落后了。这种落后,在很大程度上是由于技术革命的成果没有从国防实验室转化到民用产品中,就是缺乏像比尔·盖茨这样的企业家。由于第三次技术革命要花费大量的钱,且需要众多的人在实验室中研究,这就与前两次技术革命十分不同。瓦特改良蒸汽机的目的是解决商业问题:煤矿里常有很多的水,用传统方法抽水效率很低。瓦特改良蒸汽机是希望提高抽水效率,就是说改良蒸汽机的目的就是实现商业价值的提高。爱迪生的很多发明都直接用于日常生活。第三次技术革命中,美国和苏联发明卫星等的主要目的是国家防卫,而不是赢利,是纯粹的需要政府投钱维护的项目。实验室中研究人员的研究目的也是国防,而不是解决生产生活的抽水、照明问题,所以,需要有商人找到技术的盈利方式,才能够更持久地支持未来的技术创新。比如说,用卫星定位实现汽车的导航,就方便了司机,而卫星定位原本是用于军事的。

从三次科技革命的历史来看,谁同时引领科学、技术革命和产品创新,谁就成为最强大的国家。前两次技术革命和产品创新是一体的。第三次的技术革命需要有企业家作为桥梁,连接技术与产品,不然就会像前苏联一样被军备竞赛拖垮经济。

科学从最初被宗教压制到取得普遍适用和普世传播的胜利,只有布鲁诺牺牲了。哥白尼根本就没有被审判,伽利略只被限制了自由,没有被处决。牛顿更没有受到任何冲击,当时的英国已完成了宗教改革,宗教迫害减少。中世纪欧洲的宗教裁判所处决了更多的巫师。科学只损失了一兵一卒,就实现了对全人类的征服。不同意识形态、历史文化、政治制度的人,都不约而同地接受了科学,都记住了伽利略受到的教会的不公正的审判,而中世纪大概有几万人被教会贴上巫师的标签而被处死,[473]却少有人记住哪怕一个巫师的名字。历史由胜利者书写,科学是普世胜利者,科学的普世传播让为科学献身的人成了家喻户晓的英雄。

今天的沙特阿拉伯还严格执行着基于伊斯兰教教义的法律。但国王建立了阿卜杜拉国王科技大学,不惜重金聘请世界的一流老师培养沙特学生。这看来不可思议,却恰恰证明了科学在今天的普世胜利。而在家庭结构,科学压制了迷信思想,并取得了选拔制度上的传播保障。

几次科技革命,大家庭都缺位,缺位的意思是既没有迫害压制科学,也没有鼓励支持科学。第一次科技革命,大家庭根本不知道。第二次科技革命,新式学堂的科学人才还在培养。第三次科技革命爆发,大家庭制造了廉价的产品,产品原始创新不多,科学和技术的原始创新更少。向商业文明学习的过程,基本上是抄袭加本土化,原始创新极其少。大家庭对人类近代自然科学的创新贡献微乎其微,对人类能够廉价获得商品却功不可没。

三次科技革命基本上都诞生在商业文明,再从商业文明向外辐射。在此过程中,商业文明的价值观会伴随着科学而部分地向外传播。大家庭向个体社会学习科学时不可避免地受对方的社会哲学观念的影响。打个简单比方,数学老师教解方程,看似不涉及社会哲学。但老师对社会的认识,对同学的看法,对未来的展望,会渗透在教学中。解方程讲解得越出神入化,学生听得越津津有味,老师对社会的看法就越深地影响学生。个体社会思维模式伴随自然科学技术影响大家庭,也影响世界。

今天,个体社会的普世价值观借助普世的科学而传播;历史上,欧洲传教士利用科学在大家庭传教。当时的大家庭还没有在大家长的层面上意识到科学的重要性,只有个别士大夫意识到了。利玛窦"在罗马攻读了几年数学","受过很好的数学训练"。"实际上正是这有趣的东西,使得很多中国人上了使徒彼得的钩"。[474]"利玛窦神父是用对中国人来说新奇的欧洲科学知识震惊了整个中国哲学界的,以充分的和逻辑的推理证明了他的新颖的真理。"[475]有个经人推荐向利玛窦求学的学生,"不断向利玛窦神父请教几何学问题",利玛窦在讲解几何的过程中"提到了传播基督的律法",不过这个学生认为,"以教授数学来启迪中国人就足以达到他的目的了"。[476]这说明,中国人更注重科学。不过,在向拥有普世宗教价值观的利玛窦学习的过程中,由于对方总提到宗教,就会不自觉受些影响。大家庭尽管在整体上并不注重数学和自然哲学,不过在个体意义上,会有如祖冲之等重视的人,明朝的徐光启就是其中的代表。"中国人最喜欢的莫过于关于欧几里得的《几何原本》一书",它的"命题是依次提出的",并"确切地加以证明,即使最固执的人也无法否认它们"。徐光启"经过日复一日的勤奋学习和长时间听利玛窦神父讲述","一年之内,他们就用清晰而优美的中文体裁出版了一套很像样的《几何原本》前六卷"。[477]徐光启加入了基督教。每天向老师学习,是很难不受数学老师的社会观念影响的。和利玛窦同时期来到明朝的意大利传教士王丰肃"运用科学来使中国的学者归信","一个天球仪和一个地球仪"的探讨就"大大增进了他们的友谊和相互的尊敬"。有一天,"那位大臣正在很严肃地称赞科学研究,王丰肃神父就说:'先生,到目前为止你从我这里学到的东西比起信仰的奇迹来,全是微不足道的。信奉上帝是比观看星象更加崇高的科学。'"就这样开始让这位大臣皈依基督教。[478]普世的宗教价值观也好,民主自由人权的普世社会价值观也罢,都没有办法进行证明,因此,只有依托于科学的普世传播,顺便地进行传播,才有吸引力。近代以来,由于世界都在向商业文明学习普世的科学和技术,商业文明在此过程中不停传播的普世价值观也就顺便有了扩散的渠道。

宗教和商业文明价值观传入大家庭后,大家庭成员都会以实用主义的方式解读和吸收。利玛窦在明朝传教,有人"婚后多年无子女",祈祷后"成为一对孪生男孩子的父亲",就"信了基督教"。[479]这个人大概不关心科学,不是类似徐光启等人受到利玛窦的科学和数学的震撼而不知不觉接受了宗教,而是类似大家庭对待任何宗教都采取的实用主义态度,即不灵就不信。同理,家庭结构对现代商业文明价值观也采取实用主义态度,而从未成为大家庭的精神支柱和凝聚动力。台湾同学不怎么和我谈民主自由了,他发现大陆发展太快了。实用主义以结果论英雄,成王败寇在大家庭有非常强的思想根基。家庭结构本来就不希望打破家庭,学习个体社会的组织模式是为了要与科学和技术革命后的新生活方式相一致。要是找到保留家庭还能走向现代和重回世界第一的方式,大家庭自然会保留家庭结构。

在一段时期,诞生于德国的共产主义观念在苏联得以成功运用,并让苏联迅速发展强大,这让列宁和斯大林的革命和建设模式、连同马克思的理论传到了世界的很多地方。苏联迅速工业化的实质,是以集体化的社会治理模式,让科学和技术在落后的国家迅速得到广泛应用。苏联成为与美国抗衡的超级大国,并成功发射世界上第一颗人造卫星,更是让人们看到了迅速走在科技前列的可能。苏联的社会制度伴随着科技在苏联的迅速发展而对很多国家产生了吸引力。大家庭向苏联学习快速工业化的经验,学习五年计划、计划经济、农业合作社、优先发展重工业等。苏联的计划经济、优先发展重工业、农业合作生产都是社会制度的原始创新。这些创新都和历史文化现实相吻合。苏联迅速崛起靠社会制度和科技创新,却没能引领科技革命。苏联的科技进步由于没有企业家把科技成果从国防转入民用,缺乏持续的资金支撑,最终在与美国的角逐中败北。苏联的模式连同马克思、列宁等人的理论的吸引力都在世界迅速下降。

此后,大家庭从学习苏联转入学习欧美。改革开放后,家庭结构派留学生来美国学习信息技术革命成果,放弃了计划经济和农业合作社,走市场经济,建立了股票交易所、颁布了《物权法》、实现包产到户。改革开放直接学习了商业文明的市场经济,构建了现代银行、证券、股份制、经理制,建造了高速铁路、飞机、港口、码头、船舶等。行业标准和规则的制定,也参考了商业文明。学习社会组织不是照搬照抄,比如,包产到"户"明显的保留家庭结构。中华大家庭学习科学技术和组织模式,必然受制度设计者的商业思想影响。思维货币化,就是市场经济的结果。近代科学技术诞生在商业文明,商业价值观伴随着科技的传播,影响世界。

改革开放是配套学习科学、技术和管理。管理涉及人的思维,属于社会科学范畴,在学习过程中受个体社会思维的影响会更深。再加上基于比较和竞争的满足,不少人希望有个体社会的"民主自由人权"。但个体社会要由商人建立,日本、韩国和中国台湾建立的伪个体社会,依然存在严重的等级制度,根本要不得。要真正建立个体社会,必须打碎家庭。历史上,对家庭结构的质疑源自亡国灭种的内忧外患,今天大家庭发展迅速,儒家以"国学"回归大家庭,缺乏打碎家庭结构的必要外部条件。此外,从历史来看,抄袭社会管理模式并不能够孕育科学技术革命。抄袭英国走君主立宪制的国家很多,却没有人取代英国。美国从建国以来就没有国王和皇帝,是商业文明的组织模式的原始创新。前苏联采纳集体方式迅速推广科学技术,与美国称霸世界,用的也是原始创新。家庭结构从传统走入现代,很大程度上就是改变不符合现代科技条件下的现代生产方式、生活模式和思维模式。家庭结构要复兴，必须要引领下一次科技革命。对传统的改变，要着眼于阻碍科技创新和科技传播的组织模式上。未来，只能建立现代家庭结构，而不是现代个体社会。

不引领科技革命能成为世界第一吗？

不能。西班牙女王花了大笔资金支持哥伦布航海，最终殖民掠夺了大量的带着血的金子。葡萄牙抄袭了西班牙，殖民了国土面积几十倍于本国的巴西。赤裸裸的强盗掠夺和奴役弱者的发展方式，从不曾被大家庭接受，今天更不可能被采纳。日本是最好的学生，明治维新后迅速地学习了科学技术，有产品创新，没有引领科技革命，挑战商业文明的最终结果是失败。追溯第一次世界大战，更明显看出，学习他人，不引领科技革命，不会成功。大家庭从"师夷长技"以来，一直在学习。新中国早期留学生求学苏联，改革开放后大批学子留学欧美。我是今天留美学生中的一员，目的仍是"师夷长技"实现强大，而不是自主创新。实现中华复兴，必须以创新引领下一次科学和技术革命。这是纵观近代世界历史得出的结论。科技革命的追随者无法成为世界第一。

"良禽择木而栖，贤臣择主而事"，科学是普世胜利者，选择它就选择了最有前途和胜利希望的事，这体现实用主义。只有科学跨越了宗教、种族、民族、历史和文化普世传播，谁引领科技革命，抢占制高点，谁就成为下一个世界第一。未来不会有像改革开放初下海经商、生产贩卖欧美的产品就赚钱的时代了。要实现复兴，必须引领科技革命，生产世界从没有的产品，从科学到技术到产品领先世界。

中华大家庭只有引领下一次的科技革命，才能超越美国成为世界第一。到时，家庭结构的思维会随着科学向外辐射，全世界都会像当年读马可·波罗的书一样，再一次地对中国产生浓厚的兴趣。近代以来的政治制度的原始创新——政治协商制度，会越来越走入人们的视野。商业文明国家会更多地借鉴大家庭的各党派协商一致解决问题的方式，联合国也会更多地采取协商的方式，而不是今天的个体社会的对抗思维模式。同时，基于比较和竞争的满足的高考制度，会再一次进入全世界人的眼中。美国总统现在已经意识到，未来要培养更多的工程师和科学家，已经开始通过奖学金补助等方式鼓励美国学生更多地学习自然科学与工程类的专业。更多的实用主义的思维会影响到商业文明。

荷兰只有两个半北京那么大，一度成为大国，占领了中国台湾，靠的是制度创新。荷兰到亚洲贩卖香料，政府的钱不够，就进行金融创新，发明股票募集资金。上至贵族，下至女佣，都可平等地参与购买。金融创新让荷兰强大。荷兰在纽约[480]靠海的一小块土地修筑了一道墙，在墙内做金融生意，成为后来的金融中心，叫做"Wall Street"，直译为"墙街"，音译成"华尔街"。金融创新让荷兰迅速崛起。第一次股市泡沫破裂也发生在荷兰。创新意味着风险，第一个吃螃蟹的人，第一个尝试美味，也可能第一个吃坏肚子。尽管荷兰没有引领科技革命，没有成为类似英国、前苏联或美国这样的强国，但凭借社会模式的大胆创新与荷兰人的勤劳，也曾是海上强国，被称为"海上马车夫"。

大家庭的复兴要超越美国，决不能照搬照抄个体社会的现成科学、技术和社会模式，必须引领下一次科技革命。

三、迷信被科学抑制

美国同学：你说中日韩都受孔夫子影响很深，没有宗教信仰，又说宗教被科学打败了，为什么韩国的基督教在二战后发展迅速？

我：韩国的一位著名牧师在回忆早年传教经历时说，"当我向穷人传福音时，他们正承受着巨大的苦难，许多人说'我们不需要任何宗教。如果你有这么奇妙的天堂，为什么你现在不把天堂拿来放在这儿？我们需要一个帮助我们的真实的上帝。'""我开始在人们的心里建立真正的盼望，让基督教不仅是关乎死后的宗教，而且是此时、此地的宗教。这真的触动大家来五旬节教会①。"主持人问他，"这意味着灵魂的救赎总是会导致此世的成功和富裕么？"他平静地说，"当他们说，他们停止吸烟、停止喝酒、开始攒钱、停止赌博、不浪费钱，富起来就是自然而然的了。"[481]基督教的教义原本是关心死后的天堂地狱，到亚洲的韩国，就要入乡随俗，解决今生的问题。这位牧师用教义约束人们的行为，实现富裕就很自然了。二战后，中国的吸烟、喝酒、赌博、挥霍等行为，都被社会主义的价值观压制了，没有给宗教立足的机会。

---

① 当代基督教新教的一个分支，起源于美国。

美国同学：我同意。

我：改革开放最初有一段时期的迷惑和茫然，原有的共产主义、集体主义、无神论等不再每天强调了，宗教在此期间有了填补信仰真空的机会。上世纪九十年代，中国的经济转轨，国有企业的职工大量下岗，又赶上亚洲金融危机，中国的经济很困难。很多人在困难中靠宗教慰藉精神。不过，中国最困难的是刚刚建国的日子，我父亲小时候就时常吃不饱饭。那时强调努力工作建设社会主义。这样的困难过来后，宗教没有大规模在中国生根发芽的机会了。

根据利玛窦记载的在明朝的传教经历，"中国第一个公开信仰基督教的人来自最底层的百姓。"①"此人害了不治之症"，神父们"告诉他说，治疗肉体疾病已无希望，但仍有办法照顾他的灵魂"，"他回答说，他乐于接受把同情和怜悯赐给信奉者的任何教义"。当时，"医生认为无救，他的家人无力再支援他，便残酷地把他抛到室外"，神父们"把他带回家里"，"替他搭一间干净的小茅屋"，"照看他，并把基督教的基本真理教给他"，"他成为这个大帝国中第一个接受洗礼的人。确实，好像是为了保持他的纯洁无辜，仁慈的上帝在他归信后仅仅几天就让他到天堂去见上帝了。"482

我说：除非中国遇到一些大家长也解决不了的根本问题或根本困惑，宗教不会有机会了。从全世界的范围看，宗教的整体势力和四百年前比，小得多了。

另一位美国同学说：很多中国人没有宗教信仰，有一部分却极度迷信。

我：同意。

美国同学来过中国，与很多人交流过。事实上，几百年前利玛窦来到中国也有类似的发现：中国人"根据山水田地的相对位置而算定一块地的气运和吉凶"，"把一个家庭的安全、荣誉或甚至整个的生存都想象为一定取决于诸如门要开在这一边或那一边"等细节。"有什么能比这更加荒唐的呢"。483一位中国同学对我说：风水非常重要，要是住在不好的房子，你就会一直倒霉。

我问美国同学：据你所知，美国人有类似要选择房子靠山靠水、门窗要有特定的

---

① 这里指的是在利玛窦等传教士传教后第一个信仰的人。利玛窦后来发现了更早的基督教在中国存在的证据，但当时在肇庆，他并不知道。

指向,并以地理位置来判断未来的吉凶么?

美国同学:没听说过。很多人就算喜欢山或水,都是以自然的角度来理解的,有些人喜欢爬山,有些人喜欢住在水边,没听说过和运气有关。

科学解释不了的现象是宗教避难所,也是算命等迷信活动的避难所。家庭结构不存在压制迫害科学的宗教,只有迷信和科学精神不符。道听途说哪位大师灵验,不惜重金拜访,古已有之,延续至今。中国的迷信和西方的宗教有相似之处,如都存在超自然力量决定人的命运,都伴随祭拜或祭祀的过程。不过,二者有很大区别。中国的迷信承接了佛教、道教的多神思想,不似西方宗教只有唯一的神。除自然山水具有某些决定命运的能力外,死去的亲人也会庇佑后世子孙,在世的各种大师也能消灾驱邪。这样,迷信就没有统一祭祀的过程和信条,不唯一,不普世,也就不会类似西方的宗教那样,由于某些具体的宗教信条与科学冲突导致对科学的压迫。迷信的随意性大,灵则信的实用主义以及宁可信其有的心态仍是对迷信的主流态度。此外,迷信关注的仍然是人类自身,不关心自然宇宙。迷信思想中的自然只有和人的祸福吉凶挂钩,才有意义。迷信不关心人是进化而来还是被谁创造,也不关心太阳是中心还是地球是中心,更不关心宇宙怎么来的,只关心人自己。

迷信思维会造成接受科技革命的个别成果的阻碍。1875年,英国人在上海建造了中国境内的第一条铁路。通车后,这个"破坏风水的怪物"引起保守势力的极大恐慌,最终将铁路购回并拆毁投入海中。1881年英国人设计唐胥铁路,顽固官僚认为火车的轰鸣和振动会"损伤地脉",竟不行机车,而以骡马拖载。[484]唐胥铁路是开平煤矿为运煤而修筑的。1705年,英国的纽可门制成了用于煤矿的矿井排水的蒸汽机。几年以后,英国的矿场基本上都用上了这种蒸汽机。[485]同是为了提高煤矿的生产运输效率,英国原始创新并很快推广,中国则被迷信思维所困。英国人瓦特在随后改良了蒸汽机,使它除了用于提水外,还能带动车床、织布机等,广泛用于纺织业、采矿业、冶金业、造纸业等工业部门。这样的创新思维和新技术的推广速度让英国率先用蒸汽机替代人力,大大提高了生产效率,完成了工业革命。大家庭广泛接受铁路是在甲午战争失败后。清政府认识到铁路对调兵运械和国计民生的重要作用,在1905年决定修建京张铁路。[486]科技对比上的巨大差异,让大家庭战败,这迫使父母官们改变思维,接受新科技带来的变化。

迷信思维对新科技的阻碍不是在整体意义上的,即并没有在制度上限制探索自然。戊戌变法失败后,慈禧下令废止了变法内容,唯一留下的是京师大学堂,[487]即后来的北京大学。京师大学堂开设新学,传授自然科学知识,将"初级算学"作为必修课程,"高等算学"、"高等地理学"、"工程学"作为选修课程。学习了外文的学生,就使用外文原版教材。[488]慈禧废止社会改革,和秦始皇焚书一样,没有阻碍自然哲学的理论构建。保守的慈禧都没有封杀新学堂,主要是孔子的学说和牛顿的理论没有什么冲突。家庭结构不关心自然。慈禧和秦始皇不打压自然科学,也不鼓励它。自然科学在大家庭中处于背景作用。

自然科学不冲击家庭结构,却冲击了迷信活动。个体社会有宗教信仰,实证精神较强,迷信活动不多。家庭结构没有严肃信仰,自古迷信盛行。家庭结构的现代化,遇到的思想碰撞主要在迷信中。很多的迷信思想与农耕文明的生活方式紧密相连。像修筑铁路会"损伤地脉",就与农耕文明对土地的敬畏和爱惜相连。

农耕文明自古以来的入土为安的观念,与灵魂转世等迷信结合,让土葬成为传统家庭结构的殡葬方式。天主教也主张土葬,目的是在上帝重新降临地球的审判日,你不能已经被烧掉了。印度教则火葬。土葬体现农耕文明故土难离。土地最让农民眷恋不舍。几千年来,死者入土为安。死后埋到土里,就安定了。现代家庭结构采用火葬,不再埋宝藏在陵墓中,烧纸钱祭祀也逐渐被鲜花祭祀取代。

我的爷爷去世后被埋在老家农村的小山上。我的奶奶在本书最后修改时去世。奶奶生前说,她同意火葬,希望把骨灰送回家乡与爷爷合葬。爷爷去世四十一年了,爷爷和奶奶生活在传统家庭结构走向现代的转折口。爷爷去世早,身后事的料理采取传统方式,奶奶则用现代方式。爸爸告诉我,前些年,农村的老人不希望死后火化。前段时间,有媒体报道有老人为了死后土葬,赶在火葬政策的执行日期前自杀。民政部门随后否认自杀与火葬有关。[489]我常想,家庭结构走向现代,某种程度上是脱离农民和土地的过程。几千年面朝黄土背朝天的生产和生活方式,在一代人中间快速画上了句号。在转折路口,一生从事传统家庭结构的直接耕种的农民,对土地的依恋较深。农村的殡葬改革比城市困难得多。事实上,死者埋在土里,没想过有一天复活,只是入土为安,就此结束。楚国诗人屈原被楚怀王疏离后,自沉汨罗江。传说,百姓将粽子投入江中,免得尸体被鱼吃掉,后来成了端午节。屈原死后没有进入土地不能安定,喜欢他的人才把粽子投入江中。一个不信宗教的美国同学对我说:埋在土里不也被虫子吃掉了么? 和被鱼吃掉有什么区别?

我告诉他:进入土地就心安了,它体现了农耕文明对土地的依恋。从现代科学的角度讲,是早期原始耕种,人体化作了肥料继续滋养土地。

新中国成立后,周恩来带头支持平坟。[490]从两千年的教条来讲,这大逆不道;但从"父母官"带头结束了死人与活人争地的思维出发,他的做法为子孙后代永续发展提供了保障。

科学思维改变人对死后的认知。现代的入土为安是买墓地,七十年使用权。[491]身边同学第一次听说七十年使用权,都担心有一天被铲平。我问他们是否去过曾祖父的坟墓。回答是没有,甚至不知道曾祖父的坟墓在哪。粗略地算算,曾祖父大概去世不到七十年,这一代就不关心。以此推之,孩子一代会扫墓,孙子也许会来,到重孙子大概就不来了。七十年在现实生活中对常要扫墓的人来说足够了。

未来的环保殡葬可能是人去世后,骨灰填埋的地方种一棵树,树上贴标签,供子女祭扫。我不相信死后的天堂地狱灵魂,我抓紧每一次机会和父母聊天。我在国外近四年,在每天回宿舍的路上,都给父母打电话,偶尔会给年迈的外祖母打电话,了解每天发生的事情。结果,我出国后和他们的交流频率比在国内高。我知道他们每天做什么。在北京读书时,总觉得没有很远,常常忘记了联系;来到美国才感觉到了遥远。"子欲养而亲不待"[492]是家庭结构的悲哀。我的父母不太需要我提供物质上的帮助,孝更多体现在精神交流。

个体社会没有烧纸钱的传统。他们不理解死后花钱的逻辑:钱是人类社会的产物,死后的人为什么还需要钱? 在家庭结构,死后和现实同构,孔夫子说"未知生,焉知死"。几千年来,没有人花太多时间构建死后的世界,对死后的最直观理解是和活着一样,要花钱,只不过花冥币。这从侧面反映了强烈的生存欲望。

佛教说死后有六道轮回,到底去哪一道看你今生的表现。说白了,就是鼓励你活着多做好事。儒家社会是完全由人组成的封闭集合。迷信也只和人的命运相关,比如死后要继续花钱。不过,随着科学思维的普及,迷信对死后的看法不占主导地位了。今天,烧纸的或许还不少,但谁还在坟墓里埋藏金银财宝呢?今天的迷信更多地体现在对活着的未来上,比如算命。家庭结构不关心天体运行,除非行星决定命运,帮助预知未来。

台湾同学告诉我,庙里香火旺盛,很多人求好运,他和台湾实验室的导师去烧香,祈求一年的科学实验顺利,多发文章。

我非常震惊,科学工作者居然祈求神灵保佑来发科研文章,太讽刺了。

他不以为然,认为图个心安没什么大不了。

心安就是问题所在。普通民众图个心安没什么不妥,科学工作者从事科学研究,内心却极度迷信,把它当吃饭的工具,希望上天赐予好运,科学精神何在呢?台湾同学并不一定相信祭拜的神仙能带来实验的好运,只不过"祭神如神在",姑且当真,求个心安。这种心安就是马克思说的精神鸦片,只不过没有宗教狂热,迷信本身带着极强的实用主义色彩。相比于台湾,大陆的迷信受马克思主义无神论的影响。"国际歌"唱着"从来就没有什么救世主"的歌词,把目光放在今世,把希望放在自己身上。

第三节　中华复兴要引领下一次科技革命

一、动力——探索未知、追逐财富与比较竞争满足

历史是胜利者书写的。科学是胜利者:人类的进步归功于科技,科技的负面效应则归罪于人类对科技的利用。飞机、电灯、电脑、手机等方便了生活,功劳归于科技进步;核武器、工业污染等科技的坏处,不由科技承担。人们常说:科技是"双刃剑",关键看人类如何运用,既可为人所用,也可毁灭人类。按照"双刃剑"逻辑,科技本身没有情感,不承担负面责任,也不应享受正面功劳。现实中,功劳算在了科技身上,灾难都记在了人身上。双刃剑的提法常用来描述科技的负面效果。一旦科技带来坏处,马上拿出双刃剑理论,归罪到使用的人身上。

只有普世胜利者——科学,才能把功劳都算在自己身上,过错都算在人身上。

美国同学说:我去欧洲旅行,看到两千年前的文明遗址,赞叹当时先进的技术。后来的战争波折,让文明从楼梯上掉了下去。让科学技术直线发展多好啊?为什么

非要战争呢?

我说:战争造成了文明倒退,也促进了科技发展。信息技术源自军事工业,最早用于战争。商业文明中,科学进步除源自对宇宙的本原探索,也来自掠夺财富的强盗逻辑。科技是胜利者,你希望它直线发展,是强调它带来的好处;科技进步的另一个结果是,它的威力足以摧毁整个人类。几千年来的争夺,没有大屠杀能彻底灭绝人类。今天的科技却可以在短时间内,用核弹头灭亡人类。面对人类灭亡的风险,到底该如何评价科技进步呢?

科技进步的动力,部分来自战争的掠夺和人类的贪婪,它的负面效应孕育在科技进步的原动力中。科技进步的另一半动力,源自对未知的探索欲望。商业文明总对未知的市场充满好奇,对远方的土地充满幻想,这与水手、商人和海盗的本性一致。探索"新大陆"、其他星球、自然界,占领并征服未知。

农耕文明则固守田园,对远方的土地没有欲望,对自然的法则不关心。全世界的有核国家中,只有中国承诺"决不首先使用核武器",且"不对也不威胁对无核国家使用核武器"。美国都没有做出类似的承诺。农耕文明强调延续,不自取灭亡,也不想灭亡其他族群。"中国不认同'国强必霸'的陈旧逻辑。只有和平发展道路可以走得通。"[493]中华大家庭引领下一次科技革命,成为世界第一,会是大航海以来,第一次有国家不依靠战争而和平发展,标志着战争发家历史的终结,给爱好和平的人希望,激励更多人辛勤劳动。中国无意于构建"世界大家庭",只希望是世界大家庭的重要一员。引领科技革命,同时保证和平。"和为贵"的思维会随着科技的传播而影响未来的世界。这会是大家庭对世界的贡献。

农耕文明探索科技的动力既不源自对自然的兴趣,也不源自对财富的追逐。现代家庭结构重视科技,是近代以来比较竞争满足受挫后奋发图强的结果。家庭结构认为,实现科技的进步是实现复兴的关键。在此意义上,科技是实现复兴的手段,是重回世界第一的必经途径。因此,邓小平说,"科学技术是第一生产力"。[494]

现在研究的热点不少:可控核聚变,纳米技术,清洁能源技术等。热点问题被攻克,就是突破。历史上,第一次科学技术革命,牛顿和瓦特是普通人,并没有人料想到牛顿运动定律和改良的蒸汽机有如此广泛的应用。第二次科学和技术革命,法拉第向英国财政大臣展示新发明的电磁感应机器,大臣问他:这个东西有什么用? 他回答:我不知道它有什么用,我只知道您有一天会因它而收税。第三次科技革命,冯·诺依曼提出用二进制解决所有问题。由于人们习惯于十进制的运算思维,并没有相信他的理论会引发革命。第一台电子计算机发明后,也没人预料,如此笨重体积庞大的机器会走入千家万户。历史上,科学技术革命不会一下子被当代人理解和接受,也往往是未被同时代人看好的方向。取得突破的大都是年轻人。

1905 年,爱因斯坦提出相对论,职位是专利局的小职员。未来的科学技术创新再依靠某个人独自完成会非常困难。二战后,各国投入资金和人力研发科学技术,自古不关心科学的中国,也投入了大笔的科研资金。未来社会的创新会更多地发生在科学实验室里。要么大企业资助,要么国家出资。晶体管诞生的贝尔实验室就是公司的实验室。

苏联的政府高度控制生产生活,也有原始创新。苏联第一个送卫星上天。创新可出现在高度集中的经济和社会制度下。

苏联和美国相比,技术上不落后,但缺少盖茨和乔布斯这样的企业家。上世纪七十年代,美国的企业家大胆地把军事工业的信息技术原始创新进行商业化,实现了寻常百姓家的信息化。苏联最新技术要么停在实验室,要么停在军事工业里,民用转化率低,只在核技术的民用化上,苏联率先建立核电站。苏联最先将核能民用发电,后来出现震惊世界的切尔诺贝利核泄漏事故。我们的核电发展则借鉴了各国发展的经验教训。

家庭结构不关心科学,尊崇历史和传承,企业家敢在世界上第一个吃螃蟹的人很少,创新的阻力更大。我们敢于第一个将核技术民营化吗? 敢于承担类似的风险,吃第一个螃蟹么? 创新要走前人不曾走的路,一定伴随着风险。家庭结构的冒险精神不足,不愿承担风险。创新的人往往最终没有好下场。诚然,这个世界既需要有向前冲的猛将,带领大家吃螃蟹,也要有守成稳重的工程师,把曾经的辉煌谨慎地保留住。但家庭结构要实现复兴,就不能仅仅满足于做传承技艺的工程师,必须要设定引领革命的目标。

美国的全球定位系统出于军方作战定位考虑,研发资金来自财政预算。受雇于军方的科学家团队,带着军事目的研究出的成果,与瓦特自选题目解决企业问题不同。军队有作战需求,提出技术目标,科学家以团队协作实现技术。就算企业提出的研发课题,也很难由一个人完成,而往往是一个团队。蒸汽机的改良者瓦特和电灯的发明人爱迪生被牢记,运载火箭、人造卫星、计算机的发明人就少有人知,它们都由团队合作实现,不再由个体完成。企业以民用生产盈利为目的,解决企业的技术难题就是直接的民用化和商业化。

商业文明探索外太空的动力,来自远离地球核战争的危险和商业文明的扩张。商业文明对未知的探索有全民动力。家庭结构推动航天工程,只有比较竞争满足,没有移民火星的全民动力。

下一次科技革命的爆发点,很可能在商人探索火星的过程中。有人提出 2025 年以前送人上火星。我很乐于看到雄心壮志的实现。在此过程中,一定伴随科技突破,很可能引发革命。

我来美国从事新能源研究,是听了奥巴马总统提出的清洁能源时代的构想。[495]我预感到,政府会投入大笔资金在新能源研发领域,研究经费较充足。我身边的很多同学都有类似想法,尝试着往能源方向申请。我对美国同学说:我乘着奥巴马的新能源政策的东风来美国读博士。①

未来的汽车短期内不会用氢能源,最大可能是纯电力,缺乏的是充电的基础设施。人类有太多问题没有解决。十几年前就说癌症不久被攻克,今天还看不到希望;十年前就说量子计算机不久会诞生,现在也没见到影子。回溯历史,对比提出的设想和今天的实际,没实现的占大多数。引领三次科技革命的商业文明,看不准的研究方向也远多于看得准的。

我喜欢思考科学,但我的动力是基于比较和竞争的满足,我缺乏对科学探索的原动力,无法创新。我尝试着转变基于比较和竞争的满足,回归纯粹的探索欲望,就像居里夫人在《我的信念》中说道的:"我认为,在科学的世界里,我们就是小孩,我们对周围的世界充满好奇,这就是我不停努力的动力。"

---

① 我在 2013 年 12 月份的博士资格考试中失败,无法继续读博士,只拿到了硕士学位。

我在大学,尝试了很久终于慢慢地往"我就是想知道这是咋回事"方面转变,不在乎分数和名次,不在乎是否考试考查,只希望在课堂上知道这到底是怎么回事。但这样还不是兴趣成功,我还缺乏"想研究明白这是咋回事"的动力。在大学期间,"纯粹的求知欲"只停留在了解书本和课堂的讲解,而不是研究和分析弄懂新问题。美国同学真的希望努力把他手头的研究工作弄清楚,看看到底怎么回事,做些新工作。我的研究则为了找工作。

我喜欢什么根本不在考虑范围内。但我知道我讨厌什么,做不了什么。不能说我完全不关心兴趣。更准确的说法是,兴趣在我的优先级中排在次要位置,现实排在第一位;美国同学将兴趣排在第一位,现实排在第二位。事实上,对非常讨厌的工作,我也不会去做。

实验室的研究氛围很宽松。导师不查岗,研究时间自由支配。我对研究本身没有热情,研究进度取决于:一,希望何时发表论文后毕业;二,以前养成的习惯能坚持多久;三,什么时候必须交差。

我没有强烈的探索欲望,努力程度往往取决于外界压力。

导师布置任务,我拖很久没有做。导师问我:你是不是并不喜欢现在的研究?

我马上说:没有啊,我非常喜欢。

我说喜欢,只是下意识地反应,表达我对现有工作的满意,应付导师的问话。事实上,我既不喜欢也不讨厌科学研究。我到底喜欢什么? 搞不清楚。我比美国同学的学科基础好,在外界考试压力下,能将全部精力投入学习。但在宽松的氛围中,没有比较竞争,我不能靠兴趣支撑努力。我和课题组的同学每周探讨问题两次,只希望把问题弄清楚,讨论为什么这样可行,那样不可行,激烈地辩论,也挺有意思。我学会了说话要有根据,不要为辩论而辩论,讨论的目的是弄清楚问题。不和谁比,也不为超越谁。我逐渐理解了美国同学说"我真的不关心你做得比我好还是没我好"。当我不关心周围的人到底谁更强,只希望通过尝试和分析获得信息,研究一下子变得有意思起来。

博士资格考试失败后,我决定亲自感受兴趣成功,就迅速着手修改本书,并启动了英文版的写作,还找了一份咨询的实习,更好地了解工作中的美国人。我对美国同学说:我现在的思考主要基于校园里的学生,并不了解工作中的美国人,借实习的机会多了解。

美国同学:了解美国人对你说的复兴有什么帮助呢?

我:中国的复兴在于引领下一次的科学技术革命。我本人对科学研究并没有足够的热情,不会成为直接引领的一员了。不过,我希望了解美国人对创新的态度,我在学校见到了教授和博士生对研究的热情,希望到公司了解普通员工的态度,帮助我思考实现科技革命的途径。

二、五条路径

家庭结构古代没有科学思维,不关心自然界,关心人际关系。子张想学习如何谋求做官。子曰:"多闻阙疑,慎言其余,则寡尤;多见阙殆,慎行其余,则寡悔。言寡尤,行寡悔,禄在其中矣。"[496]孔子的意思是:要多听(各种意见),把觉得可怀疑的地方避开,谨慎地说出其余的,这样就能少犯错误;要多看(各种情况),把觉得有危险的事情避开,谨慎地去做其余的,这样就能减少后悔。说话少出错,做事少后悔,谋求官职的机会就在其中。家庭结构不支持冒险。科学涉及对宇宙和自然的认识,与家庭结构关系不大,花时间在科学上不如专心弄好人际关系。

家庭结构对技术的关心程度大于科学。大禹靠经验摸索总结出治水技术,成为大家长。技术用于解决实际问题,除了少部分如近代铁路技术与迷信发生短暂冲突外,大部分技术都是受欢迎的。四大发明就是原始创新的技术。

造纸术、火药、指南针、活字印刷术,属于技术创新,创新的方法是经验摸索,创新过程没有科学理论指导。据传说,火药在炼丹中发现;炼丹的动力来自于大家长长生不老的愿望,火药是在反复炼丹过程中偶然发现的。商业文明重视炼金术,渴望得到金子。农耕文明希望长生不老,永享四季轮回,关心炼丹。家庭结构也会航海远行,秦始皇派徐福出海,去仙岛求长生不老药。要是长生不老药藏在火星,中华大家庭登陆火星的动力会空前。

蔡伦用树皮、麻头、破布和渔网做成了纸。造纸术的发明没有化学、物理等理论指导,而是在不断尝试中偶然发现的。与此类似,活字印刷更是为推广书籍,在经验摸索下完成的。

四大发明由生产实践经验摸索得到,目的是解决实际问题,发明的过程都没有科学的定量计算指导。近代的技术革命则在科学指导下完成,技术大厦的构建依赖科学大厦的完善。商业文明自古关心科学,牛顿等人实现了对自然哲学定量的精准预测,指导和推动了技术革命,爆发出农耕文明经验摸索无法比拟的能量。像核能的研发和利用,就是在爱因斯坦的相对论的基础上实现的。信息技术革命,也建立在材料科学、计算科学等理论的指导上。利用传统的经验尝试,很难发明计算机或建立核电站。在此意义上,对于不关心科学只关心实用技术的家庭结构来说,要引领下一次科学技术革命,有五条路径。

第一条路径,在现有的科学框架下面,大家庭独立引领下一轮技术革命。学透科学,在技术上创新,是引领技术革命的一种方式。技术革命要有方向。美国总统克林顿提出二十一世纪是生物和纳米的世纪,全世界都行动起来。奥巴马总统提出未来是清洁能源的时代,中国也向清洁能源投入了大量的科研资金。中国的太阳能产业冲击了欧美企业。不过,截至目前,中国只在产品规模和价格上占优势,没有清洁能源技术的革命突破。技术创新必须明确方向。近代科学和技术的根脉在商业文明,在其提出未来方向后,我们可努力在技术创新的时间点上略微提前,但不会超前很多。从今天信息革命的趋势来看,传统的器械都要实现信息互联,人工智能是下一步发展方向。家庭结构运用学到的科学理论和现有技术,经过尝试和创新,很有可能在智能化的时间点上提前于个体社会。

第二条路径,改变基于比较和竞争的满足,走入兴趣成功。商业文明科技创新的动力源自对自然的兴趣。兴趣成功和比较竞争满足的最大不同是,兴趣成功希望做新事情,走前人未走的路。比较竞争满足不关心从未出现过的事情,只和现有的最优者竞争,竞争内容必须已经存在。家庭结构下的孩子不能像个体社会的孩子一样自由发展,减轻学生负担的努力总是失败。不允许学校假期补课,家长会给子女报课外补习班。很多学生抱怨,补习比学校上课更辛苦。标准化考试给底层民众开辟了成功道路,在人口众多的条件下,学生负担绝不会轻。美国出生的华人,仍受家长严格要求,努力学习,重视考试成绩,保持重视教育和实用主义的传统,没有走入兴趣成功。以此看,在中华大家庭本土实现兴趣成功更加困难。

从科举建立以来,教育是改变命运的途径。标准化考试给底层民众机会,有时是唯一机会。这就导致普通人的关注点集中在标准化考试上。追寻兴趣的风险太大。自然哲学内容被引入标准化考试后,短时间快速传播。标准化考试选拔出勤学苦练的人,基础很好,但缺乏兴趣。在比较竞争满足的驱动下,高分的学子未必有创新。

个体社会的创新常发生在中产阶级和较富裕的家庭中。他们往往接受更好的教育,有机会实现想法。家庭结构中,富裕家庭的子女往往满足于和周围人的比较,奋斗的动力并不强,更不愿为做出突破而加倍努力。家庭结构下,失去的可在子女身上补回来。家长没有机会受教育,往往希望子女有良好的教育,甚至在海外受教育。没实现的大学梦能由子女实现,也是光宗耀祖。类似地,父母是高级知识分子,则父母的童年就很刻苦努力,没有轻松的玩耍,就希望子女有童年。为此会攒钱,给孩子创造轻松的环境,并为未来铺路。结果也不会有创新。创新需要兴趣和持之以恒的努力。

个体社会强调兴趣成功,做喜欢的事情,筛选真正热爱行业的人。大部分学生在没有压力的条件下不会喜欢学习,努力程度就低,不喜欢学习的人就把资源让出来,留给愿意学习的人。由热爱激发努力,就是美国梦。美国梦的白话概括是,只要努力做喜欢的事情,就能实现心中的梦想。"努力"是美国价值观中的一部分。概括起来,资源、兴趣结合努力,成就梦想。兴趣成功的代价是,普通人被动读书的动力弱,知识储备不如普通中国人。家庭结构从比较竞争满足走入兴趣成功,进而实现创新基本上不可能。

第三条路径,是将创新作为比较和竞争的评价指标,倡导全社会参与创新大比拼。家庭结构尊师重道的思想体系,体现农耕文明重视历史传承。家庭结构对自然哲学不关心,缺乏科学创新的内生动力,对自然科学的关心建立在比较竞争满足的基础上。类似地,创新也可成为比较竞争的内容:从幼儿园的教育就强调创新,考查创新;改革教材,鼓励创新;给创新人才特殊通道;鼓励全社会创新。

问题是:按照孔子"未知生,焉知死"的优先级逻辑,"还没学会走呢怎么就想跑呢","基础题还没有弄明白就想拔高题呢","小学的还没弄明白就去弄初中的呢"。创新思维没有现成答案可言,难以融入标准化考试。奥赛不是创新,奥赛的题目都有答案,创新的内容是解决现在没有答案的难题。创新的风险很大,花费精力时间,可能一无所获。家长、老师从关心学生的实用主义角度,很难真心鼓励。此外,农耕文明重视传承,不喜欢离经叛道,稀奇古怪不切实际的想法会产生现实冲突。

在美国,很多人上大学自己贷款,结婚不用家长买房子。家庭结构下,子女的就业直接影响家长的负担,年满十八岁依然是家里的孩子。创新失败的风险要家庭共同承担,而不会像个体社会由成年子女承担。

商业文明的科技革命建立在大量科研人员努力、巨大资金支撑的基础上,伴随着无数失败。科技革命的成果是成功例子。更多的资金和努力并没有取得预期成效。即便人才济济的美国也无法每个项目都看得准。近代科技革命的根脉不在中国,要引领革命就要承担更大风险,却又与农耕文明保守的性格相左。

以上三条实现未来科学技术革命的道路,都要在一定程度上鼓励尝试、鼓励失败、鼓励不走寻常路。但儒家文化圈的创新都比较困难。

很多人认为,创新会随着经济发展自然产生。日本明治维新学习商业文明了,且日本是世界上最好的学生,在上世纪八十年代就是世界第二大经济体,成为发达国家多年,也没引领科技革命。

日本有产品创新。索尼公司最早制造出随身听,但包括中国香港和台湾地区、韩国、日本、新加坡在内的儒家文化圈,都没有引领科技革命,原始创新能力都很弱。未来的中国也会有产品创新。但中国绝对不甘做世界第二,这由家庭结构和基于比较和竞争的满足共同决定。引领下一次科技革命是复兴的必由之路。

第四条路径,走美国的人才吸引模式,吸引兴趣成功的人才到中国实现事业梦想。直接把关心自然、喜欢创新的世界人才吸引过来,就能够避免要求家庭成员改变自己关心自然和不走寻常路。

个体社会有悠久的欢迎人才移民的历史。早在古希腊雅典城邦的梭伦改革中,为促进工商业发展,就吸引有技术的外国人迁居雅典,对携带家属移民雅典的手工业者给予公民权。[497]欧洲的优秀人才二战期间移民美国,爱因斯坦是代表。近代科学的根脉诞生在欧洲,具体在英国。美国先向欧洲学习,在此过程中吸引欧洲人才。计算机之父冯·诺依曼就是欧洲到美国的移民。吸引世界上兴趣成功的人到中国实现梦想,引领下一次科技革命,也是一条途径。

科学体系的根脉不在大家庭。古希腊的亚里士多德就曾在雅典建立讲习所,教高级班学生科学技术。[498]孔夫子就从来不教授,也不谈论科学技术。牛顿将数学原理引入自然哲学,实现定量化。中华大家庭缺乏对自然哲学的关心,缺乏实证意识。北宋的程颢、程颐兄弟和南宋的朱熹,以理为核心形成儒学新体系——程朱理学,对儒家思想的发展产生重要影响。程颢和程颐提出"格物致知"的认识论,认为"物皆有理",只有深刻探究万物,才能真正得到其中的"理"。但"格物致知"的目的在于明道德之善,而不是求科学之真。[499]此外,家庭结构还缺乏"数目字管理"[500]。接受科学思想虽然没有宗教障碍,但要独立思考科学,从动力、思维方法、兴趣上,都非常困难,吸引人才实现创新或许是最好选择。

吸引人才模式有美国的成功经验,又必须和美国相区分。美国和欧洲同属于商业文明,美国是欧洲移民的后代建立的,思维相近。中华大家庭要吸引世界人才,需要考虑更多因素。

首先,要开辟优秀人才来华实现科学梦想的制度通道,欢迎顶级人才。爱因斯坦抵达纽约港时,大量市民自发欢迎爱因斯坦的到来,[501]希望爱因斯坦留在美国。

台湾同学问我:为什么西方有这么多的科技创新?

我问他:爱因斯坦到台北,会有那么多人希望爱因斯坦留下么?

台湾同学说:肯定不会,台湾家长都觉得自己的小孩是爱因斯坦。

我说:中国社会对自然科学的工作者,不怎么关心。对杰出人才,中国人没有给人才特殊通道的动力。美国是精英社会,精英教育;我们是平民社会,平民教育。

历史上,汉唐开放。士农工商的等级顺序没有阻止丝绸之路上的异常繁荣。家庭结构做生意而不传教。唐玄宗时期,日本遣唐使有人"慕中国之风,因留不去,改姓名为朝衡",官至"左散骑常侍、镇南都护"。[502]家庭结构没有宗教狂热,不关心自然哲学,任何宗教都能安家落户。家庭结构不排他。

中华复兴要直抵盛唐的社会开放,并引领下一次科学技术革命。重回盛唐雄风,拥有开阔的胸襟和开放的情怀,吸引世界优秀人才来华创业。构建创新特区,保护创新成果,鼓励"吃螃蟹"。改革开放从特区实验发端,积累经验后推广。构建创新特区要吸引全世界怀揣梦想并对科学技术感兴趣的人。

优秀人才来华,会被自然地当做客人相待,不会陷入复杂的人际关系中,可安心从事创新事业。在香港读书的澳大利亚同学和在日本当助理教授的新西兰人告诉我,亚洲人对外人比对本国人更好。亚洲的逻辑,他们是客人,受到礼遇。个体社会不存在类似的思维。

会有部分人来华学习技术并带回本国,对此要平和心态对待。近代以来,我们不断派遣学生学习商业文明的科技;未来成为发达国家,会吸引来华创业的人,也会吸引来华学习科技并带回国的人。这会形成竞争,就像我们学了科技发展很快,就和欧美形成了竞争。学习和竞争是科技传播的必要手段,是不可阻挡的。美国吸引人才,部分人学到技术带回国内,但总体上,美国非常划算。未来,要欢迎各领域的精英来华创业。

我问美国同学:考虑到中国实现原始创新的想法么?

他说:中国的专利保护做得不好,原始创新很快被无偿使用了,让希望创新的人望而却步。

我:实事求是地讲,近代以来,我们几乎原版引进了自然科学技术。西方社会对中国的版权保护的抱怨声不绝于耳。现在,中国也在采取措施保护专利。欢迎你来中国实现梦想。

第五条路径,走犹太人鼓励问问题的教育模式,打破师生关系的家庭结构,为此要牺牲和谐。尊师重道体现家庭结构对教育的重视。农耕文明的教育重视传承,不重视创新。孔子问学生子路:子路,教给你的都理解了吗?"知之为知之,不知为不知,是知也。"[503]孔子对他的得意门生的要求是掌握教授的知识,而不是创新。犹太教育面向未来,重视创新,鼓励问挑战的问题,但对现有工程技术的掌握不够重视。

清华大学的施一公教授去以色列驻中国大使馆参加活动。以色列大使谈论犹太人如何重视教育,现任总统佩雷斯的母亲是典型的犹太妈妈。佩雷斯小的时候,他的母亲每天问佩雷斯两个问题:你在学校课堂上是否问过一个老师回答不上来的问题?你今天在学校是否做了一件令老师印象深刻的事情?

施一公对以色列大使说:"大使先生,我的孩子现在上小学,他们每天回来我只问一个问题：今天听老师的话了吗？"

施一公反思："我经常鼓励所有的学生挑战我的思维，挑战我的观点，如果学生对我事事顺从、从来不提不同观点的话，我觉得我失去了做教师的职责。"[504]他在清华大学鼓励学生提出新想法，挑战他，但回家看到孩子，他的第一句话是"听老师的话了吗"。矛盾的地方是：施一公作为教授，鼓励学生有创造性思考；作为父亲，却遵从尊师重道的传统，不鼓励孩子离经叛道。

他的遭遇和一位创业的叔叔相似。那位叔叔告诉我，当年他创业，全家人都不同意，他坚定了下来，现在做得不错。矛盾的是，他的孩子也想创业，他不是很看好，百般阻挠。施一公教授和这位叔叔，个人选择创新和创业，不屈从世俗经验。但对子女的未来，仍坚持传统。

鲁迅曾经在论述阮籍和嵇康的文章中说，看阮籍和嵇康是否真的不羁世俗，要看他们对子女的教育。他们本人放浪形骸，却教育子女本分做人，不希望子女模仿他们，证明他们并不真心拥护自己走的道路。[505]

美国同学则尊重子女的观点。在谈到他要是竞选是否会希望子女投他一票时，他说：他们能支持当然好，但不由他们这几票决定。子女为什么要和我完全一致呢？我的想法也和父母不一样，我会很高兴他们有自己的判断。

美国同学强调独立判断，与个体社会相吻合，强调子女要做喜欢的事情，并大胆追求梦想。美国创新是在兴趣的基础上不断努力实现的。而犹太教育鼓励问挑战的问题，不像美国教育强调兴趣，却直奔创新的主题。

我问了遇到的十几个犹太同学，所有人都回答：我的父母非常鼓励问挑战的问题。

一位犹太同学：犹太妈妈的教育在世界上非常有名，有点像中国的孟母。

我说：孟母没有鼓励孟子问挑战老师的问题。孟母三迁是为孟子创造良好的学习环境。孟母是家庭结构的好妈妈，和犹太妈妈不同。

我在大巴车上遇到了以色列的犹太家庭。我问身旁的十七岁高中生：小时候，你家长经常鼓励你问挑战的问题么？

他：你可以问她。

他的妈妈转过头：当然了，这非常重要。

我：你不担心经常问挑战的问题老师反感么？老师回答不上来会尴尬。

他的妈妈：不会啊，大部分老师都非常鼓励学生问问题。当然也有少数老师不喜欢，但没关系。

我：遇到少数不喜欢问问题的老师，你告诉孩子怎么办？

他的妈妈：告诉我的孩子继续问问题啊。我的孩子接受教育，为什么理睬老师喜不喜欢呢？

他：以色列的老师在学校的权威很低，不像美国的老师，被称作某某先生或女士。我们直接叫名，省略姓。

我：从小学就省略姓，直呼名？

他：对。你们怎么称呼老师？

我：称呼某某老师，或某某教授。直呼其名是对老师的不尊敬，不被允许。

他：从对老师的称呼中能看出师生间的地位。

我：以色列的师生更平等，所以你不担心问问题让老师不高兴。

他：我不在乎老师高不高兴。

我：为什么不停地问挑战的问题呢？

他：我们不喜欢仅知道答案。有的人遇到问题，问其他人，得到了解释就满足了。我们不会满足，会继续问。

我：可是，世界上不是每个问题都有答案。

他：对，很多问题现在没有答案。不过这不能阻挡问问题和寻求答案。我们喜欢框架外思维。①

我：中国人缺乏框架外思维，喜欢框架内思维，愿意学习成熟的理论和技术。在框架的核心，远离框架的边界，正确的几率大；离开框架，风险急速上升。

他：在框架内，怎么发展呢？

我：对自然哲学，要学习被实践证明行得通的科学技术，并学到极致，熟练掌握。

---

① thinking outside the box

我们有大量工程师,制造业发达,通过勤学苦练,效率也高。我们的产品廉价,当然,这和人口众多、劳动力廉价有关。对社会哲学,选择被证明可行的制度模式。谁发展得最好,我们去学谁。今天的经济模式就借鉴了市场经济的经验。

他:你们不只学一个人,学了不同的人。

我:对。谁的好用、谁能解决问题,就学谁。今天的制度借鉴前苏联和西方的经验,还融合了传统社会结构,类似把不同的鸡蛋放在同一个篮子里。

他:这也算创新。

我:看你怎么定义创新,我强调的是原始创新。学习百家之长,结合实际情况,不是原始创新。原始创新风险大,可能不被理解。中国有句俗话,一群鸟,第一个飞出来的往往被枪打中。与众不同往往带来风险。

他:中国的学生暑假出来旅游么?

我:高中生都很忙,要补习。

他:我们也有暑假作业。

我:不一样,中国学生要上辅导班、请家教,有时候放假比上课还忙。

他:你希望创新,要多看看外面的世界,了解不同的想法。

我:没有时间。听说以色列的基础设施建设很落后?

他:是。

我:这么多创新的人,制造业怎么没跟上呢?内塔尼亚胡总理在中国说,"以色列并不是中国的市场竞争者,我们并没有制造业"[506],这怎么可能呢?制造业非常简单,就是应用成熟的理论。

他:很多人太懒惰了,没花力气去把基础设施弄好。

我:经常提问思考的人肯定不懒惰。只不过精力都用到创新和框架外思维了,可能就不屑于做好框架内的事情了。

一位美国犹太同学在以色列做了一年的家庭教师,她说:以色列的老师没有权威。

我:美国的老师有权威么?

她:有。我教的以色列小孩有非常多想法,都认为自己对,讲课比在美国困难。

另一位美国的犹太同学:以色列小孩行为很差劲,只有在服兵役以后,被教官训练,才会好一些。

我:自我意识太强烈确实会漠视权威。创新的国度从小培养创新意识,对传承确实不够重视。选择框架外思维,工程师就不够了。中国框架内思维培养了优秀的工程师,引领科技革命的原始创新就困难。

临下车,我说:以色列总理访华说,"以色列的面积不如中国大","拥有 800 万居民"但"制造的知识产权多于世界上任何其他国家",如果"在以色列的创新能力和中国的制造能力之间创造一种合作关系","必将拥有一个最佳组合"。[507]中国有最好的工程师,搞基础设施建设,以色列有科技创新,与中国的工程师合作,挖掘巨大的市场,进行产业化。

他:在华的以色列人多么? 生意做得成功么?

我:感觉没有想象中的成功,可能文化上需要磨合。

我有一点没说,就是中东局势复杂,中国和以色列的合作要考虑中国和阿拉伯世界的关系。以色列和巴勒斯坦的冲突今天还没有解决。

最后,他的妈妈对我说:你有一天要来我们那看看。

我:有机会我会去以色列考察犹太人教育。

五条引领科学和技术革命的路径中,最可行的两条是:学透商业文明的科学,和商业文明竞争谁先引领技术革命;改变政策,吸引各国关心自然科技的人才来华实现梦想,引领科技创新。大家庭有技术原始创新的辉煌古代发明史,且比较竞争满足可支撑在技术上与商业文明竞赛,让引领技术革命成为可能,难点在于如何运用科学指导技术创新,以及如何迅速转化科技成果。大家庭最辉煌的唐朝曾海纳百川,包容来自各地的人来华赚钱、学习和生活,未来随着发展,会再次以开放的姿态对待世界。商业文明的人来华发展,会受到客人的礼遇,只要给足够的条件和待遇,会有很多人愿意来,就像美国吸引人才一样。为这些人开辟创新园区,鼓励在园区内尝试和失败,阻力比把大家庭改变成兴趣成功小得多。其次可能的是把创新作为比较和竞争的内容之一,不过怎么把创新能力用标准化考试衡量,还不清楚。剩下的两条路径中,较可能的是从尊师重道改成问老师挑战的问题,尽管这与孔夫子的千年教诲相反，却比让大家庭整体上走入兴趣成功更容易。理由是，遵从老师、对老师唯命是从与挑战老师在本质上属于一个逻辑，而对自然的兴趣和探索的热情则与对老师的态度无关。在某种意义上，家庭结构的师生关系和犹太人的师生关系有点相反，而相反恰恰互补和相近。比如说，君子和小人就是互补和相近的概念，彼此容易转化；要让君子和小人去强调谁正确、谁错误，就走入了另一个逻辑，反而更难转化了。在此意义上，最不可能的路径是全民走入兴趣成功。比较竞争满足是大一统后标准化选拔的千年沉淀，渗透到生活的方方面面。家庭、学校、社会都强调实用主义下的比较竞争满足。父母来自中国、在美国出生长大的华人，成长环境中的学校和社会都强调兴趣成功，只有家庭强调实用主义和比较竞争满足，结果是家庭思维胜过学校和社会的思维，子女没有走入比较竞争满足。"虎妈"是这种家庭教育在美国的代表。在中国，家庭、学校、社会都强调比较竞争满足，更不可能很容易地转入兴趣成功。当然，这不代表不可以创造条件，培养部分人兴趣成功。

第四节　与科技相适应的社会模式

一、社会化生产与社会主义：个体到社会，小家庭到大家庭

现代家庭结构下，名义上取代孔夫子的人是德国的犹太人——卡尔·马克思。马克思的母亲是犹太人。父亲也是犹太人，不过在信仰上后来改信了基督教。由于犹太人以母亲是否是犹太人来决定，马克思是生来的犹太人。不过，他并不信犹太教。

社会主义并不是马克思最先构想的。英国的欧文、法国的圣西门和傅里叶，都先后论述过社会主义的构想。欧文还在美国的印第安纳州购买土地进行社会主义的初步尝试。社会主义思想诞生在商业文明，工人革命最早爆发在法国的巴黎，还成立了巴黎公社，在很短的时间内保持了政权。

社会主义是针对个体社会在科技革命后的生产发展提出来的，本质上是科技革命引发的生产和生活变化。社会主义是社会哲学的内容，研究的是人与人之间的关系。按照马克思的观点，"随着新生产力的获得，人们改变自己的生产方式"[508]。在工业革命前，家庭结构和个体社会都以个体或家庭生产为主。传统家庭结构男耕女织：

男性在田间播种、插秧、除草、收割，完成粮食生产的全过程；女性在家纺纱、织布、裁衣、刺绣、缝纫，完成衣物生产的全过程。古雅典的区别仅在于，生产的橄榄等经济作物要最终卖到远方，换回财物；而家庭结构生产粮食自己吃、衣服自己穿，主要目的不是交换。二者都由个体或家庭的少数人完成生产全过程。

　　蒸汽机的使用普遍提高了生产的效率，让少数人生产多数人的用品成为可能。今天，大家庭里为数不多的纺织工人就足够为世界的很多人提供生活布匹。这样，现代家庭结构也不再是传统的小家庭自给自足。大部分家庭都不再需要一个人专门劳动提供衣物，只需要去市场购买即可。我的外祖母有缝纫机，她会做棉衣棉裤，在我小时候，她每年都会为我量身定做一件。我的母亲在我小时候给我织毛衣，但她不太会裁剪衣裤。到我这代人，就没有见过谁会做衣裤，也没有见过谁自己织衣服。事实上，我的母亲也很多年不织毛衣了，也很少手工缝补衣服。她说，现在的衣服都很难穿坏，没到坏了就换新的了。手工织毛衣费时费力，针脚也没有买的均匀。这说明，由少数织布工人整天操作机器生产的布匹质量好于我母亲按传统手工劳作为家庭提供的衣物。劳动的分工让工作专业化，即每个人将工作时间和精力投入本职工作，达到比很多人精通的程度，生产大量的物品后，彼此交换。我母亲用在工厂的劳动与其他人在各自岗位的劳动进行交换，换取生活的必需品，这比她按照传统"女织"的方式在家劳动提供全家衣物的效果更好。外祖母小时候家里极度贫穷，自给自足都有时成问题，学习针线活是女孩子必需的技能。我母亲则把童年精力用于读书，后来去了工厂。她主要靠从事在工厂的工作赚得工资，再去市场上换回需要的衣物。她要把时间和精力集中在提高在工厂的工作效率上。类似地，我父亲小时候生活在农村，要在地里手工耕种，类似于传统家庭结构下的"男耕"。后来来到城市，脱离了具体的耕种。在今天，大部分人都不从事直接的农耕生产与织布劳动，衣食主要靠与别人的劳动交换获得。即便是今天的农村，"女织"也不常见了。未来的现代化农业将是人口的少数运用机器耕种大量土地，即少数人从事操作机器耕种就提供所有人的粮食。我目前的实习岗位给我很多机会接触美国的工人。在车间里，工人守着一到两台机器，每天进行重复的劳作。随着熟练度的提高，效率逐渐提高，工资会有所提高。

　　新科技革命后，生产效率急速增加，但生产的过程越来越繁琐。要是像传统手工一样,要求每一个工人学会从原料提炼、加工到装配的每个环节,是不现实的。每个人要集中精力完成生产的某一个或几个环节,才能在有限时间内迅速掌握,并在反复劳动中提高效率与精准度。每个人只从事某种产品的某个环节的生产,比如纺织工人只操作纺纱机器、印染布料或切割布料,不同的工人一起劳作,完成该产品生产的全部环节。在此意义上,每个人都不再为自己生产,而是为全社会生产。我们今天穿的衣服是纺织工人生产的,使用的汽车是汽车工人生产的,房子是建筑工人盖的,食物是农民生产的。在今天的城市,很少有人保留传统的自给自足的生产方式。这样,不同人生产不同的产品,就需要相互交换,让所有人都拥有他自己不生产却需要的产品。当小家庭的自给自足变成大家庭的自给自足后,交换的重要性大大提高了。在传统家庭结构,小家庭之间的交换并不频繁,基本上各家生产自己的所需所用。家与家之间,由生产相联系的就是农业治水的需求。要治水,必须各家合作,就要组建大家庭。此外,还要保护劳动成果不被掠夺,就需要合作抵御外敌,也就是"保家卫国"。现在,每一家都由生产相联系。要是发电厂的工人在生产上出了问题,就可能导致成千上万的工厂没有电,进而,电话、冰箱、电视、洗衣机等的生产都会受影响;而在传统家庭结构,要是村里的某人的农耕生产出了问题,一般只会出现治安问题和人道主义问题而间接影响别人的生产,不会直接影响别人的生产。因为他的劳作与其他人相对独立,而不是别人的一个环节。新科技革命让个体成为庞大的社会总的生产的某个小环节,彼此以看得见与看不见的方式相互依赖,一个出了问题,最终的生产就实现不了,而生产一旦实现,产品的量足够提供给社会的很多人使用,这就是生产的社会化。它是科技革命后,生产进一步细化分工的结果。对应社会化的生产,人与人之间的关系在生产上相互依赖,即生产关系的社会化:家庭结构从小家庭的自给自足走入大家庭的自给自足;个体社会从强调个人主义到强调集体主义和社会主义。社会主义就是探讨社会化大生产下的人与人关系的理论。

家庭结构的生产社会化始于鸦片战争战败后的无奈。李鸿章带头办近代工厂,表达了父母官对工业化生产的支持。毛泽东给"资产阶级"前面加了"民族"二字,称呼"民族资产阶级",让本来和"工人"对立的"资产阶级"成了大家庭内的商品生产者,就是因为他们代表着新科技支撑的现代工业化生产模式。地主的待遇,则要差得多。

地主和农民对立,是不劳而获的代表,地主的土地被剥夺。理由是,地主是传统农耕文明下土地所有制的代表,是工业化大生产的阻碍。随着工业化的延续,自给自足的小农经济的发展模式逐渐退出历史舞台,社会化大生产走入现代家庭结构。

"随着生产方式即谋生的方式的改变,人们也就会改变自己的一切社会关系"。[509]马克思的意思是,生产的方式改变后,人与人之间在生产上的关系就改变了,这会进而改变人与人之间的其他社会关系。科技革命将传统的体力劳动生产方式改变成脑力劳动为主、体力劳动为辅的生产方式。这种改变对家庭结构和个体社会都如此。女性解放是典型例子。女性和男性在生产上的关系逐渐平等了,即不再是工业革命前以体力劳动为主依靠男性劳动力了,而是操作机器,男女的生产平均效率很接近。这样,男女在社会的其他关系上就逐渐平等,比如女性有权提出离婚、可上学读书、选择自己的生活方式等。这样,传统家庭结构与传统个体社会下女性服从男性的状态逐渐退出历史舞台,生产上的接近促进社会关系上的平等。女性可以做在传统意义下只有男性能做的事,比如从政。传统家庭结构和传统个体社会除个别女皇或女王外,几乎都是男性官员,现在则不同了。男性在现代也可以做传统意义下女性的职责,奶爸只能是工业化后的现象。在传统社会,要是男性在家看孩子,不出去工作,而让女性在田地里从事体力劳动,很难长期维持生活。科技革命后,很多女性工作的产出也足够全家使用,要是夫妻双方刚好女方的收入远多于男方,从家庭整体利益的角度讲,奶爸是不错的选择。波兰同学说:"现代化带来了性别模糊,女性和男性的差别越来越小。女性似乎非要做一些本应该是男性做的事情。很多女性的打扮、说话、行为方式也越来越像男性,且受到很多人追捧。现在还有一些男性在家看孩子。"我说:"你头脑中还有比较强的男权意识。现代化的生产方式,让男女在劳动产出上接近,传统的性别分工在今天就没有意义了。"在传统个体社会或传统家庭结构,女性主要料理家务事和辅佐丈夫,丈夫经商赚钱或种地丰收,全家才能够生活得更好;在现代个体社会和现代家庭结构,女性以平等的身份成为社会化生产的劳动者,有机会独立实现成功并追求喜欢的生活方式,传统的辅佐式的角色就被追求自身成功的角色取代。波兰同学:"可是,全世界的军队还主要是男性,女性军人还是少数。要是女性像你说的在现代化的条件下能替代男性,就应该见到很多女性军人。"我:"女性被公开允许加入军队是工业化以后的事情,在世界历史上,工业化以前的女性军人都是极个例。"二战期间,美国女性在后方的兵工厂生产武器,还有人在前线从事医疗工作。不过,由于一战、二战中最大量的兵力仍然是步兵,体力就仍然是重要的作战因素。未来的战争会逐渐无人化,像美国现在的无人机就根本没有飞行员在里面,驾驶员在美国本土操纵电脑,按照指令对目标射击。随着战争无人化的加速,会有越来越多的女性军事人员展现军事实力。犹太同学:"很多阿拉伯国家不让女性开车,还教育女性不开车是对她们好。你要是问当地的女性为什么不开车,她们会说,'开车太危险了,怎么能让女性开车呢?'这根本就是歧视女性,而且教育女性歧视她们是为她们好。"我:"工业化的初期,人们的思维观念总会相对滞后。阿拉伯世界进入工业化的时间不长,还在探索如何在工业化的基础上既改革传统社会模式、又保留特定的文化特征。现在西方的价值观很强势,阿拉伯世界总害怕一旦改革,西方的其他逻辑就会顺势进入。随着工业化的进展,阿拉伯的女性也会逐渐开车的。事实上,在我小时候,尽管中国并没有教育女性不开车,但司机也大多数是男性,当时见到女司机还会比较新鲜。现在女性开车在中国就十分普遍了。"科技革命在全球改革生产关系的例子除了女性解放外,还有儿童的义务教育。由于新科技条件下以脑力劳动为主,儿童就要接受多年系统的教育,全球如此。

另外的变化是,每个劳动者的劳动都是社会整体生产的一部分,不可或缺。社会化生产要能够持续下去,劳动者专心从事眼前的具体生产环节就应获得足够的社会总产品来生存和发展。否则,从事某一环节的劳动者无法获得足够的食物,社会化生产就无法维系。在大萧条时期,美国的很多工人工作一天,也无法获得足够的食物,大量人忍受饥饿的同时,资本家将卖不掉的牛奶倒入大海。造成这种困境的原因是,社会化生产运用新科技,产品的总量提高了,但并没有社会机制保证每个劳动者都获得足够的必需品。在非经济危机条件下,工厂的老板要维持生产的运行,也会至少给工人发足够维持生活的工资。但是这种情况不可持续。社会化生产中的大量工人只获得维持基本生活的工资,就无法购买全社会生产的很多产品。工人不断努力提高工作效率,生产的产品却无法被占人口大多数的工人购买。买不起不代表不需要。比如说,工人也希望运用电气革命出现的家电设备改善生活,却很可能买不起。在此条件下,工厂生产的产品没有人买得起,就要裁员。裁员后,工人能够购买的产品更少,比如原本买两块面包,后来买一块,就会造成面包房的裁员,就会引发连锁反应,越裁越多,理由是,越来越多的人缺少了购买的资金来源。最后,被裁掉的工人忍受饥饿,留在工厂的工人由于效益不好也可能要忍受饥饿。社会主义诞生的背景是,生产的社会化需要分配也随之社会化,才能不断促进生产的发展,否则就会出现周期性的危机。社会主义就是社会化生产与社会化分配,从传统的个体生产并占有的模式,转变成社会化生产与社会共同占有的模式。个人主义与社会主义都是个体社会的产物。个体社会的组成单元是个人,组成团体叫做社会。家庭结构以小家庭为组成单元,在理解社会主义时,会用大家庭的观念理解公有制。物品是中华大家庭所有,而非小家庭所有,就是家庭结构下对应的公有制。

新科技革命后,在生产上,个体社会从个人生产走入了社会化生产,家庭结构从强调小家庭的自给自足到强调大家庭的自给自足,放弃了一个家庭、一个区域、一个省份的自给自足。截至目前,家庭结构仍在大家庭意义下强调自给,不相信总能够买到所需品。事实上,个体社会也不总能够买得到必需品,但商人们的扩张天性让他们很自然地把军队派到资源和能源丰富的地区,实现控制。家庭结构要是买不到,就很难做出同样的行动。所以,家庭结构强大后,还是要强调尽量的自给。

今天的世界正加速走向会合,生产的社会化正越来越在全球范围内展现,中国目前为世界很多人生产服装、电子产品等,在美国,随处可见"中国制造",以至于朋友们回国带礼物都比较困难,要花些精力才能寻找到美国制造,让礼物显得特别。在制造过程中,石油是重要的原料和能源,目前,中国石油一半以上依赖进口。这意味着,在制造业中占相当地位的石油,依赖于全球的其他人的劳动。要是进口的石油在生产或运输上出现问题,中国制造就连带着受影响。生产的社会化已从一家公司、一个国家,向全球拓展。今天的世界,主要经济体都加入了世界贸易组织,在统一的规则下交换生产的产品,实现一件产品在一个国家设计、另一个国家制造、第三个国家组装,再卖给各国的人。科技革命将地球变成村庄,主要是通过在生产上让地球人相互依赖实现的。按照马克思的理论,生产的社会化会导致人与人之间关系的社会化,最终会走入社会主义。在马克思去世后,人与人之间的关系的社会化在全球的很多地方进行过实验,目的都是要调整人与人之间的社会关系,以更适应生产的发展,保持生产的可持续。在个体社会范围内,传统的人与人关系与新科技带来的生产方式最大的冲突,就是分配没有社会化带来的经济危机。

二、私有制与经济危机

科技革命带来了生产的社会化和生产效率的极大提高,却出现了下面的现象:经济危机中,女儿问父亲,家里为什么这么冷。父亲回答说,没有钱买煤,因为失业了。女儿问为什么失业了。父亲是挖煤工,他回答说,因为煤太多了,没有人买。

煤的多是相对的多,非绝对的多。要是绝对的多,就是人人都有足够的煤取暖,却还剩下很多煤。相对的多,是说有很多人需要煤,却买不起。类似地,当代科技的生产能力,本该让人类不再为填饱肚子发愁,但很多人严重浪费粮食,很多人食不果腹。吃不饱饭源自买不起,而不是没有足够的粮食。生产的产品的数量比有消费能力的人的数量多,比总需求量少,就是生产的相对过剩,而不是绝对过剩。绝对过剩是生产的产品人人都有了,还剩了很多,才叫绝对过剩。相对过剩的结果是,社会化生产的原本用来服务劳动者并促进进一步生产的产品,由于部分劳动者无力购买,生产相对过剩产品的劳动者就要被解雇,被解雇的劳动者进一步无力购买其他产品,引发连锁反应,陷入危机。需要说明的是,相对过剩要积累到一定程度才会引发危机,就好像股票和基金市场的泡沫要大到一定程度才会突然破裂。

相对过剩的原因是人与人之间的关系没有随着生产的社会化而社会化,产品仍以私人占有的形式存在,而非社会化的公有。这样的话,相对过剩的产品即便积压腐烂,倾倒入大海,也不会免费赠予需要的人。在马克思看来,"共产主义的特征""是要废除资产阶级的所有制","在共产主义社会里,已经积累起来的劳动只是扩大、丰富和提高工人的生活的一种手段"。[510]劳动所得要为劳动者服务,与过去强调私人占有的目的不同,以此解决社会化生产与非社会化分配的矛盾。从资本主义通向共产主义的过渡阶段,就是社会主义。

马克思曾认为,消灭私有制的工人革命会在发达的欧洲国家率先进行。理由是,欧洲是科技普及的先驱,生产的社会化程度越高,人与人之间非社会化的关系就与生产的社会化矛盾越大,大到不可调和,就会率先引发革命。从随后发生的历史来看,在马克思去世后,生产的相对过剩确实导致了欧美发达国家的严重经济危机,大量工人失业,很多人无家可归。不过,资本所有者不会让工人在大街上饿着,逼迫他们联合起来推翻存在了几千年的商业文明私有制,而是对私有制进行了调整,加入了部分反映社会化的内容。美国的罗斯福总统签署了"社会保险法",为失业者和老年人提供救济金和养老金;美国国会通过了"财产税法",规定对盈利超过15%的公司征收超额利润税,对5万美金以上收入者征收超额累进税;《全国工业复兴法》规定了工资标准和工作日时数。[511]这实际上是利用商业文明的立法形式,向社会化分配迈出的一步。它避免了失业工人饿死,以社会保障的方式让社会化劳动即便在出现波动时仍能够保持劳动力的生存。但社会保障需要钱,就要向多盈利的企业和多收入的个人征税,这实际上是通过政府将在私有制下进行分配的财富从多的地方强行向少的地方转移,也就是常说的二次分配。规定工资标准,是限定劳动者的分配不能够过低,强行规定了私有制条件下的工人分配底线。规定工作时长,能够确保更多的人有工作。原本两个工人,每人每天工作12个小时,现在每人工作八小时,就需要雇佣三个工人。现代社会的双休日和八小时工作制就是商业文明在生产效率提高后,为解决生产相对过剩造成的工人失业想出来的办法。

在早期的自由资本主义,工人每天要工作十二个小时,只换回生活必需品。工人不满待遇,举行罢工和暴动,资本家派人开枪打死工人。在当时,资本家的逻辑是:我没有限制工人自由,这是我的工厂,给多少工资由我说了算;我按时付工资,从不限制人身自由,工人对工资不满意,随时可以走。这不是政府的工厂,工资不由政府说了算。政府无权干涉给付的最低工资。

这样的逻辑体现商业文明对私有制的重视。资本家没限制工人自由,没强迫人劳动,没欺骗,按时付工资,工资都是早就定好的,工人也知道。在一定意义上,罗斯福新政是对私有工厂的干预,就是政府管了不属于政府的企业的商业经营,也就是限制了工厂所有者的经营自由。罗斯福总统为推行新政,也高举普世价值,说:人人都有免于匮乏的自由。[512]他认为,一个生活在饥饿中的人,不会有真正的自由。罗斯福的自由和资本家的自由都有道理,不过,哪种自由观点更符合社会化生产的人与人关系,就会最终取得胜利。

美国同学说：中国工人每个小时只赚两美金，太没人权了，为什么辛苦工作赚这么少呢？应该提高最低工资，让工人生活得更好。

我：根据政府公布的数字，到 2012 年，我们依然有 1 亿人每天的生活费不足 1.25 美金，这些人想要找每小时两美金的工作都没有呢。他们生活在偏远地区，自然条件恶劣，远离东南沿海，或生活在农村。这些人有每小时两美金的工作，我们的经济会更好。你真希望改善工人条件，就呼吁美国不要贸易保护和对中国双反调查，借此提高关税，限制中国出口。越限制中国出口，工人就越失业。中国人非常多，创造就业岗位是难题。就业一旦解决，一亿中国人从每天 1.25 美元生活费提高到 10 美元，生活水平将有巨大改善，能释放每天 8.75 亿美元的购买潜力，这些购买力全为改善生活，不是经济泡沫。中国经济增长未来更多依靠消费和服务。

普世价值是变革的旗号，体现发展水平。各国有自身发展阶段。世界还有原始部落，全部套用普世价值，不符合历史发展条件。各国所处的社会化大生产的具体阶段不同，面临的问题也不同，解决方法就会有差异。

从科技革命产生的社会化生产的角度，毛泽东说，"所谓解放黑奴就是开放劳动力市场"。[513]美国南方的种植园经济依靠传统的奴隶制，北方的工业大生产需要自由劳动力，最终的结果是社会化大生产获胜。但奴隶是南方奴隶主的私人财产，解放奴隶实际上是剥夺商业文明的私有财产。为此，林肯总统用了普世自由观，占领道义制高点。他在《解放奴隶宣言》中说：合众国政府，包括海陆军当局在内，将承认并保持上述人们的自由。[514]就是说，奴隶们作为人，就应享有自由。最终的结果是，与社会化大生产相适应的奴隶的自由压过了奴隶主的私有财产观念，奴隶获得解放。一百年后，马丁·路德·金在著名的《我有一个梦想》演讲中希望，"上帝的所有儿女……都将手携手，合唱一首古老的黑人灵歌：'自由啦！自由啦！感谢全能上帝，我们终于自由啦！'"美国的黑人受到的种族隔离制与社会化大生产的劳动力自由移动不符合，也最终被废止。不过，打的旗号仍是商业文明坚信普世的自由观念和曾坚信普世的宗教观念。

2008 年金融危机后，奥巴马总统推出医改方案，计划将没有医疗保险的低收入群体纳入医疗保障范围。在 2013 年，美国有 18％的人没有任何医疗保险，即几乎每五个美国人中,就有一个人没有任何医疗保险。奥巴马医改方案实施后,从 2013 年 9 月到 2014 年 4 月,大概八百万人获得医疗保险,无医保人数降低到 15％以下。[515]医保能覆盖很多底层劳动者,他们往往从事社会化生产中最辛苦最繁重的工作。不过,美国同学认为奥巴马医改限制了人的自由。他说:"我是否想买医疗保险是我的自由,奥巴马做的事情是,无论你想不想买,都必须要买,他是把美国推往社会主义方向。美国最大的特点是人有决定做什么的自由,当然也有很多限制,不过比很多欧洲国家和亚洲国家都自由,美国政府不替个人做决定,这就是为什么冷战期间美国打败了苏联。"

不过,无论他是否觉得医改法案限制了个体自由,法案与社会化生产相适应,它在现有的私有制下给予最辛苦也最容易无法持续劳动的劳动者以保障,会最终在曲折中被历史保留下来。何况,法案是在美国经历了自大萧条以来最严重的危机的背景下推出的,更具有现实紧迫性。

商业文明在一次次的危机中,调整私有制,以适应社会化生产。美国的宏观调控提高了最低工资,让工人有更强的消费能力。政府大举发行国债,投资基础设施建设。基础设施改变生活模式。美国罗斯福新政期间兴建了很多水坝,修了高速公路;越南战争后,为解决战后老兵的安置问题,修了高速公路。信息时代,又在建设信息高速公路。[516]政府借债投资实体经济,改善生活,不是经济泡沫。

不过,二战后,生产的周期性相对过剩的问题没有解决。尽管美国的中产阶级占人口比例一半多,[517]社会多数人的生活水平在中间,让社会消费能力高,却依然有很多穷人。富有的人消费能力并不高。富人的财富用来干什么呢?资本寻求增值,富人的财富去投资。投资有两种,一种是虚拟的泡沫,一种是投资实体经济或者是支持实体经济发展的创新公司。美国富人的创新思维和理念很强,大公司都投入经费从事研究,靠创新在竞争中脱颖而出。不过,富人投入创新的钱毕竟是少数,大部分财富集中在少数人手里,仍然让社会的产品相对过剩。

让缺乏足够购买力的人群提高短期消费能力的方式是,借贷消费、使用信用卡。二十世纪七十年代,信用卡消费猛增,消费能力提高,经济增长。借贷消费是抵押物品向银行借钱,预支明天的钱。在资本主义内部,它解决了低收入群体消费能力不足的问题,短期内促进了消费。

借贷消费预支明天的钱,偿还能力取决于稳定的收入,一旦收入下滑和失业,转眼就破产。借贷消费促进经济发展,缩短新科技革命产品的更新换代时间。不断地科技创新,并转化为现实生产力,社会的整体会不断进步。昨天借贷的钱在今天就什么都不算。比方说,十几年前,我的父亲还只赚几百元钱,贷款二十年买东西,还款压力很大。实体经济持续发展,今天还当年贷款的利息就无所谓了。不断地出现新的科技革命,生产力不断提高,是偿还透支钱的前提。

问题出在,科技创新的劲头不始终那么足。伊拉克战争还赔钱了。伊拉克局势不稳定,产出的石油弥补不了战争经费。投资主体走向虚拟金融,类似荷兰的第一次金融危机——郁金香危机。一栋房子,没有附加任何劳动,被炒到原来价格的两倍、三倍……没有新科技革命,房产价格不断上涨是不可持续的。就像同一束郁金香,没有任何变化,价格不断上涨,就是泡沫,迟早破裂。

中国的房地产也出现了严重的相对过剩。相对过剩是说房子空闲很多,人们需要房子,有购买需求,却买不起。房子没有多到人人都有、无人需要新房的绝对过剩。大萧条时期,资本家将成车的牛奶倒到大海,织布厂将成匹的布烧掉[518]。我就奇怪,那么多人挨饿,为什么不白送给街上乞讨的人呢?

现在一面是空闲房子,一面是多人挤在地下室。我明白了这是市场经济的结果。牛奶是资本家花成本买来加工的。今天的房子是地产商花成本盖起来的,或是普通家庭购买得到的,不会无偿送人。放在手中,合适再出手。

未来还有大批农民进城。房子从绝对量来说,并不多。关键是,农民进城要通过努力在城市安家落户。一辈子买不起房子,怎么实现城镇化呢?"发展最大的差距是城乡差距和区域差距","逐步缩小这两大差距,是发展的潜力和富民的动力"。[519]差距让投资方向明确,让政府在宏观调控中清楚下一步做什么。

美国乡村的基础设施也很完善,每家每户基本都有小汽车。乡村和城市之间通高速公路,进城很方便。美国同学说:美国的老年人很愿意生活在乡村。洛杉矶是给年轻人的,老年人很少。老年人希望生活舒服、地方大、房子便宜、安静,往往去乡村。

中国的乡村,基础设施、教育、医疗、道路都太落后。极个别的偏僻的乡村至今没有通电。有的乡村只有上水，没有下水。我的父亲希望未来去农村养老，最大障碍是基础设施和医疗。我相信未来的小城镇的基础设施完善后，也会吸引人。

美国大炒房地产，是没有明确的投资方向的结果。美国的城乡差别不大。改善农村的基础设施和生活环境，改善交通，投资铁路、公路，都是实体经济。美国的工业化已经完成。下一步的投资方向并不明朗。美国要是不能推动下一次科技革命，短期内，很难实现经济的突飞猛进增长。经济复苏就只能靠产品创新。

中国落后太多，有明确的前进方向。困难仅是政策、金融、投资规模等具体操作问题。中国的发展将给美国提供巨大机遇。我们实现全面脱贫，让一亿日消费不足 1.25 美元的人每天有 10 美元，将释放巨大的消费潜力。未来缩小城乡差距，将涉及很多实体经济投资。清洁能源的使用，会极大改善环境质量，提高生活质量，也属于实体经济。

奥巴马认为在工业化、信息化完成后，环境污染是下一步要解决的主要问题。找到化石燃料的替代能源，是治本之策，蕴含巨大市场潜力。中国这一次的追赶很猛，没有被美国甩下。中国介入后，在太阳能产业对美国和欧盟的公司形成了竞争。

美国的低端产业转移到了发展中国家，美国的经济没有垮下来。它始终处在信息科技革命的引领者位置。耳熟能详的大公司如微软、苹果、谷歌、IBM 等都是美国公司。

发展中国家情况就不同。价格优势丧失后，产业会转移到更廉价的国家。产业升级提高附加值是唯一出路。要有原始创新，引领下一次的科技革命。否则，低端产业转移走了，高端的没有跟进，工人就失业了。

中国东部的工人工资上涨，企业转移到西部。东部要实现产业升级，要敢于创新，先进行产品创新。亚洲国家中，日本有产品创新。中国的目标要更高，未来，要瞄准下一次的科技革命。几千年泱泱大国的历史延续在中华儿女的血脉里，不重回世界第一，不彻底结束近代的屈辱历史，中华大家庭决不会罢休。重回第一的途径，是引领下一次的科技革命，但这是中国从没做过的。

与欧美在经济危机中不断调整资本主义以适应大生产不同的是，苏联以公有制的方式实现了社会化大生产。按照马克思的设想，资本主义向社会主义的过渡会发生在生产的社会化程度最高的国家,那里的生产方式与人与人之间的非社会化的关系的矛盾最深,会爆发危机,工人就有起义推翻旧制度的动力。马克思看到的是有利于起义的一面。但从另一面考虑,这些国家的矛盾深,固然有起义的种子,但同时,这些国家的生产发展,政权有更多的资源镇压起义,也有更多的手段通过改良来缓和矛盾。既然"政治和经济的发展不平衡是资本主义的绝对规律",就是说资本主义没有消灭私有制,就一定有极富有的人和极贫穷的人、极富有的公司和频临破产的公司、极富有的国家和贫穷需要援助的国家,那么,"由此就应得出结论:社会主义可能首先在少数甚至在单独一个资本主义国家内获得胜利"[520]。俄国就是社会化生产发展水平低、资本主义力量也相对薄弱的国家,列宁在俄国找到了建立社会主义的突破口。

苏联建立了社会主义公有制的经济模式。苏联既要实现社会化生产,又要避免生产过程中的相对过剩。它想到的办法是计划经济,即生产什么、生产多少都按照计划,以保障生产的东西肯定有人要,且不会生产过量。俄罗斯同学对我说:在苏联时期,每个人的生活水平都差不多,没有很大的贫富差距。苏联计划经济的侧重点是,集中力量优先发展重工业,结果在军事上很快有能力和美国抗衡。

不过,计划经济的弊端在多年后显现出来。计划经济没有市场经济灵活,苏联没有能够保持神话。计划经济之所以让苏联很快实现工业化,最主要的原因是:苏联在建设初期的社会化生产水平很低,科学技术的很多内容都没有广泛使用,而欧美的很多国家都已经经历了两百多年的探索有了较成熟的模式,这样的话,计划经济中要学习哪些内容,建立哪些工业,哪些重要、哪些次要就一目了然。就是说,计划经济适合于在很落后的条件下,知道要建什么样的工厂、造什么产品,集中力量朝着目标前进。家庭结构借鉴苏联的发展经验,就是看中了计划经济能够直奔目标快速实现工业化的优势。

计划经济也有创新。冷战期间,苏联率先发射人造卫星,加加林还是人类进入太空的第一人。这些都说明,在科学技术方面,苏联的计划经济也有大胆的创新。问题出在,苏联已经走到了科学和技术的前沿,并且在军工和实验室里实现了突破,但如何实现科学与技术的民用化,创造商业价值,以推动科学和技术的进一步发展,却没有样板可循。回顾蒸汽革命和电力革命,苏联在计划经济的过程中,知道哪些机械运用电力可成倍提高生产效率,因为欧美的工厂早就实现了蒸汽化和电力化,科学技术普及的生产模式是现成的。但到了把人造卫星等航空技术转入民用的阶段,就需要探索,计划经济就很难做到。而美国仍保留了传统的私有制的模式,就让个体有更多的创造自由,某些有冒险精神的企业家经过尝试,找到了军工技术民用的方法,让美国进入了信息时代。计划经济只是缺少鼓励企业家实现技术民用化的内容,本身并不阻碍科学和技术的创新。事实上,美国的信息技术也源自国家财政支持的军工。冷战时期,美国担心苏联的人造卫星破坏其军事通信系统,美国国防部建立了包括四个站点的网络,促进了互联网的产生。[521] 随着科学和技术的发展,像传统的瓦特、爱迪生等以个人方式实现技术创新的可能性已经很低了,更多地以团队合作的方式实现技术突破。在资本主义模式下,公司和政府都会出钱研究新技术;在苏联的计划经济下,政府出钱研究新技术。从结果上看,技术的突破更多地在政府支持的项目中,特别是冷战时期,政府为了政治对抗在军事上投入巨大的科研资金,是公司无法比拟的。

家庭结构在社会化生产力极低的条件下,学习了苏联的计划经济,也很快建立了完整的国民经济体系。在七十年代末,家庭结构决定打开国门,向欧美学习,学习的主要内容就是信息技术革命成果,因为这些是苏联没有实现的。1984 年,邓小平说,"计算机的普及要从娃娃抓起"。同年,他题词"开发信息资源,服务四化建设"。江泽民说,"当今世界的发展趋势表明,信息化对推动经济社会发展具有重大作用",要"以信息化带动工业化,发挥后发优势,争取实现社会生产力的跨越式发展"。[522] 跨越式发展,就是在欧美用信息化带动传统的蒸汽、电力革命设备升级为信息控制设备的时候,向其学习,在还没有完全实现机械化和电气化的时候,力争直接朝着信息化升级后的工业生产模式迈进。家庭结构在转向市场经济后,并没有多少科学技术的自主创新,更没有引领革命,还是在学习。要是说,前苏联的计划经济使之朝着既定目标三步并作两步地实现工业化和电气化,那么,家庭结构先用计划经济快速建立工业体系,在还没有完全实现工业化的时候,就转而向欧美学习,希望三步并作两步实现工业化、电气化和信息化。俄罗斯同学问我:"中国还保留了前苏联的一些管理方式么?"我说:"当然。我们刚刚通过了'十二五规划',就是第十二个五年的规划。五年计划就是前苏联最先发明的。"俄罗斯同学："俄罗斯都没有保留。前苏联解体后,大家觉得前苏联的制度彻底失败了,要用新的,结果经济一直发展不好。倒是中国,没有完全抛弃苏联的模式,只是改良,逐步解决旧有模式的问题。我有时候想,要是我们也像中国那样改良,或许效果会更好。"我："感觉十月革命本身就是大胆的实践,在落后的国家率先建立社会主义,采用计划经济、农业集体化、优先发展重工业等,都是前无古人的大胆尝试。在我看来,俄罗斯人是很有冒险精神的,很愿意大胆尝试新事物。从历史来看,列宁和斯大林完全不需要创造新制度,照搬欧美的老路最保险。不过,列宁连马克思的论断都否定了,坚决要按自己的方式走。从这个角度讲,俄罗斯人是不会满足于在旧有的制度上做些修补的。中国的思维则要保守得多,改良符合中国一贯的做法。只有改良彻底失败了,才会革命和彻底抛弃旧制度。"

除了前苏联和中国等社会主义国家曾经尝试过农业集体化的生产模式外,以色列的基布兹也进行了社会主义实验。

基布兹是以色列集体生活的村庄,它在希伯来语中是聚集的意思。以色列至今保留了上百个基布兹。第一个基布兹建立于二十世纪初。基布兹的社会主义比前苏联和中国都更进一步。在中国的公社化过程中,村庄集体劳动,集体分配,体现生产的社会化,即生产集体以整体为单位劳动和分配,人们吃食堂的集体伙食。不过,生产队里的孩子仍属于每个家庭。基布兹则不同,在八十年代中期以前,基布兹的孩子不和父母住一起,而是孩子们集体住在一起。以色列同学说:"在以前,基布兹的孩子们都不允许回家,必须住在集体宿舍。"孩子从小就进行社会化的抚养,让每个孩子都以基布兹的一员的身份与其他孩子共同成长,才能够打破孩子对父母在经济上、文化上、思想上和生活上的依赖,才能够最大可能地淡化小家庭的观念,而强化社会的观念,即孩子从小就更认同自己的社会一员的身份,而淡化家庭一员的身份。当然,家长仍可以探望孩子,也可以接回家中,但在睡觉前要送回来。

基布兹的每个人都有社会化分工的具体工作,有厨师、幼儿园的老师、机械修理师等职务。纪录片中采访一位年轻老师。她说,她热爱基布兹,希望把她从基布兹获得的传给孩子们。她说,她到世界的很多地方都没有基布兹给她的家的感觉,她真的非常热爱这里。

这就与中国和前苏联的社会主义实验又不相同了。基布兹的社会主义实验是开放式的,而当时中国和前苏联的社会主义实验则是封闭式的。基布兹在开放式的环境中、在世界市场经济的包围中坚持了下来,保持了吸引力,可以说是奇迹。我身边的美国犹太同学最近刚刚去一个基布兹,他告诉我,那里就是一个社会主义的小村庄。

在八十年代中期前的基布兹,每个人去食堂吃饭都不要钱,有点类似人民公社时期。不过,中国的人民公社很快就失败了,理由是干多干少一个样。包产到户后,机械设备、劳动者文化、劳动力数量等都没有太大变化,却迅速提高了粮食产量,只能说明,给自己家干活干得更用心,给集体干活就很粗心。而基布兹在很长一段时间都向外大量出口粮食,并通过粮食与外界交换,换回村庄需要的其他不能自己生产的物品。历史上,很多基布兹曾经长期富有。以色列现任总统佩雷斯曾在基布兹工作生活过。[523]以色列同学说:"很多基布兹后来没落,主要是整个村庄生产的产品比较单一,与外界的竞争中,一旦失败,就很难继续维持运转,就要破产。"比方说,某个基布兹主要出口鞋子,一旦外部市场不好,就没法把基布兹需要的其他物品用鞋子换回来。历史上,基布兹最初都是集体农庄,很少有工业。这样,要是基布兹的粮食无法和外部市场经济的粮食有效地竞争,也很难长期维持。以色列同学说:"很多基布兹资不抵债,就破产了,现在剩下的,有个别效益还很好,也很富有。不过,基布兹现在都或多或少改革了。比方说,有些基布兹允许人们在完成基布兹的工作后,去外面打工,但打工赚钱的一半以上要上交给基布兹集体,剩下一部分留给自己。还有些就改变得更多,和外面区别不大了。不过,就算现在效益好的基布兹,也都是孩子回到家里和父母生活了。"我说:"所以,大概两代人到三代人成长在每晚与其他孩子的集体生活中,能够在外部这么激烈的市场经济竞争中坚持这么久,已经算是奇迹了。"从实验的结果看,现在的社会化生产程度还不足以瓦解父母和孩子之间的血缘纽带,要让小孩在更广泛的意义下社会化,大概需要社会生产水平更加发达。要是有一天,家庭结构的中国的血缘关系也广泛地像曾经的基布兹一样开始瓦解,子女更加社会化成长,那么,人类历史真的进入了下一个社会化篇章。因为,家庭结构会是最重视家庭观念、最不愿意瓦解家庭的，要是连家庭结构下的家庭都开始变化，社会化程度就真的到达了新阶段。事实上，现代家庭结构的子女抚养在一定程度上也是社会化的。传统家庭结构和传统个体社会的子女都是由父母抚养的。在以农业生产为主要生产方式的传统家庭结构，绝大部分孩子并不读书，而是务农。孩子从小就帮助家里干活，维持生计。现代家庭结构抚养子女在一定程度上也是社会化的抚养，准确地说，是社会化与家庭相结合的抚养方式。现在的孩子很小就去幼儿园，此后又要读小学、初中、高中和大学。在此期间，除了寒假和暑假，当家长上班的时候，孩子就在学校里读书。孩子接触的是老师和同学，接受学校的教育和看管。在今天的社会分工下，老师是帮助小家庭教育和监管小孩的职业。家长在今天起什么作用呢？支付抚养和教育后代的资金，提供后代成长需要的伙食，照顾起居，在周末非工作日和放学后对孩子进行监管教育。所以，现代家庭结构下的子女除了在家里睡觉、吃饭，以及周末和寒暑假在家，大部分时间都在社会化的条件下成长。在此意义上，现代家庭结构的孩子抚养也相当程度地社会化了。这与现在个体社会的孩子社会化抚养相同。社会化抚养是科学技术革命的结果。科技革命要求劳动者普遍地受教育。孩子上学不仅是权利，也成了维持社会生产持续进行的基本义务。科技革命提升了个体社会和家庭结构的女性地位，让女性也可以去工作而不必只待在家里照顾孩子，就进一步增强了孩子需要社会化抚养的需求。就是说，孩子去学校读书不仅为了受教育成为工业革命要求下的有文化的劳动者，也因为爸爸妈妈都上班，各家各户的孩子必须集中起来进行监护，确保健康成长。只不过，今天的科技革命发展还没有达到像以色列的基布兹那样，瓦解了家庭，还无法做到孩子晚上睡觉也不回家。

随着社会化分工的进一步出现，孩子的社会化抚养观念也一步步加强。在传统个体社会，孩子在一定程度上也类似于父亲的财产。社会化生产的结果是，孩子越来越多地被看成是社会的人，家长对孩子的监管是抚养后代的义务。在这样的条件下，要是有些父母对子女的监管漠不关心，不给足够的营养、虐待子女的话，就没有很好地尽为社会抚养后代的责任，在此情况下，以美国为例，父母的监护权就可能被剥夺。我认识一位每天处理孩子受父母虐待情况的美国人，她说，这些父母虐待孩子，往往是老师或邻居发现后报警，在今天的美国，法律要求发现孩子受虐待必须报警。我说:为什么有的孩子的父母都不给足够的饭吃呢,是因为穷么? 她说:有很多原因,有的父母并不是没有钱买食物,只不过对孩子漠不关心,或者根本就不希望照顾孩子。还有的孩子遭受任意的打骂。这些事情发生后,如果只是偶然一次,我们会限定 15 天要求父母做出改进,这 15 天孩子暂时不和父母生活。此后,根据父母的改进情况评估孩子是否回到家中。我说:要是父母没有改进呢? 她说:父母可能丧失监护权,孩子将进入儿童福利院,等待符合条件的家庭领养。

我很震惊,说:也就是说孩子必须要成长在满足抚养后代的要求的家庭中。中国目前还不是这样。我们还很强调血缘,相信生物意义上的父母才能够最好地照顾子女,认为父母打子女是严厉地教育的方式,往往不被看做虐待。

不过,随着生产社会化的进一步加深,家庭结构的观念也在变化。2015 年 1 月 1 日起,由最高人民法院、最高人民检察院、公安部、民政部联合印发的《关于依法处理监护人侵害未成年人权益行为若干问题的意见》开始实施,其中规定有性侵害、出卖、暴力伤害未成年人等七类严重伤害行为的监护人,将被人民法院判决撤销其监护人资格。在 2015 年 1 月 7 日,徐州铜山区民政局向法院提起申请,要求撤销在父亲离异后与父亲独自生活并被性侵犯的女孩的父母的监护权,另行指定合适监护人。案发后,女孩的生母对孩子不闻不问,构成了实际意义上的遗弃。这被看成是申请撤销监护权的第一案。它说明,子女的抚养将随着生产的社会化在现代家庭结构也逐渐社会化。只不过,家庭结构还从没有尝试过类似基布兹那样社会化的组织形式。

有一位老人在基布兹改革后,还义务给大家修理自行车。他说:"我非常喜欢修理自行车。我每天工作八小时,四小时有工资,另外四小时我为基布兹工作,不需要钱,免费。我不从钱的角度考虑问题。我不介意。我很开心。""我甚至不需要别人说谢谢。我就是很喜欢为别人做些事情。""我深爱着之前的基布兹,可我知道,我们必须改变。"这个基布兹由于面临破产困境,必须进行改革。

另一位老人也不习惯做什么事情都拿钱。基布兹改革后,有很多非基布兹的人来到村里面赚钱,看到这位老人仍义务做很多事,就说"不要让基布兹再利用你了"。他回应说:"你怎么知道我没有利用基布兹呢?"他在纪录片中说,"这些人的脑子中只有钱、钱、钱,真是难以置信。"基布兹的管理者对他讲,"这就是你要改变的地方:从今往后,你不再为别人而工作,你只为你自己工作。"[524]

　　基布兹的问题是阻碍创新思维。在纪录片中,我发现很多家庭的电视等电器非常旧。在过去,基布兹希望引进电视,为此开大会,探讨需不需要电视,一旦要引进,就要每家都安装,就要全村讨论。这体现所有决定都要集体作出,说明人人无论在社会中的分工如何,都有对社会集体决定的发言权。不过,任何新事物在诞生之初都不是必须的。没有互联网,人们也照样生活。新事物不是生活的必需品,往往不会在发端时就显现巨大的需求。也就是说,要在人人都有平等发言权的社会推动非必需品的创新和引进,并不容易。创新不是小镇生存的必须。一位在基布兹改革后、从外面来到基布兹的餐馆工作的人说,和这里的人一起工作很困难,他要是带入一些新想法,总会被质疑为什么要那样做。在基布兹,我看不到创新的动力。以色列是创新的国度,我却看不到基布兹创新的身影。

　　我出生在改革开放后的时代,并没有在国内接触过人民公社。有趣的是,我出国以后,在名叫"大学合作住房协会"的非营利组织中居住生活,除了交每个月的会员贡献或者直白地说房租外,每个人还要每周做四个小时的义工,有人四小时在前台回答问题与收款,有人在财务室登记账单,有人在收发室收发邮件,有人在厨房刷盘子、做饭做菜,有人倒楼道里的垃圾,有人在固定的时间分配扫厕所的工具,有人在社会活动组组织定期的宿舍活动,有人在晚上的小卖店里收款,有人深夜打更,有人在委员会每周开四小时会投票表决成员纠纷并负责学生换宿舍,也有人在董事会审批每年两百多万美金的预算和决算、决定雇员的工资和奖金、修改组织章程、对欠工超过二十小时和欠款超过四百美金的人进行传讯、必要时投票驱逐等。组织大概四百人,雇一名经理负责日常运营,一名会计、几名厨师、几名维修人员,除此之外,就靠每个人每周工作的四小时义工维持运转,房租就非常低。委员会和董事会的义工职位需要定期投票竞选,其他则不需要。

　　从基布兹回来的犹太同学说:基布兹有点像大学合作住房协会,也是每个人都需要劳动,无论从事什么职位,都能够在餐厅排队吃饭。

　　基布兹与大学合作住房协会不同,除了规模比四百人大以外,它还是生产组织。基布兹在过去以生产农产品为主,现在以工业品为主。大学合作住房协会是消费组织,成员所需的食物、水电、网络、日常维护等费用,来自每个成员每个月的房租贡献,并不来自成员在合作住房劳作生产产出的农产品或工业品。合作住房与宿舍和食堂类似,只不过把部分日常维护的人工花销由居住的学生完成,降低了总费用,但仍是纯粹的消费组织,非生产组织。

我在合作住房中体会最深的,就是社会分工的不同岗位没有高低贵贱,都是社会化生产不可缺少的一环。我最初在厨房刷盘子、洗垫子,后来做菜。来这里以前,我从没想过有一天会在厨房连续刷四个小时盘子,从小到大,我都没有怎么做过家务活,基本上都在读书。以前做过一段时间家教,来美国后在实验室工作,都与洗盘子差别极大。我第一次有机会感受到连续在厨房工作的感觉。后来去做菜后,我要与另一位同学在四小时内做大概六十斤的肉,我们俩用力翻炒大铁锅里的肉,很费力气。我想起了老人们讲述的公社的大锅饭。我做完饭后,就已经被翻炒的气味熏饱了,吃饭时就吃得很少。由于做好做坏都没有物质奖励或惩罚,唯一让我感觉高兴的是同学们的评价。我做中餐,要是中国同学觉得还不错,我就会很开心。我第一次切身地感受到,社会化大生产中的劳动,是为了全社会的最大利益。换句话说,我将中餐炒好,美国同学把比萨做好,蔬菜组的同学把青菜做好,再加上厨师们日常的菜谱,就足够四百人吃的了。我只为大家做一周的一顿饭的一道菜,其他人为我倒楼道里的垃圾,清洁每天的餐具,煮其他的饭菜,料理日常的开销,举办定期的活动等,我的生活依赖每个人的劳动,但我只从事所有劳动中的某一项具体劳动。

后来,我高票当选为董事会的成员,每周四小时的义工内容就变成了开会。董事会的义工与厨房、维修等的义工不同。厨房需要很多人,要保证每天从早到晚都有人在清理或做饭,要从早上六点忙到晚上九点。九点以后还需要深夜清洁组彻底清洁。维修也类似。董事会则只在每周开一次四小时的例会,探讨一周工作。这说明,在社会化生产中,维持人们日常生活的劳动力需求仍是最大的,研讨规章、决定预算、做出重要决定等的劳动力需求相对要少很多。在市场经济下,很多人希望做管理层的原因是,管理层拥有对财务的决定权,自身待遇较高。要是排除经济因素,我发现大部分人并不喜欢这样的职务。我们的董事会由七个人组成,每次民主投票进行事务的决议。我学习工程,并不熟悉预算和决算的报表,也不熟悉雇员工资和奖金的标准,不了解某些决定的潜在法律风险……所有这些内容都要从头学起。我不希望在完全不熟悉的情况下随意地投票,就花了些时间上网查看并与同学们探讨。科技革命的好处是,获取知识的成本很低,只要有动力,就有机会方便地在网络上学习。

我曾动员很多同学参选董事会,结果是只有极其个别的人感兴趣。很多人告诉我,他们宁可做简单重复劳动,也不希望有这么多杂事。大家尤其不喜欢的是,其他成员会不定时地向董事们提出对组织的意见和建议,常常是在饭厅吃饭偶然碰面的时候。大家对我说,其他义工都是固定四小时,其他时间不用想。董事就不行,随时会有人希望和你聊聊。根据我的经验,一般都是同学们收到罚款单、违反规则、对某些章程不满、对某些决定有异议的条件下会联系我,少数人会在想到好的点子时联系我。我会告知组织的规则和程序,以及以往类似情况的处理结果。很多人都会在谈话过程中让我表态,但我只能回答说:要根据董事会讨论和质询的情况决定,不能根据私下两人聊天决定。理由是,简短谈话很可能遗漏很多细节,只有在正式会议讨论中各方都阐述了观点,才能够给我更多的信息。我在读书阶段,原本不想从事过多与人打交道的工作,希望专心做事情。不过在董事会,我不希望拒绝向我咨询的同学,就在此过程中与很多人打交道。

做董事的两年中给我最深的体会是:随着分工的出现,每个人的思维会因从事劳动的不同而不同。例如,负责每周开派对的同学和负责夜里保持安静的同学,就会出现各自四小时义工的某些冲突。深夜打更的同学会在接到同学对派对噪音的举报后,让派对终止;负责办派对的同学,则希望延长些时间,让大家更好地在周末放松。董事会对何时要保持安静有明确的规定,但每个人的需求不同。例如,规则要求在半夜十二点后要安静,可是,会有人十一点就睡觉,派对的声音就会造成极大的干扰。这位同学要是打电话给楼下打更的同学,是否要让派对终止,或如何让派对小些声音就会在打更同学和办派对同学之间发生分歧。再比如,卫生间的负责同学,先提出了所有卫生间外的走廊修缮计划,又提出了清洁卫生间通风管道的计划。这些都经董事会批准并拨款支持。随后不久,他又提出了二十五万美金的卫生间改造工程,且改造只局限在宿舍三栋楼中最老的一栋。我在会议上说,卫生间改造并不需要都换新的,把必须修补地方修好就可以了。提出议案的同学说,他听到很多人向他抱怨卫生间太旧太差,还有人因此搬出去不住了,他粗略算了下账,一直不停修理不如一次彻底更换。我则认为卫生间固然有些旧,不过相比于卫生间,楼更旧,整栋楼需要修补的地方很多。厨房的冷库使用了三十多年,最后由于能耗太大,这届董事会才最终下决心花钱买了全新的设备。很多宿舍内部的家具都极其破旧了。没有必要在其他很旧的条件下改造出全新的卫生间。主持会议的董事长(也是宿舍居住的同学)建议提案推迟表决,再多些时间酝酿和调研,不过他强调:我们的存款的主要用途,就是改善同学们的生活环境。会后,提议案的卫生间负责同学单独找到我,带我到卫生间讲解修缮的必要性。他用手轻轻一捏,就把地上的瓷砖拿了起来。他解释说,既然地上的瓷砖都要换,不如把马桶、水池、淋浴等都一起换掉,一次施工解决问题,又向我仔细讲了下他前期调研的各家报价和资质认证,及他最终找到的是较低价格的公司。我对他说:"我理解你希望说服我的心情。你花了大量时间调研,比之前的负责人都更敬业。预算要是通过了,卫生间改造过程还要占用你更大量的业余时间。或许你会觉得,你做了这么多别人没做的工作,且这项工作很重要,却得不到支持,比较沮丧。不过,咱们的楼很旧了,楼里的很多东西都在一定程度上要换新的。以我对你的了解,现在你负责卫生间,要是明天让你负责厨房,你会提出更大的改造工程。自从你被任命为卫生间负责人后,卫生间的预算就一再上升,可是我们每年的总预算基本固定,存款也就那么多。我作为董事,职责之一就是保证在有限的资金条件下,尽可能让组织运转更好。这样的话,各部门就不能实现一个高标准的预算支持。这次我决定支持你的提案,你刚才的解释说服了我,且你很有积极性,要是错过了这次机会,可能很多年也不会再有人愿意主动承担改造计划。我有一点疑惑,根据董事会的发言看,你的议案通过的可能性较大,为什么在乎我这一票怎么投呢?"他说:"我知道你在会议上要否决我的议案不是要针对我个人。我相信只要你了解现在的卫生间的糟糕状况,就可能会支持我。"我说:"我们每个人的分工不同,对同一件事情,思考的侧重点就不一样。短期内,你要是再提出些大工程,我就未必支持了,希望你能够理解。"在社会化分工的条件下,局部最优往往和全局最优是冲突的,每个人的分工不同,思考的出发点就不同,就很难取得广泛一致,不满意就会普遍存在。这位负责人再怎么向我阐释提案的重要性,也很难让我把关注的侧重点集中到卫生间上。同时,我再怎么向他解释资金有限、不能满足所有部门,也无法让他真正信服。他可以很容易地想,他的计划要比很多别的部门的计划更紧迫、更影响同学们的日常生活。

在做义工的过程中,我第一次体会到,在厨房刷盘子和在董事会开会都是在组织平等劳动的一部分,没有高低贵贱之分。宿舍里居住的很多同学,在宿舍生活外都很有抱负,希望成为管理者。不过,在宿舍内,有这种想法的人不多。董事会的成员普遍都是关心组织运转的人,或者是喜欢开会胜过其他劳动的人。不过,大部分人更喜欢其他劳动。有一位同学在当选董事后,很不喜欢董事会的工作,对我说:还不如在厨房做早餐的负责人有成就感。这位董事很快辞职了。由此我想,市场经济下的管理层的吸引力,主要是分配环节的更多收入带来的。要是大家都免费吃饭,情况就会大不相同。信仰马克思主义的德国同学对我说:"现实世界与大学合作住房协会的情况是一样的。每个人的生活都依赖于别人的劳动,但人们总强调自己创造了多少价值。实际上,他只是社会正常运转的一环。我们不能够再强调个人主义了。"我说:"社会化生产的解读有两种。一种是从集体主义角度,就是每个人都感激别人的劳动,且直接认为自己的劳动的目的就是服务别人。另一种是延续个人主义价值观,强调做喜欢的工作。像美国这样,喜欢了,就把工作本身作为乐趣,生产的效率也较高。不过,现有阶段大部分美国人也无法做喜欢的工作,就要强调责任意识,合同意识,对工作一丝不苟。"

德国同学:"马克思在《德意志意识形态》一文中,有一段我特别喜欢的论述,他说,'在共产主义社会里','我有可能随自己的兴趣今天干这事,明天干那事,上午打猎,下午捕鱼,傍晚从事畜牧,晚饭后从事批判,这样就不会使我老是一个猎人、渔夫、牧人或批判者。'[525]现在的人都基本上一生从事一两份工作,很难按照自己的想法从事不同的事。"我说:"一生从事一份工作的好处是,随着时间的推移,熟练度不断提高,社会总效率就提高。"他说:"但人们并没有因此更幸福。"我说:"很难定义怎样才是幸福。我父亲小时候常饿肚子,他认为,幸福就是想什么时候吃肉就什么时候吃。后来,食物已经不是问题。但他并没有因此而特别高兴。他又开始希望有大房子,有车。中国的快速发展,在科技上是向西方学习后革新生产技术,提高效率;在劳动力上,依靠的是很多人长年累月从事同样的或类似的工作,不断熟练来提高效率。处在发展中的中国的整体面貌是欣欣向荣的。随着生产的进一步发展,同一个人固定在一个工作或许会逐渐腻烦,换工作也许更有助于效率的提高。但这要建立在劳动者普遍受到较高的教育的基础上,否则很难轻易换工作,同时,社会对不同劳动的分配要差不多,不然很难从分配多的岗位转移到分配少的岗位。就算这些都实现了,人能够在广泛的意义上自由选择做什么工作,还有一点需要保证,就是人必须在更自由的条件下愿意劳动,而不是选择不劳动。马克思描述的上午、下午和晚上做什么,内容在换,共性是同属于劳动。"

三、劳动价值论与社会化大生产

劳动价值论,是劳动创造价值,生产资料不创造价值。

我有一片土地,雇人种庄稼,再雇人管理农场。我不参与管理和种植劳动,靠土地的所有权收获部分粮食。这种思维模式建立在私有制基础上,土地有明确的主人。庄稼成长有很多必要条件,如浇灌的小河,光合作用所需的阳光和空气等。土地、阳光、空气不需要粮食,但谁拥有土地、空气、阳光,谁就能分配到粮食。所有者不劳而获,就是资本家无偿的占有工人劳动的剩余价值。私有制是维系不劳而获的源泉。

为什么私有制会阻碍生产力的发展?庞大的社会群体靠占有生产资料而不劳而获,社会的未来发展会遇到极大问题。从长远看,社会化生产的持续需要所有人劳动,并且保护劳动者,而不是保护生产资料的所有者。生产的产品大量堆积在所有者手中发霉发烂,而辛勤劳动者却居无定所,这样的生产注定无法持续,会引发危机。私有制会随着社会化生产的发展而逐渐消亡。

共产主义消灭了私有制,但并不消灭所有制。它只消灭了人类个体占有的模式,但保留了人类作为整体的占有制度。从宇宙演化的角度讲,土地本不属于任何生物,它就是宇宙的一部分。人、动物、植物都是地球上的一些生物,与空气、水、土地等并不存在所有关系。不过,人类的进化,让人对动植物与非生物具有极强的控制力,就诞生了人占有非人类的所有的观念。商业文明由于要商品交换,商品的所属关系必须明确,私有观念就更浓;家庭结构自给自足,私有观念局限在家庭内部,即这些粮食是我家的,不是你家的,你不能吃。家庭结构的私有观念更多的是在使用意义上,不在交换意义上,即我家的粮食你不能吃,但我家的粮食一般不与你家交换。商业文明曾长期允许对人的占有,奴隶制在最近三百年才陆续被废止。在此之后,人类的占有模式就以人对非人类的占有形式而存在。

劳动价值论表面上认可"劳动是一切财富的源泉",不过细细想来,劳动并不是完成生产过程的唯一要素。以渔民捕鱼为例,渔民乘船出海,彻夜捕捞,获得大量新鲜的鱼。不过,鱼最终进入消费市场,除了需要人的捕捞以外,还需要阳光、氧气、海里的浮游动植物。从自然科学的能量传递角度讲,地球植物经过光合作用转化太阳能,再经过以植物为食物的动物的咀嚼消化吸收,转化为动物的能量,此后又在食物链上大鱼吃小鱼,最终成了渔网里的大鱼。这么复杂的过程才最终让鱼落入渔网。而人的"劳动本身不过是一种自然力即人的劳动力的表现",仅仅是全过程的一小部分,但人却声称这一小部分劳动创造了整条鱼的财富,并占有整条鱼。马克思认为,劳动是一切财富的源泉的前提条件是"一个人一开始就以所有者的身分来对待自然界","把自然界当作属于他的东西来处置"。这样,"他的劳动才成为使用价值的源泉,因而也成为财富的源泉。"[526]《共产党宣言》说:"共产主义的特征并不是要废除一般的所有制,而是要废除资产阶级的所有制","共产主义革命就是同传统的所有制关系实行最彻底的决裂","消灭私有制"。私有制消灭后,"一般的所有制"仍然存在,"公有"只不过是人类整体对非人类的一种占有形式。在此意义上,共产主义社会并不是宇宙的终极模式,共产主义社会的人仍以自然界的主宰者的身份出现,而不是自然的一部分。这么说来,共产主义也仅仅是人类社会内部人与人关系演化的一个阶段,而不会是人类存在模式的终点。随着生产的发展,人类会越来越意识到,人类的生存最终依赖于自然。现代生产效率让人有能力把世界上的许多动物一网打尽,拿到集市上去贩卖。不过,这样的劳动生产率造成了物种的灭绝。主要原因就是,在过去,渔民捕捞的效率很低,自然界的光合作用、大鱼吃小鱼的效率相对于人较高,并不在意人捕捞多少。新科技革命彻底改变了人这一环节的效率。所以,许多国家都出台规定,一年的某些日子不允许捕鱼,要让鱼类无干扰地生长。从终极的意义上说,人是地球的一部分,即便未来去了其他星球,也永远是浩瀚宇宙的一小部分,是自然界的一部分。从演化历史看,自然界在人类诞生很久以前就存在了,地球的其他生命体并不依赖人的存在。但人的存在却依赖自然界其他物体的存在。这种由人的生物属性决定的人对自然的依赖关系,最终会让人与自然和谐相处。

随着生产力的发展,人与自然的关系发生了很多历史上想不到的变化。今天,许多凶猛的动物都被列入了保护名录,不允许随意捕杀。而在人类生产力水平极低的古代,猛兽曾是生存的威胁之一。在人类普遍饥饿的时代,捕杀动物获得肉类被无数人向往。今天,很多屠宰过程尽量减少动物的痛苦。商业文明将权力的概念向非人类拓展,目标是人与自然最终的和谐共处。在此之前,人与人会在更深层的意义上实现平等。德国同学说:"现在的人与人还是不平等,有钱人与没钱人并不平等。只有构建共产主义,才能够实现人与人的平等。"

我说:"共产主义是生产发展到一定阶段的产物,私有制的消亡是社会化生产发展的结果,在此基础上实现的更深意义上的平等和职业选择的更加自由,也是生产发展的结果。就是说,并不是为了追求更平等和更自由才要建立共产主义。"

德国同学:"我不同意你的观点。建立共产主义就是因为现在的世界有很多问题。人与人本身就应该平等,这就是共产主义最吸引人的地方。"

我说:"商业文明始终在追求平等和自由。不过,这些只是旗号,解放奴隶、给奴隶自由和平等身份也要等到生产发展到一定程度,需要更多自由劳动力的时候。在奴隶社会,就算你不认可奴隶制,也没有办法广泛地废除它,生产条件不够。你就是再追求平等自由,也要等生产发展到一定程度才能够建立共产主义。"

被许多基督教教会称为圣人的君士坦丁堡牧首屈梭多模就曾在一千多年前抨击奴隶制。他运用宗教的观点说:"上帝创造的人是可以照顾自己的,甚至可以照顾邻居","难道上帝没有给我们双手和双脚让我们不需要奴隶就能站立起来么? 奴隶的存在并不是由于需要"。不过,这种观点就算由教会的圣人提出,也没有办法在当时终止奴隶制。

《共产党宣言》说,"至今一切社会的历史都是阶级斗争的历史","而每一次斗争的结局都是整个社会受到革命改造或者斗争的各阶级同归于尽"。工人运动后给工人选举权、最低工资保障和社会保障等就属于革命改造,改造的目的从社会化大生产的角度讲,是保护从事最繁重劳动的工人,且让穷人有更强的购买力,部分地减轻商品生产相对过剩造成的危机。奴隶制的瓦解就是奴隶主和奴隶这两个阶级同归于尽。不过,这里的同归于尽不是说他们一起战斗而死,而是说这种制度不复存在,被封建制或资本主义制度取代。美国的南北战争用资本主义制度取代南方的奴隶制,是现代化机械生产的结果。在工业革命以前,取代奴隶制的都是封建制。奴隶制、封建制、资本主义制度都从人与人在生产中的关系出发进行分类,而生产上的关系由生产方式决定,最终由科学技术决定。科学技术的革命决定了机械化、电气化、信息化,人们的劳动方式,从拿着锄头在田间的体力劳动,转变成了操作机器按按钮,奴隶主、奴隶,地主、农民,经过训练后都能操作机器,且效率远高于奴隶在种植园或农民在田地里劳动的产出。这样,大量的奴隶与农民就需要从被束缚在庄园和土地上的状态解脱出来,到工厂做工。奴隶、农民、工人的不同在于:奴隶是奴隶主的私有财产,无论是否喜欢奴隶主,都无权选择,即奴隶只能够被奴隶主贩卖给别的奴隶主,不能够主动投奔别的奴隶主;农民受地主的约束小于奴隶受奴隶主的约束,以耕种土地为生产方式,不过,农民一生的活动范围很小,很难有机会选择离自己非常遥远的地主;工业化时代则不同,工人能够在城市里大小林立的工厂里选择做工,这种选择让生产效率最高的工厂有能力出更高的工资吸引更优秀的工人。工业化时代的农民也有了更多自由,农民可乘坐现代交通工具到出资更高的土地所有者那里打工。要是未来都采用机械化、自动化的无土栽培,农业生产对当地的自然条件的依赖就更小。那么,农业生产就更具有全球标准化的意义,在一个地方学会种植的农民,可以在全球的任何地方进行相同的农业生产,并取得相同的结果。这就像,在中国学会计算机科学技术的学生,可以很容易地到美国的科技大公司成为编程人员,理由是编程这份劳动具有很强的国际标准化。今天的家庭结构的大学毕业生,大体上可以在全国找工作,此过程中固然还有户籍等限制,不过相比于传统家庭结构,现在的选择范围大得多,且未来会更大。还有一些人,毕业后直接到海外工作,这在传统家庭结构不可想象。

工人拥有比奴隶和农民更多的选择自由不是资本家的赏赐,而是这样能提高社会化生产的总效率。否则,工人束缚在一家要破产的企业,要费很大的劲才能够到效益好的企业,社会总效率怎么提高呢? 这就好像,女性解放也是在工业化时代男女生产效率接近的结果,只有女性也参加劳动,社会总效率才会更高。女性解放绝对不是男性突然在 20 世纪大发慈悲的结果。人们对女性的地位和作用的重新认识,是科技革命改变生产方式造成的。要是家庭结构没有接受现代科技,仍保留着传统的刀耕火种的模式,女性的劳动效率还会低于男性,怎么也解放不了。

科学技术的革命会引发生产效率的大幅度提高与生产方式的革命性改变,最终改变了人与人之间在生产上的关系,也就改变了生活上的关系。这大体上是自然科学技术改造人与人关系的逻辑。由此看,科技进步造成的生产力提高必然会导致原有的人与人之间的生产关系的改变。人与人在生产的关系上的调试过程,就表现为人类社会内部的阶级斗争。

阶级斗争只是科技进步引发生产效率提高和生产方式改变后,人与人之间的旧有生产关系被打破,并被新的生产关系取代的过程。由于家庭结构从孔夫子以来就习惯思考以人构成的封闭集合,在思考阶级斗争的时候,往往以阶级斗争为出发原点,解读成人类社会内部的斗争。马克思提出的阶级斗争是从生产的角度提出的,生产就是人类与自然界通过劳动构建的关系,劳动的方式究竟是面朝黄土背朝天还是整天守着机器按电钮或整天对着电脑屏幕敲键盘,由科学技术决定。地主和农民的封建阶级关系的消亡,是生产方式从体力耕种到机械化生产转变的结果,转变的过程体现为新兴的资产阶级与旧有的封建地主的斗争。工人的工资提高、取得双休日、每天 8 小时工作制,是在生产效率提高后,旧有的工作方式造成大规模经济危机、进而引发工人运动和斗争的结果。生产效率提高后,工人还是一周工作七天,每天工作十多个小时,工资还是那么低,怎么能够创造出足够多的工作岗位,又怎么让劳动者有足够的资本购买资本所有者拥有的产品? 这种从旧有的劳动强度转变为新的劳动强度的过程,就是阶级斗争的过程,具体表现为工人运动和罢工争取待遇的提高,结果是生产关系的改造,以更加适应变革后的生产力。未来,随着生产效率的进一步提高,人们每年的假期会更多,以此来保证足够多的工作岗位与足够强的消费能力。它的转变固然体现在工人运动上,体现在阶级的利益斗争上,却最终由科学技术来推动。随着新科技革命带来的生产效率的进一步提高和生产社会化程度的进一步加深,生产的社会化与分配的非社会化的矛盾会进一步加深,在此过程中会表现工人和资本家之间的斗争,最终的结果是建立共产主义。

德国同学:按照你的说法,我什么都不做就建立共产主义了? 好像共产主义是自然而然在未来发生的一样。要是没有人努力,怎么会有共产主义呢? 要是没有人去尝试做实验,怎么会凭空冒出来共产主义呢? 你不要总说什么生产,人难道就只关心物质生产么?

我说:马克思与很多西方学者的不同之处在于,他没有对资本主义做道德批判,而是从历史发展的角度解读为什么私有制与社会化大生产相冲突。在我看来,西方人的意识形态色彩太浓,唯心主义思想很盛行,总好像在追求平等、自由的价值观,并在此过程中构建了新世界。不过,历史并不是你想怎么发展就怎么发展的。比如,支持女性平等只能够在工业化时代男女生产效率差不多时才会实现,不然,你再怎么追求,也没有用。反过来讲,你就是再不喜欢女性和奴隶解放,也阻挡不了历史的潮流,因为科技革命让更多人有机会生产产品,阻碍女性解放就是阻碍生产力发展,最终必然失败。

德国同学:物质生产的发展不代表人就更幸福。我宁愿生产放缓些,但人们更平等。

我:中国也曾经学习前苏联,走过集体化道路。那时候,人们的生活水平都差不多。孔子说,"有国有家者,不患寡而患不均"[527]。大家都一样,就无所谓贫穷和富裕。但这必须在封闭的环境下,要是中国人打开国门,与外界发生广泛的联系,就很难不与外界比较。

像以色列的基布兹在开放的环境下实验还延续了那么久,在前苏联和中国都不曾发生过。

德国同学:中国不会构建共产主义么?

我:不会率先在全世界做共产主义实验。历史上看,法国大革命砍了路易十六的头,结束君主制。结果,欧洲的君主国家①联合起来围剿法国,[528]担心法国大革命扩散到欧洲各国。前苏联走了社会主义的计划经济,受到西方国家的集体围剿。中国要是废除私有制,构建共产主义,会受到西方所有国家的联合孤立和围剿,得不偿失。创造人类新制度不是中国复兴的目标,复兴是实现横向比较的第一。中国人的观点

---

① 英国、普鲁士、奥地利、荷兰、意大利和西班牙等国组成第一次反法联盟。

是,人类最终会进入共产主义,但在遥远的未来。既然在今天的制度下也能发展很快,为何冒着风险尝试新制度呢?

德国同学:现在的社会制度是不对的。这么多人穷困,少部分人极度富有。

我:创造新的社会制度的成本太大。家庭结构是穷则思变。中华复兴后,不会为了完善制度冒天下之大不韪。我们只追求比较竞争满足的横向第一,不追求尽善尽美。

德国同学:那中国会允许其他国家走共产主义么?

我:要是有人率先实现共产主义,并且能够推广,我们求之不得。不过,做实验的国家一定会受到围剿。中国不会加入围剿,但也很难支持。

德国同学:中国不是走过一段共产主义么?

我:不是共产主义,是苏联模式的社会主义。学习的动力也不来自意识形态。中国人没有构建共产主义的共同目标,目标只是重回世界第一。苏联迅速工业化是苏联制度吸引力的来源。后来,中国用苏联制度发展经济不成功,就转学西方。今天,市场经济在全世界盛行,为什么要冒风险去做共产主义的实验呢?

共产主义要终结商业文明的核心——私有制,比林肯总统要解放奴隶主的财产——奴隶——更加困难。奴隶仅仅是私有财产的一小部分。私有制是商业文明的基础,神圣不可侵犯,要结束它,不经历流血革命,不会实现。美国建国时,本身没有国王统治的历史,本土的印第安人的传统风俗又对美国政治新制度构不成威胁,美国周围也没有围剿它的君主制力量,它的建立就比法国容易得多,付出的代价和牺牲也少得多。从这个角度出发,地球上建立不了的共产主义或许可以在人类广泛移民的其他星球实现。

一位支持上火星并信仰共产主义的美国同学对我说:你站在另一个星球遥望地球,反思之前的生活,很多观念会变化。比如说,国家的概念可能不重要,反而让人类因国家彼此分离和征战。火星上很可能会用不一样的方式去建立殖民地。

我:共产主义没准在火星实现了。最初乘坐五月花号来北美的清教徒就签订了《五月花号公约》,宣布"自愿结成民众自治团体"。美国独立后,成为第一个实现立法、司法、行政三权分立的国家,第一任总统华盛顿在第二任期期满后就不寻求连任,实现退休,开创全新的领导人有限任期的制度。在我看来,主要是美国没有历史的包袱,以此类比,火星很可能实现全新制度。未来社会制度的尝试和构建,还要靠西方人。人的祖先起源于非洲,却被漫长历史形成的国家、宗教、语言、文化、习俗等分割开。未来无论是地球公民还是世界大家庭,我都希望避免战争,人人热爱劳动,和平幸福地生活。

科技创新是中华复兴的关键。科学是普世胜利者,科学创新不被排斥。社会哲学的政治创新会受到孤立,不会是家庭结构的选项。

劳动价值论强调劳动的重要性和劳动光荣,对复兴有促进。今天的社会出现"拼爹"的风潮,希望经过最小努力,继承最多财富。随着经济发展,将一生成就的评价标准和父辈们创造的财富与家庭结构带来的特权挂钩,不依靠劳动来评价一生,不利于实现复兴。从逻辑上讲,拥有财富的人最有创新的本钱,不怕失败。不过,要是继承者满足于靠继承财富来获得比较竞争满足,创新就不会被投资。

历史上的兴亡周期律与常说的富不过三代,都是由继承者满足于前人打下的江山、不再励精图治所导致。未来要实现复兴,就要在全社会发扬劳动致富光荣的理念,比拼劳动创造的财富,而非继承多少财富。这与农耕文明自古重视生产的思维一脉相承。

继承财产与家庭结构相吻合,不过继承父辈们优良传统的最好方式并不是坐吃山空,而是守住祖宗传下来的家业。人类文明几千年来起起伏伏前进,现代文明在古代文明的优秀成果上厚积薄发。要让劳动变得光荣,要创造条件让劳动者有更多机会过上好日子,而不要让拼命劳动的人一辈子的所得也赶不上"拼爹"继承的一点点。

我的母亲退休后,在职业学校做保洁员,每天清扫楼道、倒垃圾和扫厕所。有一天通话,母亲说别人现在的生活怎样的好,她还要不停干活。她只是随口说说,要让她在家待着,她会待出病的。

我对她说:妈,您的工作也很好,靠劳动赚钱,很光荣。

没想到,她觉得我在开她玩笑,略带生气地说:你妈都成扫厕所的了,你还说劳动光荣?我意识到,像母亲这样热爱劳动的人,评判标准也发生了变化。中华复兴成为世界第一,劳动价值论的意义会很大。

以劳动的多少决定分配的多少是社会化生产带来的社会化分配方式。即便在社会生产水平极大提高的时代，人类可以按照每个人的需要进行分配，人类要创造整体的财富，还是需要劳动。马克思要创建的社会主义和共产主义社会，是从历史唯物主义的视角出发，研究人类社会生产变革的历史，进而得出的结论，而不是用道德或普世价值观批判资本主义与私有制。在此意义上，共产主义既可以从商业文明普世价值观追求更深层次的平等和自由的角度来理解，也可以从人类社会随生产发展而变化的一般规律来理解。这也是我与那位德国同学在解读共产主义上的分歧。

用历史唯物主义的视角解读，不单单与马克思本人的论述过程相符合，也与家庭结构一贯没有强烈意识形态相吻合。家庭结构在历史上，从未追求过商业文明的平等与自由，也没有普世的神。

历史唯物主义解释了科学技术进步如何改变人类社会的面貌。一直以来，人类社会成员间的关系究竟由什么决定，并不清楚。从自然科学的角度讲，人是浩瀚宇宙中的地球的一种生物，本身是地球生态圈中的一部分。人类的生存从根本上依存于地球上的生命体与非生命体。人类要繁衍生息，首先要解决吃饭问题，也就是生产问题。科学技术体现生产能力，人类社会在一定的科学技术条件下，通过自身关系的调整，实现生产能力的提升，就是人类社会变革的根本动力。中国独特的农耕文明并不是神的安排，而是中国人自古生存的土地在大江大河沿岸，适合农业耕种，家庭结构是家庭作为生产单元在社会思想中的体现；古希腊的天然良港众多，盛产橄榄等经济作物，经济作物不能当饭吃，要生存下去，必须把物品卖出去，换回外面的粮食，就形成了商业文明。

工业时代的生产与农耕生产的最大不同在于，机器厂房可以设置在世界的各个角落，而很多农作物只能够在特定的气候环境下种植。这带来的区别是，全世界的工人都能从事机械化生产，人类社会第一次在劳动方式上开始走向一体。机械化的纺织厂先在英国，随后在欧洲其他国家与美国，后来在日本，现在主要在中国，未来也有可能到劳动力更廉价的其他国家。这说明，工业化时代，世界上的人都能从事工业生产，人们生活的自然条件对生产的限制比过去低很多，各国的竞争就异常激烈。想要生产别人生产不了的产品，就不能再靠自然条件，而要靠科学技术的领先、生产科技落后国家生产不了的产品,拥有对方不具备的生产能力。"科学技术是第一生产力"在今天显得格外突出。科技创新要靠人才。江泽民说,"国与国之间的竞争,归根到底是人才的竞争,是创新能力的竞争。""一个民族如果不能创新,只是步人后尘,势必受制于人。"[529]"科教兴国"战略是科学技术作为第一生产力的背景下提出的。教育培养拥有科学技术的人才,让未来的劳动者跟上科学技术进步的步伐,并努力追赶和超越其他国家。但教育本身并不能培养出科技创新的人才,只能提供创新的基础条件。2012年的全国科技创新大会上,胡锦涛提出,到2020年,要建立"中国特色国家创新体系"。在2014年中国科学院第十七次院士大会上,习近平说,"我国科技发展的方向就是创新、创新、再创新。实施创新驱动发展战略,最根本的是要增强自主创新能力"。从"师夷长技"到强调"自主创新",从孔夫子不关心自然界到"科学技术是第一生产力",家庭结构从传统走向现代的另一突出变化,就是对自然科技的重视。重视的理由是,落后就要挨打。要实现比较竞争满足的重回世界第一,就必须在科学技术上领先于世界,引领下一次科学技术革命。

家庭结构对自然是不鼓励也不排斥的不关心态度,不是科学的敌人。家庭结构下的宗教信仰不强调唯一的神与普世的价值。与科学冲突最大的,是封建迷信。现代家庭结构中,祭祖以法定假日清明节保留,体现对家庭的祖先、历史和传承的重视。祭祖会延续,祭祖的礼仪和心态要变化。传统家庭结构中,绝大多数农民不识字,刀耕火种的传统耕作方式依赖自然的风调雨顺。祖先成了庇佑后代的神。古人认为,抬头三尺有神明,无处不在的神明构成了对行为的约束。现代家庭结构不能再依靠神明来约束行为了,就像个体社会不能再用基督教约束行为一样,这由科学的普世胜利决定。个体社会用普世价值观取代基督教成为社会行为准则;类似地,现代家庭结构要取代传统家庭结构构建新的社会理念。

现代家庭结构要实现大家庭的和谐,要理顺小家庭的关系。坚持历史唯物主义,能有效防止迷信的死灰复燃。

中华复兴建立在十四亿人辛勤奋斗的基础上,是几代人不懈努力的结果,是鸦片战争以来的仁人志士抛头颅洒热血的结果,也是从秦始皇统一中国以来,中华大家庭勤劳智慧繁衍生息的结果,绝不是什么神明保佑的结果。现代家庭结构要结合历史唯物主义,看重历史中家庭的努力和付出,以此构建新的逻辑构架。

政府官员、企业家、工人、农民、知识分子、取得成就要感谢父母,体现现代家庭价值观。中华大家庭的成功要感谢千千万万辛勤劳动的家庭成员,感谢历史上付出巨大牺牲的先辈,而非神明。成功归为神明的恩赐,而不是无数人合作努力的结晶,实质是把成功归为自己,现代家庭结构的关系就不会融洽,也与大生产方式下的大家庭关系不相符合。

城市的高楼大厦不来自神明保佑,来自农民工冒着酷暑的建设;城市的整洁的街道,来自清洁工起早清扫和人的素质提高后不随便乱扔东西。现代家庭结构要保持感恩之心、感激之情,构建对普通工作的感激,才能实现大家庭的和谐,创造符合社会化生产的现代家庭结构的人际关系。在此意义上,社会化大生产就是让小家庭逐步过渡到大家庭。

四、唯物与唯心

唯物的观点是,人的意识是客观世界的反映,意识由客观世界决定。唯心的观点是,人的意识决定了客观世界走向。在这样的条件下,共产主义构建的人人平等的社会,就既可以用唯心思想理解成人与人就应该平等,要为了商业文明的平等价值观而奋斗,也可以用唯物的观点理解成这是社会化生产后,人与人关系转变的结果,而不是人们主观意愿的选择。

我把家庭结构与公民社会、比较竞争满足与兴趣成功、科学是普世传播的胜利者向德国同学做了阐释。他听后说:"你为什么非要区分中国人与西方人呢? 为什么非要强调我们之间的不同呢?"其他的欧美同学也曾问过我类似的问题。

我说:西方人总强调普世价值观,并用这个标准衡量中国。可是我们毕竟是不同的,我希望告诉大家中国人的性格是什么样的。

德国同学:以前很多人认为我们坚信的民主等价值观是世界通用的。现在,有一些德国学者研究后发现,我们认为普世的价值观或许适用于某些特定人群,可能和我们的文化相联系。其他的文化就未必适用。你刚才说的区别,大概就与这些人的想法类似。但我不同意你的观点,我始终坚信,人与人之间能够达成共识,只要我们的探讨都基于理智和逻辑。早在亚里士多德时期,他就强调人的思考要运用理性。就像刚才,我并不了解中国,但你的论述很有逻辑,我们就能很顺畅地探讨。你是否同意,我们虽然文化历史不同,或许真有你说的那些区别,但只要我们的探讨基于逻辑与理智,就应该得出同样的结论?

我:要是探讨的起点假设相同,根据理智和逻辑,会达到相同的目的地。任何理论的构建,除了逻辑、理性以外,都需要起点的假设。假设就是不经过证明但是认可正确的前提。牛顿的定律就假设物体不受外力的条件下要保持静止或匀速直线运动,这是不能够被证明的。它是理论的起点,是大前提。此外,还有受力和加速度的关系的假设。基于这些假设,我们可以用逻辑来共同解决运动问题,大体上会得出相同的结果。可是,爱因斯坦的假设就不同,他假设光速不变,运用逻辑推导的结论就和牛顿的在某些情况下有差异。

德国同学的观点与当初利玛窦传教过程中与中国的其他宗教的信徒辩论时说的话类似,利玛窦说:"我们双方的教义不同,谁都不承认对方经典的有效性。既然我也能从我的经典里引证任意多的例子,所以,我们的辩论现在要由我们双方共同的理性来加以解决。"[530]

德国同学:作为人,肯定有一些共同假设。

我:马克思找到的假设或许是共同的,人都需要吃饭。

德国同学:你不同意人与人生来平等么?

我:这是社会观点,却不是事实。作为假设的话,与实际的出入会比较大。还是马克思的人人都要先解决吃饭问题的假设与实际更相符合。

德国同学:这是你理解马克思的逻辑。在我看来,马克思就是在追求人的平等。

我:平等只是社会化大生产消灭私有制后人与人的关系的体现,消灭私有制的目的不是为了追求平等,而是要与社会化生产相适应。

美国同学:那要是奴隶制与它相适应呢?你就选择奴隶制?

我:历史不是哪个人选择的。人类社会的历史都曾经出现过奴隶制,就是与当时的社会生产相适应的。在社会化大生产以后,美国的南北战争就是资本主义与奴隶制的战争,奴隶制不能够适应社会化大生产的主要原因是它束缚了劳动力,不让劳动力自由填补需要的生产环节。结果,南方败给了北方。换句话说,你就是在社会化大生产中想选择奴隶制,也坚持不了多久。你今天极端反对奴隶制,是因为你出生和成长的环境就是社会化大生产的环境。要是你在奴隶制的社会出生和成长,思想就会完全不一样。

德国同学:在你看来,你怎样才会认可我的人人生来平等的观点?

我:在自然科学上,我认可牛顿对物体运动的描述,并不是我的观点本来就和他的一样。而是这么多的理论中,牛顿的理论用最简洁的方式,定量地解释和预测了很多自然现象。他出版的著作叫做《自然哲学的数学原理》,就是用数学定量地描述和预测自然现象。这样的话,预测的结果就可以和实验的结果定量地比较。我之所以信任他的理论,就是他的理论在相当大的程度上与很多自然实验结果相吻合。后来,爱因斯坦的理论解释了更多的现象,我就更相信爱因斯坦的理论。不过,直到今天,社会科学还没有诞生一部"社会哲学的数学原理",理论模型的定量准确度都不高。

德国同学:受自然科学运用数学的影响,社会科学也开始广泛使用数学。二十世纪以来,很多社会哲学的学科都在大量运用数学模型,像人类学、经济学、心理学等。运用的结果是,定量的偏差很大。在我看来,这些学科模仿自然科学运用数学本身就是错的。

我:我相信人类社会的发展是有规律可循的。在牛顿以前,对自然的解释也是五花八门的。今天的社会科学,还处在运用数学定量化的早期阶段,未来会随着定量精度的提高,出现更精准更简洁的理论。要是有一天你基于人与人生而平等的假设定量解释和预测了大量的人类社会的现象,那我肯定接受你的假设和逻辑。在此之前,我只能选择解释得更清楚的理论。我从来没有坚信某些思想道德观念会是宇宙普世的,到目前,我还是认同这些道德观念是物质生产的结果。

德国同学:你没有任何个人的信仰么?

我:宗教么?没有。我比较倾向于相信中国未来会沿着家庭结构的方向走入现代,不过这是我对比分析的结果。我也相信人类会抵达社会主义或共产主义,不过这不是我的主观构想,而是分析历史和社会化生产的规律后得出的结论。

德国同学:要真是这样,你为什么在董事会探讨雇别人做义工的问题上反应这么强烈?

他说的是，在大学合作住房协会的董事会的一次讨论中，我与一位董事的激烈争论。按规定，每个人每周都做四个小时的义工，作为对组织的贡献，维持房屋的运转。一些同学不希望做工，就雇佣别的同学替他们做工。后来，很多人甚至在宿舍的板报上贴出告示，表示愿意以多少美金的价格替别人做工，还留下了联系方式。针对这种现象，有成员向董事会征询是否应允许有偿替别人做工。在讨论中，我坚决反对这种行为。我说："合作住房的精神就是要经过成员的合作互助，实现以较低的食宿成本运转。每个人都是成员，都要平等地做出贡献。只有这样，才会在吃饭时见到没有刷干净的盘子，下次在厨房做工要努力刷干净。否则，什么也不干，就无法理解合作的精神，也不会尊重他人的劳动，只会不停地抱怨。"

和我争论的董事说："我觉得这里最大的好处是能见到很多人，每周都有派对。我想这是很多人来这里住的原因。很少有人会以你的想法来这里居住。既然你提到合作，那么有些同学学习很忙，有些同学需要钱，学习忙且有钱的同学就雇佣需要钱的人来替他们做工，不也是你说的合作么？这里建立的目的就是以合作的方式降低读书期间的花销，让更多人完成学业。雇佣别人做工正是一种合作。"

我：需要打工赚钱的人在组织内部有正式的渠道。我们经常有很多做额外的义工的名额，每周做超过四小时的部分都有资金补偿，就是考虑有同学需要钱。做四小时是每个人的最低标准，要是不能完成，就不应该住在这里。组织的成员之间不应该有特殊化。

他：我们在这里坐着开会，别人在厨房或维修组站着干活，这种差别你怎么不说？"

我：这恰恰说明我们提供了不同的岗位，给喜欢不同种类工作的人提供不同的工作。在来这里之前，我总觉得坐着开会的人高于普通劳动者。来这里以后我终于明白，我们都是平等的劳动者，只不过劳动的方式有区别。

关于是否允许雇佣做工的讨论至少进行了三次。最后，董事长以如下的一番话取得了成员的共识。他说："现在，欠工超过 20 小时的人不少，欠工超过 8 小时的名单更长。按照规定，我们要驱逐欠工超过 20 小时的人，不过我们给了他们很多机会来补齐。相比于欠工的人，雇用别人做工的人至少在规定的时间为组织做了贡献，是更负责任的。在目前的情况下,规则没有对雇佣做工作出规定。我们既不应该在此时不让雇佣做工,也最好不要把允许雇佣做工写到规则内,还是以默许的方式让这样的行为在成员间存在。董事会的态度应该是既不否定也不鼓励。"他说得有道理,我表示支持。

德国同学说:我要是当时住在这,肯定会和你一起战斗。

我:可是我的想法与实际脱节了。要是我们还有大量的人不做工,或长期欠工,就不应该限制雇佣做工。

德国同学:这说明你也并不像你说的,没有任何个人的信仰。你明明知道这么多人和你的观点不同,你是少数,却很坚持。

我:咱俩的区别可能是,我最后被说服了。要是你在会议上,可能最后还会坚持你的想法。

第五节　他山之石

一、世界上最好的学生——日本

中华大家庭复兴后,日本会再派留学生来中国。日本是最好的学生,世界第一变了,会自动跟着新的第一走。日本人学会了中国的科学技术,会再次带回日本。这些不可避免。

家庭结构是农耕文明的中国在社会治理结构的原创,经历了长期的探索。传统家庭结构的强大和富足,曾吸引周边国家派遣使者来华取经。最杰出的代表是公元九世纪的日本。

日本派遣遣唐使到盛唐取经,每次要拿出财政收入的百分之五左右作遣唐使的经费。弹丸小国拿出大笔经费向强大的中国学习,好学精神让人敬佩。日本原版地引进了中国的文字、历法、土地制度、家庭结构的社会治理、服饰、建筑、书法和绘画。只要承认中华大家庭是世界第一,来学习经验技术就非常容易。唐朝的文化痕迹在今天的日本依然可见。

1853 年,美国的舰队抵达日本,转交美国总统写给日本天皇的信,要求同日本建立外交关系和进行贸易,并约定第二年再来日本听取答复。由于美国的舰队的军舰是黑色的,船上的蒸汽机又冒着黑烟,历史上把这一事件叫做"黑船事件"。[531]日本无力与美国的军舰抗争,被迫于第二年与美国签订了条约,开放港口贸易与建立外交关系,日本国门被迫打开。此后,日本又一次表现出非同寻常的学习本领。很快派人到欧美学习,明治维新,走了君主立宪的道路。日本明治政府提出"文明开化",在多方面迅速向商业文明学习。1871年,日本开始按照欧美的方式,建立小学、中学和大学的三级教育体制,规定小学为义务教育,教学内容增加了自然科学的知识。武士们剪去了头上的发结,解下随身的佩刀,许多人穿起了西装。喝牛奶、吃西餐日渐流行,连天皇都带头示范。很多官员认为,只有"脱亚入欧",即脱离落后的亚洲,进入先进的欧洲,才能够与西方国家平起平坐。1885年,日本就实行了内阁制。19世纪90年代初,日本就初步实现了工业化。[532]日本同学用繁体字在纸上写下了当时日本自诩的"名誉白人"四个字,告诉我,日本人的肤色和人种不是白人,但拥有白人的技术、财富与制度,是名誉上的白人。

日本的学习是全方位的,它迅速学会商业文明崛起的秘密——殖民、掠夺、战争。日本仿照美国敲开日本大门的"黑船事件",派军舰侵入朝鲜港口,在1876年强迫朝鲜签订条约,规定朝鲜同日本建立外交关系并向日本开放通商口岸,日本还获得了领事裁判权等不平等权利。[533]甲午海战后,日本积极筹划侵华,企图将东亚变成日本的殖民地,重走欧洲的岛国——英格兰的发家路。日本迅速的西化,是日本擅长学习的体现。迅速西化也出现思想混乱。主持西化变法的大久保利通被暗杀。为稳定日本情绪,宪法规定天皇拥有至高无上的权力。日本天皇的地位至高无上。皇室家族从没改变过。

日本同学说:自日本历史记载以来,皇室家族没变过。幕府统治时期,皇帝没有实权。明治政府取得政权的口号是将幕府的权力还给天皇,幕府被打败后,天皇重新执政。

我说:中国曾有人"挟天子以令诸侯",打着天子的旗号消灭不听话的诸侯。一旦得了天下,天子就被废了。日本革命者却真把权力还给了天皇,很不一样。

日本同学:中国有"易姓革命",每次革命改变了江山的姓氏。

中国同学问我:哪种更符合人性呢,把权力还给天皇,还是废掉皇帝独掌权力?

我：历史存在自然有合理的地方。习以为常的理念未必获得其他民族的认同。

日本同学：天皇在日本就像上帝。二战结束，天皇宣布日本战败，日本人才突然意识到，他不是神，他也会失败。

我：现在的天皇是什么身份？

另一位日本同学：日本《宪法》第一条规定，天皇是日本的国家象征。他不具备实际权力。宪法是美国人参与起草的。

天皇是发动战争的关键，他是统一的精神领袖。首相无法凝聚全国力量。天皇的实权必须被取消，皇位要保留。几千年连"易姓革命"都没有，贸然取消天皇会导致日本混乱，天皇最好成为象征。事实上，早在宋太宗听闻日本的"国王一姓传继"，就"叹息谓宰相曰：此岛夷耳，乃世祚遐久"，蛮夷的小岛竟然国运这么久。宋太宗说要"为子孙计"，"建无穷之业"，也让国运长久，让他的子孙和大臣的子孙都能世袭。可惜，传统家庭结构的王朝更替是陈胜吴广起义奠定的，宋朝也没有能够逃脱兴亡周期，只不过这次灭亡在蒙古族的铁蹄下，不直接灭亡于农民起义。

美国在广岛和长崎扔了两颗原子弹。战后，日本和美国结成军事同盟。日本同学说：日本是美国的狗。

我对谈话的直截了当极其惊讶。我终于发现，在日本人心中，只要你强，别管你曾经做过什么，也要死缠烂打地跟你学。派遣遣唐使有这股劲头，今天对美国也一样。

日本福岛核电站事故后，日本政府偷偷地把福岛核电站的核辐射水倾倒到海里。我说：日本怎么能把核废水偷偷摸摸地倾倒到海里呢？竟然都不告诉邻国？

日本同学：情况太紧急了，来不及通知。

我：那怎么有时间向美国国务卿希拉里·克林顿报告呢？美国不同意倾倒，你敢么？

日本同学想了想：美国不同意，我们不会。

我：这不就结了么。日本人知道，美国准许了，国际舆论就不会有压力。在日本眼里，除了老师，其他人都不存在。

日本同学：中国以前是日本的老师，美国是日本的老板。

他这话太对了。中国愿意做老师。美国属于商业文明，要做老板。日本人全部的精力，都放到老师或老板身上了，仿佛别人根本不存在。

尊崇孔子的国家，都是家庭结构。我判断在日本也是，果不其然。

我：在日本家庭是不是父亲做决定？

他：是。

我：这与西方的个体社会不吻合。个体社会人更平等。

我讲了家庭结构与个体社会的理论，他仔细地听，提了很多问题。

他说：给你补充个例子，在日本，父亲决定投票给谁了，全家基本就投票给这个人。

另一个日本同学说：我不关心政治，我父亲也不关心政治。

日本同学说：日本的企业不能随便裁员，私营企业裁员也很困难。

我：在企业里，是不是老板就好像父亲一样？

四个日本同学都说"是这样"。

我：比方说索尼公司现在亏损，不能裁员么？

他：除非你破产，或者员工做错了事情。不能像美国公司利润下滑了就裁员。现在索尼的传统家电类利润是负的，利润来自游戏。它把游戏赚的钱填补家电的亏损，很难裁员。

我基本验证了家庭结构在日本成立，也验证了日本也走伪个体社会。打破家庭结构不容易。中国改革开放走市场经济，打破了雇佣关系的终身制即员工与企业不再形成类家庭结构关系，释放了在商业上更加平等和多样化的选择途径，也带来潜在风险。工作不再稳定。

日本在商业领域的家庭结构可追溯到二十世纪三十年代的经济危机。欧美的经济泡沫破裂，购买力不足，产品卖不出去，公司大规模裁员，工人大量失业。日本松下公司的董事长松下幸之助却决定：公司不裁员，工作时间减半，工资全额付给。[534]

一般来讲，企业生产过剩、产品积压会裁员。不裁员，工作时间减半，工资也要减半。松下的决定是时间减半，工资全额，不会让企业更快破产么？

出人意料的是，松下的利润提高了。休假半天的员工推销松下的家用电器，结果比经济危机前的利润更高。这是典型的家庭结构共度难关、同舟共济、不离不弃的例子。这样的成功实践,是日本企业不裁员的历史基础。

我说:日本是世界上最好的学生,始终跟随世界第一走。中国取代美国成为世界第一,日本会自动地回到中国身边,你同意么?

日本同学说:同意。

旁边的中国同学笑喷了。日本同学看着他们,问:怎么了? 我说的很荒谬么?

中国同学忍住笑,问:难道日本没想过成为第一么?

他:日本很小,《宪法》不允许有军队,①跟随强者是生存的最好方式,最符合日本利益。

另一个日本人说得更直接:中日为了没人住的小岛争什么? 为一个岛耽误了合作不值得。未来推举中国做亚洲的领导,日本第二,韩国第三,新加坡要愿意就做第四,不愿意就不管它,组建亚洲联盟对抗西方。只要推中国做领导,中国就会高兴的。

日本人始终在寻找下一个武林盟主,随时准备着换老师、换老板。认定你是老师或者老板,什么都能想出来、说出来、做出来。

日本同学:中国应该和美国打一仗,让日本重新和中国在一起(have Japan back)。

我非常惊讶,说:中国绝不会为日本和美国开战。美国是最好的商人,美国借日本牵制中国,却不会为此和中国开战。

我问美国同学:是不是中日要开战,美国就得到好处?

美国同学:美国未必有好处,我们和日本有条约,会牵扯进去。中日发生小规模冲突,对美国有利。

我:怎么有利?

美国同学:中日力量差不多,不会马上分出胜负,中国消耗很多,美国就继续保持最强大的地位。

日本人希望中美打一仗,美国人希望中日打一仗,世界上想坐收渔人之利的人怎

---

① 此次对话发生在 2012 年 9 月,本书修改过程中,自卫队已经获得在海外战争的权力。

么这么多?

商业文明有祸水外引的传统。二战时期,英法默许德国入侵波兰,希望德国攻打苏联,借机削弱苏联的力量。只可惜,渔人之利没收到,英法很快自食其果,受到德国进攻。美国在两次世界大战中,起初与交战双方都做买卖,大发战争财。结果是日本偷袭珍珠港,幸亏航空母舰不在那,保留了美国的海军战斗实力。

我问美国同学:中日爆发战争,美国会不会出兵?

美国同学避免直接回答,只说:美国强调《日美安保条约》,是告诉全世界,美国站在日本的后面,打日本就是打美国。大家都不敢军事攻打美国,就保证没人敢和日本战争,就保证和平。

我:意思是,中日擦枪走火,爆发战争后,美国会为条约和中国打一仗?

他依然不正面回答:都说了,强调安保条约是保障和平,让中国不敢进行战争。

我:世界上的事情都有偶然性。家庭的完整是大家庭的底线,日本持续挑起和中国的争端。若真的擦枪走火,中国也不顾及美国了,美国会参战么?

他突然放低了声音:要看局势的发展,我们可能会给一些武器。

我:会参战么?

他:还要看。

我:商人最讲究契约精神,都签订了条约,还能不算数?

美国同学:德国入侵波兰,波兰和英法也有契约,最后英法没有遵守契约。

我突然明白了,英法为祸水东引可放弃商人的契约精神。同理,美国为实现中日势均力敌的持久消耗争端也能放弃契约,给些武器援助,避免世界大战的爆发。

美国同学:美国和中国真的打起来,会导致第三次世界大战,会是核战争,也许人类就灭亡了。

我:今天的中日争端由日本挑起。日本借机要修改宪法,扩充军队。美国睁一只眼闭一只眼,想坐收中日争端的渔人之利,就不怕将日本放虎归山后,美国再度遭受日本袭击么?

美国同学:日本怎么会威胁美国呢? 日本是美国的盟友。

我:中国不想占领西方土地、不想奴役别人、也不想抢劫商人财富,历史上从未侵略西方国家。反倒是日本袭击过美国,你们不记得了?

美国同学:现在的日本人和袭击美国的日本人不是一代人。美日是盟友。

我:按照商人逻辑,没有永恒的朋友,只有永恒的利益[535]。欧洲国家今天打仗,明天又一起做买卖,德国二战后很快成为欧盟的领导核心,促进欧洲一体化。日本和德国的最大不同是,德国不停地道歉赔款,日本不停地修改教科书,不承认侵略,还要修改和平宪法,为扩军做准备。日本的侵略思想重新回来,美国绝对得不到好处。

美国同学:美国是世界上军事最强大的国家,除非日本喜欢自杀,要么攻打美国做什么?

另一个美国同学说了类似的话。我非常惊讶,说:你是不是对美国的军事过于自信了? 你保证美国的军事实力能确保美国的绝对安全? 日本的侵略本性不讲这些,它还希望中美打一仗让它坐收渔人之利呢。

我问日本同学:你觉得,为什么二战中要侵略中国?

日本同学:日本要是不派兵,希特勒就派兵到中国了,我们必须出兵中国,不能让希特勒侵略你们。

我强忍住怒火:日本出兵中国和希特勒出兵中国没有任何区别,都是侵略。再说了,怎么看出来希特勒要侵略中国了?

另一位日本同学后来对我说:之前和你聊天的日本人不了解历史。日本出兵中国是为了建立"大东亚共同圈"。

说着,她在纸上用繁体中文逐字写了出来。她接着说:西方世界太强大了,必须联合亚洲国家。

我:这太荒谬了。日本在 19 世纪发现西方强大,不是决定抛弃亚洲"脱亚入欧"么?

她:是。学习西方的制度发展很快。日本人自称"名誉白人"。

她又将这四个字写在纸上,并解释说:肤色和人种不是白人,但拥有白人的技术、财富与制度,是名誉上的白人。

我:一千年前,日本学习唐朝,也原版引进了孔子思想、土地制度、建筑、艺术和文字等。第二次学习,又成为"名誉白人",不愧为世界上最好的学生。不过学过头了,殖民掠夺、奴役弱者的强盗思想也一并学了。德国在二战后公开道歉,取得欧洲国家的原谅,迅速成为欧盟的核心,促进欧洲一体化。日本战后若主动道歉,彻底反省,也能取得谅解。上世纪七十年代末八十年代初,日本经济举世瞩目。取得邻国谅解后,可凭实力构建东亚联盟。

她:当时你们什么都没有,建什么东亚联盟啊?

我:等什么都有了还轮到你来建立么?日本忙着和欧美建立七国集团的富人俱乐部了。德法要是抛下欧洲的贫穷国家,只和富裕国家建立关系,能实现欧洲一体化么?实现一体化要让弱小国家得到好处,才有吸引力。

东北亚整合要先建立中日韩自由贸易区,建立更加紧密的经济联系。几位德国同学告诉我,结束欧洲战争的方式是建立统一联盟,结束国家边界的概念。今天,欧洲也有经济危机,却不太可能爆发战争。

东亚的稳定在历史上靠中国。中国实力强大,不侵略周边国家,是东亚稳定的核心。近代以来,日本学习海外殖民掠夺的思维,惨痛的记忆至今是东亚一体化的主要障碍。中日韩同属于家庭结构,与商业文明不同,未必靠构建共同市场来消除国家边界,家庭结构对领土和主权的概念也不一样。但是,中日韩依然可以借鉴经济共同体促进一体化的方式。

我希望日本同学推荐反映今天日本人的观念的影片。他短信发给我一部影片,说它在日本很流行。我看后,告诉他不是我希望看到的反映历史和现实的影片。一个多小时后,他发短信给我:你好,我发现另一部你可能感兴趣的日本电视片,在如下网站……不幸的是,我未能找到带有简体中文字幕的版本,希望你能够读懂繁体中文……

我非常惊讶,他在聊天结束后一定一直在网络上寻找影片,试图找到简体中文字幕的版本。我当即观看了影片。我的好朋友听说后很惊讶:为什么日本人一推荐影片你就看了?

我:"他的推荐方式让我很感动。他理解我的理论,并补充很多例子,是我从没见过的'好学生'。"从小到大,我成绩优秀。但和日本人相比,我不算好学生。武侠小说中,武林高手明知前来求学的徒弟心术不正,求学的目的是未来超越你甚至威胁你,依然愿意将毕生绝学悉数传授,就是无法拒绝好学生。我终于理解了。

随着中华复兴,中美权力异位临近,日本会主动向亚洲社会靠拢,不再以西方国家自居,而会强调亚洲身份。中国取代美国成为世界第一,日本领导人会主动就战争道歉,会以中国人完全想不到的方式进行道歉,可能会学习德国总理在犹太人的墓前下跪的方式,在南京大屠杀纪念馆下跪。

日本同学说:日本人从不承认二战败给了中国,只承认败给了美国、英国和前苏联。

我:德国总理在犹太人的墓前下跪,也不是犹太人的军队打败了德国。德国被同盟国的联军击败。日本自古以来只跟随最强者,中国达到世界第一,日本自然会承认二战的错误。

日本人对世界第一的变化非常敏感,将大部分心思放在研究老师或老板身上了。日本不甘心二战失败。在中美权力异位的过程中,日本会巧妙地利用美国的心思,制造和中国矛盾重重、危机四伏的假象,借此推动修改和平宪法,扩充军队。它会试图说服美国,日本修宪和扩军是为应对中国对美国的挑战。商业文明自古有坐收渔人之利的传统,有睁一只眼闭一只眼的可能。商人们很难理解不遏制日本修宪和扩军,就是放虎归山。他们强调盟友,相信年青一代人的观念不同。

日本走向军国主义的另一特征是,天皇的政治地位逐渐恢复。宪法第一条对天皇的表述要修改。截至本书最终修改时,我在2012年提出的日本要借中美异位过程修改宪法以解禁自卫队和还权力给天皇,日本已经完成了第一项。要是天皇的权力重新回归,日本还可能发动战争。从历史上看,要凝聚日本人,首相不行,必须是天皇。

中美绝不能在日本问题上出现战略误判,否则赢家将是日本。日本极力地希望拉美国和中国对抗,美国是最好的商人,通过计算,会明白这样做得不偿失。

二、德意志——敢于直面自己恐怖过去的民族

历史上,欧洲的统一曾靠征伐,罗马是打出来的。罗马灭亡后,拿破仑试图打过,希特勒也打过,最终都失败了。归其原因,共同特征是没有抓住商人的本质。

法国、德国用新的方式试图统一欧洲。德意志民族是勇敢而有哲人气息的民族,

也是敢于直面自己恐怖的过去的民族。德国人反思两次世界大战的教训,没有抛弃最初的统一欧洲的想法。

今天,德国在欧盟一体化上承受考验。东西德统一前,法、意、荷、比、卢和西德组建欧共体。东西德 1989 年统一后,欧洲联盟于 1993 年诞生。[536]现在,希腊、西班牙、意大利和葡萄牙发生了债务危机。我和四位德国同学交流过,他们的专业分别是经济、医学、计算机和物理。他们都喜欢欧盟,对经济危机有自己的看法,但没有解决办法。

学习物理的德国同学说:我每天翻开报纸,看到欧洲国家的债务危机,看到对政府和总理的批评,就觉得问题很严重。我又想不出解决办法,只能放下报纸,继续在实验室做物理研究。

学习经济的德国同学说:很多人批评政府处理危机的方式错误,提了很多建议。我没觉得谁的建议能解决问题。

我:希腊拖欧盟后腿,为什么大规模援助它?

德国同学:为了稳定欧元。

我:把希腊踢出欧盟不行么?

德国同学:欧盟没有相应退出机制。成员国主动申请可以考虑,欧盟不能踢出某个国家。希腊被踢出去了,借给希腊的钱就收不回来了。

我:按现在的情况,借出去的钱能收回来么?

德国同学:希腊经济好转了,有钱了,会还的。偿还周期会很长,也许九十九年?

法国同学:某一天,我们可能需要免除希腊的部分债务。

意大利同学:希腊被踢出去了,欧盟就会不稳定,欧元会受冲击,引发连锁反应,欧盟也会跟着不稳定。

法国同学:贫穷的国家会认为,富国只想和富国联合,根本就不关心穷国,会担心哪天像希腊一样被踢出去。欧盟就无法长期维系。

德国同学:每个国家都会遇到经济波动,谁也无法保证德国未来不面临经济困难。帮助他们解决经济危机,未来也会有人帮德国摆脱危机。没有欧盟,德国的经济也不会好。不能只看到德国援助希腊。我们从欧元区得到了很多好处。德国的出口多,马克的汇率高,使用欧元后,欧元的汇率比马克低,德国的产品更容易出口。使用欧元在经济上对德国有利。我们要帮助陷入困境的国家。

我:除了经济原因呢?

他:欧洲需要一体化。

我:德国人一直想统一欧洲。德国十九世纪后期才实现统一,却很快震动欧洲,进而震动世界。两次世界大战都是你们挑起的。两次大战都希望改变欧洲局势,今天还是希望统一欧洲。

他:第二次世界大战不是希望统一欧洲。

我:二战期间,德国几乎攻下了整个欧洲大陆。

他略带愤怒地说:你觉得杀害百万犹太人是对的么?

我:我没说杀害百万犹太人是对的。我只是在说事实,事实是你们一直试图统一欧洲,今天也如此。前两次用武力,二战损失惨重,以失败告终。德意志的特点是敢于直面过去,从历史中吸取教训,此次就采取和平方式统一欧洲。

另一位德国同学:二战是侵略欧洲,把欧洲国家并入德国。欧盟是各国形成联盟,不是各国成为德国的一部分。二者有很大的区别。

我:为什么当时那么多德国人信希特勒,愿意参战呢?

他:有多种说法。当时,德国的经济很糟,大家对未来没有希望。希特勒找到了解释德国人困境的简单方法。他说,处境艰难不是德国人自身的问题,而是德国人太好了,其他国家和民族嫉妒我们,用恶劣的方式对待我们,一切困难都来自别人。在绝望环境下,公众的情绪很容易被蛊惑,很多人就相信了他。处于困境的人很容易归罪别人。我祖父参加过二战,属于纳粹的士兵,他之后没讲过他当年的想法。

我:你实事求是的精神让我感动。真正伟大的民族是敢于面对自己恐怖的过去的民族,德意志民族就是这样的民族。德国在二战期间犯了大错误,但敢于直面过去,改正错误。

德国同学:历史教学的重点是两次世界大战的德国历史,目的是避免悲剧重演。我们从小就学习和讨论,为什么会做那样的事情,什么原因导致的,怎么样避免。

另一位德国同学:二战的历史从小学就不停地讲,不断讨论,每个德国人都非常熟悉。我对德国二战后的历史就比较生疏。欧洲没有第二个国家这么强调地讲希特勒。

我:德国战后道歉,主动赔偿,与欧洲国家的关系迅速好转。反观日本,不停地修改教科书,且从不承认侵略。

德国同学:德国是陆地国家,不和邻居和睦相处很难生活。日本是岛国,不在乎其他国家。

我:中国发展后,日本会主动道歉。日本追随强者,会为日本利益做出意想不到的务实举动。德国向犹太人道歉了,世界上被屠杀的种族非常多,比方美国的印第安人,美国人没有道歉。

德国同学:一个原因来自美国人的爱国主义。你看,美国的很多家庭都挂着美国国旗,爱国是好事,却会不愿承认过去的错误,阻碍认识。德国二战期间的重要问题是非常爱国,认为德国比其他国家更好,导致不好的后果。避免这种后果,必须意识到,人人平等,没有人比其他人更有价值。

另一位德国同学:欧盟使用统一货币,国家的边界不重要了,很难想象欧洲还会爆发战争。今天的经济危机要用和平的方式摆脱。

第三位德国同学:欧盟设立奖学金鼓励学生去其他国家读大学,增进对欧洲的了解。我旅游时发现我们真的非常相似,没有必要分出边界,更没必要战争。很难想象,今天我们在同一个教室里,明天他会回国拿着枪指着我。

我:德国在十九世纪后期才统一,却马上震动了世界。两次世界大战都由德国挑起。德国被美苏瓜分成东西德国,德意志的国家和民族认同感却没有被消灭。十九世纪才统一的国家被分割了半个世纪,还能推倒柏林墙,实现统一,证明德意志的凝聚力很强。统一后,德国再次震动世界,欧盟的一体化进程空前加快。

德国同学:柏林墙倒塌后,东西欧不再被分割,欧盟才能吸收更多国家,加快一体化进程。

我:欧共体在德国统一后迅速发展,很快成立欧盟。德国统一后迅速成为欧盟的领导核心。欧盟在二十一世纪初实现了货币统一。

德国同学:因为冷战在那时间结束了,东欧的很多国家被允许加入欧盟,所以欧盟才迅速地发展壮大。

另一位德国同学:欧盟由 28 个国家构成,有欧盟议会,决定是欧盟做出的,不是德国做出的。

第三位德国同学:不能说德国是欧盟的领导,欧盟的各国是平等的。德国起的作用更大些,但未来哪个国家起更大作用说不准。

我:德国领导欧盟建立了制度,推动欧洲宪法的实施,欧盟就可类比美联邦。到时谁当欧盟的领袖就不重要了。制度体现建立者德国的思考。

意大利同学说:德国就是欧盟的领导,和法国一起领导。他们只不过不想承认。

我理解德国同学否认德国领导欧盟的想法。二战的惨剧提醒德国人,没有人比其他人更有价值,人人平等。欧洲国家无论穷富都平等,欧盟建立在自愿基础上。德国同学绝不会认同德国领导欧盟。

我:欧洲历史上,拿破仑和希特勒都试图武力征服欧洲,都兵败在进攻俄罗斯上。欧盟的建立抓住了商业文明的本质,构建共同市场,使用统一货币,便利商业往来,提高抗危机能力。对商业文明,通过了欧洲宪法,才算真正实现了统一。欧盟的危机是展示欧盟能够团结一致、应对危机的机会。其他国家看到了结盟的好处,会支持欧洲宪法。危机久拖不决,会给欧盟的进一步整合带来风险。

欧盟的每个成员国都有一票否决权,体现成员国的地位平等,也给决策带来了考验。成员国间会有利益冲突,短期利益与长期利益。局部利益与整体利益也会冲突。商业文明是利益博弈的制度,强调平等和公开辩论,会随着探索而完善。

我:为什么"德国制造"代表着高品质?

德国同学:"德国制造"一开始不意味着高品质。

我:一开始不是?

德国同学:德国不是工业革命的发源地,英国工业革命后,科学和技术很快就领先了其他国家。我们要向英国学。当时德国还未统一。

我:普鲁士的国王非常重视教育。

他:对。我们向英国学技术,生产类似的产品,最便捷的方式是抄袭和复制。我们就研究英国产品,然后仿制。

我：英国岂不非常生气？中国也仿美国产品，美国很生气。

他：当然生气了，我们的产品廉价，冲击了他们的产品。

我：这和今天中美的产品竞争一样。

他：英国人想了个办法，要求贴上"德国制造"的标签，提醒人们，产品廉价但性能不够好。因为德国技术没有英国成熟。

我：这不是歧视么？你们怎么办？

他：很多人就不买我们的产品了。我们花了很大力气提高产品的性能。到最后，"德国制造"成了品牌。

我：我从未以这样的历史视角思考过。这和今天中美很像。从推理的角度，美国当年也抄袭英国，它也是后发国家。

他：对，美国当年也抄袭英国。很多国家都如此。

我：我从没听美国人讲他们抄袭的历史，只听到讲中国复制美国产品多么不对。

他：你仔细思考就会清楚，不是你发明的东西，最快速的获取方式就是抄袭。

他说的没错，抄袭会带来经济纠纷，就逐渐演变出了知识产权观念。先进国家为鼓励创新，要保护创新的成果。

我：我被你实事求是的精神感动。中国产品的质量比三十年前好多了，工业技术提高了。当然，德国在产品质量要求上更严格些。中国人有时喜欢偷工减料。为什么你们敢于直面历史？

他：你们怎么对待历史？

我：中国人顾及脸面，常常不愿直接承认很多事情，喜欢心照不宣。我们往往突出光彩的部分，掩盖不光彩的地方，直到时过境迁无需掩盖才会实事求是，历代的统治者编修的官方历史就往往只讲前代兴衰，少论当下利弊。中国人比较竞争感很强，花了很长时间才承认落后于西方国家，也就是直面悲惨的过去。但想让中国人为错事道歉非常困难，当然，这些都是中国内部历史。我们没有参与近代的殖民运动和法西斯扩张，始终是受害者，不存在对外国的道歉，属于大家庭内部问题。

我向德国同学讲了家庭结构对历史的态度是传承的，祖先的事就好像发生在昨天，一般来讲，不到万不得已，不否定祖先。未来，中国要在保留家庭结构的基础上改革传统,构建现代家庭结构。

信共产主义的德国同学:在欧洲的中世纪,家庭的观念也比现在的浓。从世界范围来看,工业化的结果就是,家庭越来越松散。以前,婚姻受到宗教的影响,也很稳定,人们也很保守。现在就都变了。

法国同学:现在在法国,每年非婚生的子女数量已经超过婚生的子女数量了。

德国同学:要是中国真能够在工业化之后很好地保留家庭,我倒是很希望看看你们怎么样实现。今天的中国是民主社会么?

我:按照商业文明的观点,不算民主社会。家庭结构来自农耕文明,内在不平等,强调稳定和谐,民主模式是协商民主。

他:民主也不是德国的创新,是向英国法国学的。当时德国还没统一,也从没投过票,国王管理国家。我们用了一百多年学习民主。民主很好,但想让中国一夜之间建立成西方国家的民主社会,是不可能的。中国也需要过程,而且每个国家最终的民主形式也不一样。

我:我从没听到有西方人这么讲民主。

这段谈话让我大开眼界。我和其他国家的同学聊天,大家往往都指责中国不民主,火药味十足。他从德国历史出发,说德国也花了一百多年才探索成功,和其他西方同学很不一样。德国诞生了哲学家黑格尔,科学家爱因斯坦,思想家马克思。德国挑起了两次世界大战。以后有机会,我会去德国,实地了解。

第六节　走向会合的世界

一、国界不重要

美国同学始终不理解我为什么总强调中国人的不同之处。他对我说:国籍只表明你从哪里来,出生在哪,不表明未来去向何方。对我来说,我只是地球公民,不属于任何国家。

我:现在的世界仍然基于你从哪里来区分每个人。人类还远远没有达到地球公民的状态。国家间存在边界,国界是地理概念,在地球上人为划分边界,以此区分出生在各个边界内部的人。

美国同学：人不应该被分割。

我：闭着眼睛，在世界地图上随意地指一下，未必就能真正去那里。我想去德国和以色列工作，了解当地文化，却解决不了签证问题。在美国工作也面临同样的问题。各国仍然保护本国的居民就业。

美国同学：这是现实。

我：三十年前，在中国跨省找工作很困难。现在就容易多了。省类似美国的州。

美国同学：类似于，工作要看是否是本州居民？

我：对。美国的州也有区分。比如公立学校的学费分为州内学费和州外学费。本州居民的学费就低。但美国的养老保险是联邦的，在各州工作对养老的影响相对不大。

美国同学：国界怎么消失？

我：国界先要变得模糊不重要，最后消失。第一步，各国国内的边界先要不重要。中国现在的城市和农村仍存在边界。城市间也存在边界。不过边界的意义在减弱。减弱的动力源自科技带来的统一生产。减弱的突破口是形成统一的市场。我在中国读书的时候，每个城市都有自己的手机通话付费标准，即便同一个公司的用户，在另一个城市通电话，就要在通话时加收手续费。美国的市场就更统一些，我的手机在美国本土都是同一标准，去哪里玩只要当地有这家公司的信号，资费标准就相同。未来，中国也会逐步完成内部市场的统一，在各地工作的障碍会越来越少。至于国家间的边界，先从建立自由贸易区共同做买卖开始。

美国同学：类似欧盟？

我：对。欧盟各国的边界不重要了，可随意迁徙，在各国工作不需要签证。未来，欧洲宪法通过后，政治一体化就加速了。美国、墨西哥和加拿大建立了自由贸易区，人员在陆地自由往来。未来，中日韩也要建立自由贸易区。国界也是贸易的障碍线，货物跨越边界，往往要交税。自由贸易把通过国界的关税降低，降低贸易往来的壁垒。贸易自由后，人员也要自由往来。

我问德国同学：欧盟国家间相互往来不用签证，国界就模糊了，那怎么定义国家呢？

德国同学:国家是我们共同纳税的地方。

由此看,欧盟要走向进一步的共同体,除了通过欧洲宪法,还要有共同的欧盟税收,实现商业文明下的整合。

家庭结构历史上的统一来自农耕治水的需求,即源自分散的群体共同面对的困难。个体社会的统一则来自商业文明的扩张。科学技术革命诞生在商业文明,以商人拓展市场的方式向外传播,各国以相互贸易的方式连在了一起。最初反对扩大贸易的中国和日本等都在舰炮的威慑下被迫开放,加入了世界贸易。19 世纪中后期,欧美主导的世界市场基本形成。英国是世界工厂和贸易中心,来自美洲、亚洲和非洲等地的原料在英国工厂里加工,销往世界各地。[537] 到 2013 年,世界贸易组织发布,中国跃居世界第一货物贸易大国。但服务贸易发展相对滞后,且长期依靠数量和价格优势,产品缺乏核心竞争力。[538]

在美苏争霸期间,苏联和美国相互封锁,各自领导社会主义阵营和资本主义阵营建立了独立的市场体系,相互往来很少。苏联解体后,在 2011 年,俄罗斯加入了世界贸易组织,标志着主要经济体都在统一的贸易标准下做买卖,并致力于降低贸易壁垒。世界市场此后在统一的规则下运转和监督。成员间在贸易上的矛盾要接受世界贸易组织的仲裁。胡锦涛说,"世界多极化和经济全球化是不可阻挡的发展趋势。"[539] 美苏争霸的两级格局消失,主要的经济体都加入了欧美主导的世界市场,而不再被分割。多极化中如美国、欧盟、中国、俄罗斯等的每一极,并没有各自组建对抗性的市场,而是都融入了世界市场。全球化先从商人的经济全球化开始。

1953 年,被任命为美国国防部长的通用汽车总裁声称:对通用好就是对美国好。他被广泛批评没有说"对美国好就是对通用好"。无论谁先谁后,至少通用总裁与批评他的人都相信,美国的利益与美国的通用公司的利益是一致的。不过,大公司越来越认为他们的利益与美国的利益并不一致。[540] 1996 年,一位美国的政治活动家给一百家美国的大公司总裁写信,指出他们从联邦政府获得的大量税收优惠和补贴,敦促他们对哺育、资助和保护他们的祖国表示支持。支持的方式是每年的股东大会开始时,对美国的国旗效忠宣誓。结果,只有美国联合百货公司一家公司对此表示欢迎。半数的公司没有回应,剩下的就干脆拒绝了。福特公司直接回答说,"作为一家国际的……福特在澳大利亚很大程度上是澳大利亚公司,在英国是英国公司,在德国是德国公司。"[541]这就是说,从1953年到1996年的近半个世纪后,公司的全球化存在已经在很大程度上让公司的利益与国家的利益不完全一致了。《共产党宣言》说,"全世界无产者,联合起来",是说无产者拥有广泛的共同利益,且无产这一点的共同利益要大于语言、国家、民族、宗教等的利益。按照马克思的观点,无产者联合起来建立政党进行革命,一定是在资本主义充分发展的基础上。这就是说,商人们先联合起来,组成共同压迫无产者的联盟。随着商人们的跨国公司在世界各地生根发芽,公司的利益会越来越与本部所在的国家的利益不一致。在此基础上,公司的员工会更加被要求以公司的利益为重,也就是会强化跨国公司的企业认同。举例来说,福特公司的员工从美国被派往德国工作,很可能认为还是在为福特工作,只不过换了一个地点,在德国的公司一样与同事们共事。在中国,随着各省份之间逐渐形成统一市场,各公司在各地的办事处共同被总公司领导,员工从一个办事处调往另一个办事处,仍然是该公司的员工。我目前实习的公司总部在德国,不过,由于工作的需要,有德国总部的同事被调来美国分部进行支持。他见到我的第一面,就特别热情地向我问候,仿佛坐了这么久的飞机,终于见到了老朋友。可我们从未见过面,我与他也都不是美国人,彼此的交集只是在同一家跨国公司工作,我甚至不是正式雇员。不过,这种在商业上同一个公司形成的利益交集,会在商业文明构建的世界中越来越重要。商业文明联合世界的方式,就是一起做买卖。要一起做买卖,就要有开放的共同市场和全球化的生产者。

人与人之间组成联合体有很多方式,国家也是在人类文明发展到一定程度上形成的,也会在未来走向消亡。美国同学总是质问我,为什么中国"侵略"了这里、又"侵略"了那里。我就说,从人类历史发展的角度,国家本来就是从无到有的。中国的地方,也是几千年前从沿着河流的小片地方发源的,后来逐渐扩大。各国的边界,随着历史的发展总在不断变化。你要求中国的省份独立,依据的是哪一年的世界地图呢?无论你依据哪一年的,有一点是确定的,美国历史只有二百多年,而中国对这些省份的管辖历史早就超过了美国的建国史。你要求中国退出该地方,你首先要把你祖先占领的印第安人的地盘还给人家,自己回欧洲去。今天的世界版图,大体延续了第二次世界大战以来的国家边界。不过,苏联解体后,原本的许多加盟国现在并入了欧洲联盟的版图。中国无意于构建世界大家庭,不希望做第一个打破国家边界的带头人,也不想做共产主义的实验。大家庭是以加入商人构建的世界市场的形式,成为目前世界的生产制造者的。

犹太同学问我:既然未来人类要形成一个国家,按照你的说法,中国的国家概念也终有一天会变得不重要。

我:会的。我今天还生活在民族国家的世界中。随着经济的全球化,国家的概念必然逐渐淡化,总有一天,人们回顾我今天的观点,会认为我过于强调我的中国人身份。从世界历史的角度讲,国界实际上一直在变。我们脚下的加利福尼亚州的土地,曾经是印第安人的,后来是西班牙人的,再后来是墨西哥人的,再后来是美国人的。早在印第安人之前,估计还有人生活在这里。

印度同学和巴基斯坦同学都告诉我,二战结束后,印巴分治,两国的边界就是英国人没有经过深思熟虑就划分的。印度同学说:英国人就是拿着细节不清楚的地图,随意画一条线,就成了印度和巴基斯坦的国界,到今天两国还有争议。

犹太同学说:要是国家概念都不重要了,你经常提到的中国的复兴还有意义么?你所说的比较竞争的满足感,就是基于把中国人和其他国家的人分隔开的竞赛,既然你判断未来的世界会成为一体,谁胜谁负有意义么?

我说:有意义。我还生活在国家概念很强的世界里,未来何时建立没有国界的世界还不得而知。并且,人类的每一次大变革中,总有人会牺牲。国家的概念不会那么容易就和平地消失,在此过程中,总会有一些或大或小的争端,弱者就可能大量死亡。在商业文明的全球化过程中,美洲的印第安人大量的死亡,就由于他们是弱者。我不希望在未来进一步全球化期间,中国由于太弱小就消亡了。况且,我也不希望全球化完全按照西方的模式,总希望中国思维得以保留。要做到这些,中国就需要复兴,否则没有全球化的话语权。

一位反战的美国同学说:所有战争都是错误的。任何打着正义旗号的战争,也杀了很多人。

我说:我也反对战争,可问题是,人类社会发展到今天,还没有找到一种和平的方式解决所有争端。不仅国家与国家的矛盾会酿成战争,在一个国家的内部,人与人之间的矛盾也会酿成内战。中国历史上的内战非常多。新制度要取代旧制度,也会遭到反抗,爆发战争。美国的内战就是资本主义制度和奴隶制之间的矛盾造成的。法国大革命后,处死了国王,结果是欧洲多个国家组成了反法同盟,担心法国的做法蔓延到欧洲各国。人类在走向一体的过程中,总会有人要被迫改变和牺牲,也总会有矛盾。就算有一天世界成为一个国家,人与人也还是会有矛盾,也难免不爆发内战。今天的和平,是两次世界大战的惨痛教训换来的,也是核武器的巨大毁灭性带来的。人类在历史上总是试图创造彻底毁灭另一伙人的武器,结果造出了毁灭全人类的武器后,反而整体上保持了很多年的和平。

二、中美合作

每一次的变革和调整,都涉及到旧的势力的衰弱和新的力量的崛起。中国的复兴尽管并没有像前苏联一样创立新的制度和模式,也没有推广家庭结构价值观的动机,不过,中国的发展仍然标志着商业文明力量的相对衰弱。强者总是不会主动地让出权力的。历史上,崛起的大国往往和现存的大国爆发冲突。习近平说,"我同奥巴马总统……达成共同努力构建中美新型大国关系的重要共识","构建中美新型大国关系是一项前无古人、后启来者的事业","我始终认为,宽广的太平洋有足够的空间容纳中美两个大国"[542]。我对美国同学说:要是说中国的复兴对人类未来的发展有些深远影响的话,就是中国会以最大的努力构建和平复兴的模式,彻底打破崛起的大国与现存的大国爆发战争的宿命,中国不追求一家独大的绝对主宰地位,希望世界共同发展。

中美不会爆发战争,历史上,中美都没有挑起世界大战的传统。

毛泽东认为,美国不会挑起第三次世界大战。他的理由是,"可以看一看历史,美国总是要到最后才参加国际战争的。第一次世界大战是如此,第二次世界大战也是如此。"[543]这说明,美国不想挑起世界大战。美苏在冷战中从没有直接军事对抗。冷战结束后,美国出兵的国家都是阿富汗、伊拉克、利比亚、南斯拉夫等军事水平和美国相差悬殊的国家。俄罗斯最近出兵克里米亚,北约就没有派兵到乌克兰,没有与俄罗斯正面相撞。

美国同学：美国和中国不会爆发战争，两个有核国家的战争会摧毁双方。中美的贸易量非常大，一旦开战，两国的经济都受到严重损失。中国的损失更加严重，中国不会和美国开战的。

美国人是很会算账的商人。计算战争的得失后，发现代价过高，不值得，就不会发动了。

我：中国没有发战争财的传统和心态。战争对中国只能是经济上的损失。因此，中国下决心参战，必须有极强的政治理由，比如家庭完整。从求富的角度，中国人更擅长在和平环境下赚钱，中国人擅长在规则内通过勤劳努力积累财富。一旦战争，规则不明确了，未必对中国人有利。

中国也不想构建世界大家庭，不想做共产主义实验，而是以地球一员的身份加入商业文明构建的现有世界。未来的中国，不会尝试构建共产主义社会和商业文明对抗，中国无意于另起门户建立独立于联合国的国际新体系，或创造独立于世界贸易组织的新标准。习近平说，"国际社会应该警惕否认、美化法西斯侵略战争的企图，共同维护第二次世界大战胜利成果，共同促进世界和平。"中美俄法英等主要国家都是第二次世界大战的战胜国，二战后的格局大体上也是这些大国共同建立的，中国无意于打破二战后的格局，只会在现有的框架内实现中国成为世界第一的目标、完成家庭完整的历史使命。在此过程中，中国会随着经济和社会的发展，在很多标准上靠近商业文明的发达国家。

2012 年《中国的司法改革》白皮书说，"中国保留死刑，但严格控制和慎重适用死刑"，"自 2007 年死刑案件核准权统一由最高人民法院行使以来，中国死刑适用标准更加统一，判处死刑的案件逐步减少"，"2011 年颁布的《刑法修正案（八）》取消了 13 个经济性非暴力犯罪的死刑，占死刑罪名总数的 19.1％"。欧盟已废除了死刑，美国有些州废除了，一些州保留了死刑。家庭结构在未来，会对死刑"慎之又慎"，与欧美的价值观会接近，而不是远离。

我对美国同学说："中国自古有'杀人偿命'的传统思维，未必会彻底废止死刑，不过会越杀越少。"美国同学说："美国还很长时间允许有奴隶呢，这能证明它存在的必要性么？一个人杀了人，你把杀人犯杀掉，不也成了杀人犯了么？没有人有权利剥夺别人的生命。社会要做的,就是把杀人犯关起来,剥夺他的自由,不给他继续杀人的机会。"我说:"商业文明自古看重自由,剥夺了自由似乎就剥夺了生命中最重要的东西。可是农耕文明从没有对自由如此重视,这样的惩罚缺乏对应的思维,对杀人犯的惩罚就显得过轻。要是一个人计算杀了很多人后,结果无非是在牢里度过余生,可能会鼓励很多人铤而走险。"美国同学:"那你觉得什么样的惩罚才与杀人的罪名适当呢?历史上,很多国家采取折磨致死的方式,对待杀人犯。"我说:"中国历史上也有这样的重刑。"他:"那今天为什么不延续这样的方式呢?你把他折磨到死,不是更能够体现对他的惩罚力度么?要是让他很容易地死掉了,不是惩罚得太轻了么?"我说:"人们的思维的变化,要随着社会生活的变化而变化。今天的中国,要是有人提出折磨别人致死的模式,估计不会有人答应。这是社会发展的结果。不过,在今天的中国要求废止死刑,大概还不现实。美国这么发达,也还有一些州保留了死刑。究竟什么样的惩罚才适当,没有统一标准。挪威杀了 77 人的罪犯,只判处了 21 年的监禁。这就是挪威的法律下对他的最大惩罚了。"美国同学:"我没说同意只判 21 年,我说判终身监禁。"我:"可是,终身监禁相对于 21 年,就变成了很重的刑罚了。挪威法律的惩罚这么轻,也没见挪威人每天上街杀人。这个国家不大,人均收入很高,受教育程度也很高,社会的贫富差距也较小。在这样的条件下,维持社会的秩序不需要很重的刑罚。中国人这么多,就算实现复兴,也很难实现在人均意义上达到挪威的水平。现在的发展程度就更落后了。"欧洲同学说:"任何社会的审判都会出差错,要避免由于差错剥夺了别人的生命,最好的方式就是废止死刑。废止死刑后,社会的犯罪率并没有明显的上升。"我说:"这是欧洲社会发展的结果。要是五百年前实行,肯定不会成功。"

　　未来,疑罪从无也会越来越多地成为大家庭的主流。就是说,在没有充足的证据表明被告人就是罪犯的条件下,尽管他有重大嫌疑,仍按照无罪来宣判。欧洲同学说:"法律要维护社会的正义,不能充分确定一个人有罪的条件下,不能剥夺对方的自由。"我说:"这样的话,很多真正的罪犯就会成为漏网之鱼逍遥法外。"他说:"所以,对不十分确定的人,要么都施加惩罚,让很多无辜的人受罪,来避免有人借机逃脱,要么都释放,可能放走了罪犯,却避免了无辜者受罚。法律要惩罚能够确认是罪犯的人,而绝对要避免惩罚无辜者。不过,现在的法律还是让一些无辜者遭受了惩罚。"

家庭结构的复兴伴随着经济的全球化,家庭结构要以加入个体社会构建的商业秩序的方式成为世界第一。商业文明最先爆发科技革命,最先实现生产的社会化,并在与苏联的较量中获胜。全球化的思维模式很大程度上体现了商人的想法。家庭结构不想另起炉灶,就要在保留家庭结构的前提下,尽量做些调整。在此过程中,从表面上看,商业文明会认为家庭结构为接受商人的普世价值观做出了努力。

不过,家庭结构绝对不会像日本一样从欧美学会了战争殖民劫掠的发展模式。新型大国关系的新,就在于家庭结构的现代化与复兴,保留了农耕文明以和为贵的思维传统,以商业文明意想不到的方式实现和平发展。这有助于避免中美相互较量造成不必要的伤亡,给商业文明全新的思维方式。习近平说,"构建中美新型大国关系是一种使命和责任"。家庭结构融入世界大家庭的过程本身,就是在向世界展示中国对和谐的追求,也是彻底打破国家间权力交替过程中必然爆发战争的历史魔咒。美国同学:"上一次冷战的较量,就是以美苏不爆发战争结束的。戈尔巴乔夫的最大贡献,就是让苏联和平地解体了,而不是在解体前垂死挣扎与美国开战。"美苏的较量尽管在冷战中保持了基本和平,不过这种较量是你死我活、非此即彼的零和游戏。中美之间的权力异位,会在中国融入世界、且中美经济往来更加密切的背景下发生。换句话说,中国就算取代美国成为世界第一,也会在此过程中和美国交往更加密切。"宽广的太平洋有足够的空间容纳中美两个大国"。中国不是要消灭或肢解美国。

人类在最终实现各国边界的消亡前,总会有国家强大与国家衰落。没有一个国家能够永远称霸世界。要是家庭结构的复兴创造了国家间权力交替的和平过程,且不以吃掉或肢解对方为胜负评判,而是和谐共存,就是农耕家庭结构对人类历史的极大贡献。从天朝上国的历史心态来看,中国成为世界第一后,会乐善好施,对前来学习的人平等相待,并接济贫穷的国家。

中美各自代表农耕文明和商业文明、家庭结构和个体社会、比较竞争满足和兴趣成功。中国人重视传承,美国人创造未来;中国人对自然界采取实用主义态度,美国人有对自然的好奇和向星球外扩张的本源动力。中美的互补性很强。未来,中国引领下一次科技革命,要吸引包括美国在内的各国优秀人才来华工作。美国人会发现,中国的复兴没有伴随着与美国的对抗,也没有构建新的制度取代现行的经济和政治模式,更没有提出要求商业文明接受的普世价值观,而是在很大程度上维持了二战后由美国主导建立的世界体系。二战的战败国中,德国主动道歉赔款,早已取得了欧洲国家的原谅。目前的世界上,要挑战美国构建的全球架构的,不是中国,而是日本。美国固然知道这一点,却出于商人一贯的坐收渔人之利的思维,希望中日进行较量,消耗中国的力量。日本抓住了美国的心理,借此机会给二战战败翻身。日本,是中美较量的中间棋子。日本在历史上始终追随最强者。中国不取代美国成为世界第一,日本不会承认二战的错误。亚洲各国要消弭恩怨实现整合,关键看中国的复兴。

三、东亚共同体

二战后,亚洲在整体上保持了和平,却存在多处潜在的火药桶。欧洲随着德国的认错,历史问题基本上不存在了。欧盟建立后,就像德国同学说的,很难想象各国人重新回到国家拿起武器相互厮杀。社会化大生产的标志就是小的生产集团整合成大的。欧盟建成了使用统一货币的经济体。美国、墨西哥和加拿大也早就建立了北美自由贸易区。亚洲要是能实现中、日、韩的整合,建立中日韩自由贸易区,再进一步与东盟建立广阔的自由贸易区,不仅与社会化大生产相适应,也能更大程度上降低战争的可能性。中日韩自贸区的关键,是日本。

日本在明治维新时期,有人提出"脱亚入欧",后来日本加入了西方"七国集团",成为亚洲国家中唯一的西方国家。我身边的很多美国同学也用西方国家来称谓日本。不过,日本毕竟是亚洲国家。它的地理位置决定了,亚洲的一举一动会直接影响日本的利益。

上世纪八十年代末九十年代初,西方国家对中国进行封锁,时任日本首相的海部俊树访华。他在回忆当时的情景时说,日本和中国同处东亚地域,这就是一种"命运",亚洲国家的事情,应该由亚洲国家做主。他还说,对于他的这种看法,美国总统布什和英国首相撒切尔夫人都表示认同,但德国和意大利的首脑还是不同意,尽管如此,他还是前往中国了。他在说服日本自民党内部时说,与其孤立中国,不如挖掘中国的潜在能力,让中国在亚洲领域发挥自己的作用,推动亚洲、日本、朝鲜半岛的发展;日本有责任为中国提供这样的机会;而作为实现的大前提,首先就是要和中国见面、坐下来一起谈谈。在1991年8月,海部俊树访华,成为八十年代末以来首位访华的七国集团领导人。1992年10月,日本天皇和皇后首次访华。

在冷战时期,日本就始终追随美国的阵营。1972年2月,中美《上海公报》发表。同年9月,日本首相田中角荣访华,《中日联合声明》签署,实现了中日邦交正常化。第二年1月,双方就互设大使馆。而中美建交则是在1979年。就是说,日本在看到美国与中国改善关系后,立刻决定与中国建交。无论是在九十年代初率先打破西方封锁访华,还是七十年代快速与中国建交,日本的行动都首先征得了美国的同意。要是中美公报不发表,日本是不敢来的。海部俊树提出访华意图后,德国和意大利的首脑尽管不同意,但是美国总统和英国首相都认同了,他就可以来了。我对日本同学说:"日本社会始终存在着究竟多大程度上属于西方国家的矛盾。日本二战中希望学习西方国家的发家史,建立亚洲的殖民地,称霸亚洲。失败后,日本全面追随美国,却又在地理上仍与亚洲的兴衰紧密相连。"日本同学说:"你为什么总是提二战的历史呢?历史都过去了。"我说:"德国承认错误并作出改变,可以把旧账翻过去了。日本不承认错误,也没有见到实质的改变,甚至不承认二战的侵略本质。这就让人担心,未来有一天,日本有机会还会重新尝试。二战中,日本和德国都希望把周围的国家纳入本国的版图,让欧洲人变成德国人,东亚人变成日本人。德国吸取了教训,这次以欧盟的形式整合欧洲,日本就没有吸取教训。日本必须明白,日本只能够以东亚的一员的身份参与东亚的整合,不能把别的国家都变成日本的一部分。"美国同学:"现在不是二战中日本要侵略中国,是中国要侵略日本,侵略日本的岛屿是侵略日本的开始。"我说:"侵略日本干什么啊?中国历史上就没有殖民地,侵略日本的唯一结果,就是让日本成为中国大家庭的一部分,可是中国人从来不希望和日本人成为一家人。中日的领土纠纷只是拿回属于中国的部分。中国对于历史上从来不属于中国的土地没有任何兴趣,要是那里还生活着一群和中国人很不同的人,中国人更不希望和他们成为一家人。"日本同学:"中国有可能侵略日本。你总是提历史,但历史是靠不住的。日本在历史上还没有侵略这么多国家呢,二战期间也侵略了。中国强大后也会这么做的。"我说:"看来中国真的太有必要结束这种强大后就要掠夺别人的逻辑了。无论你信不信,中国人不是强盗。日本人生活得再富裕,中国也不会去抢劫你们。中国在最困难的时候,都放弃了日本给中国的战争赔款,怎么可能有一天强大了去抢你的东西?!"日本同学:"可是现在很多中国人就是很憎恨日本,希望和日本开战。当然,我并不是说你。"我:"我不希望和日本开战,不过由于历史原因,我并不喜欢日本。我的家乡属于很早就被日军占领的地区。但这并不意味着,我就要天天生活在过去。只要日本承认错误,中国人是非常容易原谅日本的。中国人牢记这段历史,一不是为了找借口有一天抢劫你,二不是为了有机会复仇,只是由于日本一再否认侵略事实,中国人感到,总有一天日本要再尝试一次武力进攻中国。现在自卫队解禁就是第一步。不过,我还是相信,中日韩是可以通过建立自由贸易区启动东亚的整合的。现在自贸区还在谈判中。也许先建立中韩自贸区更现实些。在我和日本人的聊天中,我发现我们在很多方面非常相似。中日韩短期内未必会像欧盟一样完全开放边境,也至少应该建立像美国、加拿大和墨西哥那样的自由贸易区。墨西哥人和加拿大人在美国就能获得一种特殊的签证。未来中日韩之间的交流也要更加频繁,相互往来贸易和工作也要更加方便。我在聊天的时候,真的感觉我们非常相像,没有理由不在未来整合。"

结语：生逢民族复兴时

从 1840 年到 1949 年，中华大家庭在经历了一个世纪的生死存亡大考验后，傲然屹立在东方，实现了近代以来的屈辱的触底反弹。农耕文明的历史回溯观很强。中华大家庭经历多次外族入侵，仍延续至今，从未中断。在世界历史上，古代埃及、印度、希腊、罗马等都创造出了辉煌的文明，但后来都中断了。中华文明是几大古代文明中唯一没有中断过的。[544]鸦片战争后，家庭结构受到传统与现代、迷信与科学、农民与商人的冲撞和考验，却从没完全沦为殖民地。日本侵华是中华大家庭的最低谷，也是触底反弹的开始。中华大家庭经历了历史的检验，和犹太人一样，有顽强的生存能力。

比较竞争满足感强的人，最快乐的不是达到世界第一的一刻，而是在不断努力上升、逐步靠近第一的过程中。中华大家庭，郁闷了近两百年，几代人奋斗挣扎，不重回世界第一，绝不会罢休。两百年的马拉松接力长跑，接力棒传到了当代人手中，临近冲刺，最后的发力靠科技创新，临门一脚至关重要。

达到顶点的一刻，是家庭满足和享受的起点，会重回兴亡周期律。我有幸生逢民族复兴关键时期，有机会在未来目睹祖国统一、中美权力异位、日本重回亚洲国家和农耕文明思想向外传播，是我的荣幸。这一切的关键，在引领下一次科技革命，在原始创新。

来美国后，我对中华复兴空前自信。洛杉矶的天空比我想象地蓝，美国的工业搬到了亚洲，剩下的污染企业不多了，加上多年治理，天真的很蓝。与北京上海的高楼大厦相比，洛杉矶像大农村。

我没有感受到美国朝气蓬勃、热情洋溢的精神，有些失落。美国经济腾飞的日子过去了。

我花时间和台湾的同学交流。感觉到，中美权力异位的标志是祖国统一。台湾是伪个体社会，民主自由的呼声属于吃饱饭后的锦上添花，不源自内心信仰。随着大陆的发展，台湾愿意回归得到经济好处。2011年，我预言，妥善处理中华民国的历史定位，和平统一能在五十年内实现。

台湾同学最初和我交流时，经常问：大陆是不是每个人都像你关心国家大事？

我：更多人的精力在专业学习上。

他不相信。

过了一段时间，他说：我和其他的大陆同学聊了，他们不怎么关心，也不怎么了解。你是我深入了解的第一个大陆人，我当时想，大陆人要是都这么厉害，我们还独立什么啊，直接回归算了。

我在美国，起先只和中国同学交流，没想过和外国同学交流。和实验室的美国同学的交流仅限于探讨研究课题，从不聊生活。我和中国同学去旅游，吃中餐等。来美国两年后，偶尔有一天一个德国同学在宿舍吃饭时坐到了我的斜对面，才开始和外国人交流。交流带给我很大触动。

随后的一天下午，我坐到了日本同学的对面，我误以为他是中国人，交流以后才发现他听不懂中文，是日本人，就应付地交流了几句，结果发现谈得很好，便借机验证家庭结构和比较竞争满足在日本的适用性。那天是周六，我们从下午三点一直聊到深夜十二点，还意犹未尽。

我会赶上中国老龄化的到来，我咨询了欧美以及日本的退休年龄，预计我退休会是六十五周岁。我曾经开玩笑地说："五十年后，等我七十多岁，祖国统一了，我在台湾同学家里喝茶，我说：'奋斗了一辈子，当年一起在美国求学，今天这么多学生到我们国家来留学了。'台湾同学也老了，他会说：'这一生的变化太快了，现在两岸统一了,自由往来了,我们也老了,也都退休了,现在的老年人真多啊。'我说:'趁着现在还能走动,赶紧再多出去玩玩看看。'这时候,就听到窗外导游喊着:火星旅游团的乘客,我们半小时后出发。"

写作感悟

　　本书初稿的写作顺序是，先从古到今讲家庭结构，再从古到今讲个体社会，最后再对比家庭结构和个体社会。决定写英文版后，由于美国的图书出版与国内不太相同，美国是先提交图书提纲，找到对图书大纲感兴趣的出版社之后，才开始写作，并在规定的时间提交稿件。这样，我在英文版动笔前先要写出提纲。我花了几天时间阅读中文版的初稿，反复思考如何向西方人讲清楚，最终决定英文版采取如下的写作结构，以第一章为例：从是否在选举中选好朋友引入话题，再通过商鞅和苏格拉底的对比吸引读者的思维到古代，再开始讲传统家庭结构诞生的背景，紧接着讲传统个体社会形成的背景，再讲传统家庭结构的建立和演化，和传统个体社会作对比；再讲家庭结构从传统到现代的变化，再对比个体社会从传统到现代的变化。

　　英文版的写作提纲经我两个好朋友浏览后，发送给了几位西方同学，当时离圣诞节只有三天时间。我最希望得到的反馈信息是他们能否根据提纲、目录和内容简介看懂我在讲什么。有一位美国同学在一天后就回复我邮件，指出很多他不清楚的地方，我发现但凡逻辑不够明晰之处，他就不能够理解。我在一天内修改后再次发给他，他又很快地阅读后给出意见，并说这次逻辑已经清晰。这让我正式启动英文版的写作。其他的西方同学在元旦后陆续阅读我修改后的提纲，认为整体构架非常清晰，只不过他们不同意我的观点。这进一步增强了我能够表述清楚的信心。

在 2014 年 3 月份,我的英文版完成前两章之后,发出去的写作提纲只获得一家英国出版社的意向,最终也没有合作成功。当时,我在博士资格考试失败后,找工作没有进展,中文版没有修改,英文版没有写完也没有签约,硕士毕业又出了点小插曲。不过,我每天写作是快乐的。德国同学建议我:你不妨先修改中文版,出版后在中国有了影响力,英文版会更容易。我国内的同学建议我这次要坚持尝试个体社会的兴趣成功,不要利用比较竞争满足设立目标实现计划。我想:要是退回到过去那种在百般不顺利的条件下寻找突破口的思维,就错过了体会追寻兴趣的机会。个体社会兴趣成功的关键就是,要坚信只要持续努力,并热爱所做的工作,总会有好结果。我决定,仍然按照我喜欢的方式写作,不过一边写英文版,一边修改中文版,一边投稿。我的好朋友看过中文版目录和简介后,问我:"为什么没有英文版吸引人呢?"我仔细对比中英文版目录,认为中文版的逻辑不如英文版明晰,就根据英文版做了较大的调整。这是中文版的第二轮改稿。

我请三位大学合作住房协会的中国同学阅读我的第二稿第一章,并请他们标记看不懂的地方。我对他们说:"我并不关心你是否同意我的观点,只关心我是否说明白,请帮我标记下哪些地方看了半天也没看明白,哪些初看没明白,看到后面一页就明白了,哪些你认为写得清楚。"出乎我意料的是,三位读者的各自反馈中,全都提到这样一点:"你第一章前半部分没意思,讲道理太多,后半部分对话很多,很有趣。"由于我的写作思路是从古至今,第二稿的前半部分对话都是每一小节开头的引子,而不是论据,因为我要讲清楚传统家庭结构和传统个体社会的区别,而现代对话只能作为现代个体社会与现代家庭结构的区别的例子,我要是加入进去,就让对比传统的过程中掺杂了现代元素,尽管让读者更容易理解,却不符合我的行文逻辑。在反复权衡下,我认为,读者顺利阅读并理解我讲什么,要比我追求的逻辑严密更重要。此外,三位测试读者共同提出的观点是,我写得有点乱。大家很希望快速阅读,却发现两个问题:一是我的很多地方论述过于简略,一旦跳过去,后面就看不懂了,有趣的是,两位读者告诉我,很多地方他们第一遍没看懂,第二遍就看懂了;二是不清楚每一节哪些是重点,有些例子的作用也不明确。一位读者对我说:"这一段不错,这一段有设问,我一下就知道你要讲什么,你不妨多用些设问,让我们读起来容易;很多地方我看不懂,就回去看你的标题,我就想这段和标题有什么关系,才能明白。"

　　我在综合大家意见的基础上,决定在结构上给读者搭一些梯子,便于理解。我决定对文章的每一节甚至每一段都采取总分结构,即每一段的首句尽量是中心句,且每一段都展开论述。段与段之间,我尽可能加入简短过渡句,方便阅读。这样的话,理解这段中心句的读者,大可跳到下一段。我第一次明白,学生时代老师总提到的总分结构、段落过渡、设问句的作用等,原来非常重要。我读书时总有疑惑:文章的作者真的在行文过程中思考这里要设立总分结构、要加过渡么,难道文章不是一气呵成的么,谁一边写内容,一边想结构么? 当时的另一个疑惑是:结构要在有内容的基础上才有,谁在动笔前就知道后面写什么呢? 我写书才感受到,内容早就在脑子里,写提纲的过程,其实是决定构架的过程,而注重段落的结构、衔接等,目的是搭梯子方便读者阅读。读者提出的另外意见是,不喜欢看我转述史书的故事,希望听我讲故事。我由于追求行文严密,起初希望引古文原文,后来放弃了这个想法,决定对古文进行翻译。但问题是,古书的记载顺序如果是甲乙丙丁戊,我使用这则材料时,希望在甲和乙中间,加两句论述,还希望在丁和戊之间加几句评论。可是,我要是这样掺杂进去,就不如直接引用后再发议论严密。可是,读者不希望听我翻译史书的原文,翻译后大发议论。一位读者说:我希望听你讲故事,我要想读史书就自己上网读了。我决定在一定程度上降低严密标准,将甲乙丙丁戊加我的议论的模式改成:甲、我的论述、乙丙丁、我的论述、戊。这样,古书的例子就为我所用,按照我的逻辑进行讲解。

　　中文版出版在即,我决定继续英文版的写作和修改。趁着在美国工作的契机,我在了解从学校走出后工作的美国人,了解他们对创新的态度。下一步,我希望去德国、以色列了解那里的创新。我希望借工作获得从新技术到新产品的直观体验,看看创新究竟是怎么回事。

注　释

1. 《史记·孔子世家》

2. Plato. *Apology, Crito, and Phaedo of Socrates*, p. 4, p. 10

3. Plato. *Apology, Crito, and Phaedo of Socrates*, p. 19

4. Plato. *Apology, Crito, and Phaedo of Socrates*, p. 28

5. Plato. *Apology, Crito, and Phaedo of Socrates*, p. 56

6. 《史记·商君列传》

7. 《谭嗣同传》

8. 《历史·必修一》第一课,《历史·选修一》第一课

9. 同注释 8

10. 《历史·必修 1》,第 23 页

11. http://www. archives. gov/exhibits/charters/bill_of_rights_transcript. html

12. John Singleton Mosby. *Take Sides with the Truth：The Postwar Letters of John Singleton Mosby to Samuel F. Chapman*, by The University Press of Kentucky 2007, p. 74

13. 《历史·选修 1》,第 23 页

14. 《历史·必修 1》,第 23 页

15. 《历史·必修 1》第五课

16. 《历史·选修 1》,第 9 页

17. 《哥伦布航海日记》,第 29、32 页,孙家堃译,上海外语教育出版社,1987 年

18. Nancy Rubin Stuart. *Isabella of Castile：The First Renaissance Queen*, by St Martins Pr 1991, p. 295

19. 美国历史频道网站。http://www. history. com/topics/slavery

20.《历史·选修二》第 31 页

21.《历史·必修二》第一课

22. 河姆渡遗址博物馆官方网站介绍

23.《新民主主义论》,《毛泽东选集》第二卷

24.《历史·必修二》第一课

25.《朱子语类·卷第十六》,《左传·隐公三年》

26.《诗经·小雅·南山有台》

27.《吕氏春秋·大乐》

28.《邓小平文选·第三卷》,"结束严峻的中美关系要由美国采取主动"

29.《论语·学而》

30.《孟子·公孙丑下》

31.《二十年目睹之怪现状·第八十七回》

32.《论语·子路》

33.《论语·先进》

34.《第七届中央委员会的选举方针》,《毛泽东文集》第三卷

35.《利玛窦中国札记》,中华书局,1983 年,第 103 页

36.《利玛窦中国札记》,第 104 页

37.《新唐书·列传第二十二》

38.《历史·必修二》,第 17 页

39.《中国青年报》2012 年 11 月 01 日,第 06 版

40.《历史·必修一》,第 4 页。

41.《春秋·谷梁传·僖公九年》

42.《孟子·告子下》

43.《孟子·梁惠王》

44.《中国大历史》

45.《旧约圣经·创世纪》,6:14—6:16

46.《历史·必修一》,第 10 页

47.《史记·秦始皇本纪》

48.《史记·秦始皇本纪》

49.《历史·必修一》,第 27 页

50.《利玛窦中国札记》第 58—59 页

51.《历史·选修一》第二课

52.《商君书·慎法》

53.《史记·卷六十八·商君列传》

54.《商君书·慎法》

55.《京华时报》2013 年 6 月 29 日,第 003 版

56. 语出自亨利·约翰·坦普尔(1784—1865),第三世帕尔姆斯顿子爵,曾任英国首相。该话转引自:David Brown. *Palmerston and the Politics of Foreign Policy*, 1846 - 55, by Manchester University Press 2002, p. 82 - 83

57.《史记·陈涉世家》

58.《历史·必修一》,第 31 页

59.《史记·秦始皇本纪》

60.《墨子·兼爱》

61.《孟子·滕文公章句上》,《孟子·滕文公章句下》。

62.《吕氏春秋·卷一·去私》

63.《汉书·董仲舒传》中董仲舒省略了孔子话的后半句,孔子的后半句针对前半句而说

64.《汉书·董仲舒传》

65.《论语·八佾篇》

66.《论语·子路篇》

67.《论语·为政篇》

68.《论语·为政篇》

69.《利玛窦中国札记》,第 76—77 页

70.《中华人民共和国老年人权益保障法》经过修订后自 2013 年 7 月 1 日起实行,第十八条

71.《商君书·慎法》

72. 同注释 71

73.《韩非子·说难》

74.《利玛窦中国札记》,第 12 页

75.《京华时报》2012 年 11 月 22 日第 028 版

76.《论语·子张》

77.《旧唐书·列传第一百五十》,《新唐书·列传一百五十下》

78.《隋书·帝纪第四·炀帝下》

79. 鲜卑族、蒙古族是典型的游牧民族。满族的生活方式并不是典型的游牧

80.《历史·选修一》第 36—39 页

81.《元史·卷一百四十六·列传第三十三·耶律楚材》

82.《历史·选修 4》,第 14 页

83.《旧唐书·本纪第五·高宗下》

84.《掌故丛编》,中华书局,1990 年,第 647 页

85.《历史·选修 1》,第 5 页

86. Christopher Dyer. *Making a Living in the Middle Ages*: *the People of Britain* 850 - 1520, by Yale University Press, pp. 271 - 272

87. 同注释 86,第 278 页

88. 同注释 86,第 282 页

89. Govind P. Sreenivasan. "The social origins of the Peasants'War of 1525 in Upper Swabia",Past & Present,(2001):pp. 30 – 65

90. 《历史·选修 2》,第 8 页

91. 《历史·选修 2》,第 60 页

92. 《历史·必修 1》,第 27 页

93. 《旧制度与大革命》,商务印书馆,1992 年,章节:"法国人何以先要改革,后要自由"

94. 《全唐文·卷十·自鉴录》

95. 《中国青年报》2012 年 11 月 01 日,第 06 版

96. 《论反对日本帝国主义的策略》,《毛泽东选集》第一卷

97. "习奥庄园会晤延续'习氏外交风格'",《山东商报》,2013 年 6 月 8 日,A2 版

98. 《诗经·小雅·谷风之什》

99. 《史记·孝文帝本纪》

100. 《历史·必修 2》第 30 页

101. Sir Saint Thomas More. *Utopia*

102. Christine Kinealy. *A Death-Dealing Famine：The Great Hunger in Ireland*, by Pluto Press 1997, p. 79, p. 9, p. 147

103. Niall Ferguson. *Empire：The Rise and Demise of the British World Order and the Lessons for Global Power*, by Basic Books 2004, p. 202

104. 《历史·必修 1》,第 50 页

105. 《李鸿章传》第六章,洋务时代之李鸿章

106. 《历史·选修 1》第九单元,第二课

107. 《三民主义·民权主义六讲·第四讲》,孙中山著,九州出版社,2011 年 6 月第一版。

108. 同注释 107

109. 《历史·选修 2》第二单元,第三课

110. 《利玛窦中国札记》第 63 页

111. 《利玛窦中国札记》第 66 页

112. 《利玛窦中国札记》第 68—69 页

113. 《中国人权事业的进展》中华人民共和国国务院新闻办公室一九九五年十二月—北京,"五,公民的受教育权利"

114. 《北京青年报》,2013 年 11 月 16 日,A09 版

115. http://www.cdc.gov/nchs/nsfg/key_statistics/d. htm＃divorce

116. 《答意大利记者奥琳埃娜·法拉奇问》,《邓小平文选》第二卷

117. 同注释 116

118. 《华西都市报》,2013 年 7 月 14 日,A07 版,观天下,"习近平对照毛泽东六'不'谈当下党风"

119. 《中华人民共和国宪法》,第十九条

120. 同注释 116

121. 同注释 116

122. 第七届全国人大历次会议,新华资料,新华网 http://news.xinhuanet.com/ziliao/2002-02/20/content_283412_2.html

123. 《高级干部要带头发扬党的优良传统》,《邓小平文选》第二卷

124. 同注释 123

125. 《资治通鉴·晋纪五》

126. 《论语·卫灵公》

127. 《中国共产党第七次全国代表大会的方针》,《毛泽东文集》第三卷

128. 《历史·必修1》,第 28 页

129. 《党和国家领导制度的改革》,《邓小平文选》第二卷

130. 《中华人民共和国宪法修正案》,1999 年 3 月 15 日

131. 《论联合政府》,《毛泽东选集》第三卷

132. 《论联合政府》,《毛泽东选集》第三卷

133. 《关于政协的性质和任务》,《毛泽东文集》第六卷

134. S. G. Tallentyre. *The Friends of Voltaire*(中文译作:《伏尔泰的朋友们》), by London, Smith, Elder, & Co., 15 Waterloo Place 1906, p. 199

135. 《新唐书·列传第八》

136. 《PX 项目,溃退中呼唤坚守点的出现》,《环球时报》社评,2014 年 4 月 1 日

137. 《论语·八佾篇》

138. 《论语·泰伯》

139. 《论语·卫灵公》

140. Benjamin Isadore Schwartz. *The World of Thought in Ancient China*, by the President and fellows of Harvard College 1985, p. 63 – 66

141. 《孟子·滕文公章句下》

142. 《历史·选修1》,第 129 页

143. 《历史·必修2》第十四课

144. Elizabeth Dana Jaffe. *The Louisiana Purchase*. 参见封底文字

145. 《历史·选修3》,第 139 页

146. *This Republic of Suffering*:*Death and the American Civil War*, p. xi

147. 美国历史频道网站。http://www.history.com/topics/slavery

148. 《中国大陆和台湾和平统一的构想》,《邓小平文选》第三卷

149. 2012 年 12 月 26 日,国台办发言人回答提问

150.《过秦论》

151.《孙子兵法·火攻篇》

152.《论语·述而》

153.《论语·子路》

154.《中国人民解放军内务条令》,第三条

155.《解放日报》2010 年 9 月 2 日,第 6 版

156.《汉书·西域传》

157.《中华人民共和国政府和日本国政府联合声明》,1972 年 9 月 29 日

158.《支持被压迫人民反对帝国主义的战争》,《毛泽东文集》第八卷

159. 指的是美国国会通过的"Selective Training and Service Act of 1940"和"Selective Service Act of 1948"

160. 参考 BBC 纪录片 A History of Britain 第二集

161.《论联合政府》,《毛泽东选集》第三卷

162.《同斯诺的谈话》,《毛泽东文集》第八卷

163. John Singleton Mosby. *Take Sides with the Truth：The Postwar Letters of John Singleton Mosby to Samuel F. Chapman*, by The University Press of Kentucky 2007，p. 74

164.《对外宣传不要强加于人》,《毛泽东文集》第八卷

165.《淮南子·原道训》

166.《掌故丛编》,第 645、647 页,中华书局,1990 年

167.《大明太祖高皇帝实录·卷之三十六上》

168. 同注释 166

169.《掌故丛编》,第 647 页,中华书局,1990 年

170.《会见美国前国务卿基辛格时的谈话》,《务实求理》,李瑞环,中国人民大学出版社,2010 年

171.《历史·必修 2》,第 15 页。

172.《同缅甸总理吴努的谈话》,《毛泽东文集》第六卷

173.《改革开放政策稳定,中国大有希望》,《邓小平文选》第三卷

174.《同音乐工作者的谈话》,《毛泽东文集》第七卷

175.《怎样评价一个国家的政治体制》,《邓小平文选》第三卷

176.《社会主义前途依然光明》,《江泽民文选》第一卷

177.《胡锦涛在纪念毛泽东同志诞辰 110 周年上讲话》

178.《羊城晚报》,2013 年 3 月 24 日,第 A02 版。标题:习近平在莫斯科国际关系学院发表重要演讲,就各国人民选择发展道路问题指出:鞋子合不合脚,自己穿了才知道

179.《对苏贸易应从统筹全局出发》,《毛泽东文集》第六卷

180.《同巴西记者马罗金和杜特列夫人的谈话》,《毛泽东文集》第七卷

181.《明史·卷二百八十一·列传第一百六十九循吏》

182. 亨利·基辛格接受采访的原文是:"YOU CAN'T REALLY BECOME A CHINESE. YOU HAVE TO GROW UP IN ITS CULTURAL ENVIRONMENT."

183. 《论中国》,序,作者:亨利·基辛格,中信出版社,2012 年

184. 《礼记·王制》

185. 《史记·匈奴列传》

186. 新华网报道,标题"阿富汗女子因被强奸入狱嫁给强奸犯可获释",2011 年 11 月 25 日

187. 《长冈乡调查》,《毛泽东文集》第一卷

188. 《〈中国农村的社会主义高潮〉按语选》,《毛泽东文集》第六卷

189. 《史记·孔子世家》

190. 《马列主义基本原理至今未变,个别结论可以改变》,《毛泽东文集》第八卷

191. 《论人民民主专政》,《毛泽东选集》第四卷

192. 《马克思恩格斯选集·第一卷》,第 86 页,人民出版社,1995 年 2 月第二版

193. 《关于农业互助合作的两次谈话》,《毛泽东文集》第六卷

194. 《历史·必修一》,第 67 页

195. 《历史·选修 3》,第 91 页

196. 《同缅甸总理吴努的谈话》,《毛泽东文集》第六卷

197. 《同斯诺的谈话》,《毛泽东文集》第八卷

198. 《我们党的一些历史经验》,《毛泽东文集》第七卷

199. 《论人民民主专政》,《毛泽东选集》第四卷

200. 《同巴西记者马罗金和杜特列夫人的谈话》,《毛泽东文集》第七卷

201. 《红楼梦·第八十二回》

202. 阿拉伯联合共和国,简称阿联,一九五八年由埃及、叙利亚合并组成。一九六一年叙利亚脱离阿拉伯联合共和国,成立阿拉伯叙利亚共和国。一九七一年阿拉伯联合共和国改名为阿拉伯埃及共和国。(《毛泽东文集》原书注释)

203. 《同巴西记者马罗金和杜特列夫人的谈话》,《毛泽东文集》第七卷

204. 《论中国》

205. 《同日本国会议员访华团的谈话》,《毛泽东文集》第六卷

206. 《关于三个世界划分问题》,《毛泽东文集》第八卷

207. 《对外宣传不要强加于人》,《毛泽东文集》第八卷

208. 《我是中国人民的儿子》,这是邓小平为英国培格曼出版公司出版的《邓小平文集》英文版写的序言,1981 年 2 月 14 日

209. 《中国共产党第十二次全国代表大会开幕词》,《邓小平文选》第三卷

210. 《在武昌、深圳、珠海、上海等地的谈话要点》,《邓小平文选》第三卷

211. Francis Fukuyama. *The End of History?*, *The National Interest*

212. 《在武昌、深圳、珠海、上海等地的谈话要点》,《邓小平文选》第三卷

213. 同注释 212

214. 同注释 212

215. 同注释 212

216. 同注释 212

217. 《新京报》,2013 年 8 月 7 日,A24 版:对话。标题:一名红卫兵的忏悔:永不饶恕自己"弑母"

218. 《共产党宣言》

219. 《礼记·礼运》;翻译参考《语文·八年级上册》,人民教育出版社,2001 年,第 178—179 页

220. 《青年在选择职业时的考虑》,《马克思恩格斯全集》第一卷,人民出版社,1995 年第二版

221. 《思想政治·选修 2》,第 37 页

222. 《德国工人党纲领批注》,《马克思恩格斯文集》第三卷,第 428—429 页,人民出版社,2009 年

223. 同注释 222

224. 《德意志意识形态》,《马克思恩格斯文集》第一卷,第 537 页,人民出版社,2009 年

225. 同注释 224

226. *State of the Union Message to Congress*

227. 《国家人权行动计划(2012—2015 年)》,导言。

228. 《国家人权行动计划(2012—2015 年)》,导言。

229. 央视"小崔说事"栏目"近看张贤亮"一期,2008 年

230. 《历史·必修 2》,第 17 页

231. 《史记·平准书》

232. 《汉书·食货志》

233. 《历史·必修 2》,第 17 页。

234. 《历史·必修 2》,第 18 页。

235. 新华网,2009 年 9 月 15 日,标题:奥巴马呼吁金融机构与政府合作完成金融监管改革

236. 新华网,2012 年 10 月 28 日,标题:奥巴马誓言推进金融监管改革

237. 《北京日报》,2014 年 5 月 7 日,第 20 版:新知周刊·万物,标题:股票大航海的产物

238. 同注释 237

239. 同注释 238

240. 《历史·必修 2》,第 26 页

241. 同注释 237

242. 《中国经济周刊》,2009 年第 47 期,标题:迪拜神话破灭,

243. 《德国工人党纲领批注》,《马克思恩格斯文集》第三卷,第 428—429 页,人民出版社,2009 年

244. 《第六届莱茵省议会的辩论(第三篇论文)关于林木盗窃法的辩论》,《马克思恩格斯全集》第一卷

245. 《历史·必修 2》,第 32 页

246. 《"清朝 GDP 世界第一"为何忽悠了我们》,《环球时报》社评,2014 年 1 月 9 日

247. 《历史·必修1》,第50页

248. 《思想政治·选修2》,第80页

249. 《中国青年报》2012年11月01日,第06版

250. 《第二次世界大战的转折点》,《毛泽东选集》第三卷

251. 《历史·必修2》,第107页

252. 《历史·选修1》,第61页

253. 《历史·必修2》,第11页

254. 《南方人物周刊》,"十三行世界首富在这里诞生",2010年11月15日,官方网站稿

255. 《殊域周咨录》

256. 《会见美国前国务卿基辛格时的谈话》,《务实求理》,李瑞环,中国人民大学出版社,2010年

257. 《同斯诺的谈话》(1960年10月22日),《毛泽东文集》第八卷

258. 《环球时报》2013年2月26日对鸠山由纪夫专访,环球网标题:日本前首相:严防日中外交失败导致战争

259. 《哥伦布航海日记》,第29页,孙家堃译,上海外语教育出版社,1987年

260. 《改革开放政策稳定,中国大有希望》,《邓小平文选》第三卷

261. 《朱镕基讲话实录》第四卷,第107页

262. 《利玛窦中国札记》,第96页

263. 《历史·选修4》,第120页

264. 《历史·选修1》,第129页

265. 《北京日报》2012年9月10日,第15版

266. 新华网2012年10月10日

267. 《北京日报》2012年9月10日,第15版

268. 2013年9月好奇号探测器在火星上发现水。参见2013年9月28日《南方都市报》AA19版

269. 《历史·选修4》,第43页

270. 《历史·选修2》,第25页

271. 《在莫斯科共产党和工人党代表会议上的讲话》,《毛泽东文集》第七卷

272. Nancy Rubin Stuart. *Isabella of Castile : The First Renaissance Queen* , by St Martins Pr 1991, p. 295

273. 《明史·郑和传》

274. 《殊域周咨录·卷八·真腊》

275. Nancy Rubin Stuart. *Isabella of Castile : The First Renaissance Queen* , by St Martins Pr 1991, p. 295

276. 《哥伦布航海日记》,第29、32页

277. 《明史·郑和传》

278. Spencer C. Tucker. *Almanac of American Military History* , *Volume 1* , by ABC-CLIO 2013,

p. 29

279. 《华西都市报》,2009 年 7 月 17 日,第 010 版:国际,标题:"这是个人的一小步,却是人类的一大步"

280. 《关于中华人民共和国宪法草案》,《毛泽东文集》第六卷

281. 中国网:http://guoqing.china.com.cn/2012-06/11/content_25615662.htm

282. "嫦娥软着陆,传回月面彩照",《新京报》,2013 年 12 月 15 日,第 A05 版

283. "嫦娥携玉兔,下月初奔月",《新京报》,2013 年 11 月 27 日,第 A09 版

284. 《淮南子·览冥训》

285. 《增强党的团结,继承党的传统》,《毛泽东文集》第七卷

286. "习近平:实现民族复兴是最伟大中国梦",《新京报》,2012 年 11 月 30 日,第 A04 版:要闻

287. 《尚书·舜典》

288. 《史记·秦本纪》

289. 《史记·商君列传》

290. 《史记·殷本纪》

291. 《三国演义·第三十八回》

292. 《史记·李斯列传》

293. 《史记·商君列传》

294. 《史记·孔子世家》

295. 《史记·孔子世家》

296. 《历史·选修 4》,第 14 页

297. 《孟子·滕文公章句上》,《孟子·滕文公章句下》

298. 《过秦论》

299. 《史记·秦始皇本纪》

300. 《论语·为政》

301. 《论语·里仁》

302. 《历史·必修 1》,第 14 页

303. 《孟子·离娄章句》

304. 《后汉书·卷六十六·陈王列传第五十六》

305. 《后汉书·卷七十六·循吏列传第六十六》

306. 《汉书·董仲舒传》

307. 《历史·必修 1》,第 14 页

308. 《历史·必修 1》,第 14 页

309. 《晋书·卷四十五·刘毅传》

310. 《历史·必修 1》,第 15 页

311. 《历史·必修 1》,第 15 页

312.《历史·必修1》,第6页

313.《论语·卫灵公》

314.《历史·必修3》,第5页

315.《册府元龟》卷六五一《贡举部·清正》

316.《历史·必修1》,第15页

317.《利玛窦中国札记》,第41—42页

318.《历史·必修1》,第15页

319.《历史·必修3》,第13页

320.《新唐书·卷四十四·选举志上》

321.《唐摭言·卷一·散序进士》

322.《国务院关于深化考试招生制度改革的实施意见》,2014年9月4日

323. Mark W. Huddleston, William W. Boyer. *The higher civil service in the United States*: *quest for reform*, by University of Pittsburgh Press 1996, p. 9

324. Michael Kazin. *The Princeton Encyclopedia of American Political History*, by Princeton University Press 2010, p. 142

325.“'最难公考'不在中国,在印度”《半岛都市报》,2011年12月6日,B4版

326. Michael Kazin. *The Princeton Encyclopedia of American Political History*, by Princeton University Press 2010, p. 142

327.《利玛窦中国札记》,第59—60页

328.《新唐书·卷四十四·志第三十四·选举上》

329.《利玛窦中国札记》,第43页

330.《三国志·蜀书九》裴松之注释引用《襄阳记》

331.《利玛窦中国札记》,第19页

332.《论语·述而》

333.《论语·颜渊》

334. Tom Holland. *Persian Fire*: *The First World Empire and the Battle for the West*, by Anchor Books 2007, p. 221

335. Tim Weiner. *Robert S. McNamara*, *Architect of a Futile War*, *Dies at* 93,纽约时报网站,2009年7月6日

336.《唐六典》卷二《尚书吏部》

337.《册府元龟》卷六三九《贡举部·条制一》

338.《旧唐书》卷七《中宗纪》

339.《新唐书·卷四十八·志第三十八·百官三》,参考“算学”

340.《新唐书·卷第四十五·志第三十五·选举下》

341.《利玛窦中国札记》,第407页

342.《利玛窦中国札记》,第 34 页

343.《国务院关于印发国家环境保护"十二五"规划的通知,国发〔2011〕42 号》,八、完善政策措施(一)

344. 人民网,"党史上的今天"专栏,7 月 21 日

345.《在全国科学大会开幕式上的讲话》,《邓小平文选》第二卷

346.《历史·必修 3》,第 13 页

347. 参见 2008 年 11 月 4 日在芝加哥发表的竞选获胜演讲。

348.《中国大陆和台湾和平统一的设想》,《邓小平文选》第三卷

349.《论语·公冶长》

350.《改革开放政策稳定,中国大有希望》,《邓小平文选》第三卷

351.《新京报》,2011 年 8 月 18 日,第 A14 版,"清华启动近十年生源结构调查"

352.《明史·卷一百三十七·列传二十五》

353.《第七届中央委员会的选举方针》,《毛泽东文集》第三卷

354.《历史·选修 4》,第 11 页

355.《孟子·离娄上》

356.《全唐文·卷七百六十七》,"华心"

357.《人民英雄永垂不朽》,《毛泽东文集》第五卷

358. 他的原话是:Whatever Americans dream, Chinese can always dream better.

359.《江苏巡抚李鸿章原函》,出自《续修四库全书·四一九·史部·纪事本末类》同治卷二十五,第 9 页,总页数 398,上海古籍出版社

360.《三民主义·民权主义六讲·第五讲》,孙中山著,九州出版社,2011 年 6 月第一版

361.《在全国政协一届四次会议闭幕会上的讲话》,《毛泽东文集》第六卷

362.《在全国科学大会开幕式上的讲话》,《邓小平文选》第二卷

363.《江苏巡抚李鸿章原函》,出自《续修四库全书·四一九·史部·纪事本末类》同治卷二十五,第 9 页,总页数 398,上海古籍出版社

364.《历史·选修 1》,第 132—133 页

365.《三民主义·民权主义六讲·第四讲》

366. 同注释 365

367.《历史·选修 4》,第 60 页

368.《历史·选修 2》第二单元,第三课

369.《三民主义·民权主义六讲·第五讲》,孙中山

370.《论人民民主专政》,《毛泽东选集》第四卷

371.《增强党的团结,继承党的传统》,《毛泽东文集》第七卷

372.《在全国政协一届四次会议闭幕会上的讲话》,《毛泽东文集》第六卷

373.《增强党的团结,继承党的传统》,《毛泽东文集》第七卷

374. 同注释 373

375. 《历史·必修 2》,第 52 页

376. 《对起草〈关于建国以来党的若干历史问题的决议〉的意见》,《邓小平文选》第二卷

377. 《答意大利记者奥琳埃娜·法拉奇问》,《邓小平文选》第二卷

378. 《在武昌、深圳、珠海、上海等地的谈话要点》,《邓小平文选》第三卷

379. 参见亨利·基辛格 2011 年 11 月 25 日接受 book TV 专访新书《论中国》的对话

380. 《〈中国农村的社会主义高潮〉按语选》,《毛泽东文集》第六卷

381. 央视"小崔说事"栏目"近看张贤亮"一期,2008 年

382. 《历史·必修 3》,第 73 页

383. 《中华人民共和国宪法》,第四十九条

384. 《中国科学技术史》的书名翻译非直译,直译为"中国科学文明史"。

385. Joseph Needham, Kenneth Girdwood Robinson. *Science and Civilisation in China*:*General conclusions and reflections*, *Volume* 2;*Volume* 7, , by Cambridge University Press 2004,章节:"50 General Conclusions and Reflections", p. 1,原文:"I regarded the essential problem as that of why modern science had not developed in Chinese civilisation (or Indian or Islamic) but only in that of Europe."直译为:"我认为基本的问题是为什么现代科学没有出现在中国(或印度或伊斯兰)而只出现在欧洲。"(本书只探讨为什么中国没有诞生现代科学)

386. 《利玛窦中国札记》,第 101 页

387. 《道德经·第二十五章》

388. 《旧约圣经·约书亚记》,第十章,13

389. Andrew Dickson White. *A History of the Warfare of Science with Theology in Christendom*:*Volume* 1,by D. Appleton and company 1922, p. 126

390. 《历史·必修 3》,第 54 页

391. 《利玛窦中国札记》,第 585 页

392. 《利玛窦中国札记》,第 348 页

393. 《利玛窦中国札记》,第 350 页

394. 《利玛窦中国札记》,第 272 页

395. 《中国科技史杂志》,第 31 卷,第 4 期,2010 年,第 454—455 页

396. 《清圣祖实录·卷六十二》

397. 《后汉书·宦者列传》

398. 《中国科学技术史》,第一卷,中华书局,1975 年,第 160—161 页

399. 《明史·卷一百三十九·列传二十七·钱唐传》

400. 《史记·秦始皇本纪》

401. 《论语·先进》

402. 《温家宝给我驻外人员介绍国内外经济形势》,新华网,2011 年 11 月 08 日

403.《论语·子路》

404.《史记·高祖本纪》

405.《历史·选修3》,第116页

406.《圣经·旧约·申命记》,14:2

407. 例如"黑蒙性家族痴呆症"

408.《新约圣经·马可福音》,14:61

409.《历史·选修1》,第62页

410.《历史与社会·八年级上》,第61页

411.《历史与社会·八年级上》,第61页

412. Bernard Lewis. *The Crisis of Islam*:*Holy War and Unholy Terror*,by Random House LLC 2003,p. 6

413.《圣经新约·马太福音》,22:21,中文原文:"耶稣说,这样,该撒的物当归给该撒,神的物当归给神。"这里的"该撒"就是"Caesar",现在多翻译为"凯撒"

414.《历史·必修1》,第63页

415.《历史·选修1》,第63页

416.《道德经·第二十五章》

417.《论语·述而》

418.《论语·雍也》

419.《论语·八佾》

420.《论语·述而》

421.《历史·选修4》,第20页

422.《论语·八佾》

423.《孟子·尽心下》

424.《利玛窦中国札记》,第31—32页

425.《历史·选修4》,第14页

426. 参考余秋雨2012年12月22日人民网主讲"为文化做'减法'"

427.《旧约圣经·创世纪》6:5—6:7

428.《利玛窦中国札记》,第87页

429.《利玛窦中国札记》,第29页

430.《利玛窦中国札记》,第18页

431.《历史·选修1》,第62页

432.《解放日报》2010年9月2日,第6版

433.《利玛窦中国札记》,第160—164页

434.《利玛窦中国札记》,第238页

435. William Scott,Francis Garden,James Bowling Mozley. *The Christian Remembrancer*,*Monthly*

Magzine and Review. Vol. VII. January-June, p. 740

436. 参见 2008 年 11 月 4 日在芝加哥发表的竞选获胜演讲

437. 《利玛窦中国札记》,第 132 页

438. 《利玛窦中国札记》,第 134 页

439. 《广弘明集》释道宣,卷第七

440. 《论语·八佾》

441. 《新快报》2013 年 1 月 15 日,A34 版,"祖母独孤氏为鲜卑八大著姓之一,其母纥豆陵氏,也出身于鲜卑贵族。"由此推算,李世民有四分之三鲜卑血统。"其父亲是汉族,祖父和父亲在北周时都相继为唐国公,因为汉族是以父系论,因此李世民属于汉族。"

442. 《帝国主义是不可怕的》,《毛泽东文集》第八卷

443. 《对外宣传不要强加于人》,《毛泽东文集》第八卷

444. 同注释 443

445. 《大明太祖高皇帝实录·卷之三十七》

446. 《利玛窦中国札记》,第 560 页

447. "在中法建交 50 周年纪念大会上的讲话",2014 年 3 月 27 日

448. 《解放日报》2010 年 9 月 2 日,第 6 版,

449. 《旧约圣经·创世纪》,8:21

450. 《旧约圣经·创世纪》,9:11

451. Albert Einstein. "Science and Religion", *ideas and opinions*, by Crown Publishers, Inc. New York 1960

452. 《历史·选修 1》,第 63 页

453. 《光明日报》,2005 年 12 月 12 日,第 5 版

454. 这个故事也许有谬误,并被指出。《通鉴考异》曰:韩琬《御史台记》:"伏伽,武德中自万年主簿上疏极谏,太宗怒,命引出斩之。伏伽曰:'臣宁与关龙逢游于地下,不愿事陛下。'太宗曰:'朕试卿耳。卿能若是,朕何忧社稷!'命之三品。宰臣曰:'伏伽匡陛下之过,自主簿授之三品,彰陛下之过深矣,请授之五品。'遂拜为谏议大夫。"按《高祖实录》,"武德元年,伏伽自万年县法曹上书,高祖诏授治书侍御史。"《御史台记》误也。今据《魏徵故事》。

455. 《历史·选修 1》,第 63 页

456. Nathaniel Crouch. *Wonderful Prodigies of Judgment and Mercy: Discovered in Above Three Hundred Memorable Histories*, by London: Printed for Nath. Crouch at the Bell, next to Kemp's Coffee-house in Exchange-Alley 1682

457. 《历史·必修 3》,第 60 页

458. Albert Einstein. "Science and Religion", *ideas and opinions*, by Crown Publishers, Inc. New York 1960, p. 45

459. 《历史·选修 1》,第 72 页

460. Frank Tallett, Nicholas Atkin. *Religion*, *Society and Politics in France Since 1789*》, by the Hambledon Press 1991, p. 6

461. 《历史·选修 4》,第 51—52 页

462. 《马克思恩格斯全集》第一卷,第 453 页,1960 年 12 月,人民出版社,作(编)者:中央编译局

463. 《历史·选修 2》,第 26 页

464. Albert Einstein. "Science and Religion", *ideas and opinions*, by Crown Publishers, Inc. New York 1960, p. 48

465. 《论宗教问题》,《江泽民文选》第三卷

466. 《利玛窦中国札记》,第 117 页

467. 《利玛窦中国札记》,第 115 页

468. 《请立停科举推广学校并妥筹办法折》,《中国思想史参考资料集:晚清至民国卷,第 1 卷》,清华大学出版社。

469. 《三民主义·民权主义六讲·第五讲》,

470. 《〈中国农村的社会主义高潮〉按语选》,《毛泽东文集》第六卷

471. 《同斯诺的谈话》(1960 年 10 月 22 日),《毛泽东文集》第八卷

472. 《三民主义·民权主义六讲·第五讲》

473. Alan Charles Kors, Edward Peters. *Witchcraft in Europe*, *400 - 1700*: *A Documentary History*, p. 17

474. 《利玛窦中国札记》,第 180 页

475. 《利玛窦中国札记》,第 350 页

476. 《利玛窦中国札记》,第 351 页

477. 《利玛窦中国札记》,第 517 页

478. 《利玛窦中国札记》,第 594 页

479. 《利玛窦中国札记》,第 219 页

480. 纽约是后来的城市名,当时叫做新阿姆斯特丹

481. BBC 纪录片 A History of Christianity 第 5 集

482. 《利玛窦中国札记》,第 170 页

483. 《利玛窦中国札记》,第 90 页

484. 《历史·选修 4》,第 121 页

485. 《历史·必修 3》,第 62 页

486. 《历史·选修 4》,第 121 页

487. 《历史·选修 1》,第 137 页

488. 《代总理衙门奏拟京师大学堂章程》,选自《北京大学史料(第一卷:1898~1911)》,北京大学出版社,1993 年 4 月第一版:第 81—87 页

489. "安庆殡葬改革:从夭折到强势重启"《新京报》,2014 年 5 月 28 日,A18 版

490.《青岛早报》,2012 年 5 月 8 日,第 05 版。(文章引自期刊《党史文苑》)

491.“墓地使用期限一般为 50 年或 70 年”《京华时报》2011 年 4 月 5 日,第 006 版

492.《韩诗外传·卷九》

493.“习近平在德国发表重要演讲,正面回应“中国威胁论”——中国不认同‘国强必霸’”《钱江晚报》2014 年 3 月 30 日,A0013 版

494.《科学技术是第一生产力》,《邓小平文选》第三卷

495.《中国青年报》,2009 年 7 月 12 日,要闻版:奥巴马:要让新能源产业带动美国经济复苏

496.《论语·为政》

497.《历史·选修 1》,第 11 页

498.《历史·选修 4》,第 33 页

499.《历史·必修 3》,第 12—13 页

500.《中华大历史》

501.《爱因斯坦—现代物理学的开创者》,中国社会出版社,2012 年 10 月

502.《旧唐书·列传第一百四十九·东夷》

503.《论语·为政》

504.施一公科学网的 2012 年 3 月 19 日博客

505.“魏晋风度及文章与药及酒之关系”,《鲁迅文选》,四川文艺出版社,2009 年

506.“专访以色列总理内塔尼亚胡:未来五年双边贸易投资额翻番”,《第一财经日报》网站,2013 年 5 月 27 日

507.以色列驻华使馆商务处网站,2013 年 5 月 22 日

508.《哲学的贫困》,《马克思恩格斯文集》第一卷,人民出版社,2009 年

509.同注释 508

510.《共产党宣言》(二、无产者和共产党人)

511.《历史·必修 2》,第 85—86 页

512. Gudmundur Alfredsson, Asbjorn Eide. *The universal declaration of huma rights A common standard of achievement*, by Kluwer Law International 1999, p. 604

513.《同斯诺的谈话》(1960 年 10 月 22 日),《毛泽东文集》第八卷

514.《The Emancipation Proclamation》,1863 年 1 月 1 日

515.《洛杉矶时报》官网,“Number of Americans without health insurance reaches new low”,2014 年 4 月 7 日

516.《历史·必修 3》,第 65 页

517.“美国中产阶层 10 年大‘缩水’”《广州日报》,2012 年 8 月 24 日,A16:国际;Eroding middle class falls to 51%, survey finds《洛杉矶时报》,2012 年 8 月 23 日

518.《思想政治·选修 2·经济学常识》,第 37 页

519.“李克强主持召开区域发展与改革座谈会时指出逐步缩小城乡区域差距是发展的潜力富民的

动力"《人民日报》,2012 年 12 月 29 日,第 01 版

520.《论欧洲联邦口号》,《列宁全集》第二十六卷

521.《历史·必修 3》,第 64 页

522.《在新世纪把建设有中国特色社会主义事业继续推向前进》,《江泽民文选》第三卷

523. http://www. people. com. cn/GB/channel2/17/20000606/90992. html 资料来源:人民网,转载《南方日报》2000 年 6 月 6 日

524.《Keeping the Kibbutz》纪录片

525.《德意志意识形态》,《马克思恩格斯文集》(第一卷),第 537 页,人民出版社,2009 年

526.《德国工人党纲领批注》,《马克思恩格斯文集》(第一卷),第 428—429 页,人民出版社,2009 年

527.《论语·季氏第十六》

528.《历史·选修 2》,第 63 页

529."江泽民寄语青年"《人民日报》,1998 年 6 月 25 日

530.《利玛窦中国札记》,第 368 页

531.《历史·选修 1》,第 107—108 页

532.《历史·选修 1》,第 116—119 页

533.《历史·选修 1》,第 120 页

534.《不景气不气馁》,中信出版社,2009 年

535. 语出自亨利·约翰·坦普尔(1784—1865),第三世帕尔姆斯顿子爵,曾任英国首相。该话转引自:David Brown. *Palmerston and the Politics of Foreign Policy*,1846－55, by Manchester:Manchester University Press 2002, p. 82－83

536.《历史·必修 2》第二十三课

537.《历史·必修 2》,第 32 页。

538."从贸易大国迈向贸易强国"《人民日报》,2014 年 3 月 2 日

539. 胡锦涛 2004 年 11 月 27 日在法国国民议会的演讲

540. Samuel P. Huntington. *Who Are We？：The Challenges to America's National Identity*，p. 266

541. Samuel P. Huntington. *Who Are We？：The Challenges to America's National Identity*》，p. 7

542. 习近平:《努力构建中美新型大国关系——在第六轮中美战略与经济对话和第五轮中美人文交流高层磋商联合开幕式上的致辞》,2014 年 7 月 9 日

543.《赫鲁晓夫的日子不好过》,《毛泽东文集》第八卷

544.《历史·选修 5》,第 4 页

后记：我的历史局限性和我对未来的畅想

本书的出版体现言论进一步开放，是重回盛世的信号。历史上，只有在诸侯纷争、军阀割据、天下无主的乱世，和江山稳固的盛世才能较自由地表达。前者无暇顾及言论，后者不担心言论对家庭的冲击。

我利用读书的闲暇陆续完成本书。它浓缩了我来美国后的思考。我力图清楚地展示我们是谁，西方人是谁，为什么我们要构建现代家庭结构，而西方人则构建现代个体社会。任何国家走向现代，都必须从历史、文化与现实出发，了解过去，了解现在，创造未来。

我是历史中人，我的思考基于我过去二十几年的生活经历。我仍然生活在国家概念很重要的世界里，孔夫子的思考仍然深刻地影响我对世界的认知。我接受的家庭教育和学校的应试教育、我出国后的科研经历、和西方同学的接触，构成了我这本书的思考基础。与西方同学的交流中，我深刻地意识到，我来自家庭结构，努力的动力来自基于比较和竞争的满足，对生活采取实用主义态度。我尽力尝试从西方同学的视角出发，理解他们的逻辑，但归根结底，我不是西方人，我花了很长时间思考，什么是对自然界的本原兴趣，什么是契约精神。

美国同学对我说：你的思想非常开放，能够接受不同的观点，但你总是非常护着中国。

追求共产主义的德国同学对我说：你总是强调中国人与西方人的不同。

犹太同学对我说：你总试图找到某些固定特征把人们归类，却没有意识到，你常常打破了你给自己归的类。

意大利同学对我说：你是非常好的思考者，是谈话的大师，并且你同时倾听别人。你总说你的满足感来自比较和竞争，但让我惊奇的是，你的好奇心似乎是无限的。

学习汉语、去过中国的美国同学：中国有十几亿人，你无非接触些城市里的、读书的、和你有相似经历的人，中国还有很多人你从来没见过，可你总认为你很了解他们。

我现在实习公司的美国同事听说我在写关于中西方文化的书，问我：你把我写到书中了么？

我：我的初稿在一年前完成，选取的事例大部分发生在实习前。不过，我书中描述的美国人的观点尽管不直接来自你，却能够代表你的观点。

他听了非常惊奇：那怎么可能呢？每个美国人都这么不同，你怎么能够找到代表我的人呢？

我：不同之中总有共同之处。最简单的例子，你的好朋友参选，你会选好朋友么？

他说：就看我是否同意他的观点。我有几个好朋友和我的政治观点截然不同，让我选他们，绝对不可能。你不需要只和自己观点一致的人成为朋友。

我：你刚才的回答大体上就是我书中引述的美国人的回答。在这个意义上，这本书选取的例子也有你的影子。

信仰共产主义的德国同学在本书即将出版时，针对我和我的思想写了一封邮件。他写道："当我试图定位你的理论时，我想说你是我认识的第一个保守的马克思主义者，你同时证明了保守马克思主义存在于今天。自从 2013 年 9 月我们第一次讨论开始，马克思始终是我们辩论的参照点。我花了很长的时间意识到，你并没有我经验中西方左翼马克思主义者的革命态度。在某种程度上，你以最全面和最传统的方式遵循着马克思的基本学说——生产力的发展决定我们的历史。在此意义上，你如下的两种做法就是显而易见的：一，你不理会任何以唯心的方法构想出的更美好的共产主义社会；二，你不理会知识分子批判资本主义的课题。我理解你的上述观点，但对于像我这样只能以一般意义的德国唯心主义思想层面来理解马克思的人来说，你的观点很难让我接受。你也知道：尽管你那固执的唯物主义理解强烈地刺激和启发了我，让我非常感激，但我会永远为我对马克思的唯心主义解读做辩护。

"你的目的并不是要阐述对马克思主义或某种历史哲学理论的理解,这些都只是你的课题的背景。你的课题是更好地告诉西方世界:中国是怎样的以及中国想要什么。你基于中国(以及其他社会)与西方在价值系统的根本差异,对西方帝国主义的普世人权的假设进行了尖刻的批判。你的批判给我留下了深刻的印象,将我从强烈的西方意识形态立场中解放了出来。我同意你的观点,对普世价值的争论实际上反映的是西方的帝国主义和东西方的权力关系,以及西方对崛起的中国的忧虑等。

"两个星期前,我参加了一个学术会议。会后,坐我旁边的政治理论学者仍为如下的天真想法辩护:西方的民主、自由和人权观必须传播世界各地,即便当地人此刻并不认同这些观点。听到这些,我情绪激动地对他说:'我不同意。'你对这个问题的坚持让我对此有了更清楚的认识。但是,正如你一直知道的,在此我仍然要为某种普世的人权观念做辩护(当然,这些概念不应该仅仅由西方思想家和政治家定义,而应该由全世界人民来定义)。我仍坚信某种形式的普世人权观,也许仅仅由于我无法完全跳脱我的文化偏见。我相信,一定有方法能跨越文化的差异去理解和帮助每个人,在互相帮助中对抗权力结构和各种形式的腐败与剥削等。我们不应该把社会改变的进程交给某种神秘的通往共产主义或别的社会的历史作用力。作为有能力去思考、批判和跨越文化及语言障碍理解彼此的生物,改变社会是我们的责任。因此,我们一定可以找到某种大家都认可的基本价值来帮助我们采取共同行动构建更好的社会。我知道你肯定又会反对我的观点。让我放弃普世价值观的立场几乎是不可能的,就好像让你放弃对普世价值观的批判也不可能一样。"

我在回信中说:"感谢你对我和我的思考进行的全面且深刻的评论。我是如此幸运能够和你探讨哲学。我们的讨论总是给我启发,尽管我们并不同意彼此的观点。

"我喜欢你给我的定位——'保守的马克思主义者'。这是一种非常西方的方式来描述你我的不同。我惊讶于你能够对那位政治理论学者的普世西方人权观说'不'。这里有个问题。当你提到人权时,它也包括西方的民主和自由的普世价值观,对吧?中国人的人权观指更好的生活,侧重于物质方面,如人人都应该有清洁的水、更好的食物和温暖的房子。我在翻译你的评论时,是否可以将'人权'翻译成'民主、自由和人权',以便在中文中更好地体现你的人权词语表达的意思? 我要是直接翻译成'人权',中国读者就会疑惑。原因是,基于比较和竞争的满足感给了中国人追求更好的物质生活的动力。中国读者以中国的视角解读人权,会感觉中西方没有什么分歧。由于中国人没有强烈的意识形态,他们不会自动把民主、自由等价值观注入到人权的概念中。

"我同意我们要找到更好的合作方式来结束零和游戏的思维,我们要彼此了解来避免误解带来的争端,将资源用来改善生活而不是用来彼此征战。我们的探讨说明了,尽管我们来自不同的文化,具有不同的思维方式,仍然能够相互理解。

"现在我真的相信自然科学技术是提高生产力的驱动力,生产力的提高又改变了生产关系,进而改变社会关系并最终改变人们对社会的观点。我们生活在全球化时代,人人都以某种方式相联系。我下一个课题是寻找在全球化进程中避免过多争端和苦痛的方式。帮助西方人理解中国和让中国人更好地了解西方只是第一步。我坚信国家的概念会越来越不重要。这正如你坚信欧洲是整体而淡化德国的整体概念一样。听到这些,是否感觉我们还是有很多共同点?"

德国同学回信:"很高兴看到你这么详细的反馈。我无法展开叙述,只希望说,既然图书出版在即,我接受你的建议,在中文翻译中,将'人权'翻译成'民主、自由和人权'。我认为这是合适的,尽管我们需要花几个小时甚至几天来讨论我们究竟如何理解每个词。

"关于你提到的中国人的人权概念——清洁的水,更好的食物和温暖的房子——这些听起来是世界的每一个人都会赞同的,不是么?要是这样的话,我们就至少有了某种形式的普世价值,尽管这个普世价值包含的内容很有限。不过,我想你仍然想拒绝我以这种方式提出普世价值。我也承认,即便是你提出的这么物质的人权观念,我仍然要附着普世的民主和自由观念在里面——只是怎么样在这样的普世人权观念下定义民主和自由就有些困难了。我绝对不是说我们今天在美国和欧洲看到的民主形式是普世的或者应该被看做普世的。欧美的民主是在非常独特的历史条件下诞生的。尽管如此,我仍然坚信我们可以以某种基本的、普世的方式理解'自由'。"

我的回信:"我确实同意你说的,我们要花几天才能够对每个词的具体含义达成一致意见。感谢你考虑到我的书临近出版而同意我的翻译方式。我把你的想法告诉了我的中国朋友。他难以理解你为什么把我称为'保守的马克思主义者'。在中国人中，我坚信人类随着生产发展会进入共产主义的想法一点都不保守。因此，如果某人坚信人类社会迟早要进入共产主义社会、进入某种人类从没有见过的社会形态，那么这个人就一点也不保守而且在某种程度上有些理想主义。可是，与你相比，我就是保守的。你不仅坚信共产主义能够实现，还要寻找方式去建立，将构建共产主义作为某种责任，而不仅仅满足于随着生产力的发展最终进入共产主义。在你看来，共产主义的建立要由人来实现，要经过人的努力和探索，而'不应该把社会改变的进程交给某种神秘的通往共产主义或别的社会的历史作用力'。所以，你的观点具有革命性，要打破现有的资本主义制度，也就对资本主义带有强烈的批判色彩。由于你从你的角度来描述我，与你相比，我就是'保守的马克思主义者'。"

我总希望未来的世界会和平，人与人在辛勤劳动的基础上过上好日子。不过，我又深知，矛盾是普遍存在的。我没有办法说服西方同学放弃传播普世价值观，也没有办法想出解决今天的世界争端的和平办法。

有一天，我和巴基斯坦同学聊天。他说：此刻，我们坐在这聊天，你可能很难想象世界上还有很多人生活在战乱中。

我抬头看了眼灿烂的阳光，微风吹过，头脑中快速搜索还在战火中的地方。我：阿富汗、伊拉克、叙利亚。

他：利比亚、克什米尔、加沙地带……生活在平静中的人很难想象他们的情景。

我曾经与来自加沙地带的巴勒斯坦同学聊天，他告诉我，加沙总是不太平静，他好多次见到人被打死或被炸死。他的父母以难民的身份先后辗转于埃及、黎巴嫩、美国，就是希望他有机会离开加沙，可他却决定回到那里，致力于让巴勒斯坦与以色列实现长久和平。他告诉我，他目前在美国读书，最近一次回加沙是在一年多前，他希望学成后改变巴以局势。在他看来，巴勒斯坦和以色列要结束历史恩怨，最终只能靠成为一个国家。我说："可是犹太人在以色列建国就是希望恢复几千年前的犹太人国家，怎么会把你们纳入复国的以色列呢？"他说："我们生活在二十一世纪，各国人都在相互往来。为什么偏要在今天的世界依据传统宗教来重新建立几千年前的国家呢？按照目前巴勒斯坦和以色列两个国家的方案，最大的困难就是，巴勒斯坦人总认为，我们在这里生活了上千年了，以色列人认为，我们在你们来这里之前很早就生活在这里，后来被赶走了。这样的话，我们就都认为是土地的主人，争端似乎永远解决不了。

信仰共产主义的德国同学问我：你想去康普顿么？

康普顿是洛杉矶治安最差的地区，美国同学都告诫我当地非常危险，不要到那里去。来自康普顿的一位同学告诉我，他小时候总能在晚上听到街上的枪声，每次枪响，他妈妈就马上让大家躲进地下室。

我问德国同学："为什么去那里？洛杉矶同学告诉我那里非常危险。"他："就因为媒体说它危险，很多人才放弃了那里，也就很难有希望。"我："你去的目的是什么？"他："我想看看到底什么样。很多人来到洛杉矶，只生活在安全的区域，也只看到光明的一面，并主动忽略了其他部分。"我："美国不是德国，洛杉矶的有些地方的安全非常糟糕。况且，你去了也不解决问题。"他："我在想，如果我们都关心，问题也许能解决。"他后来和另一位与他观点相近的欧洲同学去了康普顿。

过了不久，一位在康普顿高中做实习老师的美国同学邀请我去讲中国近现代史。我尽管内心犹豫，仍然决定前往，这是我在美国近距离接触中学生的机会，我不能错过。坐在车里，我一路上提心吊胆。见到学生们后，我惊奇地发现，在这个贫穷的、治安混乱的社区，学生们仍然有强烈的学习欲望。离他们的学校开车不远的地方，就有华人的聚居区，很多中国人也住在那里。他们的老师告诉我，大部分学生连附近的海边都没有去过。我不禁感叹，这片区域没有铁栏杆，可四通八达的马路却无法让孩子们通向外面的世界。美国同学告诉我，他在开学初，让学生们在拉丁美洲历史、中国近现代史、非洲历史和中东历史中投票选择，他本以为，这里的学生大部分是拉丁美洲人的后裔，会选拉丁美洲历史，投票结果却出人意料：中国近现代史排在第一位。在课堂上，一名学生在调研中美教育制度的报告中说：中国学生在校学习时间更长，教学更注重记忆，学生训练多，掌握得好，但创新不足；美国学生在校学习时间少，压力也小，掌握的知识没有中国学生多，但创新能力较强。

我听到这里都很震惊。紧接着，美国同学（他们的实习老师）问他：那你更希望在美国受教育还是在中国受教育呢？

他想了想，说：我对比以后，更希望在中国受教育，我希望掌握更多的知识。

没想到，下面马上有学生起哄说："你要是去中国读书，连一周都存活不了。"此后，学生们向我咨询在中国这么大的学习压力下，他们能否在中国的课堂"存活"。

这是我第一次近距离地接触治安混乱的社区的美国学生，让我诧异的是，他们的发散思维很强，学习的劲头也很足。我回来后向犹太同学叙述课堂情境，他听后也非常诧异，对我说："我原以为这些学生在课堂上什么都不学，没想到他们也这么聪明。"我说："事实确实和想象的很不一样。若不是亲自去，我对当地的印象永远只停留在别人的转述中。我希望，未来的世界有更多人关心生活在贫穷和危险之中的人们，让他们也有机会靠努力生活得更好。"

我是幸运的，在基于比较和竞争的满足的人群中，最快乐的人生不是处在顶点下滑，而是不断上升、在有生之年参与达到顶点的过程。我有幸出生在中华大家庭近代以来的最好、最关键时期。临门一脚往往决定了最终胜负，我愿为此贡献思考，为引领下一次的科技革命而努力。我为我说的话负责。

图书在版编目(CIP)数据

复兴路口的困惑:破解复兴谜题/郁琇著.—上海:上海三联
书店,2015.6
ISBN 978-7-5426-5178-5

Ⅰ.①复… Ⅱ.①郁… Ⅲ.①东西文化－比较文化
Ⅳ.①G04

中国版本图书馆 CIP 数据核字(2015)第 081966 号

复兴路口的困惑——破解复兴谜题

著　　者 / 郁　琇

责任编辑 / 冯　静
装帧设计 / 汪要军
监　　制 / 李　敏
责任校对 / 张大伟

出版发行 / 上海三联书店
　　　　　(201199)中国上海市都市路 4855 号 2 座 10 楼
网　　址 / www.sjpc1932.com
邮购电话 / 021-24175971
印　　刷 / 上海惠敦印务科技有限公司

版　　次 / 2015 年 6 月第 1 版
印　　次 / 2015 年 6 月第 1 次印刷
开　　本 / 710×1000　1/16
字　　数 / 300 千字
印　　张 / 23.25
书　　号 / ISBN 978-7-5426-5178-5/G·1392
定　　价 / 69.00 元

敬启读者,如发现本书有印装质量问题,请与印刷厂联系 021-56475597